集人文社科之思 刊 专业学术之声

中國歷史研究院集刊

PROCEEDINGS OF CHINESE ACADEMY OF HISTORY 2021 No.1 (Vol. 3)

高 翔 主编

2021年 1 总第3辑

社会科学文献出版社
SOCIAL SCIENCES ACADEMIC PRESS (CHINA)

中国历史研究院集刊

编辑委员会

中国历史研究院集刊

2020 年 1 月创刊　　　　半年刊　　　　第 3 辑　　　　**1** /2021

目　录

Contents

西晋户籍制度再考*

——以《太平御览·文部·札》引《晋令》为中心

张荣强

摘　要：《太平御览》卷606引《晋令》谓"郡国诸户口黄籍，籍皆用一尺二寸札，已在官役者载名"，是研究魏晋时期户籍制度演变的关键史料。分析黄籍的形制尤其是著录内容和编造制度，西晋时期的户籍应当是县廷编造并上呈郡国的纸本户籍。魏晋时期，除了营居兵户有独立户籍、不隶属于郡县管理外，居住在郡县的各类人户与郡县民一起混编著录于当地户籍的同时，也有专门的职役户籍。正户是与寄寓相对的概念，流民一旦在当地占籍也就变成了正户，官府户籍即黄籍上登录的包括民户、吏户、兵户等在内的各类人户都是郡县正户。

关键词：《晋令》　户籍　吏户　黄籍　正户

《太平御览》卷606《文部·札》引《晋令》：

> 郡国诸户口黄籍，籍皆用一尺二寸札，已在官役者载名。①

参诸《晋书》卷30《刑法志》、《唐六典》卷6"刑部郎中员外郎"条的记载，咸熙元年（264），晋王司马昭命贾充、郑冲等14人增损汉魏旧制，编撰新的律令；泰始三年（267），贾充向晋武帝司马炎上呈《律》20卷、《令》40卷、《故事》30

---

*　本文系国家社科基金重大项目"中国古代户籍制度研究及数据库建设"（17ZDA174）阶段性成果。

①　《太平御览》卷606《文部·札》，北京：中华书局，1960年影印本，第2726页下栏。

卷，第二年颁布实行。《唐六典》保存了《晋令》40 篇的篇名，第一篇就是《户令》，《太平御览》所引《晋令》显然出于《户令》。这条《晋令》保存的文字不多，却是目前所见魏晋南北朝时期唯一一条有关造籍的法令，也是研究中古时期户籍制度演变的关键史料。长期以来，关于《晋令》所记户籍的书写材料、黄籍的性质以及黄籍登录的对象等问题，众说纷纭，有必要专门进行探讨。

一、黄籍是简还是纸？

《晋令》谓黄籍"一尺二寸札"，显然沿承的是汉代旧说。《汉书·元帝纪》颜师古注引应劭"籍者，为二尺竹牒，记其年纪名字物色"，① 据晋崔豹《古今注》，此"二尺"当为"尺二"之倒。学者通常根据《说文解字》"札，牒也"的释义，② 推测西晋的户籍与汉代一样使用简册著录，③ 但不能一成不变地看待"札"的意思。纸张取代简牍后，经常沿用"札"的旧称，如《梁书·庾肩吾传》"纸札无情，任其摇襞"，《南史·张兴世传》"檄板不供，由是有黄纸札"，《南史·江夏王萧锋传》"张家无纸札，乃倚井栏为书"等，《陈书·徐陵传》则径称"黄纸"为"黄札"。④ 纸张前缀以尺寸，是古人常见做法，西晋中书令荀勖《上〈穆天子传序〉》称"谨以二尺黄纸写上"，⑤ "二尺"显然是纸的直高。宋人《文房四谱》征引的《晋令》中，也明确规定了当时纸张的尺寸：

---

① 《汉书》卷 9《元帝纪》，北京：中华书局，1962 年，第 286 页。

② 《说文解字》卷 6《木部上》，北京：中华书局，1963 年，第 124 页。

③ 王国维：《简牍检署考》，谢维扬、房鑫亮主编：《王国维全集》，杭州：浙江教育出版社，2009 年，第 2 卷，第 497 页；池田温：《中国古代籍帐研究》，龚泽铣译，北京：中华书局，2007 年，第 42 页；方北辰：《晋代"黄籍"书写材料的变化》，《文献》1999 年第 2 期。

④ 《梁书》卷 49《文学上·庾肩吾传》，北京：中华书局，1973 年，第 691 页；《南史》卷 25《张兴世传》、卷 43《江夏王萧锋传》，北京：中华书局，1975 年，第 690、1088 页；《陈书》卷 26《徐陵传》，北京：中华书局，1972 年，第 333 页。傅克辉据此认为用"札"代指纸张，是南朝以后的事。（《魏晋南北朝籍帐研究》，济南：齐鲁书社，2001 年，第 2 页）问题是，不能将史籍所见最早的出处当作事物出现的最早时期，从逻辑上说，纸沿用"札"的旧称应当是从纸取代"札"的功能，用作书写材料时就开始了，不会晚至南朝。

⑤ 荀勖：《上〈穆天子传序〉》，严可均校辑：《全上古三代秦汉三国六朝文·全晋文》卷 31，北京：中华书局，1958 年，第 1637 页。

诸作纸：大纸一尺三分，长一尺八分，听参作广一尺四寸。小纸广九寸五分，长一尺四寸。①

西晋 1 尺为 24.4 厘米，较秦汉 23.1 厘米略长。西晋常用的大纸直高一尺三分，合今 25.1 厘米；小纸直高九寸五分，合今 23.18 厘米。秦汉时期简牍形制多样，其中最常见的是一尺简，为示尊贵，皇帝诏书即用尺一简。从形制上看，西晋大纸显然是仿照汉代尺一，小纸仿照汉代一尺简而来。同样是一尺二寸，西晋长 29.6 厘米，比秦汉的 27.7 厘米长出一截。为什么西晋户籍不像大、小纸那样通过减小数值的方式以达到与汉代的实际长度一致，而是采取了形式上尺寸不变，实际上改变了汉代原来的长度呢？

要回答这个问题，先要了解西晋及其前代户籍的形制与书写格式。目前所见最早的户籍实物是秦统一前后的秦国迁陵县南阳里户版，其显著特征是一户所有人口全部著录在一枚木版上。② 目前未见汉代的户籍实物，承汉而来的孙吴户籍类简根据结句简可以分为两类：第一类结句简作"凡口若干事若干　算若干事若干赀若干"；第二类结句简作"右某家口食若干　若干男　若干女"。这两类户籍简著录的是同一类人群，只是统计的事项各有侧重，前者注重统计家庭的人口数，后者强调民户需要交纳口算、资税的情况。③ 这两类简形制相差不大，都是长 22.7—23.6 厘米，宽 0.6—1.2 厘米；④ 其书写通常分为三栏，户主登载在第一栏，家庭成员占第二、三栏。可以举一户复原后的家庭，并列成表格，以见其格式：

例 1：

平阳里户人公乘烝平年卅二筭一腫两足　（壹·10480）

---

① 苏易简等：《文房四谱（外十七种）》卷 3《纸谱·叙事》，上海：上海书店出版社，2015 年，第 55 页。

② 张荣强：《湖南里耶所出"秦代迁陵县南阳里户版"研究》，《北京师范大学学报》2008 年第 4 期。

③ 张荣强：《〈前秦建元籍〉与汉唐间籍帐制度的变化》，《历史研究》2009 年第 3 期。

④ 日本学者谷口建速对多类孙吴简的尺寸做了具体测量，见「竹簡の大きさについて」、长沙吴簡研究会编：『長沙走馬楼出土呉簡に関する比較史料学的研究とそのデータベース化』、2007 年。

平母大女妾年七十　　　　　　　　　　　　（壹・10479）

平妻大女取年廿八筭一　　　　　　　　　　（壹・10481）

平子男各年七岁　　　　　　　　　　　　　（壹・10488）

凡口五事　筭二事　訾　五　十　　　　　　（壹・10489）①

表 1　孙吴户籍类简分栏表（例 1）

身分或性质	第一栏	第二栏	第三栏	简号
户主	平阳里户人公乘烝平年卅二筭一瘇两足②			壹・10480
家庭成员		平母大女妾年七十		壹・10479
家庭成员		平妻大女取年廿八筭一		壹・10481
家庭成员		平子男各年七岁		壹・10488
结句简	凡口五事	第二事	訾五十	壹・10489

例 2：

平阳里户人公乘烝 平 年卅□　筭一　瘇两足(叁・4275)

平 母 大女委年七十　平妻大女取年廿八筭一(叁・4274)

平子男右年四岁　□侄子男机年七岁一名喜（叁・4273)

右平家口食五人　其三人男二人女　　　　　　　　　（叁・4278)③

表 2　孙吴户籍类简分栏表（例 2）

身分或性质	第一栏	第二栏	第三栏	简号
户主	平阳里户人公乘烝 平 年卅□　第一　瘇两足			叁・4275
家庭成员		平母大女委年七十	平妻大女取年廿八筭一	叁・4274
家庭成员		平子男右年四岁	□侄子男机年七岁一名喜	叁・4273
结句简	右平家口食五人		其三人男二人女	叁・4278

---

① 长沙市文物考古研究所等编著：《长沙走马楼三国吴简・竹简（壹）》，北京：文物出版社，2003 年，第 1110 页。

② 该简文字内容较多，"瘇两足"越过第一栏也写到了第二栏。下引第二类户主"烝平"简也是如此。

③ 长沙简牍博物馆等编著：《长沙走马楼三国吴简・竹简（叁）》，北京：文物出版社，2008 年，第 817 页。

需要说明的是，实际上第二类简中，一枚简登载两名家庭成员的现象不常见，更多的情况是一人一简。如果一人一简，家庭成员就都登载在第二栏。

赖于新近考古发现，我们对西晋户籍记录的内容有所了解。甘肃临泽出土的《西晋建兴元年（313）临泽县孙氏兄弟争讼田坞案》中提到了黄籍方面的信息，该案原告孙香诉称堂兄孙发侵吞了他城西的坞田。孙发对此断然否认，他说：

> 发当与香共中分城西坞田。祖母以香年小，乍胜田，二分，以发所得田分少，割今龙田六十亩益发，坞与香中分。临稟坞各别开门，居山作坝塘，种桑榆杏楝，今皆茂盛。注列黄籍，从来卌余年。①

根据孙发的说法，孙香、孙发的祖母在世时就为二人分好了家产，这些析分的田宅已经在"黄籍"上著录了40余年。孙氏兄弟争讼案发生在建兴元年底，上推40多年，正好是泰始四年《晋令》颁行之后。孙发视黄籍为其合法拥有田宅的基本依据，再加上魏晋南朝史籍提到的"黄籍"无一例外指户籍，临泽晋简中的"黄籍"显然就是《晋令》中的"诸户口黄籍"。孙发称析分田宅"注列黄籍"，表明西晋时期的户籍除家口外，还登录田宅等资产。

西晋户籍增加了资产部分，如果仍用竹木简编造，就需要增加一栏书写。如果按照汉代户籍三栏一尺二寸即27.7厘米为标准测算，西晋户籍书写四栏就需要36.9厘米；即使以孙吴户籍长24厘米计，也要32厘米，这就超出了西晋户籍29.6厘米的实际长度。如在年代上去西晋不远的《前秦建元二十年（384）三月高昌郡高宁县都乡安邑里籍》（简称《前秦建元籍》）书写格式：

6　高昌郡高宁县都乡安邑里民张晏年廿三

7　叔聪年卅五物故　　　奴女弟想年九　　　桑三亩半

8　母荆年五十三　　　晏妻辛年廿新上　　　城南常田十一亩入李规

---

① 张荣强：《甘肃临泽新出西晋简册考释》，武汉大学中国三至九世纪研究所编：《魏晋南北朝隋唐史资料》第32辑，上海：上海古籍出版社，2015年，第189页。

9　叔妻刘年 卅 六　　　　丁男一　　　　　　　得张崇桑一亩

10 晏女弟婢年廿物故　　　丁女三　　　　　　　沙车城下道北田二亩

11 婢男弟隆年十五　　　　 次 丁男三　　　　　　率加田五亩

12 隆男弟驹 ［年　　］　　 ［小女二］　　　　　 ［舍一区］

13　驹女弟 ［□年　　］　　凡口 九 　　　　　　［建元廿年三月籍］

14　聪息 男 ［奴年　　］①

这是目前所见最早的纸质户籍。《前秦建元籍》的著录内容完全沿承西晋，同样分为三栏而非四栏，第一栏著录家庭人口，第二栏是家口丁中分类统计，第三栏登记田宅等主要资产。因第一栏著录了包括户主在内的全部家庭人口，所以为了突出户主的身分，采取了将户主顶格、家庭成员低近十格的方式书写，这样的书写方式比另用一栏节省更多空间。孙吴户籍简除了极少数家庭成员连记简外，基本上是一简一人，这种用低格区分户主与家庭成员的处理方式，也只有在以纸张为材质的情况下才能实现。②

除了增加资产栏，西晋户籍的家口统计部分也有变化。秦汉时期的户籍身分只有"小"、"大"之分，户籍的家口统计不过"大男若干"、"小男若干"、"大女若干"、"小女若干"四项；孙吴户籍类简只简单统计"男子若干"、"女子若

① 原录文参见荣新江等主编：《新获吐鲁番出土文献》，北京：中华书局，2008 年，第 176—179 页。笔者最终修订文参见《再谈〈前秦建元二十年籍〉录文问题》，《史学史研究》2015 年第 3 期，第 121 页。

② 西晋规定户籍长一尺二寸，即今 29.6 厘米；大概此后至少到唐代，户籍形制就没有变过。《前秦建元籍》首尾裁剪过，现存纸高 25.2 厘米；《西凉建初籍》裁剪更多，现存纸高 24.6 厘米；《西魏大统籍》纸高 28.5 厘米。敦煌吐鲁番文书中保存的唐代完整户籍高 29—30 厘米。明代初期黄册样式大小不一，嘉靖三年（1524）十一月南京吏科给事中彭汝寔等奏准，"今后大造黄册，总（纵）横各不过一尺二寸"。（赵官等编纂：《后湖志》卷 10，南京：南京出版社，2011 年，第 111 页）此后不仅赋役黄册，就连诸如军底册、类卫册、类姓册等，也是"每县每册各造一样四本，三本存各司府州县，一本送兵部备照，册高阔各止一尺二寸，不许宽大，以致吏书作弊"。（李东阳等敕撰，申时行等重修：《大明会典》卷 155《兵部》，明万历十五年内府刊本，第 34 页）但明代一尺 32 厘米，一尺二寸合 38.4 厘米；上海图书馆藏嘉靖四十一年严州府遂安县十八都下一图六甲黄册原本，版框纵 38.5、横 39 厘米，完全符合规制。

干"两项。① 但西晋太康元年（280），晋武帝在颁行占田课田令的同时，颁布了包括"老"、"小"、"丁"、"次丁"在内的一整套新的课役身分。郴州苏仙桥出土晋惠帝时期的简牍也反映了当时户口分类统计方式：

1. 其口二百六十二老男　　　　　　　　　　　　　（1—11）
2. 口二百卅八年六十一以上六十五以还老男　　　　（2—33）
3. 凡丁男二千六百七　　　　　　　　　　　　　　（1—21）
4. 口六百卅四年十三以上十五以还小男　　　　　　（2—139）
5. 口五千五百六十三小男　　　　　　　　　　　　（2—96）②

这里的"六十一以上六十五以还老男"与"十三以上十五以还小男"，实际上就是"次丁男"。不唯男子，女子甚至奴婢也是按这种丁中分类统计。与秦汉时期相比，西晋家口分类统计要复杂得多。这一点，从上引《前秦建元籍》也可以看得非常清楚。

孙吴户籍类简在著录的格式上，包括户主在内的家庭成员基本上一人一简，家庭人口统计同样占一简。侯旭东对嘉禾六年（237）广成乡广成里"吏民人名年纪口食簿"做了复原，推算制作该里 50 户的口食簿最少用简 233 枚，册书展开后长 2.3 米左右。③ 这一长度已经达到甚至超过了简册所能允许的最大限度。④《晋书·职官志》记载，西晋一里有 50—100 户，超过了孙吴一里的户数；再加上西晋户籍相较前代增加了资产一栏，丁中统计内容也复杂了不少；如果西晋

---

① 张荣强：《"小""大"之间——战国至西晋课役身分的演进》，《历史研究》2017 年第 2 期。

② 本文所引郴州简资料，主要参见湖南省文物考古研究所、郴州市文物处：《湖南郴州苏仙桥遗址发掘简报》，湖南省文物考古研究所编：《湖南考古辑刊》第 8 集，长沙：岳麓书社，2009 年，第 93—117 页。除特殊注明外，下文所引郴州简，皆出自此简报。

③ 侯旭东：《长沙走马楼吴简〈竹简〉（贰）"吏民人名年纪口食簿"复原的初步研究》，《中华文史论丛》2009 年第 1 期，第 84 页。

④ 邢义田指出，从实用角度看，百简左右编联为一篇，可说已是合宜长度的极限。（《汉代简牍的体积、重量和使用——以"中研院"史语所藏居延汉简为例》，《地不爱宝：汉代的简牍》，北京：中华书局，2011 年，第 23 页）

户籍仍用简册编造，200 多枚简无论如何也容纳不下这一时期户籍承载的内容。①

由于简牍形制笨重庞大，秦汉时期的户籍只能在乡编造，正本保存在乡，副本上呈县廷，县以上的官府机构不存放户籍实物。有迹象表明，西晋时期的户籍不再归乡而是由县廷主导编造。《晋书·华廙传》记载，传主被牵连进袁毅贪污案：

> 初，表有赐客在鬲，使廙因县令袁毅录名，三客各代以奴。及毅以货赇致罪，狱辞迷谬，不复显以奴代客，直言送三奴与廙……②

曹魏后期朝廷把租牛客户赏赐给官僚贵族的制度，西晋立国初期仍在实行。这项旨在赏赐豪强大族田客的制度，本身含有限制他们占有客户数量的目的。华表为了规避这一限制，通过华廙请托，让鬲县县令袁毅在编造户籍时把华表鬲县的佃客写成华表的奴隶。"录名"的"名"与史籍中"属名"、"私相置名"一样，都是指"名数"亦即户籍，"录名"也就是著入户籍的意思。《晋令》谓"郡国诸户口黄籍"，表明西晋的户籍除了县之外，至少还要上呈郡级机构，这与简牍时

---

① 古代户籍作为官府掌控人口、征发赋役的基础帐簿，并非存而不用之物；恰恰相反，官府尤其基层行政机构为了施政治民，要不时地翻检、查阅户籍。如睡虎地秦简《封诊式》记载，县廷在审讯罪犯时，首先要求户籍所在地的乡吏"定名事里，所坐论云可（何），可（何）罪赦，或覆问毋（无）有"（睡虎地秦墓竹简整理小组编：《睡虎地秦墓竹简》，北京：文物出版社，1990 年，"释文·注释"，第 148、150 页）；岳麓秦简记载的"识劫婉案"中，县廷就原告婉的身分究竟是沛的免妾还是妻子一事讯问乡吏，"卿（乡）唐、佐更曰：婉免为庶人，即书户籍曰'免妾'，沛后妻婉，不告唐、更，今籍为免妾，不智（知）它"；秦汉时期民众外出取传，也需要由乡吏向县廷作出"户籍在乡"、"无官狱征事"等保证（朱汉民、陈松长主编：《岳麓书院藏秦简（叁）》，上海：上海辞书出版社，2013 年，第 159 页）。这些显然都要求乡吏在查询户籍后，作出回复。即使上级机构保存的户籍副本，也不是一封了之。汉初《二年律令》规定对县廷保存的户籍，"节（即）有当治为者，令史、吏主者完封奏（凑）令若丞印，啬夫发，即杂治为"（张家山二四七号汉墓竹简整理小组编著：《张家山汉墓竹简（二四七号墓）》（释文修订本），北京：文物出版社，2006 年，第 54 页）；东晋南朝为了纠正户籍伪滥，甚至在中央设立了专门的校籍官。

② 《晋书》卷 44《华廙传》，北京：中华书局，1974 年，第 1260—1261 页。

代户籍最高只保存于县级机构明显不同。

目前未见西晋户籍实物，但楼兰出土过泰始年间（265—274）与户籍性质类似的纸质家口簿。① 《晋令》所谓"籍皆用一尺二寸札"，从其描述的户籍长度再结合对西晋户籍著录内容、编造制度的考查，西晋的户籍应该是县廷编造并至少上呈郡国的纸本户籍。②

二、"诸户口黄籍"

《晋令》开头"郡国诸户口黄籍"是目前所见史书有关黄籍的最早记载。此处将户口与黄籍联系起来，再加上东晋南朝史书中多次出现的黄籍都是指户籍，所以学界无一例外将《晋令》中的黄籍理解为户籍。最近韩树峰提出不同意见，为避免曲解其原意，以下完整引述他的说法：

> 黄籍如果是户籍，自然以记录户口为主要内容，不书"户口"，其义自明，而《晋令》却增加"户口"两字，不仅遣词拖沓，而且语意重叠，给人以画蛇添足之感。"户籍"作为一个概念，自秦代以来就已出现，在西晋继续存在是毫无疑问的，这意味着，晋人可以把"户口黄籍"替换为"户口户籍"，这样就不仅是语意而且用字也颇为重叠。如此表达方式无须说对遣词用字特别讲究的晋人感觉不佳，即使今人也会感觉相当不畅。……"户口黄籍"导致语意重叠，仅是形式问题，对理解户籍尚构不成根本性的障碍，但令文将"诸"置于"户口黄籍"之前，问题就比较突出了。倘若黄籍为户籍，"郡国诸户口黄籍"即"郡国诸种

---

① 侯灿、杨代欣编著：《楼兰汉文简纸文书集成》，成都：天地出版社，1999年，第556—557页。

② 湖南郴州苏仙桥出土的数百枚简牍主要是晋惠帝时期桂阳郡的上计簿，根据《太平御览·文部·纸》引《桓玄伪事》中桓玄的说法，"古无纸，故用简，非主于敬也"（《太平御览》卷605《文部·纸》，第2724页上栏）；反过来就是说，在简纸并用时期，由于造纸技术比较落后，官府正式（尤其是重要的）上行文书仍主要使用简牍，郡国每年呈报中央的上计簿用简而非纸是很自然的事。但户籍与上计簿不同，前者作为管控人口和征发赋役的基础帐簿主要保存在郡县机构，再加上编造户籍因其工作时间紧、任务重且一式几份，更有使用纸质材料的动力和紧迫性。

（或各种）户口户籍"之意，这意味着西晋郡国掌管的户籍不止一种。同时，"籍皆用一尺二寸札"之"皆"字也说明，黄籍至少包含两种以上的户籍。……即使承认西晋有多种形式的户籍，将黄籍视为户籍仍存在很大的问题。

照此理解，黄籍既可以指这种户籍，也可以指那种户籍，如此一来，黄籍就成为广义上的户籍，这时是否还有以"诸"修饰的必要？令文加"诸"字，是否有自找麻烦之嫌？……《晋令》条文语意重叠、扞格难通，是在将黄籍视为户籍的前提条件下产生的。面对这种窘境，承认前提条件的错误，大概是解决问题的唯一途径。黄籍不是户籍，又是什么簿籍呢？答案如字面所示，黄籍即黄色的簿籍。如前所论，黄色简牍用以书写重要文书，与户口有关的一些文书无疑是重要的，因此要写在黄色简牍之上。照此理解，令文之意就基本畅通无阻了，即：郡国的各种户口簿籍均以一尺二寸长的简札书写，在官府服役者的名字应记录于户口簿籍之上。如果追求更准确的说法，该令文中的黄籍并不包括户籍，而是指户籍以外的其他各种户口文书，因为在简牍时代，郡国本不典藏户籍，户籍也不著录徭役，而该令文的规定却恰好与此相反。①

韩树峰反对将《晋令》中的黄籍解释成户籍，其中一个前提就是将用于书写户籍的"札"理解为简牍，我们前面已经作过分析。上面的引述中，韩树峰重点围绕"郡国诸户口黄籍"尤其是其中的"诸"字展开了细致推理，提出黄籍并非户籍的结论。那么，这句话该如何理解呢？

"郡国诸户口黄籍"一语中，"诸"明显修饰"户口"，"诸户口"也就是多种户口、人户的意思。与汉代编户齐民承担同样的赋役相比，魏晋时期明显具有"户役"的特征。在战乱造成的人口锐减、民众频繁逃移流徙的情况下，当时的统治者为保证稳定的劳动力供给和社会稳定，将治下编户划分为多种人户，以承担国家不同的义务。除了郡县民之外，我们熟知的人户还有屯田户、士家等。其中，屯田户隶属于典农官，耕种国有土地，向官府交纳五成或六成的高额地租；

---

① 韩树峰：《汉晋时期的黄簿与黄籍》，《史学月刊》2016年第9期，第29—30页。

士家集中居住在军营，父子相继为兵，执戈征伐戍守。与郡县民不同，屯田户与营居兵户隶属于不同的机构，各自单独编籍。西晋泰始二年晋武帝下诏"罢农官为郡县"，① 作为单独人户的屯田民就在历史上消失了；到泰始四年颁布《晋律》时，与郡县民分治的人户大概就只有兵户了。

事实上，除了与民分治的屯田民、兵户外，魏晋时期郡县行政也管辖多种人户。郴州苏仙桥西晋简就有以下记载：

> 定丁男一千九百八十九军将州郡县吏民士卒家丁(1—35)
>
> 定丁男八百三军将郡县吏民士卒家丁　　　　　 (3—402)

这是晋惠帝时期的上计资料。秦汉时期的"吏民"泛指编户齐民，孙吴简中仍可以见到这样的用法，如将登载包括士卒、吏、民在内的人口簿称为"吏民"簿。但此处既称"军将吏民士卒家"，也就意味着"吏家"、"民家"与"军将家"、"士卒家"分列。尽管晋武帝太康三年"罢州郡兵"，但到惠帝元康（291）之后又恢复了地方武装。② 同出郴州简也有便县"卒十三人"、晋宁县"卒十二人"的记载。按上引郴州简的说法，当时桂阳郡掌握的人户中除郡县民外，还有军将户、兵户和吏户，其户籍也是由当地官府管理。

史籍对军将户的记载很少，《宋书》卷83或许是出身为将家的合传。③ 其中，宗越"（范）凯之点越为役门。出身补郡吏……太守夏侯穆嘉其意，擢为队主"；武念"本三五门，出身郡将"；佼长生"出身为县将，大府以其有膂力，召为府将"；蔡那"始为建福戍主，渐至大府将佐"；曹欣之"为军主"；吴喜"初出身为领军府白衣吏"；黄回"竟陵郡军人也，出身充郡府杂役，稍至传教。……转斋帅，及去职……回随从有功，免军户"，"回同时为将者，临淮任农夫，沛郡周宁民，南郡高道庆，并以武用显"。④ 这样看来，史籍说的"役门"

---

① 《晋书》卷3《武帝纪》，第55页。

② 唐长孺：《魏晋州郡兵的设置和废罢》，《魏晋南北朝史论拾遗》，北京：中华书局，1983年，第149页。

③ 此点承王云菲提示。

④ 《宋书》卷83，北京：中华书局，1974年，第2109、2112、2113、2114、2122、2126页。

或"三五门"很可能就是指将家。将家子弟多数从军府僚佐起家，晋武帝咸宁五年（279）伐吴诏中也提到了对将家的征发：

> 今调诸士，家有二丁三丁取一人，四丁取二人，六丁以上三人，限年十七以上，至五十已还，先取有妻息者，其武勇散将家亦取如此，比随才署武勇掾史，乐市马为骑者署都尉司马。①

这里的"散"应是指在军中未有实际职掌。将家同样按兵户的比例抽调，子弟入伍后担任掾史之类僚属。这些人通常被史籍称为军吏或将吏。《三国志·吴书·张温传》说选曹郎暨艳"弹射百僚，核选三署，率皆贬高就下，降损数等，其守故者十未能一，其居位贪鄙，志节污卑者，皆以为军吏，置营府以处之"，说明军吏与兵户一样，携带家属随营居住。② 义熙十一年（415）三月，刘裕平定司马休之后下令："荆、雍二州，西局、蛮府吏及军人年十二以还，六十以上，及扶养孤幼，单丁大艰，悉仰遣之。穷独不能存者，给其长赈。府州久勤将吏，依劳铨序。"③ 对普通兵、吏的优抚措施与将吏不同，前者给予恩免，后者加职进阶。不过，史籍很多时候也将"将吏"或者"军吏"泛称为兵。④ 长沙走马楼孙吴简中就有乡劝农掾受命隐核乡界军吏父兄子弟人名、年纪的文书，⑤ 其性质、内容与隐核吏户的情况大致一样。

以往研究军事史尤其人口史的学者通常根据《宋书》中《州郡志》及《刘

---

① 许敬宗编：《日藏弘仁本文馆词林校证》，北京：中华书局，2001年，第221—222页。
② 《三国志》卷57《吴书·张温传》，北京：中华书局，1982年，第1330—1331页。又如《三国志》卷48《吴书·孙晧传》裴松之注引《吴录》就记载孟仁"初为骠骑将军朱据军吏，将母在营"（第1169页）。
③ 《宋书》卷2《武帝纪中》，第35页。
④ 南齐时王敬则反，《南齐书·张环传》载传主"遣将吏三千人迎拒于松江"（《南齐书》卷24《张环传》，北京：中华书局，1972年，第455页），《南史·张环传》载此事，则曰"遣兵迎拒于松江"（《南史》卷31《张环传》，第814页）。
⑤ 相关简文及研究成果参见王素：《长沙吴简劝农掾条列军州吏等人名年纪三文书新探》，武汉大学三至九世纪研究所编：《魏晋南北朝隋唐史资料》第25辑，武汉：武汉大学文科学报编辑部，2009年，第1—18页。

劢传》中朝廷免军户、置郡县的记载，① 强调魏晋时期实行兵民分治，兵户携带家属随营居住，不属郡县管理。事实上，两晋时期并非所有兵户都是随营居住，仍有一部分（尤其是州郡县兵户）住在原籍，隶属当地行政管理。文献记有具体实例，如《晋书·刘卞传》：

> 刘卞字叔龙，东平须昌人也。本兵家子，质直少言。少为县小吏，功曹夜醉如厕，使卞执烛，不从，功曹衔之，以他事补亭子。有祖秀才者，于亭中与刺史笺，久不成，卞教之数言，卓荦有大致。秀才谓县令曰："卞，公府掾之精者，卿云何以为亭子？"令即召为门下史，百事疏简，不能周密。令问卞："能学不？"答曰："愿之。"即使就学。无几，卞兄为太子长兵，既死，兵例须代，功曹请以卞代兄役。令曰："祖秀才有言。"遂不听。②

太子长兵是宿卫东宫、隶属太子卫率的兵士，刘卞兄长当时应该在京师服役。刘卞在本县先后做过小吏、亭子、门下史，刘卞兄长死后，县功曹就想借按例补代的机会，征发刘卞服兵役，结果被县令拒绝。刘卞显然就住在须昌县。名士王尼也出身兵家，史书说他原籍城阳，以后寓居洛阳，实际上他已经在洛阳落籍。《晋书·王尼传》说：

> 初为护军府军士，胡毋辅之与琅邪王澄、北地傅畅、中山刘舆、颍川荀邃、河东裴遐迭属河南功曹甄述及洛阳令曹摅请解之。摅等以制旨所及，不敢。辅之等赍羊酒诣护军门，门吏疏名呈护军，护军叹曰："诸名士持羊酒来，将有以也。"尼时以给府养马，辅之等入，遂坐马厩下，与尼炙羊饮酒，

---

① 《宋书·州郡志一》"南徐州"条："蕃令，别见。义旗初，免军户立遂诚县，武帝永初元年，改从旧名。薛令，别见。义旗初，免军户为建熙县，永初元年，改从旧名。"（《宋书》卷35《州郡志一》，第1043页）《宋书·刘劢传》记刘劢杀父后，为平定四方义兵，下令"自永初元年以前，相国府入斋、传教、给使，免军户，属南彭城薛县"，"焚京都军籍，置立郡县，悉属司隶为民"。（《宋书》卷99《刘劢传》，第2428、2433页）

② 《晋书》卷36《刘卞传》，第1077—1078页。

醉饱而去，竟不见护军。护军大惊，即与尼长假，因免为兵。①

曹摅在齐王冏执政之前，曾两度出任洛阳令。功曹一职本主选举，但结合上引《刘卞传》的例子看，郡县功曹也负有发遣、补代所在地兵士的职责。胡毋辅之等人一再请求曹摅和甄述，希望王尼所在郡县在征兵之始就将其从征发名单中剔除，但没有实现，最终由王尼服役的军府放免了他的兵役。又如士家赵至，《晋书》本传说：

赵至字景真，代郡人也。寓居洛阳。缑氏令初到官，至年十三，与母同观。母曰："汝先世本非微贱，世乱流离，遂为士伍耳。尔后能如此不？"至感母言，诣师受业。闻父耕叱牛声，投书而泣。师怪问之，至曰："我小未能荣养，使老父不免勤苦。"师甚异之。②

"寓居洛阳"中的"洛阳"是个大的地理概念，赵至实际居所在河南郡缑氏县。《晋书》记载的这段史料源自嵇绍《赵至叙》："至字景真，代郡人。汉末，其祖流宕客缑氏。令新之官，至年十二，与母共道傍看……"③ 与前引王尼一样，代郡不过是赵至原籍，实际上早在他祖父时就迁到缑氏县，并在当地落了籍。④ 赵至是兵户，他与父母住在一起，随母亲目睹了缑氏令上任，说明赵至全家一直生活在缑氏县，没有住在专门的兵营。东晋后期士兵逃亡严重，王羲之给尚书仆射谢安上书中说：

自军兴以来，征役及充运死亡叛散不反者众，虚耗至此，而补代循常，

---

① 《晋书》卷49《王尼传》，第1381页。
② 《晋书》卷92《文苑·赵至传》，第2377页。
③ 刘义庆著，刘孝标注，余嘉锡笺疏，周祖谟等整理：《世说新语笺疏》卷上之上《言语》，北京：中华书局，2007年，第88页。
④ 西晋初年，盛彦批评当时士人高标郡望的风气，指出他们本来籍贯已改，但习惯上仍称本籍而将新籍说成寓居，"今日侨居之族，其先人始祖不出是国，枝叶播越，居之数代，公实编户而私称寓客，营家则号为借壤，进官则名曰寄通"。（《通典》卷68《礼·嘉礼》，北京：中华书局，1988年，第1891页）

所在凋困，莫知所出。上命所差，上道多叛，则吏及叛者席卷同去。又有常制，辄令其家及同伍课捕。课捕不擒，家及同伍寻复亡叛。百姓流亡，户口日减，其源在此。又有百工医寺，死亡绝没，家户空尽，差代无所，上命不绝，事起或十年、十五年，弹举获罪无憩息，而无益实事，何以堪之！谓自今诸死罪原轻者及五岁刑，可以充此，其减死者，可长充兵役，五岁者，可充杂工医寺，皆令移其家以实都邑。都邑既实，是政之本，又可绝其亡叛。不移其家，逃亡之患复如初耳。今除罪而充杂役，尽移其家，小人愚迷，或以为重于杀戮，可以绝奸。刑名虽轻，惩肃实重，岂非适时之宜邪！①

王羲之时任会稽内史，他提到当时法律规定，士兵叛亡，同家以及同伍之人皆有抓捕义务，如果不能擒获，就要受到惩处。这些士兵显然住在州县，与民户一起编入户籍，纳入什伍组织。所以他建议谪发罪犯为兵，并将他们的家庭迁送都邑以便加强控制。齐东昏侯永元二年（500），益州长史萧颖胄奉萧宝融举义，萧宝融为笼络军心，下教曰："所领内系囚见徒，罪无轻重，殊死已下，皆原遣。先有位署，即复本职。将吏转一阶。从征身有家口停镇，给廪食。"②从教令的语气看，携带家属赴军镇的也只是一部分士兵。

吏户的问题比较复杂，学术界也有激烈争论。唐长孺最早提出吏户的说法，并专门讨论了吏户的产生和发展过程。③此后，中古史学界很长一段时间普遍接受"吏户说"并作了进一步申论。近十几年来，黎虎先后发表了一系列文章，对"吏户说"提出质疑，认为孙吴时期的吏与民同为基层编户，并无专门独立的户籍，进而分析了两晋南朝史籍中"吏"与"军吏"的含义，否认吏具有世袭性和卑贱性的特点，得出这一时期并不存在"吏户"的观点。④孟彦弘撰文回应

① 《晋书》卷80《王羲之传》，第2098页。
② 《南齐书》卷8《和帝纪》，第111页。
③ 唐长孺：《三至六世纪江南大土地所有制的发展》，上海：上海人民出版社，1957年，第41、30页；《魏晋南北朝时期的吏役》，《江汉论坛》1988年第8期。
④ 黎虎：《"吏户"献疑——从长沙走马楼吴简谈起》，《历史研究》2005年第3期；《魏晋南北朝"吏户"问题再献疑——"吏"与"军吏"辨析》，《史学月刊》2007年第3期；《魏晋南北朝"吏户"问题三献疑》，《史学集刊》2006年第4期；《魏晋南北朝"吏户"问题四献疑》，《宜春学院学报》2016年第10期。

称，吏户的本质特征是其身分的世袭性，是否单独编籍以及地位高低与吏户没有必然联系。①

为避免行文枝蔓，关于吏户问题，只简单谈几点结论性看法。

（1）讨论吏户的材料主要有两条。第一条是《三国志·孙皓传》引《晋阳秋》中，晋武帝太康元年平吴时，"（王）浚收其图籍，领州四，郡四十三，县三百一十三，户五十二万三千，吏三万二千，兵二十三万，男女口二百三十万"。② 从书写方式分析，"吏三万二千，兵二十三万"只能与"户五十二万三千"相联系，不能与"男女口二百三十万"联系起来讨论。也就是说，孙吴图籍记载的吏、兵数只能解释为户数，而非口数；《续汉书·郡国志一》刘昭补注引皇甫谧《帝王世记》记载曹魏正始五年（244）"扬威将军朱照日所上吴之所领兵户凡十三万二千"，③ 也说明了这一点。

第二条材料是孙休永安元年（258）十一月壬子诏："诸吏家有五人，三人兼重为役，父兄在都，子弟给郡县吏，既出限米，军出又从，至于家事无经护者，朕甚愍之。其有五人，三人为役，听其父兄所欲留，为留一人，除其米限，军出不从。"④ 唐长孺解释"家有五人，三人兼重为役"为五丁抽三，也就是征发兵士时的"三五发卒"；黎虎将此句理解成"五口之家有三人从役"，恐怕不符合事实。不过，笔者也不同意唐长孺关于吏家几乎空户从役的分析。根据笔者对孙休诏书的理解：一家五名丁男中，三人被派往都城、郡县服役，家中剩下的两名丁男既要耕田交纳限米，又要从军出征。所有丁男背负了繁重的任务，从而导致"家中无经护者"，所以孙休下诏，在"三五发丁"前提下，允许家长从剩余的两名丁男中指定一个不承担国家义务、专事照顾家庭的人。

（2）按照孙休诏书所说，吏家丁男的义务就是要承担各级官府机构的吏役，以及耕种作为特殊人户的限田。由此看来，吏家受到的役使和郡县民大不相同。

---

① 孟彦弘：《吴简所见的"子弟"与孙吴的吏户制——兼论魏晋的以户为役之制》，武汉大学中国三至九世纪研究所编：《魏晋南北朝隋唐史资料》第 24 辑，武汉：武汉大学文科学报编辑部，2008 年，第 1—22 页。
② 《三国志》卷 48《吴书·孙皓传》，第 1177 页。
③ 《续汉书·郡国志一》，《后汉书》，北京：中华书局，1965 年，第 3388 页。
④ 《三国志》卷 48《吴书·孙休传》，第 1157 页。

孙休诏"诸吏家有五人，三人兼重为役"与晋武帝伐吴诏"今调诸士，家有二丁三丁取一人"的用语如出一辙；"士家"的法定义务是当兵作战，"吏家"的法定义务是承担官府机构吏役。"士家"是毫无疑问的兵户，"吏家"自然可称为吏户。从孙吴简关于临湘县辖乡受命专门调查吏户父兄子弟情况的文书（J22—2543、J22—2546、捌·3342—1）可以看出，官府重点掌握吏户男性家庭成员身体是否健康、能否承担吏役等情况，其目的显然是为了保证吏役征发。简文多次提到"以下户民自代"，说明如果吏户中若无人满足吏役要求，也要自行找人代役，而且必须是从下品户中寻找，官府对此不管不顾，只是将吏役摊派到吏户头上。

（3）"吏户"是否有单独的户籍是争论的焦点。需要指出的是，是否形成与郡县民不同的特殊人户，并不以这些人户单立户籍为前提。① 我们分析了魏晋时期的兵户，这类特征最明显的人户也不像学界以前理解的那样全部集中居住于军营，单独编制户籍；而是有一部分住在郡县，户籍归当地官府管理。走马楼吴简中可以见到两份写有"黄簿"字样的户籍簿，崔启龙复原的"嘉禾五年春平里黄簿民户口食人名簿"中不仅载录郡县民户，还包括了郡县吏户、郡县卒户在内的各类人户。② 西晋郴州简"定丁男四千二百六十军将州郡县吏民士卒家丁"（2—140）、"定丁男八百三军将郡县吏民士卒家丁"（3—402）等，将桂阳郡所辖编户分成了军将、吏、卒等人户，也能充分说明这一点。

当然，笔者无意否认在编制包括各类人户在内的基本户籍的同时，郡县为了加强对普通民户以外其他重点人户的管理和控制，也会编造各类专门的职役户籍。孙吴简中除记载上述著录各类人户的黄簿外，还有"☑□□□□军吏父兄子弟人名年纪簿"（贰·7091）、"☑模乡谨列军吏父兄人名年纪为簿"（叁·

---

① 这一点，最明显的如明代的情况。明代有民户、军户、匠户、灶户等各类人户，《大明律·户项》明确规定"人户以籍为定"，但当时乡里编造的赋役黄册中，不只登录民户，而是包括了军户、匠户、灶户等各种人户，所谓"黄册备载天下户口、田粮，军民灶匠之区别，民生物产之登耗，皆系于此"。（赵官等编纂：《后湖志》卷10《事例七》，第173页）

② 崔启龙：《走马楼吴简所见"黄簿民"与"新占民"再探——以嘉禾五年春平里相关簿籍的整理为中心》，中国文化遗产研究院编：《出土文献研究》第18辑，上海：中西书局，2019年，第353页。

3814）、"集凡南乡领军吏父兄弟合十九人　中"（叁·464）等简文。[1] 孙吴沿承汉制，也是每年八月造籍，吴简保存嘉禾四年广成乡平乐里吏民人名年纪口食簿的同时，[2] 也有嘉禾四年八月二十六日广成乡劝农掾区光言条列军吏父兄子弟人名、年纪的帐簿。[3] 如嘉禾四年八月二十六日诸乡劝农掾条列乡界州吏父兄子弟人名、年纪簿：

例 1：

1. ‖※东乡劝农掾殷连［言］：被书条列州吏父兄人名年纪为簿。辄料核乡界，州吏二人，父

2. ‖※兄二人，刑踵、叛走，以下户民自代。谨列年纪以审实，无有遗脱。若有他官所觉，连

3. ‖※自坐。嘉（禾）四年八月廿六日破菂保据。

（J22—2543）

例 2：

1. ‖※广成乡劝农掾区光言：被书，条列州吏父兄子弟状、处、人名、年纪为簿。辄隐核乡

2. ‖※界，州吏七人，父兄子弟合廿三人。其四人刑踵聋欧病，一人被病

① 长沙简牍博物馆等编著：《长沙走马楼三国吴简·竹简（贰）》，北京：文物出版社，2007 年，第 862 页；《长沙走马楼三国吴简·竹简（叁）》，第 808、728 页。

② 相关简文如："嘉禾四年平乐里户人公乘侯□年廿筭一"（肆·1973）、"嘉禾四年平乐里户人公乘邓□年卅二腹心病"（肆·1974）、"嘉禾四年平乐里户人公乘谷皃九十二 ☑"（肆·2720）等。（长沙简牍博物馆等编著：《长沙走马楼三国吴简·竹简（肆）》，北京：文物出版社，2011 年，第 668、686 页）

③ 参见长沙简牍博物馆编著：《长沙简牍博物馆藏长沙走马楼吴简书法研究》，杭州：西泠印社，2019 年，第 29—32 页。目前见到的只是乡吏的呈文，但呈文前也附有著录军吏相关家庭成员的户口簿。广成乡这枚木牍公布得比较晚，此前学者广泛讨论过同样性质的都乡劝农掾郭宋条列军吏父兄子弟人名、年纪文书，多数学者认为该文书与编造户籍相关，故将其视作户籍文书，参见王素《长沙吴简劝农条列州军吏等人名年纪三文书新探》所引相关学术史。（武汉大学中国三至九世纪研究所编：《魏晋南北朝隋唐史资料》第 25 辑，第 1—18 页）王素主张秦汉及承汉而来的孙吴都是三年一造籍，嘉禾四年非造籍年，认为该件文书属于括户文书。事实上，秦汉以及孙吴都是一年一造籍。由于女子不服役，这些军吏户口簿籍只登录家庭中的男性，不记载女性。

物故，四人真身已送及，

3. ‖‖随本主在宫，十二人细小，一人限佃，一人先出给县吏。隐核人名、年纪相应，无有遗脱。

4. ‖‖若后为他官所觉，光自坐。嘉禾四年八月廿六日破莂保据。

（J22—2546）①

例3：

1. ‖‖南乡劝农掾谢韶被书，条列乡界州吏父兄子弟 年 一以上状、处为簿。辄部岁伍潘祇、谢

2. ‖‖黄、巨力、谢琤、陈鲁等条乡领州吏父兄子弟合十二人。其二人被病物故，一人先给郡吏，一人老

3. ‖‖钝刑盲，七人细小。谨破莂保据，无有遗脱、年纪虚欺，为他官所觉，韶自坐。嘉禾四年

4. ‖‖八月廿六日破莂保据。

（捌·3342—1）②

从文末标注的时间可以看出，这是东乡、广成乡、南乡应临湘县统一要求调查界内吏户男性家属的人数、身体状况以及服役的呈文。与军吏父兄子弟簿一样，因为女子不服吏役，所以只调查男性。与木牍编连在一起的，还有记载这些州吏男姓家属的具体名籍：

州吏邓忠 （叁·1804）

忠子男仲年十五任给吏 （叁·1805）

州吏樊嵩 （叁·1815）

☑嵩子男成年十四细小随嵩移居湘西县（叁·3038）

---

① 长沙市文物考古研究所等编著：《长沙走马楼二十二号井发掘报告》，《长沙走马楼三国吴简·嘉禾吏民田家莂》，北京：文物出版社，1999年，上卷，第32页。

② 长沙简牍博物馆等编著：《长沙走马楼三国吴简·竹简（捌）》，北京：文物出版社，2015年，第732页。

⸤嵩⸥男弟盛年七岁细小与嵩移居湘西县烝口　　　　　（叁·1631）

嵩祖父华年七十六老钝　　　　　　　　　　　　　　（叁·1772）

嵩男弟晖年十一细小　　　　　　　　　　　　　　　（叁·1790）

嵩男弟恭年十九先给州吏　　　　　　　　　　　　　（叁·1807）①

这些帐簿著录的只是军吏、州吏家庭中的男性成员，在出土简牍中，还可以见到登载特殊人户全部家庭成员的专门册籍。拥有专业技能的工匠向来是官府管控的重点群体，孙吴简亦记有专门的师佐户，如"其一户给锻佐下品之下"（壹·5429）、"领锻佐一户下品"（贰·836）等。② 韩树峰、沈刚、凌文超复原了吴简中所见的两套"作部工师簿"，③ 从其编造程序看，这两套工师簿，尤其是《竹简》（壹）中收录的是各县先编造好专门登载师佐家庭的簿籍，再按照派役的需要，在簿籍上分别注明"见"、"留"、"别使"、"屯将行"等，最后上报郡府。④ 如敦煌所出《西凉建初十二年（416）正月敦煌郡敦煌县西宕乡高昌里籍》(S.113)，该籍保存完整或基本完整的人家共 8 户，按户主的身分标注，计有"兵" 3 户、"散" 4 户及"大府吏" 1 户。学界对其性质意见不一，但如果认清"太府吏"、"散"的含义，再结合籍中丁中身分不及女子的记载看，就会发现其显然是一件兵户户籍；而从该籍标注的户主郡县乡里籍贯看，这些兵户被纳入当地户籍管理体制，因此《西凉建初籍》应是敦煌地方机构编造的郡县兵户

---

① 凌文超对此做了一定程度的复原，参见《走马楼吴简隐核州、军吏父兄子弟簿整理与研究——兼论孙吴吏、民分籍及在籍人口》，《中国史研究》2017 年第 2 期，第 90 页。

② 长沙市文物考古研究所等编著：《长沙走马楼三国吴简·竹简（壹）》，第 1007 页；长沙简牍博物馆等编著：《长沙走马楼三国吴简·竹简（贰）》，第 735 页。

③ 韩树峰：《长沙走马楼所见师佐籍考》，北京吴简研讨班编：《吴简研究》第 1 辑，武汉：崇文书局，2004 年，第 167—189 页；沈刚：《〈长沙走马楼三国吴简（竹简（壹））〉所见师佐籍格式复原及相关问题探讨》，《文史杂志》2008 年第 6 期；凌文超：《走马楼吴简两套作部工师簿比对复原整理与研究》，卜宪群、杨振红主编：《简帛研究》2009 年卷，桂林：广西师范大学出版社，2011 年，第 162—237 页。

④ 这种操作和上引《晋书·刘卞传》《王尼传》反映的征兵程序差不多，《南齐书》卷 16《百官志》也说大凡"兵士百工补役死叛考代年老疾病解遣"等事宜均由尚书右丞负责（第 321 页）。

户籍。①

中国古代户籍制度不仅是对人口、资产的登记制度，也是对民户居住地进行管理的制度。户籍制度从春秋战国时期确立开始，就与什伍制度联系在一起。无论是《管子·度地》篇保存的最早造籍法令中提到的"定什伍口数"，② 还是秦献公十年的"为户籍相伍"，③ 都是说要将民户按居住地相邻原则编入户籍。孙吴简中有"岁伍"调查户口的记录，④ 甘肃玉门花海出土的《晋律注》保存有"□同伍罪二等"、"其将吏□伍长不能捕得罚？金？"等有关《捕律》的条文，⑤ 上引《晋书·王羲之传》也提到兵士逃亡，同伍有课捕的义务，说明魏晋时期仍在实行什伍制度。这意味着当时除了部分营居兵户外，住在郡县的人户都是按照居住比邻的原则著录到户籍上的。《晋令》所谓"郡国诸户口黄籍"，是说居住在当地，包括民户、兵户、吏户等在内的各种人户都著录在郡县编制的户籍上；至于"籍皆用一尺二寸札"，我们不清楚这是指基础户籍中不同人户的标注，还是指除了基础户籍，同时还有各种专门的职役户籍。考虑到这一时期史籍记载的黄籍都是指登载全部编户民的基础户籍，笔者更倾向于前者。

三、正户与黄籍

《晋令》谓黄籍"已在官役者载名"，唐长孺对此有所疑问："所谓'已在官役者载名'却不好解释，这是说已在官役者方在黄籍上登记呢，还是在已在官役者的姓名下注明呢？"⑥ 实际上，这句话仍是针对户而非人说的，"官役者"意即向国家承担义务的人户，"已在官役者载名"就是说承担国家义务、受官府驱使

---

① 张荣强：《〈西凉建初籍〉与魏晋时期的职役户籍》，《中华文史论丛》待刊。

② 黎翔凤撰，梁运华整理：《管子校注》，北京：中华书局，2004 年，第 1059 页。

③ 《史记》卷 6《秦始皇本纪》，北京：中华书局，1959 年，第 289 页。

④ 如简肆·4523（1）（长沙简牍博物馆等编著：《长沙走马楼三国吴简·竹简（肆）》，第 730 页）、简捌·3342（1）（长沙简牍博物馆等编著：《长沙走马楼三国吴简·竹简（捌）》，第 732 页）。

⑤ 曹旅宁、张俊民：《玉门花海所出〈晋律注〉初步研究》，《法学研究》2010 年第 4 期，第 186、187 页。

⑥ 唐长孺：《三至六世纪江南大土地所有制的发展》，第 93 页。

的人户都著录在黄籍上。① 这和《商君书·境内》"丈夫女子皆有名于上"的意思相近。② 西晋及以前，著录在官府户籍上的民户被称作正户，编入户籍的同时，意味着要向国家承担赋役义务。③ 与正户相对，脱离户籍控制、不承担官府义务的，就是所谓的流民、游民、客民等。《管子·国蓄》反对官府法外征敛，说："以六畜籍，谓之止生。以田亩籍，谓之禁耕。以正人籍，谓之离情。以正户籍，谓之养赢。"唐尹知章注："赢，谓大贾蓄家也。正数之户，既避其籍，则至浮浪，为大贾蓄家之所役属，增其利耳。"④ 在籍人口一旦流亡，往往会成为豪族荫庇的私属，不向国家缴纳赋役。《逸周书·允文》谓"人知不弃，爱守正户"，孔晁注"于守正户，言不逃亡"。⑤《韩非子·亡征》也有"公家虚而大臣实，正户贫而寄寓富"之语。⑥ 这里的正户都是与脱离户籍的逃户、流客相对而言。在统治阶级看来，整个社会就是由接受国家统治的编户齐民和脱离国家控制体系的流民寓客两部分人群组成。⑦

---

① 《魏书》卷110《食货志》："魏初不立三长，故民多荫附。荫附者皆无官役，豪强征敛，倍于公赋。"（北京：中华书局，1974年，第2855页）这里的役不限于徭役，泛指赋役。

② 蒋礼鸿：《商君书锥指》卷5《境内》，北京：中华书局，1986年，第114页。

③ 《汉书》卷10《成帝纪》成帝下诏有"避水它郡国，在所冗食之"一语，注引文颖曰："冗，散也。散廪食使生活，不占著户给役使也。"（第311页）著户也就意味着承担官府役使。

④ 黎翔凤撰，梁运华整理：《管子校注》卷22《国蓄》，第1272页。

⑤ 黄怀信等：《逸周书汇校集注》卷2《允文解》，上海：上海古籍出版社，1995年，第109页。

⑥ 《韩非子集解》卷5《亡征》，北京：中华书局，1998年，第112页。

⑦ 还有一类名义上属于郡县管理，实际并未完全纳入王朝政治体系，因而也不承担正式赋役的特殊人群，即史籍经常提到的归义蛮夷。2008年江陵松柏汉墓出土了一批汉武帝时期的户口资料（朱江松：《罕见的松柏汉代木牍》，荆州博物馆编著：《荆州重要考古发现》，北京：文物出版社，2009年，第211页），将郡县民分成了"使"、"延"两类，每类民户之下又按大男、大女、小男、小女统计。"使"即"使役"，"延"有招引、招徕之意，此处主要指官府招徕的归附蛮夷。古代统治者对蛮夷的管理方式与汉民不同（《汉书》卷44《淮南厉王刘长传》，第2139页），汉民著籍于乡，蛮夷则归县直接管理，走马楼西汉简《都乡七年垦田租簿》也有"临湘蛮夷归义民田不出租"的记载，在蛮夷前特别冠以县名。统治者除了采取因俗而治的方式外，赋役征发上也常常给予蛮夷优免政策（《后汉书》卷86《南蛮西南夷传》，第2842、2831页；《晋书》卷26《食货志》，790页；等等）。由于管理方式不同，史籍往往将这些少数族视作与正式编户不同的人群，如《晋书》卷97《匈奴传》记匈奴降附东汉后、《南齐书》卷15《州郡志下》谓宁州、《宋书》卷97《夷蛮传》记荆雍诸州等。这些例子特别强调"蛮民（夷）"与"编户民"、"齐民"的区别，表明这些归附的少数族并非国家控制的正式编户。

从长沙走马楼吴简保存的临湘县调查私学身分的官文书中，也可以看出黄籍（簿）与官役、正户以及正户与流民的关系：

例 1：

1. 东乡劝农掾番琬叩头死罪白：被曹敕，发[遣]吏陈晶所举私学番

2. 倚诣廷言。案文书：倚一名文。文父广奏辞：本乡正户民，不为遗脱。[辄]

3. 操黄簿审实，不应为私学。乞曹列言府。琬诚惶诚恐，叩头死罪

4. 死罪。

诣功[曹]

5.   十二月十五日庚午白

（简 J22—2695）①

例 2：

1. 小武陵乡劝农掾文腾叩头死罪白：戊戌记曰：各以何日被壬寅书，发遣州所

2. 白私学烝阳诣廷，并隐核人名户籍与不，从来积久，素无到者，隐核知有户籍，

3. 皆会月十五日言。案文书：辄部岁伍谢踝隐核阳，今踝关言：阳，本乡政户民，单

4. 身，与妻汝俱居乡宪坪丘，素不遗脱，当录阳送诣廷。阳为家私使□，

5. [所]负税米诣州中仓，输入未还，尽力绞促。踝须阳还，送诣廷，复言。腾诚

6. 惶诚恐，叩头死罪死罪。诣功曹。

----

① 长沙市文物考古研究所等编著：《长沙走马楼三国吴简·嘉禾吏民田家莂》，上卷，第33—34 页。

7. 十一月廿□日甲□白

（牍 J22—2616）①

例 3：

模乡劝农掾鉏霸叩头死罪白：被辛丑书曰：发遣州所举私学陈凤……凤本乡常领正户民，岁岁随官调役，又不晓书画，愿曹列言府，留凤复民役。

（牍·223）②

例 4：

1. 南乡劝农掾番琬叩头白：被曹敕，摄召私学刘银将送诣廷言。

正户民不为收散，愿曹

3. 列言府，琬诚惶诚恐，叩头死罪死罪

4. 诣功曹

5. 十一月廿四日庚戌白

（伍·3726）③

例 5：

户曹言□遣私学谢达本正户民不应□遗脱□□事

□月八日领户曹……白

（柒·1464）④

---

① 简牍未正式公布，伊藤敏雄最早公布释文，此处转引自徐畅：《走马楼吴简竹木牍的刊布及相关研究述评》，武汉大学中国三至九世纪研究所编：《魏晋南北朝隋唐史资料》第 31 辑，上海：上海古籍出版社，2015 年，第 33 页。

② 录文转引自王素：《长沙走马楼三国吴简时代特征新论》，《文物》2015 年第 12 期，第 70 页。

③ 长沙简牍博物馆等编著：《长沙走马楼三国吴简·竹简（伍）》，北京：文物出版社，2018 年，第 806 页。

④ 长沙简牍博物馆等编著：《长沙走马楼三国吴简·竹简（柒）》，北京：文物出版社，2013 年，第 762 页。

学者围绕孙吴简中私学的来源、性质等问题，有过激烈争论。① 汉代有簿、籍不分的现象，② 所以走马楼吴简将"黄籍"称作"黄簿"。例1记载临湘侯国功曹下书南乡，要求乡吏核查番倚的私学身分；番琬通过查询黄簿后，确认番倚属于当地著籍人口，不是流民，不应被征发。例2与例1性质类似，就县廷下文核实炃阳是否在户籍著录、著录了多久一事，小武陵乡查询后回复，炃阳是本地政（正）户，从没有逃亡过；所谓乡吏"案文书"，应该就是指其手中掌握的户籍亦即黄簿。例3陈风被州举为私学，但他自称是在本地著籍的正户，年年承担官府的赋徭，故请求免掉私学的役使，恢复郡县民的赋役，"岁岁随官调役"与"复民役"的"役"也就是《晋令》说的"官役"。例4、例5与上述简一样，也说明相对于作为"收散"、"遗脱"的流亡人口而言，"正户民"就是官府控制的编户民，亦即黄簿民。

① 讨论私学身分的文章很多，如胡平生《长沙走马楼三国孙吴简牍三文书考证》（《文物》1999年第5期），王素《长沙走马楼三国孙吴简牍三文书新探》（《文物》1999年第9期）、《"私学"及"私学弟子"均由逃亡户口产生》（《光明日报》2000年7月21日），王素、宋少华《长沙走马楼三国吴简的新材料与旧问题——以邸阁、许迪案、私学身份为中心》（《中华文史论丛》2009年第1期），侯旭东《长沙三国吴简所见"私学"考——兼论孙吴的占募与领客制》（李学勤、谢桂华主编：《简帛研究》，桂林：广西师范大学出版社，2001年，第514—522页），李迎春《走马楼简牍所见"私学"身份探析》（《考古与文物》2010年第4期）以及凌文超《走马楼吴简举私学簿整理与研究——兼论孙吴的占募》（《文史》2014年第2辑）等。笔者认为，与此前秦汉以及之后的两晋史籍记载一样，孙吴时期的私学弟子应指在私人名下读书求学的人。孙权建国后很长时间未兴办官学，孙休永安元年十一月始设五经博士，"科见吏之中及将吏子弟有志好者，各令就业。一岁课试，差其品第，加以位赏"。（《三国志》卷48《吴书·孙休传》，第1158页）在此之前，官僚队伍应当主要从私学系统补充。从春秋战国之际创设户籍制度开始，古代官府为了严格管控民众，禁止百姓离开原籍随意流动，但对包括私学、商人在内的一些特殊职业群体网开一面，允许他们在接受官府管理的前提下，往来各地。睡虎地秦简提到的"游士符"，就应当是官府发给游学之人的身分凭证。走马楼吴简所见私学身分作为特殊人户有两种：一种为本地的私学，他们是著录在当地户籍、被官府纳入编户齐民体制的"正户"；一种是寄居临湘县的外地私学，它们不在本地著籍，但也被置于当地官府管理之下。孙吴嘉禾年间，官府为了加强对外来人口管理、增加劳动力供应，下令让流亡当地的"比郡县及方远客人"就地著籍的同时，又让官吏举荐合乎规定的寓居当地的私学到官府乃至军事机构任职服役。官吏为了隐藏带有依附人口性质的私学，又要完成官府下达的指标，就出现了举在籍正户为私学试图蒙混过关的行为。在吴简中见到有乡吏核查发现被举者"为正户民，不应为私学"，此类简牍，应该就是这一情况的反映。

② "籍，簿书也。"（《说文解字》卷5《竹部上》，第95页）

古代统治者解决流民的方式不外乎两种，最常见的就是遣送他们返回原籍，如果起不到效果或遭到流民反抗，也会允许流民就地入籍。在汉代史籍见到最多的也是第一种方式，如汉和帝一再要求沿途郡县为返乡流民提供食宿、医药救治，并给予他们"复一岁田租、更赋"的优抚措施。① 但从《汉书·王成传》记载传主招徕流民的事迹，汉和帝永元十五年（103）诏书谓流民"不欲还归者，勿强"② 以及东汉诸帝频频颁布"流民欲自占（籍）者一级"的诏书看，③ 汉代在一定情况下允许不愿回原籍的流民就地占籍。长沙五一广场东汉简收录的"连道奇乡受占南乡民逢定本事"简册，记载了流民在现居地重新占籍的具体事例：

1. 连道奇乡受占南乡民逢定本事

（三一七　2010CWJ1③：152A/B）

2. 本县奇乡民，前流客，留占著，以十三年案算后还归本乡，与男子蔡羽、石放等相比。当以诏书随人在所占。忠叩头死罪死罪，得阆、丰、径移

（三六九　2010CWJ1③：198—6）

3. 书辄逐召定考问。辞：本县奇乡民，前流客，占属临湘南乡乐成里。今□还本乡，埶不复还归临湘，愿以诏书随人在所占。谨听受占定西

（八一　2010CWJ1①：85）

4. 七月一日庚子，连道长均、守丞叩头移临湘，写移书，御唯令史白长吏部其乡吏，明削除

（三八四　2010CWJ1③：200—2A）

5. 定名数，无令重。叩头叩头，如诏书律令。

七月七日开　　掾虑、助史昆著

（三八七　2010CWJ1③：200—5A）④

---

① 《后汉书》卷 4《和帝纪》"永元六年三月庚寅诏"，第 178 页。

② 《后汉书》卷 4《和帝纪》，第 191 页。

③ 《后汉书》卷 5《安帝纪》"永初三年正月诏"，第 212 页；卷 6《顺帝纪》"永建元年正月诏"，第 252 页；等等。

④ 张荣强、张俊毅：《五一广场东汉简"连道奇乡受占南乡民逢定本事"文书的复原与研究》，邬文玲、戴卫红主编：《简帛研究》2020 年卷，桂林：广西师范大学出版社，2021年，第 305—315 页。

这份简册有缺简，但简文意思大致清楚：逢定原本是连道奇乡民，因故流落到了临湘县，并在南乡入籍；过了一段时间后，逢定再次返回连道，提出要重新在原籍落籍。连道县廷就向奇乡下发了"当以诏书随人在所占"的指示，乡吏忠接到县廷的行文后，详细询问了逢定的现状，在此基础上作出了接受逢定占籍的决定，并把结果汇报给了连道。为了不使逢定的名数重复，连道行文临湘县廷，要求削除逢定在临湘的名数。① 汉代不仅对返回原籍的流民给予赋税优免，对就地入籍的流民也是如此。汉灵帝时潘干任溧阳长，"远人聆声景附，乐受一廛。既来安之，复役三年"，② 免除新占籍的流民三年赋役。在地方官府为了博取政绩、竞相招徕流民占籍的汉代，这不会是溧阳县一地的做法。就逢定在连道、临湘之间反复占籍的事例看，他最初在临湘占籍是流民新占，回归连道后，又属于流民返回原籍，不排除他是看到了地方政策漏洞，以频繁占籍的方式实现制度套利。③

汉末丧乱，北方民众纷纷渡江南迁，地处交通要冲的临湘县接受了大量流民。嘉禾二年，留守武昌的太常府下达"丁卯书"，要求荆州境内将"诸郡生子□受居比郡县者及方远客人"就地占上户籍（肆·4483）。④ 长沙吴简中可以见到大量流民占籍的记录，如嘉禾五年春平里吏民口食簿中就有：

---

① 官府不允许一人有两个户籍，逢定在连道重新入籍后，临湘县的户籍就被削除。需要说明的是，秦汉时期民众迁移时，要赴户籍所在地将户籍迁出，再入籍现居地。逢定在连道的占籍实际上是返回原籍，连道没有要求临湘迁出逢定户籍，而是直接让临湘削籍了事，推测连道县在逢定流亡后仍保留着他的户籍。人口增减是汉代考课的重要指标，地方官员为了博取政绩，往往故意不删除逃亡者的户籍。殇帝延平元年（106）七月诏就指责郡国"不揣流亡，竞增户口"（《后汉书》卷4《殇帝纪》，第198页），"揣"当作"㨨"，亦即刊削、删除之义。
② 毛远明校注：《汉魏六朝碑刻校注》，北京：线装书局，2008年，第2册，第35页。
③ 唐代后期，州县官吏为增加境内人口，"迭行小惠，竞诱奸甿，以倾夺邻境为智能，以招萃逋逃为理化"，从而导致有民户"舍彼适此者，既谓新收而获宥；倏忽往来者，又以复业而见优"（《陆贽集》卷22《均节赋税恤百姓六条·其三论长吏以增户加税辟田为课绩》，王素点校，北京：中华书局，2006年，第755页），钻政策空子，逃避赋税征发。
④ 长沙简牍博物馆等编著：《长沙走马楼三国吴简·竹简（肆）》，第729页。

右一户口食三人湘西县民以嘉禾二年 移 来 部 界 佃 种过年十二月廿一
日 占 上户牒

（陆·1386）

右一户口食四人本罗县界民以过嘉禾三年 移 来 部 界 佃 种 过 年十二月
廿一日 占 上户牒

（陆·1424）

右一户口食四人刘阳县民以 嘉 禾 三年 中 移来部界佃 种 过年十二月廿
一日 占 上户牒

（陆·1635）①

这些流民都是集中在嘉禾四年十二月二十一日登上户籍的。流民占籍后，与原居民一起编入官府的正式户籍。上文提到孙吴简中有标注"黄簿"字样的户籍帐簿。根据连先用、崔启龙的复原结果，富贵里、春平里的吏民口食簿由两部分构成，前部分称作"黄簿民户数口食人名簿"，后半部分称为"新占民户数口食人名簿"。② 我们拟定出此类户口簿的大致结构和格式：

1. ○年○里吏民人名年纪口食簿
2. 　　里魁谨列所主黄簿民户数口食人名簿
3. 　　（以下列任调役之黄簿民）
4. 　　（以下列不任调役之黄簿民）
5. 　　　　里魁所领黄簿民○户
6. 　　里魁谨列所主新占民户数口食人名簿
7. 　　（以下分户列新占民）

---

① 长沙简牍博物馆等编著：《长沙走马楼三国吴简·竹简（陆）》，北京：文物出版社，2017 年，第 759、760、764 页。
② 连先用：《试论吴简所见的"黄簿民"与"新占民"》，《文史》2017 年第 4 辑；崔启龙：《走马楼吴简所见"黄簿民"与"新占民"再探——以嘉禾五年春平里相关簿籍的整理为中心》，中国文化遗产研究院编：《出土文献研究》第 18 辑，第 348—387 页。

8.　　里魁所主里新占民合○户口食○人

9.　　　其○人男

10.　　　其○人女

11. 集凡里魁领吏民○户口食○人

12.　　　其○户县吏○品

13.　　　其○户郡县卒○品

14.　　　……

15.　　　定应役民○户

一里的民户按黄簿民、新占民分别统计，最后汇总出总户口数。所谓新占民，是指新入籍的流民。上举吏民簿中将新占民与黄簿民并列，不是说当时的户籍除了黄籍外还有另外的新占民籍；而是旨在注明此次造籍与上一次造籍期间发生的人口变动，同时说明官府对新占民的管理方式与本地原有著录居民有所不同。与汉代一样，吴简中的新占民不过是短期享有赋役优免的标志，[1] 流民一旦在当地著籍，也就成了正式编户。《中乡劝农掾五燕被敕列处男子龙攀正户民事》有载：

1. 中乡劝农掾五燕叩头死罪白：被曹敕，列处男子龙攀是正户 民

2. 与 不，分别言。案文书，攀本乡民，过年占上户牒，谨列言。燕诚惶

3. 诚恐，叩头死罪死罪。

4.　　　　　　诣功曹

5.　　　　　　十一月十二日庚戌白[2]

这里没有说明龙攀的身分，但以往在吴简中见到功曹要求乡吏核实的对象，其

---

① 崔启龙注意到该吏民口食簿中，黄簿民成年男女普遍有"算一"的注记，新占民没有这方面记载，推测孙吴时期的新占民享有一年的算赋优免政策。参见崔启龙：《走马楼吴简所见"黄簿民"与"新占民"再探——以嘉禾五年春平里相关簿籍的整理为中心》，中国文化遗产研究院编：《出土文献研究》第 18 辑，第 348—387 页。

② 长沙简牍博物馆编著：《长沙简牍博物馆藏长沙走马楼吴简书法研究》，第 24 页。

身分都是私学。五茏说得很清楚，龙攀去年在中乡占了籍，也就成了本地正户，不再是流客，所以称他为本乡民。同样，出现在嘉禾五年春平里"新占民户数口食簿"中的周成、伍兵、潘有、问皮等户，在后来的春平里籍簿中的著录格式已与其他民户没有区别，也注记了赀算情况。① 东晋以前，不存在寄籍的说法，流民在现居地著籍后，就与本地居民一起编入正式户籍，虽然可能会享受一定程度的赋役减免，但法律上已经成了承担赋役的正户民，从社会观念看就成了本乡民。

从孙吴简所见临湘县诸乡编制的黄簿可以看出，不只民户，登录其上的包括吏户、兵户在内的各类人户，都是郡县正户。② 以往学界认为兵户、吏户不在郡县著籍，故把兵户、吏户排除在外，只将郡县民视为正户的说法，显然是不对的。至于军营居住的兵户，他们不在郡县著籍，不属于地方正户，但同样承担国家义务。③

魏晋户籍制度的相关史料很少，主要根据《太平御览》卷 606 所引《晋令》并结合出土简牍和传世典籍的零星记载，对这一时期户籍的书写材质、编排方式以及若干专有名词作了探讨。魏晋时期处于简纸更替阶段，随着统治者的大力提倡和造纸技术的不断进步，西晋官府用纸的领域已经非常广泛，而编造户籍因时间紧、任务重且需要一式几份，更有使用纸质材料的动力和紧迫性。与秦汉时期相比，西晋户籍的著录内容更为繁复，编制机构也从原来的乡上移到了县廷，造好后至少还要上呈郡国。如果这一时期仍用形体庞大且笨重的竹册制作，显然不

---

① 崔启龙：《走马楼吴简户籍类相关文书研究——以〈竹简（六）〉为中心》，硕士学位论文，北京师范大学历史学院，2018 年，第 90 页。

② 《劝农掾黄原白为索簪为私学文书》（柒·总 54116［2]）中也有："广成乡劝农掾黄原叩头死罪白：被曹敕，摄录私学索簪诣廷言。案文书：簪名专。与州卒潘止同居共户，本乡领民，不应给私学。愿乞列言。原诚惶诚恐，叩头死罪死罪。"（录文转引自王素、宋少华：《长沙走马楼三国吴简的新材料与旧问题——以邸阁、许迪案、私学身份为中心》，《中华文史论丛》2009 年第 1 期，第 16 页）其中州卒作为乡领民，也就是正户。

③ 魏晋南朝时期官府认可的客户、荫户不属于国家正户。《三国志·吴书·陈表传》记孙权赏赐传主"复人"即客二百家，陈表推辞不受，"辄料取以充部伍。所在以闻，权甚嘉之。下郡县，料正户羸民以补其处"（《三国志》卷 55《吴书·陈表传》，第 1290 页）。与正户相对的"客"只向主人不向国家承担义务，他们"皆注家籍"（《隋书》卷 24《食货志》，北京：中华书局，1973 年，第 674 页），即著录在主人的户籍上，不在官府户籍上单独立户。

可思议。魏晋时期统治者为了保证劳动力供给，改变了以往编户齐民承担相同赋役的方式，转而将民众分为郡县民户、兵户、屯田户、吏户等各类人户，不同人户向国家承担不同的义务。除了集中居住军营的兵户以及受专门管理的屯田户外，其他各类人户都著录在郡县户籍也就是黄籍上，都属于郡县正户。由于承担不同的义务以及社会形势的变化，各类人户的社会地位不尽相同，但无论兵户、吏户，都是法律上的自由民，而非贱民。

学者对户籍被称为"黄籍"解释不一，有人提出是使用黄纸书写之故，也有人认为是从男女"始生为黄"引申而来。① 现在看来，"黄籍"一语显然承自孙吴乃至秦汉时期的"黄簿"。② 韩树峰指出，简牍时代的书写材料同样有黄、白之分，其中黄色的竹简或者是经过涂胶处理、使颜色呈黄色的木简书写重要文书，普通的白色木质简牍书写一般文书。③ 事实上，不仅要考虑竹、木简颜色上的差异，简牍的形制与书写文书的重要性更为密切。西晋杜预《春秋左氏传序》说："大事书之于策，小事简牍而已。"④ 东晋初年，太常询问分封宗室的告庙祝文要用竹册还是白简，书写字体用篆书还是隶书时，博士孙毓回复说："今封建诸王，裂土树藩，为册告庙，篆书竹册，执册以祝，讫，藏于庙。及封王之日，又以册告所封之王。册文不同。前以言告庙祝文，当竹册篆书，以为告庙册，册之文即祝词也。旧告封王、告改年号，故事，事讫皆当藏于庙，以皆为册书。四时享祀祝文，事讫不藏，故但礼称祝文尺一，白简隶书而已。"⑤ 诸如分封诸王、更改年号这样的大事，告庙祝文要用竹册篆书；而如四时享祀类常规祝文，就用白简隶书。之所以有用"竹册"、"白简"之别，孙毓解释得很清楚，"事讫皆当藏于庙，以皆为册

---

① 雷震：《黄、白籍问题与"土断"》，《汉中师院学报》1992 年第 1 期；傅克辉：《魏晋南北朝籍帐研究》，第 4 页。

② 秦汉简牍未见"黄簿"一说，但长沙五一广场东汉简发现一枚封泥匣，上写"□黄牒七百枚诣左贼曹/兼北部贼捕掾辰修叩头死罪白"（长沙市文物考古研究所等编：《长沙五一广场东汉简牍（壹）》，上海：中西书局，2018 年，第 160 页），推测北部贼捕掾向临湘县左贼曹呈报的"黄牒"是与法律案件有关的文书。孙吴简中的"黄簿"亦当是沿承前代。

③ 韩树峰：《汉晋时期的黄簿与黄籍》，《史学月刊》2016 年第 9 期。

④ 杜预：《春秋左氏传序》，严可均校辑：《全上古三代秦汉三国六朝文·全晋文》卷 43，第 1702 页。

⑤ 《通典》卷 55《礼·吉礼》，第 1539—1540 页。

书"，而"事讫不藏"，"白简隶书而已"。需要长期保存的文件用册书，事毕就扔掉的用"白简"。"白简"具体是指什么呢？孙毓提及封王用册书属于"故事"，蔡邕《独断》记载：汉代策封诸侯王、三公时所用策书，"其制长二尺，短者半之，其次一长一短；两编，下附篆书"；如果罢免三公，"亦赐策，文体如上策而隶书，以一尺木两行"。① 看来，孙毓所说与竹册相对的"白简"，实际上指的就是单独的木简或者可以直接谓之木牍。② 由此得出一个结论：在简牍时代，竹册的规格高于木牍，书写在竹册上的文书也比书写在木牍上的重要。

正如祝文根据书写内容的重要程度，分别写在黄色竹册和白色木牍上一样，户籍被称为"黄簿"恐怕也只有存在与之相对的"白簿"这一说法时才有意义。如果秦汉时期被称为"黄簿"的户籍是写在竹册上，而黄、白簿也是成对出现的概念的话，当时是否存在书写于木牍上或者与之相关的户籍类帐簿呢？中国古代户籍是统治者掌控、管理民众的重要工具，纳入国家正式统治的编户齐民和脱离国家正常秩序的流民寓客是统治者重点关注的两部分人群。实际上，官府对流客绝非放任不管，从西北汉简尤其是青岛土山屯汉简可以看出，地方官府对居住在辖区的流民有一定程度的管理，甚至还向他们征收赋役。③ 这就意味着当地官府一定掌握有登记外来人口的帐簿，④ 这种帐簿应该来源于伍符。被认为记载管仲

---

① 蔡邕：《独断》卷上，景印文渊阁《四库全书》，台北：台湾商务印书馆，1986 年，第 850 册，第 878 页。

② 王国维读为"尺一木"。（《简牍检署考》，谢维扬、房鑫亮主编：《王国维全集》，第 2 卷，第 494 页）陈梦家指出："两行乃写诏书的尺一，《独断》所谓'而隶书以尺一木两行'，以其长度称之为'尺一'；以其可容两行，称之为'两行'；以其为两行木牍，称之为'木两行'，即木牍，而《论衡·效力篇》又有所谓'五行之牍'，更宽于此。"（《由实物所见汉代简册制度》，《汉简缀述》，北京：中华书局，1980 年，第 298 页）

③ 青岛土山屯汉墓出土的《堂邑元寿二年要具簿》中有："所收事它郡国民户百廿一、口二百五十一卒册……逋二年所收事它郡国民秋赋钱八百，逋二年所收事它郡国民口钱四百八十三，逋二年所收事它郡国民更卒钱九千二百，逋二年所收事它郡国民冬赋钱四百。"（青岛市文物保护考古研究所、黄岛区博物馆：《山东青岛土山屯墓群四号封土与墓葬的发掘》，《考古学报》2019 年第 3 期）汉哀帝元寿二年（前 1 年），"它郡国民"就是流落到堂邑县的客，堂邑县照样向他们征收各种口钱、赋算和徭役。

④ 唐肃宗时史臣柳芳谈到唐前期的情况，说"浮寄于闾里，县收其名，谓之客户"。（李昉等编：《文苑英华》卷 747《食货论》，北京：中华书局，1966 年，第 3907 页）现在看来，地方这种做法至少汉代就开始了。

言论、最晚成书于汉代的《管子·七法》指出，统治者必须切实掌握符、籍，"符籍不审则奸民胜"；① 东汉末年百姓流亡严重，仲长统提出要"明版籍以相数阅，审什伍以相连持"。② 这里的"籍"、"版籍"指户籍，"符"、"什伍"也就是伍符。与户籍著录的对象不同，伍符登记的是现居地的全部人口，除在籍民外，也包括当地的流动人口。伍符与户籍相辅相成，同样是登记和管控人口的重要工具，但伍符与户籍形制有很大不同。《二年律令·户律》谓："自五大夫以下，比地为伍，以辨券为信，居处相察，出入相司。"③ 伍符是符券的一种，作为可以勘合的凭证，其必然是以木牍而非简册做成，西北居延地区出土过许多这样的士卒家属符。官府登记寄寓人口的帐簿是在伍符基础上制作的，户籍用竹简编制，其著录的对象是被称作正户的本地居民。汉武帝太初元年（前104）改为土德"色上黄"，④ 土和正的含义皆与黄有关，户籍被称为"黄簿"顺理成章。与之相对，登记寄寓人口的帐簿源自木牍制作的伍符，寄寓属于临时居住人口，这与"白"具有临时的意义相合，此种帐簿被称为"白簿"也可以理解。如果从文书保管制度上看，秦汉时期的户籍一年一造，但户籍作为国家管控人口、征发民众赋役的基础台帐，必须长期保存起来，以备日后查核；而寄寓人口流徙不定，官府登录这些人的帐簿也要随之不断调整，没有必要长期保存。这和前引东晋孙毓所说使用简册和木牍的区别一致。

〔作者张荣强，南开大学历史学院教授。天津　300350〕

（责任编辑：窦兆锐　周　政）

---

① 黎翔凤撰，梁运华整理：《管子校注》卷2《七法》，第111页。
② 《后汉书》卷49《仲长统传》，第1653页。
③ 张家山二四七号汉墓竹简整理小组编著：《张家山汉墓竹简（二四七号墓）》（释文修订本），第51页。
④ 《史记》卷12《孝武本纪》，第483页。

制作哀荣：南朝僧尼碑志之兴起[*]

李　猛

摘　要：晋宋时期，名僧去世后，其友朋多作诔赞以寄哀思，而极少为立碑志。齐梁以后，僧尼碑志大量出现，除个别为奉敕撰立外，大部分由太子、诸王、公卿撰立，后梁明帝萧岿甚至亲为其菩萨戒师撰写碑文；不少僧尼甚至是碑与志并立、墓碑与寺碑并立。碑志之外，葬礼规格也不断提高，不少高僧去世后，还会得到赙赠、丧费官给、东园秘器、有司护丧，甚至天子仪仗送葬等高规格葬仪；萧子良与萧衍更先后创定林、开善两个名僧墓地，以集葬名德。官方给予高僧高规格哀仪，实将僧尼纳入传统葬仪中，既凸显其对高僧后事之重视，还可以加强对僧团的管控。僧尼碑志的兴起对南朝碑禁政策有一定冲击，对隋唐僧尼碑志文化的形成亦有一定影响。

关键词：南朝　佛教　僧尼　葬礼　碑志

关于南朝碑志的研究，早在 20 世纪 80 年代，孔稚珪《北山移文》就已是学界关注的热点话题，尤其是围绕其撰写意图，王运熙结合碑文与周颙履历，认为此碑并非为了嘲讽周颙，而主要是友人之间的玩笑。[①] 近年来，中村圭尔对《艺文类聚》所收东晋南朝碑铭与出土石刻作了细致比勘。[②] 朱智武对东晋南朝墓志

---

[*]　本文系国家社科基金青年项目"南朝政治与文学研究"（19CZW017）阶段性成果。
① 王运熙：《孔稚珪的〈北山移文〉》，《汉魏六朝唐代文学论丛》，上海：上海古籍出版社，1981 年，第 79—84 页。
② 中村圭爾：『六朝江南地域史研究』、東京：汲古書院、2006 年、第 384—452 頁。

进行集中梳理，并在此基础上作了较为深入的研究。① 胡宝国根据新出南朝墓志讨论南方境内侨、旧墓葬文化差异及其深层次原因。② 程章灿则对陆倕《石阙铭》《新刻漏铭》重新作了讨论，认为此二碑铭的撰写与当时政治有较为紧密的联系。③ 近年来，利用佛道碑志讨论南朝佛道发展及士人思想的变化，成为学界关注的热点。张子开对《傅大士碑》及《善慧大士录》的源流、刊刻等作了详细梳理。④ 魏斌对《金庭馆碑》、《许长史碑》、乌伤地区四通梁陈碑及建康东郊寺馆碑铭作了深入讨论，⑤ 尤具代表性。此外，孙齐据《南齐隗先生铭》讨论南朝道馆的兴起，⑥ 陈志远据伪造之谢灵运《庐山法师碑》，讨论庐山净土教团的发展。⑦ 这些研究大多从个别碑志着手，并未对南朝僧道碑志作整体观察。

由于南朝碑禁屡申，加上新出碑志又少，所以很长一段时间内，关于南朝碑志的相关研究并无实质性进展。实际上，南朝虽屡次重申碑禁，主要针对的却是中下层士人与广大百姓，即程章灿所谓"私碑"，⑧ 而皇室王侯与极个别大臣，并不在被禁之列。胡宝国详列南朝尤其是梁陈时期所立墓碑和德政碑，认为这一时期立碑须皇帝批准。⑨ 而僧尼作为特殊群体，似不在被禁之列。僧尼碑志在齐

① 朱智武：《东晋南朝墓志研究》，新北：花木兰文化出版社，2014 年。

② 胡宝国：《从南京出土的东晋南朝墓志推论侨旧之别》，武汉大学中国三至九世纪研究所编：《魏晋南北朝隋唐史资料》第 31 辑，上海：上海古籍出版社，2015 年，第 75—87 页。

③ 程章灿：《象阙与萧梁政权始建期的正统焦虑——读陆倕〈石阙铭〉》，《文史》2013 年第 2 辑；《重定时间标准与历史位置——〈新刻漏铭〉新论》，《中山大学学报》2018 年第 5 期。

④ 张子开：《傅大士研究》，上海：上海人民出版社，2012 年。

⑤ 魏斌：《南朝佛教与乌伤地方——从四通梁陈碑刻说起》，《文史》2015 年第 3 辑；《跋金庭馆碑》，《敦煌吐鲁番文书与中古史研究：朱雷先生八秩荣诞祝寿集》，上海：上海古籍出版社，2016 年，第 119—131 页；《南朝建康的东郊》，《中国史研究》2016 年第 3 期。

⑥ 孙齐：《南齐〈隗先生铭〉与南朝道馆的兴起》，武汉大学中国三至九世纪研究所编：《魏晋南北朝隋唐史资料》第 31 辑，第 126—137 页。

⑦ 陈志远：《地方史志与净土教——谢灵运〈庐山法师碑〉的"杜撰"与"浮现"》，武汉大学中国三至九世纪研究所编：《魏晋南北朝隋唐史资料》第 34 辑，上海：上海古籍出版社，2016 年，第 63—75 页。

⑧ 程章灿：《从碑石、碑颂、碑传到碑文——论汉唐之间碑文体演变之大趋势》，荣新江主编：《唐研究》第 13 卷，北京：北京大学出版社，2007 年，第 419—436 页。

⑨ 胡宝国：《杂传与人物品评》，《汉唐间史学的发展》，北京：北京大学出版社，2014 年，第 139—140 页。

梁以后大量涌现，尤其是名僧大德死后多立碑，不仅未被禁，反而甚受帝王尊崇，碑志与赗赠、送葬、赐东园秘器等高规格葬仪，成为他们哀荣的重要内容。本文即以南朝僧尼碑志为中心，讨论其集中出现的过程、背景及其政治文化意义。

一、从诔赞到碑铭：晋宋名僧的身后事

东晋时期，高僧圆寂，其友朋多作诔文，而非碑志。东晋百余年间，僧人与皇室、士大夫交往，前后有较大变化，这与当时佛教政策有紧密关系。东晋明帝虽虔诚信佛，但在位时间甚短，且之后的成帝、康帝和穆帝都无实权，或受制于后宫，或听命于权臣，直到"好重佛法"的哀帝时期，皇室与佛教的关系才有长足发展。[1] 这也是兴宁三年（365）习凿齿《与释道安书》邀请道安协助弘法的背景。[2] 随着僧人与帝王、公卿大臣接触日渐亲密，至孝武帝时，帝王开始关心高僧葬事。如宁康二年（374），竺法潜（字法深）卒于山馆，孝武帝特下诏赗赠：

> 深法师理悟虚远，风鉴清贞，弃宰相之荣，袭染衣之素……奄然迁化，用痛于怀，可赗钱十万，星驰驿送。[3]

竺法潜与明帝、哀帝、简文帝、王导、庾亮等关系密切，故有此荣赠。太元五年（380），竺法义卒于建康，孝武帝"以钱十万，买新亭岗为墓，起塔三级"。[4] 竺法义是孝武帝请至建康讲法的名僧，"常所师咨"，[5] 故有此殊荣，太元十二年卒

---

① 许理和：《佛教征服中国》，裴勇等译，南京：江苏人民出版社，2003年，第167页。

② 武绍卫：《习凿齿〈与释道安书〉考释——兼论日本古抄本〈高僧传〉卷五异文现象》，张伯伟主编：《域外汉籍研究集刊》第16辑，北京：中华书局，2017年，第213—228页。

③ 慧皎：《高僧传》卷4《晋剡东仰山竺法潜传》，北京：中华书局，1992年，第157页。

④ 慧皎：《高僧传》卷4《晋始宁山竺法义传》，第172页。

⑤ 宝唱：《名僧传抄》，《卍续藏经》，台北：新文丰出版股份有限公司，1994年，第134册，第14页下栏。

后，孝武帝下诏赠"赗钱十万，丧事所须，随由备办"。① 较之法潜与法义，法
汰丧葬费用官办，规格更高，是文献所见此项哀荣用于僧尼之首例。刘宋泰始四
年（468），求那跋陀罗去世，明帝深加痛惜，"慰赗甚厚"外，还命"公卿会
葬"，故僧祐等人均盛赞"荣哀备焉"。② "荣哀"，即哀荣，将皇帝赗赠、公卿会
葬视作极大哀荣，体现了当时僧人对高僧葬事的关注。然而，即便是享有如此哀荣
的四位僧人，其身后也并无官方哀悼或纪念性文字。可见，晋宋之际，高僧哀荣还
不涉及哀悼性文字，这类文字的撰写恐怕更多还是以僧人与文士的私谊为纽带。

东晋名僧支遁与士大夫接触最深，太和元年（366）去世，"郗超为之序传，
袁宏为之铭赞，周昙宝为之作诔。孙绰《道贤论》以遁方向子期"。③ 其中，惟
周昙宝所作诔文属哀悼文字。义熙七年（411），支昙谛去世，丘道护为撰诔
文。④ 义熙末，庐山慧远去世，始有立碑之举：

> 遗命使露骸松下，既而弟子收葬。浔阳太守阮保，于山西岭凿圹开隧，
> 谢灵运为造碑文，铭其遗德，南阳宗炳又立碑寺门。⑤

《出三藏记集·慧远法师传》亦载"弟子收葬，谢灵运造碑墓侧，铭其遗德
焉"，⑥ 但无浔阳太守阮保挖墓、宗炳立碑寺门事。《世说新语·文学篇》"殷荆
州曾问远公"条刘孝标注引张野《远法师铭》，亦为叙述文字而非四字铭文。⑦
《庐山记》卷3《远法师传》与卷5《古碑目》均载此碑乃谢灵运撰铭、张野作
序，并记此碑在东林寺，但未载宗炳立寺碑事，⑧ 故对宗炳立寺碑须持存疑态度。

① 慧皎：《高僧传》卷5《晋京师瓦官寺竺法汰传》，第193页。
② 僧祐：《出三藏记集》卷14《求那跋陀罗传》，北京：中华书局，1995年，第550页。
  《名僧传抄》《高僧传》均袭僧祐语。
③ 慧皎：《高僧传》卷4《晋剡沃洲山支遁传》，第163页。
④ 丘道护：《道士支昙谛诔》，道宣：《广弘明集》卷23《僧行篇》，《大正新修大藏经》，
  台北：新文丰出版股份有限公司，1983年，第52册，第263页下栏—264页中栏。
⑤ 慧皎：《高僧传》卷6《晋庐山释慧远传》，第222页。
⑥ 僧祐：《出三藏记集》卷15《慧远法师传》，第570页。
⑦ 刘义庆著，刘孝标注，余嘉锡笺疏：《世说新语笺疏》卷下《文学篇》，上海：上海古籍
  出版社，1993年，第240页。
⑧ 陈舜俞：《庐山记》，《大正新修大藏经》，第51册，第1039页中栏、1048页中栏。

罗国威从宋释志盘《佛祖统纪》中发现谢灵运《庐山法师碑》，认为是谢灵运佚文；① 陈志远考证此碑实为南宋净土僧人据《艺文类聚》所载徐陵《齐国宋司徒寺碑》下半部分伪造。②

除了碑铭，谢灵运还为慧远撰写诔文。谢灵运自谓"志学之年希门人之末"，只因"山川路邈，心往形违"而未能如愿，只得"始终衔恨"。③ 他还受慧远之请撰《佛影铭》，④ 缘此，才会为慧远撰写碑铭与诔文。谢灵运与浙东僧人交往较多，昙隆去世后，谢灵运亦为之撰诔文。⑤ 据《广弘明集》，宋齐时期僧尼诔文，还有慧琳《武丘法纲法师诔（并序）》《龙光寺竺道生法师诔》，张畅《若邪山敬法师诔》，慧林《新安寺释玄运法师诔》。⑥ 此外，元嘉中，僧诠去世，张敷为作诔。⑦ 齐梁以后，文献所见僧尼诔文大幅减少，僧尼碑志则大量涌现。就僧传关于高僧身后事的叙述而言，确实有一个从诔赞到碑志的转变；文献所见百官公卿的诔文也有类似变化，其数量和重要性逐渐被墓志取代，这或可视作魏晋南朝碑禁导致丧葬文体升降之一例。

---

① 罗国威：《新发现的谢灵运佚文及〈述祖德诗〉佚注》，《辽宁大学学报》1996年第3期。
② 陈志远：《地方史志与净土教——谢灵运〈庐山法师碑〉的"杜撰"与"浮现"》，武汉大学中国三至九世纪研究所编：《魏晋南北朝隋唐史资料》第34辑，第63—75页。
③ 谢灵运：《庐山慧远法师诔》，道宣：《广弘明集》卷23《僧行篇》，《大正新修大藏经》，第52册，第267页上栏—中栏。
④ 谢灵运《佛影铭（并序）》自谓"道秉道人远宣意旨，命余制铭，以充刊刻"。（道宣：《广弘明集》卷15《佛德篇》，《大正新修大藏经》，第52册，第199页中栏）据慧远《佛影铭》，慧远镌佛影铭事在义熙八年九月。（道宣：《广弘明集》卷15《佛德篇》，《大正新修大藏经》，第52册，第198页中栏）
⑤ 谢灵运：《昙隆法师诔》，道宣：《广弘明集》卷23《僧行篇》，《大正新修大藏经》，第52册，第266页中栏—267页上栏。诔文并未交代写作时间，《高僧传》卷7《宋下定林寺释僧镜附昙隆传》亦未交代昙隆生卒年。《广弘明集》卷23《僧行篇》载谢灵运两篇诔文，《昙隆法师诔》在《庐山慧远法师诔》之前，而后者卒于义熙十三年。（《大正新修大藏经》，第52册，第267页上栏）然谢灵运《郊居赋》自注中提及昙隆法师，则谢灵运作此赋时昙隆尚在。（《宋书》卷76《谢灵运传》，北京：中华书局，1974年，第1765页）
⑥ 道宣：《广弘明集》卷23《僧行篇》，《大正新修大藏经》，第52册，第265页中栏—266页中栏、267页中栏—268页下栏。
⑦ 慧皎：《高僧传》卷7《宋余杭方显寺释僧诠传》，第273页。

二、齐梁陈官方对高僧葬事的关注与碑志制作

齐梁时期，僧尼的丧葬规格进一步提高，铭记僧尼行迹、功业的碑志逐渐增多。齐武帝萧赜亲自关心僧远葬事，及萧子良借机"疆界钟山，集葬名德"，①为后世僧尼葬仪与碑志制作树立了标杆，影响很大。

（一）齐武帝关心僧远丧事与萧子良"疆界钟山，集葬名德"

齐武帝萧赜关心僧远葬事，见于《高僧传·齐上定林寺释僧远传》：

> 以齐永明二年正月，（僧远——引者注）卒于定林上寺，春秋七十有一。帝以致书于沙门法献曰："承远上无常，弟子夜中已自知之。远上此去，甚得好处，诸佳非一，不复增悲也。一二迟见法师，方可叙瑞梦耳。今正为作功德，所须可具疏来也。"竟陵文宣王又书曰："远法师一代名德……弟子暗昧，谬蒙师范……弟子意不欲遗形影迹，杂处众僧墓中。得别卜余地，是所愿也。方应树刹表奇，刻石铭德矣。"即为营坟于山南，立碑颂德，太尉琅琊王俭制文。②

僧远是宋齐间著名高僧，宋明帝刘彧践祚之初，便"请远为师"；齐高帝萧道成在受禅前后也多次入山咨访，礼敬有加。齐文惠太子萧长懋、竟陵王萧子良更是"伏膺师礼，数往参候"。③ 永明二年（484），僧远去世，齐武帝在上定林寺僧人上报之前，"夜中已自知之"，并谓僧远去世"甚得好处，诸佳非一"，欣喜异常，明确将其定位为"瑞梦"。缘此，他才会如此关心僧远葬事，还特意交代法献要为僧远"作功德"，并命"所须可具疏来"，即"丧事所须，随由备办"的口语表达。这样，僧远葬事就带有一定敕葬色彩。而"谬蒙师范"的萧子良，则亲自操办僧远丧葬诸事宜。他不忍僧远"杂处众僧墓中"，故"别卜余地"，在

---

① 宝唱著，王孺童校注：《比丘尼传校注》卷 3《华严寺妙智尼传》，北京：中华书局，2006 年，第 131 页。
② 慧皎：《高僧传》卷 8《齐上定林寺释僧远传》，第 319—320 页。
③ 慧皎：《高僧传》卷 8《齐上定林寺释僧远传》，第 319 页。

钟山之南为僧远单独挑选了一块墓地，此地距僧远驻锡的上定林寺不远，且在该寺之南。这片被萧子良规划的墓地，后来逐渐成为"集葬名僧"之地，一直延续到陈代，仍被时人称为"定林旧墓"、"定林寺旧墓"、"名僧旧墓"，《续高僧传·陈扬都大彭城寺释宝琼传》即谓宝琼以至德二年（584）"四月五日窆于钟山之阳名僧旧墓"。[1] 刘淑芬认为萧子良规划名僧墓地之举，可能受到罽宾国安葬僧人区分凡圣的影响。[2] 魏斌亦注意到萧子良此举，并详列葬于此地的僧尼，认为钟山寺院、道馆、学馆、隐舍等建筑渐多造成了钟山用地的紧张。[3] 但这恐非主要原因，因为"疆界钟山"只是手段，"集葬名德"才是目的。究其初衷，应当与萧子良为僧远单独挑选墓地相似，即萧子良不愿这些名僧"杂处众僧墓中"，故而在僧远墓周围规划出一片墓地，用以"集葬名德"，通过区分葬地来凸显名僧地位。这一举措后来为梁武帝萧衍所继承，即在宝志葬地附近敕葬诸名德，这块墓地遂成为比定林旧墓规格更高的"开善旧墓"。

除单独挑选墓地外，萧子良还亲为僧远立碑。尚书令王俭为撰碑文，很可能也是受萧子良之请。加上僧远丧事带有一定敕葬色彩，这样高规格实前所未见。在僧远之前，有零星几位僧人死后立墓碑，但规格都很低，官方色彩也很淡。如元嘉二十七年（450）僧翼去世，立碑山寺，会稽孔逭制文。[4] 立碑者不详，撰碑文者孔逭虽以"才学知名"，仕宦却不达，仅至卫军武陵王东曹掾。[5] 法愍卒于长沙麓山中，弟子僧道为立碑颂德，撰者不详。余杭方显寺僧诠去世，县令阮尚之将之葬于白土山郭文举冢右，"特进王裕及高士戴颙，至诠墓所，刻石立碑，唐思贤造文，张敷作诔"。[6] 王裕虽然位高，但其时已去职还乡，[7] 因此僧诠之葬及立碑、作诔等

---

[1] 道宣：《续高僧传》卷7《陈扬都大彭城寺释宝琼传》，北京：中华书局，2014年，第232页。
[2] 刘淑芬：《东晋南朝"钟山文化区"的形成》，《南京晓庄学院学报》2018年第1期，第42页。
[3] 魏斌：《南朝建康的东郊》，《中国史研究》2016年第3期，第79—83页。
[4] 慧皎：《高僧传》卷13《宋山阴法华山释僧翼传》，第483页。
[5] 《南史》卷72《文学传·丘巨源附孔逭传》，北京：中华书局，1975年，第1770页。
[6] 慧皎：《高僧传》卷7《宋长沙麓山释法愍传》，第286页；卷7《宋余杭方显寺释僧诠传》，第273页。
[7] 《宋书》卷66《王敬弘传》，第1730—1731页。

事，官方色彩并不重。建元三年（481），庄严寺道慧去世，谢超宗为造碑铭。①

萧子良为僧远立碑，给后世树立了榜样。此后，南齐一代僧尼得立碑志者大大增加，笔者仔细爬梳僧传、类书、石刻目录与题跋、方志等各类文献，发现至少有10位得立碑志的僧尼（参见表1），实际肯定不止这些。其中只有后山玄畅的规格可与僧远相比，其余9位多是其友朋或弟子所立。

表1 宋齐僧尼碑表

僧尼	立碑时间	立碑人	撰碑人	立碑处	葬地	出处
僧翼	宋元嘉二十七年	不详	孔逭	山寺	法华山	《高僧传·释僧翼传》
僧诠	宋（时间不详）	王裕、戴颙	唐思贤	墓所	白土山	《高僧传·释僧诠传》
法愍	宋（时间不详）	弟子	不详	不详	不详	《高僧传·释法愍传》
道慧	齐建元三年	不详	谢超宗	不详	钟山之阳	《高僧传·释道慧传》
僧远	永明二年	萧子良	王俭	墓所	钟山南	《高僧传·释僧远传》
玄畅	永明二年	萧映	周颙	不详	独龙山前	《高僧传·释玄畅传》
僧敬	永明四年	弟子	沈约	不详	钟山之阳	《比丘尼传·僧敬尼传》《艺文类聚》
超辩	永明十年	僧祐	刘勰	墓所	定林寺南	《高僧传·释超辩传》
僧柔	延兴元年（494）	僧祐	刘勰	墓所	钟山南	《高僧传·释僧柔传》《出三藏记集》
妙智	建武二年（495）	或为王伦妻江氏		墓所	定林寺南	《比丘尼传·妙智尼传》
慧基	建武三年	不详	何胤	宝林寺	法华山南	《高僧传·释慧基传》
昙副	建武四年	仁益弟	不详	不详	不详	《名僧传抄》
法献	建武末	僧祐	沈约	不详	钟山之阳	《高僧传·释法献传》《出三藏记集》
慧绪	永元元年（499）	不详	周舍	不详	不详	《比丘尼传·慧绪尼传》
智称	永元二年	弟子	周舍	安乐寺	不详	《高僧传·释智称传》

注：宋齐僧尼碑共15通，其中，刘宋3通、南齐12通。刘宋3通碑中，僧翼碑在山寺，僧诠碑在墓所，法愍碑不详。南齐12通僧尼碑中，慧基、智称之碑立在生前所驻锡过的寺院，② 而僧远、超辩、僧柔、妙智4人之碑立于墓所；其余6人，僧传虽无明确记载，但以墓所的可能性较大。

玄畅永明二年卒于建康灵根寺，十一月窆于钟阜独龙山前，临川王萧映为立碑于墓所，汝南周颙为制碑文。玄畅之所以有如此高规格待遇，实缘于他于齐高

---

① 慧皎：《高僧传》卷8《齐京师庄严寺释道慧传》，第305页。
② 慧基卒于山阴城傍寺，而碑立于宝林寺。宝林寺本是慧基所立，且慧基在此寺中梦见普贤，并为之造像、设斋、法集。至于宝林寺的位置，僧祐为萧昭胄编撰的法集目录中有《会稽宝林寺禅房闲居颂》（《出三藏记集》卷12《齐竟陵王世子抚军巴陵王法集序》，第456页），萧昭胄为会稽太守，会稽郡治在山阴县，故宝林寺当亦在山阴县。

帝萧道成受禅当日在齐后山建齐兴寺，并以此为"齐帝之灵应"的"嘉瑞"。通过益州刺史傅琰上奏，萧道成得知此事，当即"敕蠲百户以充俸给"。不久，玄畅被时任荆州刺史的豫章王萧嶷遣使请至江陵，其后又被萧子良与萧长懋征请至建康。① 玄畅至建康不久即病亡，墓碑由萧映所立，而非邀请他的萧嶷、萧子良和萧长懋。萧映时为侍中、骠骑将军，确在建康，不清楚他与玄畅有何交集。

超辩、僧柔与法献三人之碑，均由上定林寺僧祐立。永明十年，上定林寺超辩卒后，葬于寺南，僧祐为造碑墓所，刘勰撰文。② 永明中后期，法献与长干寺玄畅（与前玄畅并非一人）同为天下僧主、分任南北，故被尊称为"献统上"或"献正"，其又是僧祐之师，沈约为撰写碑铭。③ 僧柔是当时著名的义学僧，甚受萧子良信重，于延兴元年去世，与之"少长山栖，同止岁久"的僧祐为立碑墓所，刘勰为撰碑铭。④ 沈约、刘勰撰碑均受僧祐之请："其山寺碑铭，众僧行记，文自彼制，而造自鄙衷。"⑤

此外，僧敬尼与智称均由其弟子为立碑。⑥ 沈约为僧敬尼所作碑文，《艺文类聚》存节本，题作《比丘尼僧敬法师碑》，为四字铭文。⑦ 智称本为河东裴氏子，裴子野曾为撰写行状。⑧ 建武三年，慧基卒于会稽山阴城傍寺，"窆于法华山南。特进庐山何胤为造碑文于宝林寺，铭其遗德"。⑨ 慧基在吴会地区影响很

---

① 慧皎：《高僧传》卷 8《齐蜀齐后山释玄畅传》，第 315—316 页。
② 慧皎：《高僧传》卷 12《齐上定林寺超辩传》，第 471 页。
③ 慧皎：《高僧传》卷 13《齐上定林寺释法献传》，第 489 页；僧祐：《出三藏记集》卷 2《新集撰出经律论录》，第 64 页；卷 12《法集杂记铭目录序》，第 499 页。
④ 慧皎：《高僧传》卷 8《齐上定林寺释僧柔传》，第 322 页；僧祐：《出三藏记集》卷 12《法集杂记铭目录序》，第 499 页。
⑤ 僧祐：《出三藏记集》卷 12《法集杂记铭目录序》，第 498 页。
⑥ 宝唱著，王孺童校注：《比丘尼传校注》卷 3《崇圣寺僧敬尼传》，第 125 页；慧皎：《高僧传》卷 11《齐京师安乐寺释智称传》，第 439 页。
⑦ 《艺文类聚》卷 76《内典部上·内典》，上海：上海古籍出版社，1995 年，第 1309 页。
⑧ 《广弘明集》卷 23《僧行篇》录裴子野《南齐安乐寺律师智称法师行状》，"行状"二字，宫本（日本宫内厅图书寮藏福州藏）作"碑"，宋、元、明本作"碑（并序）"，而此卷开头之目录则作"诔"（《大正新修大藏经》，第 52 册，第 263 页中栏、268 页下栏）。观其内容与格式，可知是行状而非诔。
⑨ 慧皎：《高僧传》卷 8《齐山阴法华山释慧基传》，第 325 页。

大，至迟永明中已被敕为会稽僧主。① 何胤当时隐居会稽若邪山云门寺，② 与慧基应有往来，故有撰碑文之事。为慧基立碑之人不详，从慧皎的表述来看，也有可能是何胤。建武四年，安乐寺昙副去世，"武陵都尉舟（丹）扬仁益弟之立碑"，③ "丹扬仁益弟之"颇难理解，疑"弟"乃"为"之形讹。④ 武陵都尉官位较低，加之撰者不详，可知昙副之碑规格并不高。

妙智尼建武二年卒葬定林寺南名僧墓地，"齐侍中琅琊王伦妻江氏，为著《石赞文序》，立于墓左耳"。⑤ 此处疑点有二：其一，"齐侍中琅琊王伦"不详何人，或以为"王伦"是"王俭"之形讹，但王俭尚刘宋阳羡公主，其妻为刘氏。其二，江氏所著《石赞文序》究竟是什么？从其刻石及有"赞"与"序"来看，很可能是一篇碑文，至少是与之相关的文体，更何况慧皎明确交代此文被"立于墓左"，墓碑的可能性较大。永元元年，慧绪尼卒，周舍"为立序赞"。"立序赞"殊难理解。慧皎虽未提及立碑之事，但"立"字似暗含立碑之意，且"序赞"也颇符合碑文体例。实际上，汉代以来的碑文，经常将碑末之铭称作"赞"，以颂碑主之德。如此，周舍所作"序赞"应为碑文，包括序与铭两部分。

由表1可知，南齐12位有碑僧尼中，只有僧远与后山玄畅的规格较高，均由诸王亲立、公卿名家撰文，齐武帝亲自关心僧远葬事，带有一些敕葬色彩，其余10位官方背景稍淡，且多为私立。梁武帝中期以后，这种情况明显改变，高

① 《高僧传》卷8《齐山阴法华山释慧基传》载慧基"既被德三吴，声驰海内，乃敕为僧主，掌任十城，盖东土僧正之始也"（第324页），而据《南齐书》卷14《州郡志上》，会稽郡领山阴、永兴、上虞、余姚、诸暨、剡、鄞、始宁、句章、鄞等10县（北京：中华书局，1972年，第245页）。故慧基所任为会稽郡僧主。此条由孙齐惠示，谨此致谢。

② 《梁书》卷51《处士传·何胤传》，北京：中华书局，1973年，第735页。按云门寺亦在山阴，与慧基驻锡之城傍寺应不甚远。

③ 宝唱：《名僧传抄》，《卍续藏经》，第134册，第27页上栏。原文载昙副"齐建四年卒"，"建"字后抄脱一字。按南齐有建元、建武年号，且均有四年。《名僧传抄》载昙副"为沙门宝志所敬"，而据《高僧传》卷10《梁京师释志传》，宝志"齐建元中，稍见异迹"（第395页），《高僧传》所载宝志神异之举，多在齐末梁初，故这里以建武四年可能性较大。

④ 敦煌俗字中有些"为"字，与"弟"字接近，很容易造成讹误，参见黄征：《敦煌俗字典》，上海：上海教育出版社，2005年，第424页。

⑤ 宝唱著，王孺童校注：《比丘尼传校注》卷3《集善寺慧绪尼传》，第150页；卷3《华严寺妙智尼传》，第131页。

规格的僧尼碑志大量出现，某些特定的名僧群体如大僧正、宿德等的葬仪与碑志制作，甚至出现了制度化倾向。

（二）梁武帝敕葬名德与建立开善旧墓

梁武帝萧衍向以崇佛著称，表现之一就是抬高僧尼政治地位，既包括僧尼生前，也包括身后葬事。比如，其菩萨戒师及几位大僧正去世后，他均敕葬于独龙山开善墓地，赙赠之外，还敕命第一流文士为撰碑铭与墓志铭。

1. 梁武帝敕葬大德与敕建开善墓地

梁武帝敕葬的僧尼，据文献记载至少有 5 位，按照卒葬时间先后依次为宝志、智藏、法超、僧旻、慧约。除法超外，其余 4 位都有碑志，且不止一通。

天监十三年（514）冬，齐梁时期著名神异僧宝志去世，梁武帝得到后阁舍人吴庆之启闻后，当即下命：

> 厚加殡送，葬于钟山独龙之阜，仍于墓所立开善精舍。敕陆倕制铭辞于冢内，王筠勒碑文于寺门。传其遗像，处处存焉。①

"厚加殡送"，即赙赠；"葬于钟山独龙之阜"，即挑选独龙山作为葬地，此举似有模仿萧子良单独为僧远挑选葬地之意。据《梁京寺记》，梁武帝"以钱二十万，易定林前前冈独龙阜，以葬志公。永定公主以汤沐之资，造浮图五级于其上"。② 另据《宝公实录》，梁武帝还特"赐玻璃珠以饰塔表"，③ 其地在定林寺前岗。④ 萧衍还在其

---

① 慧皎：《高僧传》卷 10《梁京师释保志传》，第 397 页。
② 《梁京寺记》，《大正新修大藏经》，第 51 册，第 1024 页中栏。张敦颐《六朝事迹编类》卷 11《寺院门》（北京：中华书局，2012 年，第 143 页）与祝穆撰、祝洙增订的《方舆胜览》卷 14《江东路·建康府》（北京：中华书局，2003 年，第 246 页）等亦沿其说。永定公主，当即梁武帝第三女永康定公主玉嬛。
③ 张敦颐《六朝事迹编类》卷 11《寺院门》确载所据为"《高僧传》及《宝公实录》"（第 143 页），而《高僧传》并无建塔事，故"赐玻璃珠以饰塔表"当源于《宝公实录》。《宝公实录》仅见于此，内容不详。
④ 许嵩《建康实录》卷 17《梁上·高祖武皇帝》载："置劝善寺，去县西北十八里，帝为贤志造。"（北京：中华书局，1986 年，第 677 页）贤志，即宝志。《续高僧传》多次记载开善寺在钟山，《陈书》卷 33《儒林传·张讥传》亦谓钟山开善寺（北京：中华书局，1972 年，第 444 页），则《建康实录》所载当有误。

墓前为建开善寺，并命智藏居之。① 此后，萧衍先后敕智藏等 4 位大德葬于开善寺墓地，这块墓地遂成为另一片规格更高的名僧墓地。从《高僧传》所言"开善路西，定林之旧墓也"来看，② 开善寺与定林旧墓相去并不远。③

上引文中既言"敕陆倕制铭辞于冢内"，则陆倕奉敕所撰当为墓志铭，其文《艺文类聚》存节本，题作《志法师墓志铭》。所存文字有序有铭，序中有"殡葬资须，事丰供厚"与"爰诏有司，式刊景行"等语，④ 可与《高僧传》互相印证。值得一提的是，宝志是现存文献中最早有墓志的僧人，而且是以皇帝敕撰的形式。墓志之外，梁武帝还敕王筠为撰碑文，立于开善寺门口，《梁书·王筠传》亦载其事，并谓其文"词甚丽逸"。⑤《艺文类聚》所存王筠《开善寺碑》应即此文，因立于寺门，欧阳询已不清楚立碑缘起。⑥ 黄大宏注意到萧衍立开善寺之意图，指出"开善"意为开菩萨善业之地，该寺此后成为梁武帝传播菩萨戒的重地；进而认为王筠《开善寺碑》，实乃颂扬梁武帝建寺而作，以彰显其继续黄帝、尧舜、汤武以来的美善之风，所以立寺看似褒崇宝志，其实蕴含着以"菩萨善业"一统四海的宏愿。⑦ 至于"传其遗像"，后世说法颇多，甚至谓在宝志生前，萧衍就曾"命工人审像而刻之"，⑧ 裴孝源《贞观公私画史》谓开善寺有张僧繇画，⑨ 或有宝志像。

普通三年（522），奉梁武帝之敕居于开善寺的智藏去世，梁武帝非常关心其葬事：

---

① 道宣：《续高僧传》卷 5《梁钟山开善寺沙门释智藏传》，第 169 页。
② 慧皎：《高僧传》卷 11《齐京师建初寺释僧祐传》，第 440 页。
③ 刘淑芬据《景定建康志》卷 18《山川志二》，考订开善寺位于宋熙寺之东，其东面依次是下定林寺、上定林寺，参见《东晋南朝"钟山文化区"的形成》，《南京晓庄学院学报》2018 年第 1 期，第 43 页。
④《艺文类聚》卷 77《内典下·寺碑》，第 1322 页。
⑤《梁书》卷 33《王筠传》，第 485 页。《南史》卷 76《陶弘景附释宝志传》亦载王筠奉敕为宝志撰碑事。（第 1901 页）
⑥《艺文类聚》卷 76《内典上·内典》，第 1306 页。
⑦ 王筠撰，黄大宏校注：《王筠集校注》，北京：中华书局，2013 年，第 64—65 页。
⑧ 李顾行：《上元县开善寺修志公和尚堂石柱记》，《文苑英华》卷 820，北京：中华书局，1966 年，第 4331 页。
⑨ 裴孝源：《贞观公私画史》，黄宾虹、邓实编：《美术丛书》，杭州：浙江人民美术出版社，2013 年，第 2 集第 3 辑，第 27 页。

敕葬独龙之山，赴送盈道，同为建碑，坟所、寺内各一。新安太守萧机制文，湘东王绎制铭，太子中庶子陈郡殷钧为立墓志。①

智藏是齐梁时期著名义学僧，又是太子萧统的菩萨戒师，② 智藏遘疾大渐之时，萧衍"及储君，中使相望，四部白黑，日夜参候。敕为建斋，手制愿文，并继以医药"。③ 及智藏去世，萧衍敕葬独龙山，于坟、寺各立一碑，建碑者为送葬众人，碑文序与铭分别由新安太守萧几和湘东王萧绎撰写。开善寺本就是在独龙山宝志墓地基础上建起来的，智藏驻锡此寺且又葬于宝志墓左，故两碑似相去不远，很可能就是相同文字镌刻于两块碑上。事实上，宋人著录的智藏碑确实只有一个。

智藏之碑，因撰序、铭者及书者均为萧氏，故世号"三萧碑"，赵明诚、欧阳修等都有著录。《金石录》载其碑题作《梁开善寺大法师碑》，"萧几序、萧绎铭、萧挹正书，普通三年九月"，④ 未载三人之结衔。《集古录目》载："梁新安太守萧几撰序，湘东王绎撰铭，尚书殿中郎萧挹书。"此碑至南宋初保存尚好，绍兴初为金人所焚。⑤ 新安太守萧几，《续高僧传》误作"萧机"。萧机为安城王萧秀长子，普通元年袭安成郡王，普通三年时已出为宁远将军、湘州刺史，并不

① 道宣：《续高僧传》卷 5《梁钟山开善寺沙门释智藏传》，第 173—174 页。

② 道宣《续高僧传》卷 5《梁钟山开善寺沙门释智藏传》载："帝将受菩萨戒，敕僧正牒老宿德望，时超正略牒法深、慧约、智藏三人，而帝意在于智藏，仍取之矣。皇太子尤相敬接，将致北面之礼，肃恭虔往，朱轮徐动，鸣笳启路，降尊下礼，就而谒之，从遵戒范，永为师傅。"（第 173 页）"于智藏"，宋、元、明本同，丽藏作"于智者"，而同书卷 6《梁国师草堂寺智者释慧约传》明确记载慧约为梁武授戒（第 185 页）。关于梁武受菩萨戒，参见颜尚文：《梁武帝受菩萨戒及舍身同泰寺与"皇帝喜萨"地位的建立》，《中国中古佛教史论》，北京：宗教文化出版社，2010 年，第 250—319 页。释法深记载不详，颇疑"法深"是"法云"之讹误。法云当时地位甚高，天监初曾将梁武帝《敕答臣下神灭论》遍示诸朝贵，且《续高僧传》卷 5《梁扬都光宅寺沙门释法云传》中的确详载萧衍受菩萨戒之前和之后的一些情况（第 163 页），与智藏传、慧约传、法超传各有侧重。

③ 道宣：《续高僧传》卷 5《梁钟山开善寺沙门释智藏传》，第 173 页。

④ 赵明诚撰，金文明校证：《金石录校证》卷 2，桂林：广西师范大学出版社，2005 年，第 32 页。

⑤ 《宝刻丛编》卷 15 引《集古录目》《诸道石刻录》，《石刻史料新编》，台北：新文丰出版股份有限公司，1977 年，第 1 辑第 24 册，第 18325 页上栏。

在建康。而萧几乃萧遥欣之子，卒于新安太守任上。① 萧挹不详，普通三年为尚书殿中郎。萧绎《与萧挹书》有"握兰云阁，解绂龙楼"之语，可知萧挹曾任职东宫；萧绎又谓"惟昆与季，文藻相晖，二陆三张，岂独擅美？"② 以西晋之"二陆"（陆机、陆云兄弟）、"三张"（张载、张协、张亢兄弟）比萧挹兄弟，可知萧挹兄弟皆善诗文。黄伯思夸赞萧挹"是碑古雅可喜"，认为"虞、欧、褚、薛，弗能逮也"，③ 对其书法造诣评价甚高，可知萧挹颇善书法。④ 欧阳修谓"几、挹皆称弟子"，⑤ 则萧几、萧挹在碑文撰写与镌刻中，于自己名字与结衔前加上"弟子"二字，以示对智藏的尊崇。碑之外，太子中庶子殷钧为撰墓志。殷钧累迁至国子祭酒、散骑常侍，⑥ 故太子中庶子应为时任之官，因此他撰墓志有可能是奉太子萧统之命。

庄严寺僧旻作为当时著名义学大德，死后葬事规格也很高：

> 大通八年二月一日清旦卒于寺房，春秋六十一。天子悲惜，储君嗟惋。敕以其月六日窆于钟山之开善墓所，丧事大小，随由备办。隐士陈留阮孝绪为著墓志。弟子智学、惠庆等建立三碑。其二碑，皇太子、湘东王并为制文，树于墓侧；征士何胤著文，立于本寺。⑦

所言僧旻去世时间为"大通八年"，诸藏经本均无异文。实际上，大通只有三年，中大通亦只有六年，只有普通、大同才会有八年。为僧旻撰碑志的何胤与阮孝绪

---

① 《梁书》卷22《太祖五王传·安成王萧秀附萧机传》，第345页；卷41《萧几传》，第596—597页。据萧绎《法宝联璧序》，萧几中大通六年（534）时为中书侍郎（道宣：《广弘明集》卷20，《大正新修大藏经》，第52册，第243页下栏），而据《梁书》《南史》萧几本传，萧几出为新安太守，任职在中书侍郎之后，且卒于任上。本传记载可能有误。

② 《艺文类聚》卷30《人部十四·别下》，第535页。

③ 黄伯思：《东观余论》卷下《跋三萧碑后》，朱易安、傅璇琮等主编：《全宋笔记》第3编第4册，郑州：大象出版社，2008年，第113页。

④ 梁代兰陵萧氏中，兄弟既多且兼善诗文、书画者，以萧子云兄弟、子侄最知名，故萧挹或即子云之子侄。

⑤ 欧阳修：《集古录跋尾》卷4，《欧阳修全集》，北京：中华书局，2001年，第2169页。

⑥ 《梁书》卷27《殷钧传》，第408页。

⑦ 道宣：《续高僧传》卷5《梁扬都庄严寺沙门释僧旻传》，第158页。

先后卒于中大通三年与大同二年（536），① 故"大通八年"不可能前脱一"中"字，也不可能是"大同八年"之讹。据《续高僧传·梁扬都光宅寺沙门释法云传》，法云与僧旻"等年腊、齐名誉"，而法云卒于大通三年（529）三月。② 如此，僧旻很可能卒于大通元年，而"八"当为"元"字之讹，可能是最初抄写时漏掉"元"字上边的"二"，此后各藏经都沿袭其误。实际上，普通八年三月甲戌改元大通，僧旻去世的这一年二月仍是普通八年，③ 只是后来记时可能没那么精确。更何况"大"与"普"，字形相去甚远，形讹的可能性较小。

僧旻的弟子智学、惠庆等人为其立碑，两块立于墓所，分别由萧统、萧绎撰文；一块立于本生寺（即庄严寺），由当时著名隐士何胤撰文。此外，阮孝绪为撰墓志。三碑加一墓志，这样高的规格，在僧旻之前未有。自宋齐以来，僧尼死后立碑，有驻寺与墓所两个地方可供选择，一般只立一个，且以墓碑居多。至梁中后期，地位较高的高僧大德往往一人两碑甚至三碑，不仅坟、寺均立，而且撰者不同。萧统与僧旻接触较多，天监末年，萧统应光宅寺法云之请开讲，僧旻曾咨问二谛与法身义。④ 普通初年，僧旻先疾连发，夜还虎丘，萧统即"遣通事舍人何思澄衔命致礼，赠以几杖、炉奁、褥席、麈尾、拂扇等"。⑤ 考虑到萧统后来拒绝永兴公主为僧副求碑文之请，因此萧统亲为僧旻撰碑文，就显得尤为难得。萧绎之碑，《艺文类聚》存节本，有序有铭。⑥

大同元年九月，梁国师慧约去世，《续高僧传·梁国师草堂寺智者释慧约传》

---

① 《梁书》卷 51《处士传·何胤传》，第 739 页；卷 51《阮孝绪传》，第 742 页。

② 道宣：《续高僧传》卷 6《梁扬都光宅寺沙门释法云传》，第 161、164 页。

③ 孙齐即怀疑"大通八年"当为"普通八年"，转引自陈志远：《〈续高僧传〉点校指瑕》，中国社会科学院历史所魏晋南北朝隋唐研究室、宋辽金元史研究室编：《隋唐辽宋金元史论丛》第 9 辑，上海：上海古籍出版社，2019 年，第 159 页。

④ 道宣：《广弘明集》卷 21，《大正新修大藏经》，第 52 册，第 250 页上栏、251 页上栏。参与咨问者中有丹阳尹晋安王萧纲与司徒从事中郎王规，按萧纲任丹阳尹有两次：一次为天监十二年，一次为天监十七年至普通元年十月。而据《梁书》卷 41《王规传》，晋安王纲出为南徐州，高选僚属，引王规为云麾咨议参军（第 581 页），在此之前王规为司徒从事中郎，其时间在普通二年正月萧纲出为南徐州刺史之前。则萧统这次开讲，应在天监十七年至十八年间。

⑤ 道宣：《续高僧传》卷 5《梁扬都庄严寺沙门释僧旻传》，第 157 页。

⑥ 《艺文类聚》卷 76《内典上·内典》，第 1308 页。

详载梁武帝的反应：

> 其月二十九日，于独龙山宝志墓左殡之。初，约卧疾，见一老公执锡来入。及迁化日，诸僧咸卜寺之东岩，帝乃改葬独龙……下敕竖碑墓左，诏王筠为文。①

慧约去世之初，诸僧为之选择的葬地在草堂寺东岩，而非独龙山，梁武帝后来敕改葬独龙山宝志墓左。20世纪末，独龙阜东曾发现方形石塔残件，边长近一米，四面均雕仿木结构，面阔三间，置一门两窗，柱头一斗三升，考古学者推测与宝志或慧约之塔有关。② 刘未根据《景定建康志》所载宋人诗中有登宝公塔之语，推断宝志塔非仿木模型，而推测独龙阜石塔残件应属慧约墓。③ 尤为重要的是，梁武帝下敕为慧约立墓碑，并诏王筠撰文，其文《艺文类聚》有节本，题作《国师草堂寺智者约法师碑》。④ 王筠、道宣均以"国师"称慧约，实因慧约为梁武帝的菩萨戒师，梁武帝敬以师礼，尊之为"智者"。⑤ 魏斌注意到，慧约去世两年后，萧衍在慧约的本生寺为其树碑。⑥ 此事见唐代楼颖编次、南宋楼照删定的《善慧大士录》：

> 大同三年，诏使从都载龙虎砖于本生寺前，招魂为椁一所，令于本生寺树碑，使国子祭酒萧子云为之文。又于草堂寺树碑，令度支使王筠为之文。⑦

本生寺建于中大通四年，寺名乃梁武帝诏赐，他还在慧约死后次年敕改所居竹山

---

① 道宣：《续高僧传》卷6《梁国师草堂寺智者释慧约传》，第186页。
② 贺云翱：《南京独龙阜东出土南朝石塔构件的初步研究》，《华夏考古》2010年第4期。
③ 刘未：《龙虎砖》，https：//mp.weixin.qq.com/s/dHB45KEW93t2E1w76rZLOw，访问日期：2021年1月1日。
④ 《艺文类聚》卷76《内典上·内典》，第1309页；王筠撰，黄大宏校注：《王筠集校注》，第70页。
⑤ 楼颖《善慧大士录》卷4《智者大师》所载更详。（《卍续藏经》，第120册，第44页上栏）《续高僧传》卷5《梁扬都光宅寺沙门释法云传》亦载："帝抄诸方等经，撰《受菩萨戒法》，构等觉道场，请草堂寺慧约法师，以为智者，躬受大戒，以自庄严。"（第163页）
⑥ 魏斌：《南朝佛教与乌伤地方——从四通梁陈碑刻说起》，《文史》2015年第3辑，第92页。
⑦ 楼颖：《善慧大士录》卷4《智者大师》，《卍续藏经》，第120册，第45页下栏。

里为智者里。大同三年萧衍又派人至慧约本生寺为营招魂葬墓以龙虎砖砌就的特殊形制，认为所谓"龙虎砖"是以龙虎题材为主题的画像砖组合，这些砖由使者受诏自建康载来，最有可能是为王公陵墓所预备的拼砌画像砖。建康陵墓拼砌砖画图像自成体系，墓砖规格相当，布置画面所需墓室空间较大（墓室长 8 米以上），南朝齐梁时期的龙虎砖、竹林七贤砖具有强烈的身份标识作用，慧约本生寺墓得用此砖，可见其墓规格之高，但此前或无成例照搬，故在拼砌时当有变通之举。①

梁武帝还在慧约本生寺立碑，敕萧子云撰文，又命在慧约生前驻锡的草堂寺立碑，命王筠撰文。而据《宝刻丛编》卷 13《婺州》引《诸道石刻录》，此碑实由"梁太子纲撰"。②《舆地碑记目》卷 1《婺州碑记》"智者法师碑"条，亦谓"本生寺碑，在义乌县界，梁太子纲文"。③ 如此，慧约至少有墓所（独龙山）、本生寺（乌伤县）、生前驻锡寺院（草堂寺）三处立碑，且均为梁武帝敕立，碑文亦为武帝敕一流文士撰写，只是撰者颇有歧异。魏斌详细梳理所有关于慧约三碑的记载，对之持谨慎态度。④ 如现存王筠奉敕撰《国师草堂寺智者约法师碑》，前引《续高僧传》谓"树碑墓左"，即立于钟山独龙阜墓侧，而前引《善慧大士录》则说在草堂寺。笔者更倾向于《续高僧传》的记载，道宣说得非常明确，他在作传时应参考了王筠之碑，况且《善慧大士录》所载王筠结衔"度支使"有误。⑤ 再如乌伤县《智者法师碑》之撰者，一说为萧子云，一说为萧纲。两说都有依据，私以为两种记载或许并不矛盾，有一种可能就是本生寺碑由两人合撰，即萧纲撰铭、萧子云撰序。序、铭分撰在当时较为常见，一般由地位高者撰铭辞、低者撰序。

除慧约等 4 人外，死后得以敕葬独龙山开善寺墓地的，还有都邑僧正法超。普通七年，法超卒于天竺寺，梁武帝虽"下敕疏慰，并令有司葬钟山开善寺

---

① 刘未：《龙虎砖》，https：//mp. weixin. qq. com/s/dHB45KEW93 t2E1w76rZLOw，访问日期：2021 年 1 月 1 日。

② 《宝刻丛编》卷 13，《石刻史料新编》，第 1 辑第 24 册，第 18286 页上栏。

③ 《舆地碑记目》卷 1，《石刻史料新编》，第 1 辑第 24 册，第 18531 页上栏。

④ 魏斌：《南朝佛教与乌伤地方——从四通梁陈碑刻说起》，《文史》2015 年第 3 辑。

⑤ 据《梁书》卷 33《王筠传》，王筠于大同六年迁度支尚书（第 486 页），距离武帝在草堂寺为慧约立碑已有三年，且梁代并无"度支使"一职。

墓"，① 但似未下敕制作碑志。这有两种可能：其一，事实上没有；其二，有，但道宣未记。高规格碑志制作已成为梁中后期高僧的惯制，而法超为都邑僧正，他在僧团中具有相当高的地位，故以第二种可能性较大。当然，碑志制作是赙赠及葬地选择之后的操作，除皇帝或者说官方态度外，还与僧尼本人意愿及其僧俗弟子的态度有关，而法超敕葬开善墓地，本身就说明了丧葬的高规格。

2. 大僧正与扬州僧正

梁代大僧正地位很高，而且与帝王、公卿百官接触密切，其地位与影响不仅仅限于僧团之中。很多大僧正为王公、妃主、士庶等授菩萨戒，实为其师。比如南涧寺慧超天监初即为大僧正，② 在任20余年间"凡在缁侣，咸禀成训"，梁武帝还"给传，诏羊车局足健步、衣服等供"。慧超甚至在毗邻南涧寺的庄严寺大建园林：

> 构起重房，若鳞相及，飞阁穹隆，高笼云雾。通碧池以养鱼莲，构青山以栖羽族。列植竹果，四面成阴。木禽石兽，交横入出。

慧超不仅有豪奢的庄园，还"罗列童侍，雅胜王侯"。③ 这并非个案，而是当时大僧正的普遍情况：

> 自梁僧之于此任，熏灼威仪，翼卫亚于王公，服玩陈于郑楚，故使流水照于衢路，吏卒喧于堂庑。

陈文帝即位之初，宝琼任京邑大僧正，他对此弊显然有清醒认识，故而"顿祛前政，自营灵寿，惟从息慈，坏色蔽身，尼坛容膝，萧然率尔，有位若无"，于是"朝野嘉其真素，同侣美其如法"，④ 赢得僧俗两界赞许。

---

① 道宣：《续高僧传》卷22《梁扬都天竺寺释法超传》，第820页。
② 法云于普通六年继任大僧正，慧超辞大僧正必在此前，慧超在任20余年，则始任时间在天监初。
③ 道宣：《续高僧传》卷6《梁大僧正南涧寺沙门释慧超传》，第180页。
④ 道宣：《续高僧传》卷7《陈扬都大彭城寺释宝琼传》，第231—232页。

梁陈时期的大僧正，在生前不仅地位高，还享受朝廷给予的高等级威仪与服玩，死后当然也会得到高规格葬仪，这其中就有高规格的碑志。普通七年五月慧超去世，《续高僧传》详记其身后之事：

> 行路殒涕，学徒奔赴。凡厥丧事，出皆天府。门人追思德泽，乃为立碑，湘东王绎、陈郡谢几卿各为制文，俱镌墓所。①

慧超晚年得罪梁武帝，自解大僧正，他死后梁武帝并无敕葬、立碑之举。即便如此，他仍然得到丧费官给的待遇。门人弟子为立碑，虽然道宣没有明确说立碑数量，但从萧绎与谢几卿各为撰碑文来看，应该是两通，均立于墓所，而其驻锡之地南涧寺却未得立碑。

普通六年，光宅寺法云被敕为大僧正。大通三年三月，卒于大僧正任上，梁武帝亲自关心其葬事，敕葬定林旧墓：

> 敕给东园秘器，凡百丧事，皆从王府。下敕令葬定林寺侧，太子中庶瑯瑯王筠为作铭志。弟子周长胤等有犹子之慕，创造二碑，立于墓所。湘东王萧绎各为制文。②

除敕葬定林寺、葬费官给、命王筠作墓志铭外，梁武帝还下敕给东园秘器。晋宋以后，即便是宗室王侯，东园秘器亦非固定葬具，往往以皇帝恩赐的形式获得，公卿被恩赐者更少。在法云之前，现存文献中，只有普通三年去世的明彻有此殊荣。③ 法云的碑志制作，亦高于慧超，梁武帝敕王筠为撰墓志铭。此外，法云弟子周长胤等在墓所为其立碑两通，一由萧绎撰写，另一不详。《艺文类聚》另有王僧孺撰《栖玄寺云法师碑铭》，因删节太多而不可详考。据《梁书·王僧孺传》，王僧孺卒于普通三年，④ 在光宅寺法云之前，故栖玄寺云法师并非法云。

---

① 道宣：《续高僧传》卷 6《梁大僧正南涧寺沙门释慧超传》，第 181 页。
② 道宣：《续高僧传》卷 5《梁扬都光宅寺沙门释法云传》，第 164 页。
③ 道宣：《续高僧传》卷 6《梁扬都建初寺释明彻传》，第 204 页。
④ 《梁书》卷 33《王僧孺传》，第 474 页。

周长胤不详，法云本出阳羡周氏，乃周处七世孙，从"有犹子之慕"来看，周长胤或为法云子侄辈，为法云俗家弟子。

萧绎为前后两任大僧正慧超和法云撰墓碑，写作时、地大致可考。普通七年十月，萧绎出为荆州刺史，① 故其为慧超撰墓碑当在此之前，地点在建康。大通三年法云去世时，萧绎仍在荆州刺史任上，他是在荆州为法云撰写墓碑，写作时间应在法云去世一两个月之后。法云去世的消息传到荆州，萧绎决定为其撰写墓碑，而撰写碑序往往需要法云弟子提供详载法云生前主要"事行"的资料。这样，萧绎在荆州撰写此碑，就须与相关人员至少两次书信往还，而法云墓碑的镌刻应在半年以后了。萧绎所撰之碑，《艺文类聚》存节本，题作《光宅寺大僧正法师碑》，有序有铭。②

法云之后，梁大僧正还有灵根寺慧令与京法师。现存文献中有两个慧令，并皆有碑志，一是灵根寺慧令，另一是宋熙寺慧令。前者为大僧正，后者萧纲曾为撰墓志铭，即《艺文类聚》所载《宋姬寺慧念法师墓志铭》，③ 且传世文献确有"令"与"念"互讹的情况，故须辨析。《广弘明集》卷21《法义篇》载萧统开讲及其与僧俗的问答，其中有《宋熙寺释慧令咨二谛义》《灵根寺释慧令咨二谛义》《灵根寺释慧令咨法身义》。两个慧令同时参与此讲，且驻寺非一，基本上可以确定并非一人。宋熙寺释慧令，当即《艺文类聚》之宋姬寺慧念法师，而"姬"当为"熙"之形讹。宋熙寺在钟山之南，刘宋元嘉十年僧伽罗多所建，王规、刘吁等隐居寺侧。《梁书·诸夷传》有大同三年大僧正慧念之记载，而《广弘明集》卷19所载萧纲《启谢上降为开讲》（大同六年）、陆云《御讲波若经序》与萧子显《御讲金字摩诃般若波罗蜜经序》（大同七年），多次提到"大僧正慧令"，可知《梁书》"慧念"当为"慧令"之形讹。④

① 《梁书》卷3《武帝纪下》，第70页。
② 《艺文类聚》卷76《内典上·内典》，第1309页。
③ 《艺文类聚》卷77《内典下·寺碑》，第1321页。
④ 道宣：《广弘明集》卷21，《大正新修大藏经》，第52册，第247页上栏；卷19，《大正新修大藏经》，第52册，第235页上栏—下栏、237页上栏。《梁书》卷54《诸夷传》，第791页。赵灿鹏注意到此条，并作了详细考证。他认为《梁书》《南史》所载"慧念"之"念"字，当以形似"令"字致误。（《梁书诸夷传异文比勘》，济南：齐鲁书社，2014年，第37—38页）但他没有注意到《艺文类聚》所载萧纲所撰墓志铭。

另据江总《摄山栖霞寺碑》，灵根寺慧令至迟于天监十一年已驻锡灵根寺。① 另《艺文类聚》有慧令《和受戒诗》，诗中有"是日何为盛，证戒奉皇储"，② 可知慧令亦为太子的菩萨戒师，并于受戒当日和太子所作《受戒诗》。《艺文类聚》同卷有梁庾肩吾《和太子重云殿受戒诗》，庾肩吾自起家即追随萧纲，此后一直随府迁转，其所和为萧纲无疑。加上二诗韵脚及所描绘的节气似都不同，故可能非同和之作。③ 至于驻锡宋熙寺的这位法师，究竟是"慧令"还是"慧念"并不好判断：《广弘明集》作"慧令"，而《艺文类聚》作"慧念"，同类文献中确有"令"、"念"互讹的情况；加上齐梁时期至少有 4 个"慧（惠）令"，④ 故暂且存疑。

除了灵根寺慧令，梁还有一位大僧正京法师，不详驻锡何寺，见刘之遴《吊僧正京法师亡书》：

> 八月二十日之遴和南。法界空虚，山木颓坏。尊师大正迁神净土，凡夫浅累，婴滞哀乐……大正德冠一时，道荫四部，训导学徒，绍隆像法。年居僧首，行为人师，公私瞻敬，遐迩宗仰……弟子纨绮游接，五十余年，未隆

---

① 江总《摄山栖霞寺碑》载："天监十一年，帝乃遣中寺释僧怀、灵根寺释慧令等十僧诣（摄——引者补）山，咨（僧朗——引者补）受《三论》大义。"（王昶：《金石萃编》卷 132，《石刻史料新编》，第 1 辑第 4 册，第 2469 页下栏）

② 《艺文类聚》卷 76《内典上·内典》，第 1299 页。

③ 慧令诗韵脚为：疏、鱼、储、舒；而庾肩吾诗韵脚为：宫、中、空、桐、风、虹、通、同、蒙，并非一个韵部。且慧令诗有"沈寥秋气爽，摇落寒林疏"，所写为深秋时节；而庾肩吾诗有"苑桂恒留雪，天花不待春"，所写已是暮冬时节。但梁陈时期菩萨戒可受不止一次，所以慧令所和之人仍有可能是太子萧纲。

④ 《比丘尼传校注》卷 4《禅林寺净秀尼传》有彭城寺慧令法师，"令"字，除丽藏外诸藏经本均作"全"（第 171 页）；《广弘明集》卷 23《僧行篇》所载沈约《南齐禅林寺尼净秀形状》确载"彭城令法师"（《大正新修大藏经》，第 52 册，第 271 页下栏），故以"令"为是。又敦煌本残卷萧子良《杂义记》（成书于永明中后期）中参与问难的有三位惠令：祇洹寺惠令、灵曜寺惠令与安乐寺惠令。其中，祇洹寺惠令除问难两次外，还主讲四摄义，年位更高，参见张凯：《〈敦煌秘籍〉羽二七一〈不知题佛经义记〉的基础研究》，《世界宗教研究》2014 年第 6 期，第 58—59 页；录文参考入澤崇等：「擬南齊竟陵文宣王所持的『雜義記』残簡：『敦煌秘笈』羽二七一録文研究」、『龍谷大学仏教文化研究所紀要』第 52 册、2014 年、第 160—220 页。中古僧传中用于名字的"慧"与"惠"多互用，且僧人并非终老一寺，可见齐梁时期名慧令者颇多。

　　*知顾，相期法侣……谨裁白书，投笔哽猥。弟子刘之遴顿首和南。*①

这位京法师具体情况不详，刘之遴自谓"纨绮游接，五十余年"，即便从七八岁算起，其时刘至少已 60 岁。刘之遴尊他为"大正"，大正即大僧正之敬称，萧统《同大僧正讲诗》、王筠《与云僧正书》均有此尊称。② 如此，则此京法师为大僧正无疑。按《续高僧传》有《后梁荆州长沙寺释法京传》，言法京长期驻锡荆州江陵长沙寺，似未曾至建康，而且确实曾担任后梁僧正。但其主要行事与刘之遴所述相差较大，③ 应非一人。更何况刘之遴死于梁末，不及后梁。灵根寺慧令与京法师这两位大僧正，完全有资格制作高规格碑志，然而传世文献中均无记载，主要原因恐怕还是二人在《续高僧传》中无传。

　　除大僧正外，扬州僧正因驻锡于建康城中，其地位自然高于其他地方诸州僧正，碑铭制作的规格也稍高。《艺文类聚》有邵陵王萧纶所撰《扬州僧正智寂法师墓志铭》，同卷还有萧纲撰《同泰寺故功德正智寂师墓志铭》，④ 一为扬州僧正，一为同泰寺功德正，那么是否为同一人呢？同泰寺是梁武帝所建，萧衍于梁中后期三次舍身均在该寺，还频繁临幸，升座开讲，举行四部无遮大会、法会。⑤ 可以说同泰寺是梁中后期最重要的寺院之一，由该寺功德正任扬州僧正，完全有可能。如此，这两个智寂很有可能是同一人。如前所述，梁中后期的大德，一人两碑乃至三碑者，不乏其人，但一人有两方墓志铭者，寓目所及，可能只有智寂一人，而且为其撰写墓志铭的两位都是皇子，甚至是皇太子。⑥ 规格之高，在当时恐怕并不多见。

---

① 道宣：《广弘明集》卷 24，《大正新修大藏经》，第 52 册，第 276 页上栏。

② 萧统著，俞绍初校注：《昭明太子集校注》，郑州：中州古籍出版社，2001 年，第 42 页。王筠有《与云僧正书》，云僧正即法云。（道宣：《广弘明集》卷 28，《大正新修大藏经》，第 52 册，第 326 页下栏）

③ 道宣：《续高僧传》卷 16《后梁荆州长沙寺释法京传》，第 586 页。

④ 《艺文类聚》卷 77《内典下·寺碑》，第 1321 页。

⑤ 《梁书》卷 3《武帝纪下》有相关记载（第 71—90 页），但不如《南史》卷 7《梁本纪中·武帝纪下》详细（第 205—218 页）。

⑥ 萧纶所作墓志铭既题作"扬州僧正"，则萧纶为其撰写墓志铭时，有可能是扬州刺史。据《梁书》卷 3《武帝纪下》与卷 29《邵陵携王纶传》，中大通四年正月，丹阳尹邵陵王纶为侍中、宣惠将军、扬州刺史，但二月即因有罪被免为庶人（第 76、432 页）。萧纶在扬州刺史任内不足一月，所以任内撰写此铭的可能性较小。如果确是此时所写，则萧纲时为皇太子。

3. 其他僧尼

以上讨论几位大德碑志制作情况，其中有不少是碑与墓志同立，这反映的大多是梁中后期的情况，其实早在天监初，就已有碑、志并立的情况。（参见表2）目前文献所见最早者，是天监六年去世的会稽山阴云门寺智顺：

> 以天鉴（当作"监"——引者注）六年卒于山寺，春秋六十一……（门人——引者补）窆于寺侧，弟子等立碑颂德，陈郡袁昂制文，法华寺释慧举又为之墓志。①

撰碑者袁昂，天监六年五月由侍中转为吏部尚书，② 其时袁昂在建康，则此碑撰写，按理也需要两次以上书信往还。为撰墓志的慧举，其文才为当时著名文士刘孝标所重。刘孝标晚居东阳，在《与举法师书》中说自己"昔旅浙河"时，观慧举法师之诗文后，"不觉纸爇笔焚，魂魄斯尽"，③ 对慧举作品评价相当高。云门寺与法华寺都在山阴县，云门寺在山中，法华寺似在县治，大致相去不甚远，则智顺生前与慧举应多有来往。

天监初，不仅出现碑、志并立，而且出现坟、寺两碑甚至多碑并立的情况。目前所见最早例子，是天监八年于建康灵味寺去世的宝亮：

> 葬钟山之南，立碑墓所，陈郡周兴嗣、广陵高爽，并为制文，刻于两面。弟子法云等又立碑寺内。④

墓碑何人所立不详，寺碑乃弟子法云所立。"刻于两面"，有两种理解：一是刻于一碑的碑阳与碑阴两面，刘淑芬即持此观点；⑤ 二是刻于神道两面。若是前者，

---

① 慧皎：《高僧传》卷8《梁山阴云门山寺释智顺传》，第335—336页。
② 《梁书》卷2《武帝纪中》，第45页。卷31《袁昂传》则载袁昂在吏部尚书之前为寻阳太守行江州事，而任侍中则在寻阳太守之前。（第455页）
③ 刘孝标：《与举法师书》，道宣：《广弘明集》卷24，《大正新修大藏经》，第52册，第275页上栏。
④ 慧皎：《高僧传》卷8《梁京师灵味寺释宝亮传》，第338页。个别句读有改动。
⑤ 刘淑芬：《东晋南朝"钟山文化区"的形成》，《南京晓庄学院学报》2018年第1期，第41页。

则宝亮死后立了两块碑，坟、寺各一；若是后者，则宝亮死后立三碑，两墓碑、一寺碑。不管立几块碑，宝亮实际上都有三篇碑文。而将两篇碑文分别刻于一块碑的阴、阳两面，似不符合当时惯制，故刻于神道两面的可能性较大。周兴嗣与高爽均以文学知名，但非显宦，周兴嗣时以员外散骑侍郎直文德、寿光两省，所作碑铭一类文字颇受梁武帝喜爱。① 高爽"工属文"，与何逊有诗文唱和，② 天监初累官至晋陵令。③

三年之后去世的上定林寺法通，也有类似碑志制作：

> （天监十一年九月二十一日——引者补）正中时卒，春秋七十，仍葬于寺南。弟子静深等立碑墓侧，陈郡谢举、兰陵萧子云，并为制文，刻于两面。④

为法通立碑的同样是其弟子，立碑地点亦在墓所。只是为其撰碑文的谢举、萧子云，名与位均远高于周兴嗣和高爽，谢举时为侍中，萧子云为司徒主簿。⑤ 谢举曾"策步山门，禀其戒法"，⑥ 是法通的在家弟子，故有碑文撰写之事。

天监十七年，僧祐去世，葬于定林寺旧墓，"弟子正度立碑颂德，东莞刘勰制文"。⑦ 刘勰早年"家贫不婚娶，依沙门僧祐，与之居处，积十余年"，与僧祐感情深厚。刘勰"为文长于佛理，京师寺塔及名僧碑志，必请勰制文"。⑧ 僧祐

---

① 《梁书》卷49《文学传上·周兴嗣传》载："高祖以三桥旧宅为光宅寺，敕兴嗣与陆倕各制寺碑，及成俱奏，高祖用兴嗣所制者。自是《铜表铭》《栅塘碣》《北伐檄》《次韵王羲之书千字》，并使兴嗣为文，每奏，高祖辄称善，加赐金帛。"（第698页）

② 何逊《往晋陵联句》即与高爽联句，《和高博士》则为和高爽之作，参见何逊著，李伯齐校注：《何逊集校注》卷2，北京：中华书局，2010年，第50—54页。按，《何逊诗集》有两卷宋本流传，颇存联句之原貌。

③ 《梁书》卷49《文学传上·吴均传》，第699页。

④ 慧皎：《高僧传》卷8《梁上定林寺释法通传》，第340页。

⑤ 《梁书》卷37《谢举传》，第529页。另据《梁书》卷35《萧子云传》，萧子云为丹阳尹丞时，湘东王萧绎为京尹，而天监十二年萧绎被征为京兆尹，则天监十一年时，萧子云为司徒主簿。（第514页）

⑥ 慧皎：《高僧传》卷8《梁上定林寺释法通传》，第339页。

⑦ 慧皎：《高僧传》卷11《齐京师建初寺释僧祐传》，第440页。

⑧ 《梁书》卷50《文学传下·刘勰传》，第710、712页。

之外，刘勰还为南齐超辩、僧柔二位法师撰写碑文，他还奉僧祐之命撰写《钟山定林上寺碑铭》《建初寺初创碑铭》。《梁建安王造剡山石城寺石像碑》是现存唯一完整的由刘勰撰写的碑文。① 与僧祐同年去世的上定林寺慧弥，终于山舍，葬于定林寺南，同样有人为其立碑颂德。② 寺南为定林寺名僧墓所在地，不过，其立碑与撰碑之人均不清楚。

普通五年，宣武寺法宠、净名寺慧初与开善寺僧副同年去世，因生前年龄、身份地位不同，他们身后葬事与碑志制作稍有不同。

法宠于三月十六日卒，年 74 岁，是三位中年龄最高者。他天监七年即被敕为齐隆寺上座，是天监时期较为活跃的宿德：天监七年参与梁武帝注解《大品般若》最主要的两位宿德之一、③ 天监九年处理妙光案的 20 位宿德之一、天监十七年梁武帝为断酒肉所牒的 25 位宿德之一。④ 梁武帝对之甚为礼致，"不呼其名，号为'上座法师'。请为家僧，敕施车牛、人力、衣服、饮食，四时不绝"。在法宠病重时，梁武帝还派"中使参候，相望于道"，在其去世之后，"敕葬定林寺墓，一切凶事，天府供给，舍人主书，监视讫事"。⑤ 敕葬、丧费官给、遣有司监护丧事，每一项都足以说明法宠丧葬规格相当高，尤其是遣舍人主书监护丧事，甚为少见。但道宣竟未记法宠碑志制作之事，颇为奇怪。

需要指出的是，丧葬规格非常高却无碑志制作之记载者，并非法宠一人，建初寺明彻亦如此。明彻甚受梁武帝之礼敬，以"家僧资给"；普通三年，明彻重病，梁武帝于建初寺为设三百僧会，并亲自为制忏愿文。明彻去世后，葬于定林寺旧墓，其丧葬规格非常高："敕给东园秘器，凶事所资，随由备办，主者监护，有崇敬焉。"⑥ 前文已述，给东园秘器与有司监护丧事，在当时僧尼丧葬中极为少见。以二人身份与丧葬规格，竟无碑志，颇疑是僧传未将碑志制作作为重点来记述。

---

① 孔延之：《会稽掇英总集》卷 16，台湾图书馆藏澹生堂本，无页码。

② 慧皎：《高僧传》卷 12《梁上定林寺释慧弥传》，第 474 页。

③ 萧衍：《注解大品序》，僧祐：《出三藏记集》卷 8，第 296 页。此序未言注解时间，《续高僧传》卷 5《梁扬都光宅寺沙门释法云传》确载天监"七年制注《大品》"。（第 162 页）

④ 道宣：《广弘明集》卷 26，《大正新修大藏经》，第 52 册，第 300 页中栏。

⑤ 道宣：《续高僧传》卷 5《梁扬都宣武寺沙门释法宠传》，第 152—153 页。

⑥ 道宣：《续高僧传》卷 6《梁扬都建初寺释明彻传》，第 202、204 页。

净名寺慧初是北来僧人，梁武帝为"立禅房于净名寺以处之，四时资给"，卒年 68 岁，葬于钟山之阴，"弟子智颛树碑墓侧，御史中丞吴郡陆倕制文"。① 然据《梁书》与《南史》陆倕本传，陆倕未曾任御史中丞一职，而其兄陆任官至御史中丞，② 不知此处究竟是"御史中丞"这一结衔有误，还是将陆任误作陆倕。陆倕卒于普通七年，时年 57 岁，若此碑为陆倕所撰，则是晚年所作。

开善寺僧副卒年 61 岁，葬于下定林之都门外，似非名僧墓地，梁武帝哀焉，"下敕流赠"。僧副死后，遗命尸陀林葬，并交代弟子"勿营棺垄以乖我意"，但他们并未听从：

> 门徒涕泪，不忍从之，将为勒碑旌德。而永兴公主素有归信，进启东宫，请著其文，有令遣湘东王绎为之，树碑寺所。③

永兴公主名玉姚，梁武帝长女，太子萧统之姐。作为僧副的在家弟子，永兴公主亲自请萧统为僧副撰碑文，萧统未应允，而是命萧绎撰文。萧统为何拒绝姐姐永兴公主所请，不得而知。萧统似很少撰写此类文字，据笔者统计，萧统只为僧旻撰写过墓碑。④ 而其继任者萧纲则颇多碑志一类文字，《艺文类聚》《梁书》《释苑词林》等文献所载的就有 24 通（碑 10 通、墓志 14 通），其中僧尼墓志铭 5 通、佛教碑铭 6 通，而且大部分是其为太子以后所撰。即便考虑二人作品存佚有差等因素，萧统、萧纲兄弟在碑志撰写上也确实有比较明显的差异。那么，同为太子，这种差异究竟是什么原因造成的，是他们性格爱好不同，还是梁前期与后期时代风气不同？这值得进一步思考。

---

① 道宣：《续高僧传》卷 16《梁钟山延贤寺释慧胜传》，第 561 页。

② 《陈书》卷 23《陆缮传》，第 302 页；《南史》卷 48《陆慧晓附陆缮传》，第 1193 页。

③ 道宣：《续高僧传》卷 16《梁钟山定林寺释僧副传》，第 560 页。

④ 《宝刻丛编》卷 14《两浙西路·苏州》引《诸道石刻录》载："《梁张先师碑》，梁昭明太子奉敕撰，天监五年立。"（《石刻史料新编》，第 1 辑第 24 册，第 18301 页下栏）按此碑当即《艺文类聚》卷 78《灵异部上·仙道》所载之《招真馆碑》，实为萧纲所撰。（第 1341 页）天监五年的时间亦误，这一年萧统年仅五岁，萧纲仅四岁，均不可能奉敕撰写碑文。相关讨论参见孙齐：《唐前道观研究》，博士学位论文，山东大学历史文化学院，2014 年，第 185—186 页。

普通七年，道度在若邪山去世。道度为北人，天监六年，安成王萧秀为之建寺，梁武帝赐额"小庄严"；天监十七年，道度携梁武帝御注《大品般若经》回洛阳，后又重返小庄严寺；普通七年，道度携弟子至东扬州若邪山烧身，武陵王萧纪"遣典签沈炽文洒扫收敛，盛以员器，建以提支"。萧纪时为东扬州刺史，[①]遣典签为建砖塔。道度弟子道隐随后将道度烧身及相关异相"具以状闻"，并献上生前所用铁钵，因而受到梁武帝关注，并降敕褒慰。萧纲为撰碑文，详述萧纪建塔、道隐奏闻、梁武降敕具体过程，可以看出当时名僧丧事的大致流程。[②] 道隐奏闻于大通元年正月一日至都，萧纲撰写碑文定在此后。萧纲时为雍州刺史，此时其母之丧尚未满一年，[③] 故此文之撰写或有借机为母追福之意。至于道度之碑，是立于小庄严寺还是在其烧身或起塔之处，并不清楚。

《艺文类聚》所载王僧孺《栖玄寺云法师碑铭》，前文已论此云法师非光宅法云。栖玄寺在鸡笼山东北，很可能是刘宋建平王刘宏舍宅而建，[④] 靠近萧子良的鸡笼山西邸，在永明时期是比较重要的寺院，梁陈时期地位有所下降。此外，《艺文类聚》卷 77 还集中记载了萧纲所撰 5 篇僧人墓志铭，除《同泰寺故功德正智寂师墓志铭》《宋姬寺慧念法师墓志铭》之外，还有《甘露鼓寺敬脱法师墓志铭》《湘宫寺智蒨法师墓志铭》《净居寺法昂墓志铭》。此三法师均无传，加上所存文字均为志铭，故其生平及萧纲为撰墓志铭的时间、地点与缘由等，都无法详考。甘露鼓寺在建康，[⑤] 具体位置不详。《续高僧传》有《隋东都

① 《梁书》卷 3《武帝纪下》，第 68、72 页。

② 萧纲《梁小庄严寺道度禅师碑》，收入高丽沙门义天编《释苑词林》一书，陈尚君《高丽僧义天编〈释苑词林〉残卷存六朝唐宋释家遗文考录》一文有录文。（陈允吉编：《佛经文学研究论集续编》，上海：复旦大学出版社，2011 年，第 698—702 页）慧祥《弘赞法华传》卷 5 记载了此碑的主要内容，有少量溢出此碑的内容，如道度烧身之初，《道度禅师碑》未明确交代寺名，只谓"何公禅室"，而后者则谓"何令寺"，何公与何令，均指何胤。相关讨论参见陈志远：《梁武帝与〈般若经〉——兼谈宗派书写的内与外》，王颂主编：《宗门教下：东亚佛教宗派研究》，北京：宗教文化出版社，2019 年，第 297—307 页。

③ 据《梁书》卷 3《武帝纪下》，丁贵嫔薨于普通七年十一月庚辰。（第 70 页）

④ 《高僧传》卷 8《齐上定林寺释僧远传》载宋建平王刘景素谓："栖玄寺是先王经始。"（第 319 页）

⑤ 据《续高僧传》卷 9《隋江表徐方中寺释慧暅传》，慧暅南齐时"出都，住甘露鼓寺"（第 305 页），知甘露鼓寺在建康。

内慧日道场释敬脱传》，但此敬脱卒于大业十三年（617），① 显非一人。此敬脱法师天监二年驻锡于光宅寺，曾奉梁武帝之命同另一位僧人与舍人孙照迎会稽鄮县塔所出舍利还建康。② 至迟在天监末年，敬脱仍驻锡光宅寺，并参与天监末年萧统与义学僧俗的问答。③ 据此可知，敬脱也是天监中前期地位较高的义学大德。

湘宫寺智蒨法师也是当时的义学僧，萧纲《庄严旻法师成实论义疏序》称赞他"笔札之功，不殊法汰之报安石；清辩之妙，何止道林之折子猷。凡如十卷，勒成一部。法师大渐，深相付嘱"。④ 可知智蒨既富文才，又有清辩，故僧旻去世前，将《成实论义疏》委托给他。智蒨将其编成一部十卷的著作，萧纲作此序，应是受他之请。则智蒨晚于僧旻去世，前文已考僧旻应于大通元年去世，萧纲为智蒨撰墓志铭亦在此后。净居寺法昂，材料更少，萧纲所撰墓志铭仅存40字，信息太少，但从中可以看出他与法昂颇多来往。

表2　梁代碑志制作简表

僧尼	立碑时间	立碑人	撰碑/志人	立碑处	葬地	数量与形制
智顺	天监六年	弟子等	袁昂	寺侧	云门山寺	1寺碑1志
		慧举	为之墓志	墓所		
宝亮	天监八年	不详	周兴嗣、高爽	墓所	钟山之南	2墓碑1寺碑，刻于两面
		弟子法云	不详	寺内		
法通	天监十一年	弟子静深等	谢举、萧子云	墓侧	葬于寺南	2墓碑，刻于两面
宝志	天监十四年	梁武帝	敕陆倕制墓铭	冢内	独龙阜	1寺碑1志
			敕王筠勒碑文	寺门		
僧祐	天监十七年	弟子正度	刘勰	墓所？	定林旧墓	1碑
慧弥	天监十七年	不详	不详	墓所？	上定林寺南	1碑
智藏	普通三年	赴送僧俗	萧几序、萧绎铭、萧挹书	坟 寺	敕葬独龙	1墓碑1寺碑1志
			殷钧为立墓志	坟		
僧副	普通五年	门徒	太子令萧绎撰	寺所	下定林寺	1寺碑

---

① 道宣：《续高僧传》卷12《隋东都内慧日道场释敬脱传》，第415—416页。

② 《梁书》卷54《诸夷传》，第792页。

③ 《广弘明集》卷21有《光宅寺释敬脱咨二谛义》。（《大正新修大藏经》，第52册，第247页上栏）

④ 道宣：《广弘明集》卷20，《大正新修大藏经》，第52册，第244页下栏。

续表 2

僧尼	立碑时间	立碑人	撰碑/志人	立碑处	葬地	数量与形制
慧初	普通五年	弟子智颙	陆倕	墓侧	钟山之阴	1 墓碑
慧超	普通七年	门人	萧绎	墓所		2 墓碑
			谢几卿			
道度	普通七年	不详	萧纲	墓所？		1 墓碑
僧旻	大通元年	弟子智学、惠庆等	萧统	墓侧	敕葬钟山开善墓所	2 墓碑 1 寺碑 1 志
			萧绎	墓侧		
			何胤	本寺		
			阮孝绪著墓志			
法云	大通三年	弟子等立二碑	王筠作铭志	墓所	敕葬定林寺	2 碑 1 志
			萧绎			
			周长胤？			
慧约	大同元年	梁武帝	诏王筠为文	墓左	敕改葬独龙山宝志墓左	3 碑，墓、寺、本生寺各 1
			萧子云或萧纲	本生寺		
			王筠？	草堂寺		
云法师	梁	不详	王僧孺	不详	不详	1 碑
智蒨	梁	不详	萧纲	《湘宫寺智蒨法师墓志铭》		
慧念	梁	不详	萧纲	《宋姬寺慧念法师墓志铭》		
敬脱	梁	不详	萧纲	《甘露鼓寺敬脱法师墓志铭》		
法昂	梁	不详	萧纲	《净居寺法昂墓志铭》		
智寂	梁	不详	萧纲	《同泰寺故功德正智寂师墓志铭》		
			萧纶	《杨州僧正智寂法师墓志铭》		

（三）后梁、陈对梁武“故事”的继承与推进

太清之乱以后，梁政局动荡不安，此前高规格葬仪与碑志制作难以维持，文献中也没有相关记载。直到后梁与陈政权逐渐巩固后，梁武帝建立起来的僧尼丧制才得以继承，并有所推进。陈后主在梁武帝敕给东园秘器的基础上，以天子仪仗将两位大僧正送葬至墓所，后梁明帝萧岿亲自为其大僧正撰碑文。

1. 陈后主以天子仪仗送葬至墓所

享受到天子仪仗送葬墓所之殊礼者，是陈代两位大僧正，皆号宝琼：一驻锡

于彭城寺，世号白琼；一驻锡于建初寺，世号乌琼。

彭城寺宝琼，陈文帝时为京邑大僧正，在任期间革除梁代大僧正威仪与服玩过制之弊，至德二年三月去世，临终遗命"不烦铭志"，陈后主陈叔宝得知后：

> 有诏慰焉，丧事所须，随由资给，仍以天子卤簿仗，借为荣饰，终古所希幸也。以四月五日窆于钟山之阳名僧旧墓，尔时填逵咽陌，哀恸相奔，皂素惊嗟，郊坰失色。①

据此可知，陈后主确实遵从了他的遗志，虽未为立碑志，却找出一个代替措施，即以"天子卤簿仗"送葬以荣之。道宣盛赞此举实为"终古所希幸"。宝琼遗令"不烦铭志"，说明他对当时树碑立志之风有清楚认识，以其身份完全有资格制作高规格碑志。宝琼"不烦铭志"，在当时只是个案，这从侧面反映了制作碑志恐怕才是普遍情况。直到隋灭陈之后，方由其"兄孙普光……与同学道庄、明解树碑于金陵之旧墟。其文，慧日道场释法论"。②

祯明元年（587），大僧正建初寺宝琼去世，"葬楼湖之山。天子哀之，以黄麾诸仗卫送墓所"。③ 楼湖，即娄湖，在新林与东府之间。"黄麾诸仗"，本皇帝出行担任警跸的禁卫兵仗，④ 当即前谓"天子卤簿仗"。建初寺宝琼死后有碑，碑文由江总撰写，《艺文类聚》有节本，即《建初寺琼法师碑》，有序与铭。⑤ 所存信息甚少，何人所立、立于何处等，都不甚清楚。

此外，光宅寺昙瑗，曾被陈宣帝敕为大僧正，但苦辞未就任。他后于太建中卒，死后宣帝下敕"依法焚之，为立白塔，建碑于寺"。值得注意的是，昙瑗临终遗言有"终事任量，可依成教"之语，⑥ 可见对于昙瑗这种身份（大僧正）的

---

① 道宣：《续高僧传》卷7《陈扬都大彭城寺释宝琼传》，第232页。
② 道宣：《续高僧传》卷7《陈扬都大彭城寺释宝琼传》，第233页。
③ 道宣：《续高僧传》卷9《隋襄州龙泉寺释慧哲传》，第303页。
④ 《宋书》卷14《礼志一》，第370页；《隋书》卷8《礼仪志三》，北京：中华书局，1973年，第164页。
⑤ 《艺文类聚》卷76《内典上·内典》，第1310页。
⑥ 道宣：《续高僧传》卷22《陈扬都光宅寺释昙瑗传》，第828—829页。

人而言，立碑应是当时"成教"的一部分。昙瑗之碑，似由陈宣帝敕立，立于昙瑗驻锡之光宅寺，撰碑之人不详。

　　2. 陈代的其他僧尼碑志

　　除 3 位大僧正外，文献所见陈代僧尼碑志还有 9 通。（参见表 3）其中，傅大士及其弟子的碑就有 3 通：

> 　　陈善慧大士碑。陈侍中、尚书左仆射、领大著作徐陵撰。陈大（太）建五年太岁癸巳七月五日书，吴兴吴文纯刻字。碑阴纪大士问答语，并题眷属檀越弟子名。（《复斋碑录》）
>
> 　　陈善知阇黎碑。陈侍中、金紫光禄大夫王（名缺）撰。大（太）建五年立。（《诸道石刻录》）
>
> 　　陈惠集法师碑。陈大（太）建六年尚书左仆射、领国子祭酒、豫州大中正周弘正撰。（《诸道石刻录》）①

张子开对《傅大士碑》、魏斌对三碑都作过较为深入的讨论，这里就三碑制作情况稍作补充。《傅大士碑》立碑时间，《宝刻丛编》所引《复斋碑录》谓"太建五年太岁癸巳七月五日书"，徐陵《傅大士碑》文末亦确载"维陈太建五年太岁癸巳七月五日都下白山造"。② 按其时白山有两处，一为会稽剡县白山，于法开即曾驻锡于剡白山灵鹫寺，僧柔亦游此寺。③ 《比丘尼传》亦载法音寺昙简尼"以寺为施，"道林寺慧明法师"因移白山，更立草庵"，其姊昙勇尼与同学净珪尼随之前往。④ 一为江乘县白山，张敦颐《六朝事迹编类》引《图经》云，白山"旧属江乘县，周回八里，高八十丈，东接竹堂山，南接蒋山，北连摄山，西有水，下注平陆"；又引《舆地志》云"阶础碑石悉出此山"。⑤ 可知至唐初，白山

---

① 《宝刻丛编》卷 13，《石刻史料新编》，第 1 辑第 24 册，第 18286 页上栏。

② 楼颖：《善慧大士录》卷 3《傅大士碑》，《卍续藏经》，第 120 册，第 39 页下栏。

③ 慧皎：《高僧传》卷 4《晋剡白山于法开传》，第 168 页；卷 8《齐上定林寺释僧柔传》，第 322 页。

④ 宝唱著，王孺童校注：《比丘尼传校注》卷 3《法音寺昙简尼传》《法音寺昙勇尼传》，第 145、147、158 页。

⑤ 张敦颐：《六朝事迹编类》卷 6《山岗门》，第 97 页。

仍是重要的采石场。《陈书·韦载传》亦载江乘县有白山，韦载在此有田十余顷。① 江乘属南琅琊郡，故"都下白山"当指江乘县白山。《出三藏记集·法苑杂缘原始集目录》有《齐文皇帝造白山丈八石像并禅岗像记》，② 所造石像当在江乘白山。

如此，太建五年（573）七月五日乃书丹时间，地点在著名的采石场白山，而徐陵《傅大士碑》末所题书丹者可能是徐陵，刻字者为吴兴吴文纯。完成之后，被运至乌伤县。③ 如此，傅大士等三人之碑的制作地点似乎都在白山。至于立碑之缘由，《善慧大士录》有明确记载：

> 太建四年九月十九日，（傅大士——引者补）弟子沙门法璿、菩提智瓒等，为双林寺启陈宣帝，请立大士并慧集法师、慧和阇梨等碑。于是诏侍中、尚书左仆射、领大著作、建昌县开国侯东海徐陵为大士碑，尚书左仆射、领国子祭酒、豫州太中正汝南周弘正为慧和阇梨碑。④

傅大士卒于太建元年四月，遗命火葬并分灰骨于山顶和冢上之塔中，众弟子违背其遗命，将其葬于潜印渚松山之隅，而先其去世的慧集（卒于大同四年）亦得与大士邻坟而葬。慧和卒于大同三年，且客死于北齐邺城，初葬地不详，至迟太建六年立碑时，已葬于乌伤。傅大士与慧和两人之碑，是陈宣帝诏徐陵、周弘正分撰。徐陵碑文抬头末署"徐陵奉敕撰"，碑序中亦有"爰降丝纶"之语。魏斌发现《双林善慧大士小录并心王论》尾题所载徐、周奉敕撰写两碑之中间，还有"侍中王固撰慧集碑"，这个信息为其他文本所无，且慧和碑的撰写者，《诸道石刻录》仅载其结衔与姓氏而阙其名。由此可以确认慧和之碑由王固撰写，而且也

---

① 《陈书》卷18《韦载传》，第250页。刘宋宗室刘述与刘秉事败后所走之白山，当即此山，故不久被追擒伏诛。（《宋书》卷51《宗室传·刘道怜附刘述传》，第1466页）

② 僧祐：《出三藏记集》卷12《法苑杂缘原始集目录》，第488页。

③ 魏斌：《跋金庭馆碑》，《敦煌吐鲁番文书与中古史研究：朱雷先生八秩荣诞祝寿集》，第127页。许逸民认为碑立于建康白山（徐陵撰，许逸民校笺：《徐陵集校笺》卷10《东阳双林寺傅大士碑》，北京：中华书局，2008年，第1225页），此说不妥。

④ 楼颖：《善慧大士录》卷1《傅大士》，《卍续藏经》，第120册，第12页上栏。

是以奉敕撰的形式。至中唐时，三碑尚存，楼颖盛赞此三碑"并才藻美丽"。① 今仅《傅大士碑》得存，其余两碑佚失。

傅大士等三人去世之初，均无立碑之事，尤其是大同初先后去世的慧和、慧集。傅大士去世后，其弟子请太子陈叔宝、侯安都等王公大臣为护法檀越，并于太建四年奏请陈宣帝，② 方有立碑之事。奏请时间是太建四年九月十九日，除去奏上进呈等时间，徐陵、周弘正撰碑未必是九月，这从徐、周二人所署结衔也可以得到印证。③ 徐陵自太建四年正月，由尚书仆射迁左仆射，至七年，领国子祭酒、南徐州大中正，以公事免侍中、仆射。④ 周弘正于太建五年十月己亥，迁尚书右仆射领国子祭酒，六年六月壬辰卒于任上，卒赠侍中、中书监，⑤ 则"尚书左仆射、领国子祭酒、豫州大中正"当为时任之官，而"左"当为"右"之形讹。如此，徐、周二人撰碑时间似为太建五年。据《诸道石刻录》，慧集碑立于太建五年，撰写时间当亦在五年。唯慧和碑立于太建六年，较其他两碑稍晚，或许与改葬有关。至于三人之碑立于双林寺还是墓所，前引《善慧大士录》载，法璇等"为双林寺启陈宣帝"请立三人之碑，则立于双林寺可能性较大。

《宝刻丛编》卷 15《建康府》所引《集古录目》载有慧仙尼碑：

> 陈尼慧仙铭。碑首称前安东咨议参军，而其下缺灭，不见撰者姓名。宣成王国常侍陈景哲书。慧仙姓石氏，谯人也，为尼居慧福寺。碑以天嘉元年立。⑥

---

① 《双林善慧大士小录并心王论》，湖北省图书馆藏石印本。转引自魏斌：《南朝佛教与乌伤地方——从四通梁陈碑刻说起》，《文史》2015 年第 3 辑，第 82 页。

② 楼颖：《善慧大士录》卷 3《还珠留书记》，《卍续藏经》，第 120 册，第 40 页上栏。

③ 徐陵的结衔，《傅大士碑》《善慧大士录》与《复斋碑录》均作"侍中、尚书左仆射、领大著作、建昌县开国侯"。周弘正的结衔，《善慧大士录》与《诸道石刻录》均作"尚书左仆射、领国子祭酒、豫州大中正"，而《双林善慧大士小录并心王论》作"右仆射"。

④ 《陈书》卷 5《宣帝纪》，第 81 页；卷 26《徐陵传》，第 334 页。本传载徐陵太建三年迁左仆射，误。

⑤ 《陈书》卷 5《宣帝纪》，第 85、87 页；卷 24《周弘正传》，第 309—310 页。

⑥ 《宝刻丛编》卷 15，《石刻史料新编》，第 1 辑第 24 册，第 18326 页下栏。

慧仙尼不详何人，据此得知其生前居慧福寺。碑立于陈文帝天嘉元年（560），撰者姓名不存，仅存"前安东咨议参军"之结衔，书丹者为宣成王国常侍陈景哲。按陈无宣成王，此当为"宣城王"或"安成王"之形讹，然亦无宣城王，故"宣成"当为"安成"之讹。安成王为陈宣帝陈顼，永定元年（557），遥袭封始兴郡王，三年改封安成王，天嘉三年方自北周还建康。① 天嘉元年，陈顼虽尚未归国，但其封国之国官已实设。

太建三年卒于开善寺的智远，死后亦有碑志制作之事：

> 陈太建三年十二月一日旦终于此寺禅坊，时年七十有七。遗旨不令哭，奄如入定，乃窆于独龙之山。新安寺沙门慧㫤曰："吾与伊人早同法门，久禀戒道。叹法桥之忽坏，痛宝舟之已沉。乃率庸才，仰传实德。"五兵尚书萧济，鸿才硕学，行洁名高，为之铭颂。②

这里有两个疑点：其一，萧济所撰是碑铭还是墓志铭，并不明确，汉晋以来，常常称碑铭为颂，故此处为碑铭的可能性较大；其二，道宣所录新安寺慧㫤的这段文字，究竟是什么内容。慧㫤自谓与智远"早同法门，久禀戒道"，似曾从智远受戒或学习戒律。而据"乃率庸才，仰传实德"，可知慧㫤为撰碑序。③ 如此，智远碑可能是由新安寺慧㫤撰碑序，萧济撰写碑铭。

太建末、至德初，僧诠的两大弟子兴皇寺法朗与禅众寺慧勇先后去世，二人都有碑志。太建十三年九月，法朗去世，年75岁，葬于江乘县罗落里摄山之西岭，其碑志制作规格甚高：

---

① 《陈书》卷5《宣帝纪》，第75页。
② 道宣：《续高僧传》卷16《陈钟山开善寺释智远传》，第584页。
③ 慧㫤似曾任僧正，《续高僧传》卷17《陈南岳衡山释慧思传》载其"尝往瓦官，遇雨不湿，履泥不污。僧正慧㫤与诸学徒相逢于路"。（第621页）此僧正慧㫤不详驻锡何寺，当即新安寺慧㫤。陈有大心㫤法师，著《无诤论》（《陈书》卷30《傅縡传》，第401页），不详是否一人。大心，即大心寺，《南史》卷71《儒林传·伏曼容附伏挺传》作"大心寺"，点校者均据《册府元龟》改为"天心寺"（第1733、1757页），不妥，以"大心"为是。

侍中、领军庐陵王，声懋权衡，资承戒约，遂仰奉承华，为之铭颂。其墓志文，太子詹事济阳江总。故陈主叔宝时在春宫，为之铭曰……①

皇太子陈叔宝撰墓志铭，序由太子詹事江总撰。陈叔宝所撰铭辞，道宣录之，计 200 余字，是寓目所及南朝最长的墓志铭。此外，庐陵王陈伯仁还"为之铭颂"。既言"资承戒约"，陈伯仁应从法朗受菩萨戒，实为其在家弟子。法朗之碑立于何地不详。

至德元年五月，禅众寺慧勇去世，年 69 岁，亦葬摄山西岭，其"弟子等追深北面之礼，镌石碑之，其文侍中、尚书令济阳江总制"。② 按至德元年正月，江总由祠部尚书迁吏部尚书，至德四年十月方迁尚书令。若道宣所录江总之结衔是据原碑抄录，那么慧勇之碑当立于至德四年十月以后。江总自叙"弱岁归心释教，年二十余，入钟山就灵曜寺则法师受菩萨戒"，③ 则法师，即灵曜寺道则，而慧勇早年依止道则法师，④ 故江总与慧勇可能很早就相识。法朗、慧勇均葬于摄山西岭，颇值得注意。二人为僧诠弟子，僧诠居摄山止观寺，摄山西岭似是其葬所，故法朗、慧勇死后先后葬于此地，显示出对此的认同。

除法朗墓志铭序、慧勇法师碑及《建初寺琼法师碑》之外，江总还有《明庆寺尚禅师碑铭》，见《艺文类聚》，⑤ 所存仅 40 字，删节严重。此明庆寺尚禅师，姚察自谓 14 岁就从之受菩萨戒，"及官陈，禄俸皆舍寺起造，并追为禅师树碑，文甚遒丽"。⑥ 据此可知，明庆寺似由姚察舍禄俸而建，为该寺之檀越。尚禅师之碑，实由其菩萨戒弟子姚察追立，并亲撰碑序，江总为撰碑铭。撰写与立碑时间、葬地及立碑之处均不详，据《陈书·姚察传》所交代姚察作《游明庆寺诗》缘起，⑦ 似乎姚察所立之碑在明庆寺。

---

① 道宣：《续高僧传》卷 7《陈扬都兴皇寺释法朗传》，第 226 页。
② 道宣：《续高僧传》卷 7《陈扬都大禅众寺释慧勇传》，第 229 页。
③ 《陈书》卷 27《江总传》，第 347 页。
④ 道宣：《续高僧传》卷 7《陈扬都大禅众寺释慧勇传》，第 228 页。
⑤ 《艺文类聚》卷 76《内典上·内典》，第 1310 页。
⑥ 《陈书》卷 27《姚察传》，第 352 页。
⑦ 《陈书》卷 27《姚察传》载："为禅师树碑，文甚遒丽。及是，遇见梁国子祭酒萧子云书此寺禅斋诗，览之怆然，乃用萧韵述怀为咏，词又哀切。"（第 352 页）姚察《游明庆寺诗》，见道宣：《广弘明集》卷 30，《大正新修大藏经》，第 52 册，第 358 页下栏。

表3　陈代僧尼碑志简表

僧尼	立碑时间	立碑人	撰碑人	立碑处	葬地	出处
慧仙	天嘉元年		不详			《宝刻丛编》
智远	太建三年	慧暠	慧暠序，萧济铭			《续高僧传·释智远传》
傅大士	太建五年	弟子等	徐陵奉敕撰		乌伤县潜印渚松山	《善慧大士录》《东阳双林寺傅大士碑》
慧集	太建五年		王固			《诸道石刻录》
慧和	太建六年		周弘正		潜印渚松山	《诸道石刻录》
法朗	太建十三年		墓志：江总序，后主铭　碑：陈伯仁		摄山西岭	《续高僧传·释法朗传》
昙瑗	太建中	敕立？	不详	光宅寺		《续高僧传·释昙瑗传》
慧勇	至德四年	弟子等	江总		摄山西岭	《续高僧传·释慧勇传》
宝琼（乌）	祯明元年		江总			《续高僧传·释慧哲传》《建初寺琼法师碑》
尚禅师	陈	姚察	姚察序，江总铭	明庆寺		《明庆寺尚禅师碑铭》

3. 后梁明帝萧岿为僧正亲撰碑文

后梁由梁武帝之孙萧詧建立，沿袭了梁代僧尼葬制。梁明帝萧岿亲为其大僧正撰写碑文：

> 中兴荆郢，正位僧端，职任期月，道风飙举，恂恂七众，不肃而成……以天保十二年四月十七日移神大宝精舍，春秋七十有九，二十日葬于江陵之中华北山……等观，即梁明帝之法名也，自云："北面归依，时移三纪；拥经问道，十有三年。终识苦空，功由善导。况乎福田五世，师资两叶，仁既厚矣，义寔深焉。遂刊碑坟垄，述德如左。"①

僧迁颇受梁武帝信重，还被礼为家僧，萧詧建后梁，遂被任命为大僧正。于萧岿天保十二年（573）去世，卒葬江陵。从"遂刊碑坟垄，述德如左"来看，僧迁死后立碑，为其撰写碑文者实为萧岿本人。上引萧岿自云的内容，当是他在碑序

---

① 道宣：《续高僧传》卷6《后梁荆州大僧正释僧迁传》，第215页。标点有改动。按"天保"，宋、元、明本均作此，唯丽藏、金藏作"天监"，郭绍林认为天保为北齐年号，故据丽藏、金藏改作"天监"，误甚，实不知天保亦为后梁明帝萧岿之年号。

之末交代撰碑缘起。此后则为碑铭,故曰"述德如左",如左,即今之如下、如后。僧迁去世之时,萧岿已 33 岁,① 他自谓"北面归依,时移三纪;拥经问道,十有三年",则萧岿幼时即皈依僧迁,20 岁时即从僧迁"拥经问道"。由皇帝亲自撰写碑文以纪其功德,这在中古时期极为少见,无论对谁而言,都是殊荣。

(四) 出镇诸王为地方僧正撰写碑铭

以上讨论,基本上是朝廷对高僧后事的安排。晋宋以来,很多封王出任地方,多携带高僧同往,与所任地方的僧团也会有联系。高僧去世,要上报州郡长官,州郡长官多参与高僧葬事,甚至会主持丧事及碑志制作。如刘宋元嘉二十九年,江陵琵琶寺僧彻去世,荆州刺史南谯王刘义宣即为造坟圹。永明末,始丰县法存烧身供养,郡守萧缅遣沙门慧深为起灰塔。② 按始丰县属临海郡,萧缅未曾任临海太守,且慧深为会稽僧正慧基弟子,时驻会稽郡城傍寺。萧缅于永明六至八年间为会稽太守,都督会稽、东阳、新安、临海、永嘉五郡军事,③ 故萧缅是以会稽都督之名行此事。类似例子较多,不一一列举,这里重点讨论州郡长官为地方高僧制作碑志。

比较典型的是刘之遴《与震兄李敬胐书》所载"殿下自为作铭"事:

> 生灭无常,贤弟震法师,奄同力士……年事未高,德业方播;疾恙甫尔,谓无过忧。遂至迁化,道俗惊愕……奈何! 奈何! 法师义味该洽,领袖黑衣,识度恺悌,籍甚当世。昔在京师,圣上晒接;自还乡国,历政礼重。

---

① 据《周书》卷 48《萧詧附萧岿传》,萧岿卒于开皇五年 (585),年 44 岁。(北京:中华书局,1971 年,第 865 页) 则天保十二年,时年 33 岁。

② 慧皎:《高僧传》卷 7《宋江陵琵琶寺释僧彻传》,第 278 页;卷 12《齐陇西释法光附法存传》,第 455 页。

③《南齐书》卷 3《武帝纪》载,永明五年十月,以"侍中安陆侯缅为中领军"(第 54 页);永明八年七月,"以会稽太守安陆侯缅为雍州刺史"(第 58 页)。而据卷 45《宗室传·萧缅传》(第 794 页) 与沈约《齐安陆王碑》(《新校订六家注文选》卷 59,郑州:郑州大学出版社,2015 年,第 3870—3871 页),萧缅出为会稽太守在散骑常侍、太子詹事之后。《南齐书》本传未载萧缅都督会稽等五郡军事与其时之军号。按南齐宗室成员任会稽太守者,基本上均加都督,且萧缅建元末出守吴郡时即已加辅国将军之军号,此后军号累进,任郢州刺史时军号已为冠军将军。故其出守会稽当加都督与军号。

且讲说利益，既实弘多；经始寺庙，实广福业……并辱遗书及别物，对增哽欷。殿下自为作铭，又教鲍记室为志序，恐鲍相悉未能究尽，已得面为鲍说诸事行及徽猷，计必勒不朽事。如今日志石为鹰，并呼师修之，镌刻亦当，不久可就。言增泫然，投笔凄懑。刘之遴顿首顿首！①

这位震法师，名字与驻锡寺院均不详，刘之遴谓之"领袖黑衣"，并在《吊震法师亡书》中明确称之为僧正，自谓"弟子少长游遇，数纪迄兹，平生敬仰，善友斯寄"。② 其时刘之遴至少 40 岁，据《梁书·刘之遴传》，太清二年（548）侯景之乱后，刘之遴返回故乡荆州，卒于夏口，年 72 岁。③ 从《与震兄李敬胐书》所谓"面为鲍说诸事行及徽猷"来看，刘之遴时在荆州，则这位僧正震法师当为荆州僧正。他曾至建康，受到梁武帝接见，从"自还乡国"来看，震法师亦为荆州人，从建康回荆州后始任荆州僧正。这位僧正"年事未高"，当是因病骤亡，故刘之遴谓"疾恙甫尔，谓无过忧。遂至迁化"，以至"道俗惊愕"。刘之遴自幼在荆州，故而得以"少长游遇"，长达数纪，与他关系非常密切。震法师在临终前，还给刘之遴写有遗书、留有遗物，并托其兄李敬胐带给刘之遴。

震法师为荆州僧正，故而作为荆州刺史的"殿下"才会亲自为撰志铭，又命其军府记室参军为撰铭序。梁代历任荆州刺史均为皇弟或皇子，故"殿下"是谁较难判定。据《梁书》与《南史》，其先后 4 次在荆州任职：第一次为荆州治中，时刺史当为鄱阳王恢；第二次为宣惠晋安王（纲）记室，时在天监十三年正月至十四年五月；第三次为征/镇西鄱阳王（恢）长史、南郡太守，时在天监十八年至普通七年；最后一次为西中郎湘东王（绎）长史、南郡太守，时在普通七年至中大通四年之间。此外，丁母忧期间，刘之遴在荆州，其时刺史似亦为萧绎。④ 故此"殿下"为萧纲、萧恢与萧绎其中之一。将天监十一年至大

① 道宣：《广弘明集》卷 24，《大正新修大藏经》，第 52 册，第 275 页下栏。"相"，丽藏作"想"，据宫、宋、元本改；"日"，丽藏作"白"，据宫、宋、元本改。"石"，宫本作"召遴"。

② 道宣：《广弘明集》卷 24，《大正新修大藏经》，第 52 册，第 275 页下栏。

③ 《梁书》卷 40《刘之遴传》，第 574 页。

④ 《梁书》卷 40《刘之遴传》，第 572 页。

同五年历任荆州刺史，及刘之遴任职荆州的情况加以排列，就可以得出大概判断。（参见表 4）

表 4 天监十一年至大同五年荆州刺史及刘之遴任职情况

时间	荆州刺史	所带军号	刘之遴官职	年龄
天监十一年至十三年	鄱阳王恢	平西将军	荆州治中	36—38
天监十三年至十四年	晋安王纲	宣惠将军	宣惠记室	38—39
天监十四年至十八年	始兴王憺	征西将军		39—43
天监十八年至普通五年	鄱阳王恢	征西将军	征西鄱阳王长史、南郡太守	43—48
普通五年至七年		骠骑大将军	骠骑鄱阳王长史、南郡太守？	48—50
普通七年至中大通四年	湘东王绎	西中郎将	西中郎湘东王长史、南郡太守	50—56
中大通四年至大同五年		平/安/镇西	丁母忧？	56—63

资料来源：《梁书》卷 2《武帝纪中》、卷 3《武帝纪下》、卷 5《元帝纪》、卷 40《刘之遴传》。

根据表 4，此"殿下"基本上可以锁定为萧恢与萧绎两人之一。萧恢普通七年即薨于荆州任内，史传既未载其善属文，亦无碑志等作品传世与记载；而萧绎在荆州刺史任上最长，又多作僧尼碑志，且军府中鲍姓记室较多，[1] 故以萧绎可能性最大。其时刘之遴为西中郎湘东王长史、南郡太守，年龄与"数纪"之口吻相合。萧绎亲为荆州僧正撰写墓志铭，并命其军府鲍记室撰写墓志铭序。刘之遴担心这位鲍记室对震法师"相悉未能究尽"，故而"面为鲍说诸事行及徽猷"，足见对此事之关心。刘之遴不仅关心墓志序的撰写，而且还一手操办震法师墓志的镌刻：关心墓志样式（"志石为麀"）、亲自请工匠镌刻（"并呼师修之"），还关注其进度（"镌刻亦当，不久可就"）。刘之遴时为南郡太守，所以他关心僧正震法师的墓志制作，除私谊外，还需考虑到其地方长官之身份。此类出镇宗王或庶姓大臣为地方僧尼撰写碑志者，恐非个案，但由于材料所限，目前只此一例，

---

[1] 据《南史》卷 62《鲍泉传附鲍客卿传》，鲍客卿有三子，即检、正、至，"并才艺知名，俱为湘东王五佐"，鲍检为湘东镇西府中记室。（第 1531 页）据《梁书》卷 30《鲍泉传》，还有鲍机、鲍泉父子（第 448 页），萧绎撰、许逸民校笺《金楼子校笺》卷 2《聚书篇》有"鲍中记泉"（北京：中华书局，2011 年，第 516 页），则鲍泉曾任萧绎的中记室参军。《隋书》卷 35《经籍志四》有"梁镇西府记室《鲍畿集》八卷"（第 1078 页），此鲍畿，或为鲍机。

虽不能反映南朝之整体面貌，亦足以窥其一斑。

以上是南朝出镇宗王对地方高僧葬事与碑志制作之一例，而《广弘明集》卷24载北魏孝文帝所下两份赠徐州僧尼的诏书，反映的北朝地方僧尼丧事可与南朝作比较：

《赠徐州僧统并设斋诏》

门下：徐州道人统僧逞，风识淹通，器尚伦雅，道业明博，理味渊澄……应供皇筵，美敷辰宇。仁叡之良，朕所嘉重……今路次兖濮，青泗岂遥，怆然念德，又增厥心。可下徐州，施帛三百匹以供追福，又可为设斋五千人。

《帝为慧纪法师亡施帛设斋诏》

门下：徐州法师慧纪，凝量贞远，道识淳虚……光法彭方，声懋华裔……爰于往辰，唱谛鹿苑。作匠京缁，延赏贤丛。倏矣死魔，忽歼良器，闻之悲哽，伤恸于怀。可敕徐州施帛三百匹，并设五百人斋，以崇追益。①

僧逞为徐州道人统，即徐州僧正，而慧纪只是徐州的高僧，所以在施帛300匹上规格相同之外，二人在设斋人数上差距巨大。然而，不管是僧逞，还是慧纪，即便孝文帝亲自下诏关心其后事，但都没有碑志制作之事，更没有官方褒宠、赙赠、送葬等。实际上，较之南朝，北朝僧尼碑志数量非常少（详下），而北方僧尼死后立碑，至隋唐时期才逐渐成为常态。

三、南朝僧尼碑志兴起的背景及其规格形制

（一）碑禁屡申：南朝僧尼碑志兴起之背景

南齐以来，南朝僧尼碑志逐渐增多，数量之多、规格之高，比较特殊。如果不将其与南朝宗室王侯碑相比较、不将其放在南朝碑禁的视野下讨论，就很难凸显其特殊性与价值。故而有必要先梳理魏晋至南朝的碑禁政策，学界对此已有充

---

① 道宣：《广弘明集》卷24，《大正新修大藏经》，第52册，第272页下栏—273页上栏。

分讨论，所据基本上为《宋书·礼志二》所列几个重要的时间节点。

西晋时期碑禁甚严，东晋开始松弛，始于晋元帝许为顾荣立碑。而顾荣立碑，实缘于"故骠骑府主簿故恩"表请。① 顾荣死后方有"侍中、骠骑将军、开府仪同三司"之追赠，② 故而"故骠骑府主簿故恩"，当为顾荣故吏。东晋末裴松之上表议禁断，提出一个解决方案："诸欲立碑者，宜悉令言上，为朝议所许，然后听之。"③ 得到皇帝认可。此后南朝公卿立碑大致遵照"表请→皇帝诏可"这一形式，朝议通过并非必需环节。

至于碑禁持续时间，沈约所谓"至今"，刘涛认为是梁代，④ 似不妥，应为奏上的永明中。⑤ 永明七年四月，齐武帝萧赜下诏禁止大办婚礼，十月又下诏严禁厚葬并重申碑禁。⑥ 天监六年，梁武帝下诏"申明葬制，凡墓不得造石人兽碑，惟听作石柱，记名位而已"。⑦ 至于碑禁执行情况，《南齐书·礼志下》在交代墓志兴起原因时，谓永嘉中"素族无碑策"，碑即墓碑，策即哀策文，而后者只有皇帝及后妃、太子及太子妃才有，故墓志成为士族"纪德"的替代品。⑧

有学者认为正是因为屡禁不止，才导致南朝官方屡申碑禁，其实这是一种误读，从传世文献与石刻遗迹来看，南朝王公有碑者只有 19 人，而且绝大部分是皇室成员。萧齐高、武时期碑禁尤严，齐明帝萧鸾即位以前，只有褚渊得立碑。而褚渊之碑得立，是其故吏陶季直请于尚书令王俭，⑨ 经齐武帝许可方得立。永明十年，齐武帝母弟豫章王嶷薨，太子萧长懋亲造碑文并上奏，却"未及镌勒"。

---

① 《宋书》卷 15《礼志二》，第 407 页。

② 《晋书》卷 68《顾荣传》，北京：中华书局，1974 年，第 1815 页。

③ 《宋书》卷 64《裴松之传》，第 1699 页。

④ 刘涛：《中国书法史·魏晋南北朝卷》，南京：江苏教育出版社，2002 年，第 519 页。

⑤ 《宋书》至少分两次进奏，永明六年沈约第一次表奏上本纪与列传，共 7 帙 70 卷，而"所撰诸志，须成续上"（《宋书》卷 100《自序》，第 2468 页），时间不详，应在永明中后期，而应非《宋书》点校者所认为的齐末甚至梁初。且《宋书》诸志均有时间限断，《礼志》虽未明确交代具体断限，但叙事最晚至宋顺帝升明三年（479）。故《宋书》卷 15《礼志二》所谓"至今"最晚应不会超过永明中后期。

⑥ 《南齐书》卷 3《武帝纪》，第 56—57 页。

⑦ 《隋书》卷 8《礼仪志三》，第 153 页。

⑧ 《南齐书》卷 10《礼志下》，第 158 页。

⑨ 《梁书》卷 52《止足传·陶季直传》，第 761 页。

萧嶷故吏乐蔼解官赴丧，见墓所无碑，便与竟陵王子良笺，表达了"欲率荆、江、湘三州僚吏，建碑垄首"的意愿；① 他又致书沈约请撰碑文，遭婉拒。至建武中，萧鸾欲拉拢豫章王嶷家，萧嶷之碑方得立。② 见萧嶷碑得立，萧子良故吏范云遂上表齐明帝请为子良立碑，所提理由就是"故太宰渊、丞相嶷，亲贤并轨，即为成规"，故"乞依二公前例，赐许刊立"。③ 萧鸾未许，子良碑终未立。

其实何止萧子良，永明中后期先后病亡的长王、宰相均未得立碑，而王俭碑系天监元年萧衍下诏追立。④ 入梁以后，王公得以立碑者渐多，如巴东郡公萧颖胄、长沙王萧懿、始兴王萧憺、安成王萧秀、临川王萧宏、⑤ 吴平侯萧昺、开府仪同三司（赠）徐勉等。萧秀一人四碑，故吏"东海王僧孺、吴郡陆倕、彭城刘孝绰、河东裴子野，各制其文，古未之有也"。⑥ 此外，碑禁开始向极个别名儒、征士放开，萧衍天监元年下诏为大儒刘瓛立碑，⑦ 又许为著名征士刘虬立碑。⑧ 而从永明二年至永元末，僧尼碑志至少有 12 通，梁、陈两代僧尼有碑者至少 25 人，而且多位高僧有两碑甚至三碑。就目前可考的南朝碑而言，僧尼碑数量远超王公碑。相比僧传而言，正史之王公传记更关心传主赙赠、皇帝或太子临丧、赐东园秘器尤其是赠官、谥号等哀荣，而立碑并非其着意强调的内容，史传关于碑志的相关记载远不如僧传详细。加上王公碑与僧尼碑保存情况各异，故两者在数

---

① 《南齐书》卷 21《文惠太子传》，第 401 页；卷 22《萧嶷传》，第 467 页。

② 参见李猛：《豫章王萧嶷与南齐永明政局考论》，袁行霈主编：《国学研究》第 45 卷，北京：中华书局，2021 年，第 289—306 页。

③ 《文选》卷 38 任昉《为范始兴作求立太宰碑表》，《新校订六家注文选》，第 2530 页。

④ 永明七年至十一年，萧齐诸宰相、封王相继病亡：临川王映、尚书令王俭（永明七年去世）；长沙王晃、始兴王鉴（八年）；安城王暠、尚书令柳世隆（九年）；豫章王嶷（十年）。其中，豫章王嶷、临川王映、王俭、柳世隆都是萧齐建国元勋。永明三年去世的王僧虔（赠司空）亦无碑。萧衍诏为王俭立碑，参见《南齐书》卷 23《王俭传》。（第 438 页）

⑤ 临川王萧宏碑，现存一对，但传世文献却无碑铭之记载与著录。

⑥ 《梁书》卷 22《太祖五王传·萧秀传》，第 345 页。萧秀碑现在南京甘家巷小学，存两碑，西碑碑阴为故吏题名。《艺文类聚》卷 47《职官部三·司空》所载刘孝绰《司空安成康王碑铭》为节本。（第 843 页）

⑦ 《南齐书》卷 39《刘瓛传》，第 680 页。

⑧ 《艺文类聚》卷 37《人部二十一·隐逸下》引裴子野《刘虬碑》，第 660 页。据《广弘明集》卷 19 刘虬得"文范先生"之谥号（《大正新修大藏经》，第 52 册，第 233 页下栏—234 页上栏），大概在大通三年，立碑或在此稍后。

量上的差距实际上可能并没有文献所见之大。

南朝中后期不仅僧尼碑志大量涌现，道士、寺馆、庙学、德政、造像等碑也不断涌现。有碑文创作之需要，各类碑文写作逐渐受到重视，至梁中期，甚至形成一股集碑之风，《隋书·经籍志四》就集中著录了碑集类著作：

> 《碑集》二十九卷。《杂碑集》二十九卷。《杂碑集》二十二卷（梁有《碑集》十卷，谢庄撰；《释氏碑文》三十卷，梁元帝撰；《杂碑》二十二卷，《碑文》十五卷，晋将作大匠陈勰撰；《碑文》十卷，车灌撰；又有《羊祜堕泪碑》一卷，《桓宣武碑》十卷，《长沙景王碑文》三卷，《荆州杂碑》三卷，《雍州杂碑》四卷，《广州刺史碑》十二卷，《义兴周处碑》一卷，《太原王氏家碑谏颂赞铭集》二十六卷；《诸寺碑文》四十六卷，释僧祐撰；《杂祭文》六卷；《众僧行状》四十卷，释僧祐撰。亡)。①

程章灿认为陈勰编集的《杂碑》与《碑文》，或为将作大匠的职务行为；《太原王氏家碑谏颂赞铭集》则为保存本姓文献，所着重的是文本。而州郡及寺庙编集碑刻，亦当有寻访古刻、存录古迹及展现景观的意义。② 东晋碑禁松弛，有创作之需要，故有集碑之举；而谢庄乃刘宋时人，其时碑禁较严，故所撰《碑集》应为集碑之作，恐非所撰碑文之集。③ 其中单行的王公碑篇幅值得注意：《桓宣武碑》即桓温之碑，竟然有 10 卷之多；《长沙景王碑文》即刘宋长沙王刘道怜之碑，亦有 3 卷；《陆机集》有《晋平西将军孝侯周处碑》，④ 或即《周处碑》。1卷似是 1 篇碑文的正常篇幅，《出三藏记集·法集杂记铭目录》所载之沈约撰《献统上碑铭》与刘勰撰《僧柔法师碑铭》均为 1 卷。考虑到梁安成王萧秀去世后有 4 人为撰碑文，而且其时亦不乏为前代先贤撰立碑文者，加上《隋书·经籍

---

① 《隋书》卷 35《经籍志四》，第 1086 页。

② 程章灿：《景物——石刻作为空间景观与文本景观》，南京大学文学院古典文献研究所主办：《古典文献研究》第 17 辑下卷，南京：凤凰出版社，2014 年，第 16 页。

③ 《隋书》卷 35《经籍志四》又载谢庄撰《赞集》5 卷、《谏集》15 卷（第 1086 页），然而《谢庄集》梁时仅 15 卷（第 1074 页），故《碑集》《谏集》《赞集》，似均为谢庄按文体编集成书，而碑、谏、赞均为应用文体。

④ 《陆机集》卷 10，北京：中华书局，1982 年，第 141 页。

志四》此处著录之条目多具碑集性质，所以这里 10 卷之《桓宣武碑》、3 卷之《长沙景王碑文》，很有可能是不同时期之人为他们撰写碑文的合集。即便以 1 卷篇幅来推算，以上所列几种数十卷的碑集，其中人物碑恐怕并不多。

《隋书·经籍志四》著录的碑集并非全部，萧绎《金楼子·著书篇》就有"《碑集》十秩，百卷。原注付兰陵萧贲撰"，① 可知萧绎还曾命其僚佐萧贲集碑多达百卷。《隋书·经籍志四》著录《释氏碑文》30 卷，其序赖《广弘明集》得存，据此序，此书原名《内典碑铭集林》。萧绎还交代了佛教碑文兴起的原因：

> 然建塔纪功，招提立寺，或兴造有由，或誓愿所记，故镌之玄石，传诸不朽。亦有息心应供，是曰桑门，或谓智囊，或称印手。高座擅名，预师尹之席；道林见重，陪飞龙之座。峨眉、庐阜之贤，邺中、宛邓之哲，昭哉史册，可得而详。故碑文之兴，斯焉尚矣。②

从中可以看出当时的佛教碑铭主要有两类，一为寺塔碑铭，一为僧尼碑铭。从两书的篇幅和《内典碑铭集林》的编撰缘起（"顷常搜聚，有怀著述"）与理念（"不择高卑，惟能是与，傥未详悉，随而足之"）来看，30 卷的《内典碑铭集林》或许是萧绎从萧贲所编 100 卷《碑集》中单独抽出佛教碑铭的合集。

萧绎之外，僧祐对佛教碑铭的整理编集工作更值得注意。僧祐有明确的编撰法集（即"内集"）意识，他编撰了《释迦谱》《世界记》《出三藏记集》《法集杂记铭》等 8 部法集，还为萧子良、萧昭胄父子编撰了法集并目录。《隋书·经籍志四》所录《诸寺碑文》与《众僧行状》，未见《出三藏记集》等书，其内容与《法集杂记铭》或有重合。③ 因为《隋书·经籍志四》著录诸书均为碑集，所以僧祐所集《诸寺碑文》与《众僧行状》，其实是寺院与僧尼这两类主题的碑文

---

① 萧绎撰，许逸民校笺：《金楼子校笺》卷 5《著书篇》，第 820 页。
② 道宣：《广弘明集》卷 20，《大正新修大藏经》，第 52 册，第 244 页下栏—245 页上栏。"之兴"，丽藏作"兴之"，据宫、宋、元本改。
③ 《出三藏记集》卷 12《法集杂记铭目录序》有《钟山定林上寺碑铭》1 卷（刘勰），《建初寺初创碑铭》1 卷（刘勰），《献统上碑铭》1 卷（沈约），《僧柔法师碑铭》1 卷（刘勰）（第 498—499 页），前两篇为寺碑，后两篇为僧碑。

结集。而且，这个分类与僧祐在《法集杂记铭目录序》中所谓"山寺碑铭，僧众行记"正好可以呼应。这样看来，《众僧行状》之"行状"，并不是指作为文体的行状，而应该主要是指僧尼碑志、传状。

（二）南朝僧尼碑志的规格与形制

以上讨论，主要依据僧传、僧尼碑文及碑目等，虽然这些记载都有一定选择性与偶然性，但至少能反映出大致情况。从以上讨论可知，晋宋时期只有为数不多的僧尼死后得立碑，而且还是个人行为。偶尔有郡县一级地方官参与，虽带有一些官方色彩，却未必是官方行为，如余杭县令阮尚之可能属后者，至少目前还未看到州督一级关心僧尼立碑的记载。目前所见的最早记载，是萧齐永明二年僧远去世，齐武帝致书法献关心僧远葬事，萧子良为之挑选葬地与营理葬事，并"疆界钟山，集葬名德"。梁武帝受其影响，在宝志葬地建开善寺，并在其地开辟另一名僧墓地。僧尼葬地的选择，在萧子良"疆界钟山，集葬名德"之前，官方并没有明确规划。从萧子良不愿僧远"杂处众僧墓中"来看，当时僧尼死后也是集中安葬。无论是定林旧墓，还是开善旧墓，都是官方规划的名僧墓地，开善旧墓基本上是梁武帝敕葬之墓地，得入葬者极少。在葬地选择上，就将名僧与一般僧众区别开来，凸显了官方对名僧的褒宠。

葬地并非唯一立碑之地，早在晋宋时期，僧尼死后所立之碑，就有墓碑与寺碑两种，但往往只立一个。立碑地点虽有坟所与寺院之别，但能于寺院立碑者毕竟只是少数。实际上，宋齐时期只有僧翼、慧基、智称三人之碑明确立于寺院，而大部分僧尼碑立于墓前。天监八年，宝亮去世，开始出现"坟寺并立"的情况。这样一来，立碑数量较之前大大提高。此后一人两碑甚至三碑者不断涌现，宝亮、慧约、僧旻均一人立三碑，法通、智藏、慧超、法云均立两碑。除碑之外，不少僧尼还有墓志，即碑志并立，如智顺、宝志、智藏、法云、僧旻等五人。这些得立两碑、三碑的高僧，去世时间均为梁中后期。陈与后梁虽有太子与皇帝亲撰碑铭，但多是一人一碑，一人两碑、三碑已非常罕见。"碑志并立"的情况大致相似，仅陈代法朗死后立一碑一志，其余均无并立者。

一般僧尼死后，大多会在墓所立碑，个别会在寺院立碑，寺碑一般立于生前驻锡寺院，且多是一个，只有慧约比较特殊，本生寺与驻锡之草堂寺各立一碑。

墓碑则可以根据僧尼生前地位，立一个或两个。这种差异，实缘于墓碑与寺碑在内涵与影响上存在相当大的差别。就碑的空间与观众而言，墓碑更接近私碑，因为高僧墓所虽然神圣，却是一个相对封闭的空间。而寺碑则不同，立于寺门或其他显眼位置的碑，往往很容易成为景观，故更接近公碑。由于僧传记载模糊不清，有相当一部分南朝僧尼碑很难确定是寺碑还是墓碑；有文字保存的碑文，除非题目有明确界定，仅从现存文本上很难区分墓碑与寺碑。况且，现存南朝僧尼碑文，只有徐陵所撰《傅大士碑》与萧纲所撰《道度禅师碑》存全文，其余碑文都经过大幅删节，几乎全是富丽骈偶之辞藻，不仅史料价值非常有限，而且很难判断两种碑的碑文在内容及表达方式上有何区别。

碑志制作，主要是指碑志的树立、撰写、刻石及其相关情况。根据立碑者与撰者是否为皇帝，可将立碑分为敕立与非敕立；将撰碑分为敕撰与非敕撰。只有极个别与皇帝亲近的高僧大德才会有敕立之荣宠。齐武帝虽然亲自致书法献关心僧远身后事，但并未关心其碑志制作。至梁武帝方有下敕为僧尼立碑之举，梁之宝志与慧约、陈之昙瑗、后梁之僧迁等四人之碑皆为敕立。

皇帝之外，还有太子、诸王及公卿为立碑志的情况，如齐临川王萧映为玄畅立碑、竟陵王萧子良为僧远立碑、梁刘之遴为震法师立墓志、陈姚察为尚禅师立碑等。不过毕竟是少数，大部分僧尼碑志都是其僧俗弟子所立，如僧旻死后，其弟子智学、慧庆等为建立三碑；法云去世，其弟子周长胤等为创造二碑立于墓所。前者为出家弟子，后者则为在家弟子。前引几位为僧尼立碑志的诸王、公卿，也多为该僧尼的在家弟子或菩萨戒弟子。当然，还有一些是同寺僧尼所立，如僧祐为同驻上定林寺的超辩、僧柔等僧人立碑。

与立碑志相比，碑志撰写的相关信息更为丰富。敕撰，即奉皇帝之命撰写，亦是仅少数大德才有之殊荣，比如梁武帝敕王筠为宝志勒碑文、敕陆倕为宝志制墓志铭、诏王筠为慧约撰墓碑、命萧子云为慧约撰本生寺碑，陈宣帝分别敕徐陵为傅大士、王固为慧集、周弘正为慧和撰碑文。

敕撰之外，梁陈时期，太子与诸王经常参与名僧碑志的撰写，其时墓志成为士族乃至皇室成员葬仪的重要部分。太子、诸王常为其故去的僚佐撰写墓志铭以荣之；而时人为得到这种哀荣，也多请太子、诸王、著名文士为去世故友亲朋撰写墓志铭。对于僧尼而言，由太子、诸王为其撰写碑志，显然亦是一项重要的哀荣。文献可考者有：梁太子萧统为僧旻撰写墓碑；太子萧纲为慧约撰本生寺碑铭，为道度撰碑文，此外他还为湘宫寺智蒨、宋熙寺慧念、甘露鼓寺敬脱、净居寺法昂、同泰寺智寂等几位僧人撰写墓志铭；梁元帝萧绎为湘东王时，撰写碑志数量仅次于萧纲，他为智藏、僧副、慧超、法云、僧旻等僧人撰碑文，又为荆州僧正震法师撰写墓志铭；邵陵王萧纶为扬州僧正智寂撰写墓志铭。陈代较之稍逊，可考者仅太子陈叔宝、庐陵王陈伯仁为法朗撰墓志铭、碑铭。

太子、诸王所撰僧尼碑志约有 17 通，数量虽然不算太少，但毕竟占比不大（约占总数三成），更多的僧尼碑志还是由公卿文士撰写。这些为僧尼撰写碑铭者大多是当时一流文士，如宋之谢灵运（撰慧远碑铭），齐之谢超宗（撰道慧碑铭）、王俭（撰僧远碑）、周颙（撰玄畅碑），梁之沈约（撰僧敬尼、法献二人碑）、刘勰（撰超辩、僧柔、僧祐三人碑）、何胤（撰慧基碑、僧旻碑）、周舍（撰慧绪尼碑）、袁昂（撰智顺碑）、谢举（撰法通碑）、萧子云（撰法通碑）、陆倕（奉敕撰宝志墓志铭、撰慧初碑）、王筠（奉敕撰宝志与慧约两碑、撰法云墓志铭）、谢几卿（撰慧超碑）、萧几（撰智藏碑序）、王僧孺（撰云法师碑）、周兴嗣（撰宝亮碑）、高爽（撰宝亮碑）、殷钧（撰智藏墓志）、阮孝绪（撰僧旻墓志）、鲍记室（撰震法师墓志序），陈之徐陵（奉敕撰傅大士碑）、江总（撰法朗墓志铭序及慧勇、建初寺宝琼、尚禅师三人碑）、王固（奉敕撰慧和碑）、周弘正（奉敕撰慧集碑）、萧济（撰智远碑铭）。碑志这类大手笔的撰写，更能体现文士在当时的地位，尤其是奉敕撰写碑文者。除文士外，还有个别僧人撰写，如慧举为慧基撰写墓志、慧暠为智远撰碑序。

为僧尼撰写碑志，有些是受僧尼弟子之请，如刘勰为超辩与僧柔二人撰碑文、沈约为法献撰碑文，都是受僧祐之请；有些是受俗家弟子所请，如梁永兴公主请太子萧统为僧副撰碑文。有些可能是撰者主动为之，撰者本身就是佛弟子甚至是该僧尼的弟子，或与其有比较亲密的联系，如智藏的"三萧碑"，撰序、撰铭及书丹的三萧均自称"弟子"。为高僧大德撰写碑志，尤其是奉敕、太子令、诸王教撰，对于撰者而言，既是一种荣誉，也是对其文学才能与地位的认可。碑文撰写反过来也能为撰者赢得声名，如刘勰善作碑文，在当时颇有盛名，以至于"京师寺塔及名僧碑志，必请勰制文"。

碑志文撰写有固定体例，碑序既要详记其行事，又要铺排骈偶之辞藻以称颂其功业德行；而碑铭与墓志铭，要用精练的四字韵语将记事与颂德融合起来。即碑志撰写除文才外，还需要史才，故刘勰谓"夫属碑之体，资乎史才。其序则传，其文则铭"，而"标序盛德，必见清风之华；昭纪鸿懿，必见峻伟之烈"，方为"碑之制也"。① 奇怪的是，刘勰只论及东晋孙绰的几篇名公碑，对宋齐碑文尤其是僧尼碑文丝毫没有提及。② 实际上，他在定林寺依附僧祐十余年，肯定看到过僧祐编集整理的晋宋以来诸寺碑文与僧尼碑志，甚至很可能还参与了前期搜集整理工作。这或许与宋齐时期碑禁较严有一定关系，碑文创作之需求少，文士模仿学习乃至创作的热情就降低，关注度自然不高。

有一个现象值得注意，即有多个家族连续数代为僧尼撰写碑志，如谢灵运、谢超宗、谢几卿三代（谢灵运为谢超宗之祖、谢超宗为谢几卿之父），周颙、周舍、周弘正三代（周颙为周舍之父，周舍为周弘正之父），王俭与王筠两代（王俭为王筠从叔）。这一方面说明这些家族文学传承有序，另一方面也反映了他们对佛教态度甚至信仰之传承。如果进一步统计这些人的家族，还能观察到南朝尤其是后期文学家族的发展与变化。以上所考撰有僧尼碑志的文学家族主要有：兰陵萧氏（7 人 20 通）、琅琊王氏（3 人 6 通）、陈郡谢氏（4 人 4 通）、汝南周氏（3 人 3 通）。齐梁皇室撰写的僧尼碑志，已远超王谢等士族成员撰写碑志之总和，他们不仅将僧尼碑志撰写推向新阶段，使之成为时代风气，而且在文风上进一步引领风潮。

四、南朝僧尼碑志集中涌现的实质与意义

以上考察了晋宋至陈代僧尼碑志的撰与立等情况，主要从葬地选择、立碑时间与地点、碑志数量与形制、立碑与撰碑的形式与身份等方面，对南朝僧尼碑志作了系统梳理。同时，在南朝碑禁视野下，观察僧尼碑志与王公碑的差别，从中

---

① 刘勰著，黄叔琳注，李详补注，杨明照校注拾遗：《增订文心雕龙校注》卷 3《诔碑》，北京：中华书局，2012 年，第 160 页。
② 《文心雕龙》卷 9《时序》有"皇齐驭宝，运集休明"，并历数太祖、世祖、文帝、高宗、今圣（刘勰著，黄叔琳注，李详补注，杨明照校注拾遗：《增订文心雕龙校注》，第 548 页），则成书时间讨论虽多，但齐末基本可以确定。

可以看出南朝僧尼碑志规格之高。那么，高规格的僧尼碑志为何在此时期集中出现，其意义又何在呢？

（一）制作哀荣——纳僧尼入传统丧葬礼仪

从赗赠有无与多少，到送葬部伍与仪仗，再到葬地选择、碑志数量与制作形式，这一系列高规格的丧葬运作，将高僧大德、个别僧官同广大普通僧尼区别开来。将传统丧葬礼仪运用到僧尼身上，通过褒宠、赗赠、送葬、碑志制作等方式，进一步抬高了僧尼在国家政治、精神生活中的地位。从丧葬规格来说，相当一部分高僧大德已经等同甚至超越王侯公卿，皇帝敕葬、给东园秘器，甚至敕给天子仪仗送葬并为之立碑埋志，除了爵位、赠官、谥号与九锡外，个别高僧死后可以获得世俗王公大臣死后所能得到的所有哀荣。到了唐代，国公爵位、赠官、谥号等世俗王公大臣所能得到的最高哀荣，被用于极个别高僧，某种程度上说是沿着南朝这一条线发展而来。当然，用于南朝僧尼的这套官给葬事模式，只是传统王公士大夫葬仪的延续，后来在唐代发展为诏葬制度，并趋于成熟。①

梁武帝的菩萨戒师慧约不仅得到智者、国师之号，死后还得到皇帝与百官辍朝临哭之礼遇，② 而梁代太子、诸王及其妃，尚无百官辍朝临哭之制。③ 梁代并没有隋唐那种完善的辍朝、举哀制度。因此，从这个角度来说，慧约的丧葬规格几乎可以算当时除了帝后（包括嫔妃）之外最高的了。僧尼碑志制作亦是如此，

---

① 吴丽娱：《终极之典——中古丧葬制度研究》，北京：中华书局，2012 年，第 617—650 页。

② 道宣：《续高僧传》卷 6《梁国师草堂寺智者释慧约传》载："天子临诀悲恸，僚宰辍听览者二旬有一。"（第 186 页）《善慧大士录》卷 4《智者大师》则谓"是日皇帝及百辟果来临丧"。（《卍续藏经》，第 120 册，第 45 页上栏）则道宣所谓"僚宰辍听览者二旬有一"，似有所夸大，百官只是当天辍朝临哭，而辍朝缘由其实也是皇帝临哭。

③ 《梁书》卷 2《武帝纪中》、卷 3《武帝纪下》、卷 22《太祖五王传》、卷 23《四嗣王传》及卷 29《高祖三王传》，均未载诸王去世后有百官辍朝临哭事，桂阳王萧融夫人桂阳国太妃（天监十三年去世）与永阳王萧敷永阳国太妃（普通元年去世）因有墓志出土，诏葬内容较为详细，也只是梁武帝临哭、丧费官备、鸿胪持节监护丧事、议谥等，并无百官辍朝临哭之举。（毛远明：《汉魏六朝碑刻校注》第 3 册，北京：线装书局，2008 年，第 155、175 页）

从现存文献来看，极个别高僧大德的碑志制作规格，已经等同甚至超过了宗室王侯：文献和实物所见一人两碑以上的南朝王公，只有梁代安成王萧秀与临川王萧宏，而一人两碑以上的僧人却至少有7人。自萧子良"疆界钟山"以来，高僧集葬于定林寺名僧旧墓和开善寺旧墓，至迟到梁中期，两块名僧墓地必然碑塔林立。这里是宗教的神圣空间，进而成为宗教与人文景观，而这种空间营造与景观形成，基本上由官方主导。官方对高僧丧事的高规格运作，开启了一种新模式，实质上也是对僧团管理的一种新模式。

将僧尼道士纳入传统丧葬礼仪中，赙赠、葬地选择、送葬及高规格制作碑志等，都成了高僧葬仪的重要部分，是重要哀荣。但从另一方面来说，这种做法其实亦是加强管理甚至是控制僧团、笼络信众的有效方式。即官方通过插手高僧葬事，将高僧葬事纳入世俗王权控制范围之内，既凸显官方对高僧的重视，还可以进一步加强对僧团的管理。通过是否赙赠、赙赠多少、葬于何处（是否名僧墓地、哪一级别的名僧墓地）、是否官给丧费、是否送葬或派有司监护丧事、是否赐东园秘器、立不立碑志、立什么规格的碑志等，进一步划分层次，使之成为僧尼哀荣、地位乃至于盖棺定论的重要标识。进一步说，这些举措甚至试图将对高僧的评价之权纳入官方操控之下，而不像之前基本由僧团内部、信徒或亲近文士通过撰写僧传、传赞等形式来完成评价。当然，规格的高低与帝王及上层权贵态度有非常直接的关系，比如同为大僧正，慧超虽任职20余年，但其丧葬与碑志制作规格，都远低于法云，一低一高之间，皇帝权威已充分凸显。这即是说，作为僧团领袖的僧官、宿德，其身后之事，须由皇帝及诸王公卿来决定，而不是由僧团与广大信众来决定。地方僧团领袖的葬仪规格，则由州郡长官决定或者上报待朝廷决定。

需要说明的是，不管是墓地选择，还是赙赠、赐东园秘器、公卿送葬、有司监护等高规格葬仪，都建立在僧尼死后瘗葬的基础上。虽然林葬在当时已很少见，但仍有一些僧人遗命坚持"露骸林下"，这样这套葬仪就很难施行。即便如此，在一段时间之后，其弟子会将其收葬，届时仍有碑志制作，如前文讨论的庐山慧远。更何况，不乏弟子不忍心其师露骸而违背师命的例子，如智顺等。不过，也有少数僧人对碑志制作在内的这种高规格葬仪有所不满，毕竟其与佛教基本教义、传统颇有不合之处。如陈大僧正彭城寺宝琼临终前即遗命"不烦铭志"，还只是对高规格碑志制作之不满。智顗遗言"世间哭泣著服，皆不应为"，① 针对的更像是传统礼俗与丧服，而非官方高规格葬仪。在智顗之前，很少有南朝高僧不接受官给的高规格葬仪，宝琼遗命"不烦铭志"，陈后主用天子仪仗送葬来弥补，规格反而抬高了。总体上说，对于碑志制作在内的高规格葬仪，南朝僧尼更多地是配合甚至主动谋求，而非排斥、抵制，前者尤以傅大士弟子屡次表请为傅大士立碑、梁永兴公主请萧统为智副撰碑文最为典型。

事实上，不止僧尼，南朝道士的葬仪也有大致相似的进程，只是由于道教文献佚失更为严重，所存道士传记与道士、女冠的碑志都比较少。从所存道士、女冠碑志来看，其规格亦很高。比如大同二年，陶弘景去世后，"有制赠以中散大夫，谥曰贞白先生"，② 太子萧纲为撰墓志、③ 邵陵王萧纶为撰碑文，④ 赠官、赠谥、有司监护丧事，并由太子与郡王分别为撰志与碑，其规格之高，在南北朝道教史上恐无人出其右。又如道士徐师子去世，陈文帝"敕赍秘器，并无常与。凡厥丧事，皆取给台焉"。⑤ 可知高道去世，也有皇帝赐东园秘器、丧费官给之例。

将僧道身后事纳入传统丧葬礼仪中，并给予高僧、高道以官方形式的高规

---

① 灌顶：《隋天台智者大师别传》，《大正新修大藏经》，第 50 册，第 196 页中栏。

② 贾嵩：《华阳陶隐居内传》卷下《华阳陶先生墓志》，《道藏》，北京：文物出版社、上海：上海书店、天津：天津古籍出版社，1988 年，第 5 册，第 512 页中栏。题从《艺文类聚》，《艺文类聚》卷 37《人部二十一·隐逸下》所录有删节。（第 661 页）

③ 《宝刻丛编》卷 15《江南东路·建康府》引《复斋碑录》谓陶弘景墓志乃萧统撰、萧纲书。（《石刻史料新编》，第 1 辑第 24 册，第 18326 页下栏）贾嵩《华阳陶隐居内传》亦载此墓志，有很多溢出的内容，亦题作"梁昭明太子撰"。按《梁书》卷 51《处士·陶弘景传》载陶弘景于大同二年去世（第 743 页），此时萧统已薨数年，其时太子为萧纲。

④ 《艺文类聚》卷 37《人部二十一·隐逸下》有梁元帝《隐居先生陶弘景碑》（第 659 页），《茅山志》卷 21《录金石篇》则题作《陶先生朱阳馆碑》（《道藏》，第 5 册，第 635 页），除个别异文外，二者所存基本相同。严可均据《艺文类聚》辑录，未注意到《茅山志》。从现存的碑文内容来看，多是叙述环境之美，且碑铭中有"朱杨郁起，华构方崇"之语（"朱杨"，《茅山志》作"朱阳"），基本上可以确定此碑乃朱阳馆碑而非陶弘景碑。孙齐亦认为萧绎此碑乃为朱阳馆而作，参见《唐前道观研究》，博士学位论文，山东大学历史文化学院，2014 年，第 183 页。

⑤ 王悬河编：《三洞珠囊》卷 2《敕追召道士品》引《道学传》，张继禹主编：《中华道藏》第 28 册，北京：华夏出版社，2004 年，第 416 页上栏。标点有改动。《太平御览》卷 666《道部八》引《道学传》有删节。（北京：中华书局，1960 年，第 2973 页下栏）

格哀荣。碑志制作是其中重要环节，因为碑志本身就是记载僧尼生前行事与身后哀荣的重要载体，且可以通过各种形式广泛传播。碑志是僧尼哀荣的重要部分，尤其是高碑立于墓所、寺院，又属于纪念装置，随着时间推移，高僧集葬之地与那些立碑的寺院，还会形成碑塔林立的景观，从长远而言其影响似乎更大。但就当时而言，敕葬与敕撰、敕以天子仪仗送葬、赙赠、赐东园秘器、有司监丧等哀荣的影响更大，更能彰显僧尼生前地位，故而也更直观。更何况，不少碑志是僧尼去世很长一段时间后方立，具有一定滞后性。

（二） 对南朝碑禁及北朝隋唐僧尼碑志之影响

如前所述，宋齐时期碑禁较严，执行较为彻底，直到梁天监六年，梁武帝仍在重申碑禁，可见梁初碑禁较严。梁中后期，虽然寺馆、道馆、庙学、德政、造像等各类碑不断涌现，其数量大大超过前代，但基本上属于公碑，而且是以"表请—奏可"的形式树立。其中，庙学、寺馆/塔、造像等碑大多由帝王、妃主及地方长官所立，碑文多由王公乃至皇帝命人撰写。德政碑是梁陈时期集中出现的一类碑，可详考者约有 20 余通，基本上是由"州民"或故吏诣阙表请，诏许方得立。① 所以说，即便齐梁陈时期碑的总数大大超过前代，但当时碑禁并未真正向宗室以外的"素族"放开，只有极个别大臣以诏许的形式立碑。梁代宗室以外有碑者，仅徐勉一人，而其碑之所以得立，乃其"故佐史尚书左丞刘览等诣阙陈勉行状，请刊石纪德，即降诏许立碑于墓"；② 陈之蔡景历亦有碑，其立碑形式虽不详，但从陈宣帝与陈后主两次重赠官，立碑应该是陈后主敕许。③

实际上，即便是宗室王侯立碑，也基本上是故吏表请，然后皇帝诏许。如前

① 仇鹿鸣认为南朝诏许立德政碑的形式，已将立碑的最终审批权收归中央，参见《权力与观众——德政碑所见唐代的中央与地方》，荣新江主编：《唐研究》第 19 卷，北京：北京大学出版社，2013 年，第 94 页。

② 《梁书》卷 25《徐勉传》，第 387 页。

③ 据《陈书》卷 16《蔡景历传》，蔡景历历事陈高祖、世祖、废帝、高宗，太建初又曾任陈后主的太子左卫率。祯明二年，陈后主舆驾亲幸其宅，重赠侍中、中抚将军，改谥忠敬，故有立碑之事。（第 224—228 页）

所举之安成王萧秀碑，乃"故吏夏侯亶等表立墓碑，诏许焉"。[1] 其余王公碑，虽然传记中未明确记其碑乃故吏表请而立，在碑文中却有反映，即在碑序之末交代立碑缘由，一般有"故吏表请"、"诏许"等相关内容，以至这种特殊表述成为王公墓碑与庙碑的固定写作范式。[2] 当然，这种交代立碑缘起的表达方式早已有之，但南朝王公碑序中只见故吏而未见亲属、门生，这是南朝王公碑与汉碑最大的不同。究其原因，当然是亲属、门生立碑在南朝仍属碑禁范围。而南朝僧尼碑志就无类似表达，与王公碑形成鲜明对比，这说明南朝僧尼碑似不在碑禁范围。虽然南朝时期有这么多僧尼碑志集中涌现，但考虑到南朝僧尼规模，这个比例仍然不大。即是说南朝碑禁并未向僧尼和道士、女冠完全放开，只是对少数高僧大德放开。从这一角度来说，南朝碑禁在南朝后期确有松懈，僧尼、道士/女冠、寺馆、道馆、造像等碑志的大量集中出现，对当时碑禁有一定冲击，但并非根本性的。对于南朝部分宗室成员及宗室以外的"素族"而言，私自立碑仍然是被禁的。

两相比较，才能凸显南朝僧尼碑志的独特性及其价值所在。宋齐以来如此多的僧尼碑志集中涌现，其背后当然有帝王推动，这是南朝佛教政策的体现。由于菩萨戒的广泛传播，上至皇帝、太子、王侯妃主，下至普通信众，竞相寻求高僧受菩萨戒，高僧大德因而获得较高地位。[3] 比如慧约为梁武帝授菩萨戒以后，"皇储已下，

---

[1]　《梁书》卷 22《太祖五王传·萧秀传》，第 345 页。

[2]　刘孝绰《司空安成康王碑铭》言："凡我庶民，窃亲高义……思所以立言贞石，贻厥长世。"（《艺文类聚》卷 47《职官部三·司空》，第 843 页）可与《梁书》卷 22《太祖五王传·萧秀传》"故吏夏侯亶等表立墓碑"相对应。此外，爨道庆《爨龙颜碑》有"故吏建宁赵次之、巴郡杜子长等，□哀□德，永慕玄泽，刊石树碑"之语；沈约《齐安陆王碑》有"凡我僚旧，均哀共戚……乃刊石图徽，寄情铭颂"；王俭《褚渊碑》有"故吏某甲等……刊玄石以表德"；萧纲《萧子昭碑》有"故吏某等，以为封墓作谥……谨遵披文相质之义"；徐勉《萧憺碑》有"吏民哀恸……谨遵前义，刊石立碑"。其余王公碑多靠《艺文类聚》保存，其文本有较大幅度的删节。实际上，沈约并未曾任萧缅僚佐，萧纲作为皇子、郡王，更不可能为萧昺僚佐（萧昺卒于普通四年），故这类碑序末"故吏表请"等内容，就应该是王公碑写作的固定内容，或者说是一种固定的写作套语。值得注意的是，萧纲《长沙宣武王北梁（凉）州庙碑文》亦有"表请立碑置庙，天子许焉"之语，可见王公庙碑与王公碑、德政碑相类，都需要有类似表达。

[3]　关于宋齐时期菩萨戒传受情况，参见船山徹：「六朝時代における菩薩戒の受容過程——劉宋·南齊期を中心に」、『東方學報』第 67 冊、1995 年。

爰至王姬，道俗士庶，咸希度脱。弟子著籍者凡四万八千人"。① 仅《高僧传》与《续高僧传》中所载"白黑弟子"5000 人以上的高僧，就有多位。如僧祐"凡白黑门徒，一万一千余人"，法通"白黑弟子七千余人"，② 而为慧超送葬者前后绵延十里，其信徒之众可想而知。那些为皇帝、太子乃至王侯公卿授菩萨戒的高僧，因而获得了国师与家师身份，这种身份对其身后葬仪规格的高低，应该说有直接的影响。

相比而言，北朝僧尼地位虽然也很高，尤其是北魏、北齐担任昭玄统的大德，相对于南朝大僧正，实际地位可能更高，但死后的葬仪规格或者说哀荣均低于南朝，立碑者则更少。前引北魏孝文帝赠徐州道人统和徐州法师的诏书中，并没有碑志制作的内容。即便是北魏、北齐的昭玄统去世，目前只见到墓志出土，③而未见到墓碑或寺碑。北朝有不少后妃、命妇因政治或其他原因出家为比丘尼，她们去世后也只见墓志而不见碑。总之，相对于南朝而言，北朝僧尼碑很少，而且出现时间也晚很多。④ 北朝墓志文化，自北魏孝文帝迁都后逐渐成熟，⑤ 僧尼

---

① 道宣：《续高僧传》卷 6《梁国师草堂寺智者释慧约传》，第 185 页。《续高僧传》卷 5《梁扬都光宅寺沙门释法云传》亦载"王侯朝士，法俗倾都"。（第 163 页）

② 《高僧传》卷 11《齐京师建初寺释僧佑传》，第 440 页；卷 8《梁上定林寺释法通传》，第 339—340 页。

③ 北朝出土的道人统墓志，有《魏故比丘尼统法师僧芝墓志铭》（熙平元年，516）、《比丘尼统慈庆》（正光五年，524）、《魏故昭玄沙门大统僧令法师墓志铭》（北魏永熙三年，534）、《魏故昭玄沙门大统慧光墓志铭》（东魏元象元年，538）、《大齐故沙门大统僧贤墓铭》（武平元年，570）、《魏故□玄沙门都维那法师惠猛之墓志铭》（葬年不详）等。相关研究参见王珊：《北魏僧芝墓志考释》，《北大史学》，北京：北京大学出版社，2008年，第 87—107 页；赵延亚：《北朝僧尼墓志碑铭探析》，硕士学位论文，中央民族大学民族学与社会学学院，2015 年；陈志远：《从〈慧光墓志〉论北朝戒律学》，李四龙主编：《人文宗教研究》第 8 辑，北京：宗教文化出版社，2017 年，第 94 页；圣凯：《僧贤与地论学派——以〈大齐故沙门大统僧贤墓铭〉等考古资料为中心》，《世界宗教研究》2017 年第 4 期。

④ 赵延亚所统计的北朝僧尼碑铭仅 3 通：《北魏马鸣寺根法师碑》（正光四年）、《北魏僧会碑》（正光四年）、《北周张僧妙法师碑》（天和五年，570）。（《北朝僧尼墓志碑铭探析》，第 58 页）而从《宝刻丛编》卷 20 引《集古录目》的内容来看，僧会"亡其姓名，仕后魏至卫大将军，赠侍中、司空"（《石刻史料新编》，第 1 辑第 24 册，第 18381 页下栏），僧会或只是其名，则此碑似并非僧尼碑。此外，他并未注意到佛教文献尤其是僧传中关于北朝僧尼立碑之记载。

⑤ 徐冲：《冯熙墓志与北魏后期墓志文化的创生》，荣新江主编：《唐研究》第 23 卷，北京：北京大学出版社，2017 年，第 109—143 页。

墓志虽然出现稍晚，但逐渐成为传统。为僧尼立墓志者，大部分是其弟子，有一些是其亲属，反映了北朝僧尼与本家的联系更紧密一些。

事实上，北朝并没有南朝那样严格的碑禁，王公碑数量虽远不及墓志，却明显多于南朝，唯独僧尼碑很少。可以说在隋平陈以前，北朝并未形成为僧尼立碑的传统。而开石窟与造像在北朝显然更深入人心，现存造像中有不少是为亡故僧尼所造，这些造像（特别是具有碑之形制的造像碑）某种程度上替代了僧尼碑，这或许稍可解释为何北朝没有为僧尼立碑之传统。此外，这恐怕还与南北朝僧尼的丧葬方式，及南北朝上层对待甚至管控佛教的方式与力度之差异有关：南齐相王萧子良与梁武帝萧衍不仅抄注佛经，还制作僧制乃至僧俗忏仪；萧衍更强制推行素食甚至欲自任白衣僧正，他们事实上深度参与甚至改变了僧团管理与日常修行方式。[1] 而将传统葬仪放到僧人身上，只是其政策的延续，这是北朝所没有的。到了隋唐时期，地位较高的僧尼去世，其弟子一般会为立碑志，并请文士或诗僧撰文，这种传统应该不是源自北朝，而主要是受到南朝僧尼碑志制作这一传统的影响。

〔作者李猛，复旦大学中国古代文学研究中心暨中国语言文学系讲师。上海 200433〕

（责任编辑：高智敏）

---

[1] 参见曹凌：《东晋南北朝佛名忏研究》，博士学位论文，上海师范大学哲学学院，2012年；陈志远：《梁武帝与僧团素食改革——解读〈断酒肉文〉》，《中华文史论丛》2013年第 3 期；李猛：《僧祐〈齐太宰竟陵文宣王法集录〉考论》，袁行霈主编：《国学研究》第 41 卷，北京：北京大学出版社，2019 年，第 109—150 页。

六世班禅圆寂善后事宜探析

赵令志 马 坤

摘 要： 六世班禅圆寂善后事宜是金瓶掣签制度建立之前，清政府和西藏地方处理高级喇嘛在京圆寂及转世事件的典范。整个过程由以乾隆帝为中心的清政府主导、西藏地方僧人主持，从在京葬仪到灵榇返藏，再到呼毕勒罕的寻访、认定和坐床，各个环节均严格依照藏传佛教仪轨，在上下高度重视、互动合作及僧俗各界的积极响应、通力配合下，最终得以顺利完成。善后处理全过程，堪称清政府在维护蒙藏地区政治稳定、维持班禅世系正常延续、应对复杂多变国际局势、促进民族情感交融等方面的成功实践。

关键词： 清朝 西藏 六世班禅 藏传佛教 边疆治理

六世班禅额尔德尼，法名洛桑·巴丹益希（以下简称六世班禅、班禅等），乾隆三年（1738）出生于后藏南木林宗扎西则庄园，经清中央政府主导完成的寻访认定后，被确定为五世班禅额尔德尼之呼毕勒罕，并在日喀则扎什伦布寺举行坐床典礼。青年时代，六世班禅先后得到七世达赖喇嘛、三世章嘉呼图克图的辅导和传授，逐渐成为一位学业精勤、修持严谨的藏传佛教格鲁派高僧。乾隆三十一年，清政府宣布册封六世班禅为“班禅额尔德尼”，并颁金册、金印。

乾隆四十四年六月十七日，六世班禅为庆贺乾隆帝 70 寿辰，不远万里，长途跋涉，率领僧众百余人自扎什伦布寺出发，分别于翌年七月二十一日、九月初二日先后抵达热河、北京，同时致力于弘扬佛法、普度众生。因不幸感染天花，于十一月初二日圆寂于北京西黄寺，享年 43 岁。

自 20 世纪 80 年代起，学界对六世班禅及其朝觐缘起、经过、影响等多有研究，涉及相关人物、文物、碑刻、诗文、匾额的成果颇多。① 但这些成果的一个共同特点是，专注于朝觐事件本身，鲜少关注六世班禅圆寂及清政府的善后处理。本文主要利用相关满文档案，全面、系统考察六世班禅朝觐、圆寂及清政府议定丧仪及安抚僧众、护送灵榇返藏、寻定呼毕勒罕等内容，认为六世班禅圆寂善后事宜是清政府阐扬黄教以安蒙藏政策之成功实践，体现了其在处理西藏问题时的审慎态度，有助于深化理解清代治藏政策。

一、议定丧仪及安抚信众

乾隆三十七年，英国继侵略印度后染指不丹。英属印度总督沃伦·哈斯汀斯（Warren Hastings）计划以西藏为跳板，进一步染指中国，遣乔治·波格尔（George Bogle）赴藏，千方百计诱惑六世班禅以取得支持。然六世班禅始终以维护国家统一为己任，毅然拒绝东印度公司提出的通商、设领事馆等各项要求，并于乾隆四十四年赴热河和北京为皇帝祝寿。翌年，乾隆帝效法顺治帝迎请五世达赖喇嘛之例，迎接六世班禅，借此"兴黄教以安众蒙古"，同时提高六世班禅在西藏的政治地位，引导班禅政教系统倾心内向，最终形成达赖、班禅、贵族相互牵制的局面，"众建而分其势"，维护国家统一和稳定。不料，在朝觐即将圆满结束的关键时刻，六世班禅骤然圆寂，人心震悼。妥善处理班禅圆寂善后事宜，不但可以慰藉蒙藏信众之心，也有利于清朝兴黄教以安蒙藏之策的推行，更可以防范英国侵略者挑起西藏地方政府和清中央政府矛盾。为最大程度排除各种不利因

---

① 嘉木央·久麦旺波：《六世班禅洛桑巴丹益希传》，许得存、卓永强译，拉萨：西藏人民出版社，1990 年；王晓晶：《六世班禅进京史实研究》，博士学位论文，中央民族大学藏学院，2011 年；柳森：《六世班禅额尔德尼研究》，博士学位论文，中央民族大学历史文化学院，2012 年；牙含章：《班禅额尔德尼传》，拉萨：西藏人民出版社，1987 年；张羽新：《清代四大活佛》，北京：中国人民大学出版社，1989 年；张云等编著：《从灵童到领袖——历代班禅秘传》，海口：海南出版社，1996 年；江平：《班禅额尔德尼评传》，北京：中国藏学出版社，1998 年；柳陞祺、邓锐龄：《第六辈班禅额尔德尼洛桑·贝丹意希生平事迹述评》，中国社会科学院民族研究所民族历史研究室编：《民族史论丛》第 1 辑，北京：中华书局，1987 年，第 221—242 页；李秉铨：《献身于民族大家庭的六世班禅大师》，《中央民族学院学报》1988 年第 1 期；陈庆英：《历代班禅大师事略》，《思想战线》1989 年第 4 期。

素的干扰，乾隆帝亲自统筹六世班禅圆寂善后诸事，在主管官员、各部门的倾力配合下有条不紊地处理善后事宜。

（一）染痘圆寂于京

乾隆四十五年八月二十五日，六阿哥永瑢等随六世班禅由热河起程，九月初二日巳时抵达京城。在京期间，六世班禅多次觐见乾隆帝，会晤章嘉呼图克图，礼遇众大臣、蒙古上层及僧俗人众，在诸大臣、弟子的陪同下先后游览恩佑寺、长春园、圆明园、德寿寺、宁寿宫、雍和宫、香山昭庙、嵩祝寺等地，主持、参与各类佛事活动，数次受邀于各大法会上讲经说法、摩顶授戒、供献礼佛。京城内外黄教僧俗人众欢欣鼓舞，精神振奋，祈求班禅摩顶祝福者接踵而至。当时北京正值夏秋交替，气候与西藏迥异，班禅来京前未曾出痘亦拒绝种痘，[①] 不幸感染天花，最终救治无效，归寂于西黄寺。

内务府奏报六世班禅染患痘症圆寂情形：

> 十一月初二日，陈世官、罗衡、张敬文、刘钟、盛明远看得班禅额尔德呢痘症五朝，原系毒火太盛之症，设法用药，周身颗粒渐起，胃气稍开，惟天廷不长，忽于酉正喘促不语，口鼻出血，此由毒火内政［攻］，痘俱塌陷，救治不应，于戌时圆寂。[②]

面对班禅额尔德尼猝然圆寂，其随从仲巴呼图克图、绥绷堪布等一时无法接受，"泪流交横"，"忍痛地诵经祈祷，为大师蒙上冠冕，使法体成为受用身形，努力会供，广行七支"；永瑢及众大臣前来吊唁，念诵《涅槃经》；章嘉呼图克图亦诵经祈祷。初三日早晨，乾隆帝至西黄寺吊唁，见班禅法体时，"失声痛哭"，

---

① 陈庆英、王晓晶：《六世班禅东行随从种痘考》，《中国藏学》2012 年第 3 期，第 25 页。
② 《内务府奏报六世班禅染患痘症圆寂情形片》，乾隆四十五年十一月初二日，索文清、郭美兰主编：《清宫珍藏历世班禅额尔德尼档案荟萃》，北京：宗教文化出版社，2004 年，第 203 页。

颇为悲伤。①

（二）发布讣告

六世班禅圆寂后，乾隆帝统筹善后事宜，除在京操办丧仪外，分别讣告达赖喇嘛、西藏摄政、主寺扎什伦布寺僧众及留在归化城、塔尔寺等处的六世班禅随从人员等。

十一月初三日，乾隆帝寄谕驻藏办事副都统恒瑞，将六世班禅圆寂之事告知摄政堪布额尔德尼诺门罕阿旺楚臣，② 并宣谕八世达赖喇嘛，务令妥办善后事宜，以期班禅呼毕勒罕速得转世。为让达赖喇嘛明了领会，乾隆帝令仲巴呼图克图、绥绷堪布将讣告译为藏文转送，又谕恒瑞明白传谕扎什伦布寺喇嘛、僧俗人等施恩情形。兹录讣告如下：

> 班禅额尔德尼为朕之七十寿辰，去年自扎什伦布起行，一路平安，途经之处，蒙古王公、扎萨克等，均皆筵宴，极为欣喜，于塔尔寺过冬。本年七月抵达热河朝觐，七月二十四朕以首次朝觐礼，在避暑山庄万树园盛筵宴赏。万寿之日，班禅额尔德尼亲率众徒在内佛堂念经。八月十九日又宴赏。热河众喇嘛聆听讲经，内外扎萨克、喀尔喀、土尔扈特、杜尔伯特蒙古王公、扎萨克、台吉等，前来献礼叩拜。九月抵京时，众喇嘛及数千和尚等跪迎。伊随后游览海子、内廷、圆明园、香山、万寿山等处。十月初三日在保和殿赐宴赏赉。又往弘仁寺、雍和宫传法，敷演黄教，造福众生。十月二十九日，朕闻班禅额尔德尼发烧身感不适，当即派医诊视，方知出痘。十一月初一日朕亲临探视，喇嘛甚喜，尚甚健谈。初二日病情骤变，入夜圆寂。朕闻之甚是震悼，即赴黄寺拈香。喇嘛本性，虽来去如一，猝然圆寂，实出朕之意外，于心极为不忍，不胜哀伤。原拟为庆贺喇嘛诞辰赐赏镶珠金玉物件，特派大臣赍往，交付强佐、岁本等，仍行赏与喇嘛。今为喇嘛圆寂善后事，赏银五千两，妆缎、蟒缎、各色大缎二十四、官用缎一百匹、大哈达二

---

① 塞缪尔·特纳：《西藏札什伦布寺访问记》，苏发祥、沈桂萍译，拉萨：西藏人民出版社，2004 年，第 334 页。

② 阿旺楚臣，清代或译作阿旺簇勒提木、阿旺赤成。

十方、小哈达三百方，并饬该处速造金塔，安奉班禅额尔德尼法体，罩以垂帐柩布，供于黄寺殿内，召集京城各寺众喇嘛诵经百日。灵榇返回时，仍遣六阿哥偕同伍弥泰、留保住、福禄三人护送，经归化城、西宁、木鲁乌苏至西藏。①

讣告对班禅此次至热河、北京祝寿弘法诸事作了梳理，还提出了一套较为完备的善后方案，包括赏赐、成造金塔安奉法体、召集喇嘛诵经百日、安排护送灵榇返藏大臣、确定行程路线等。六世班禅圆寂于北京事关重大，由乾隆帝亲自出面，向以八世达赖为首的西藏地方交代六世班禅圆寂善后方案，其中蕴含的深意，有以下两点可供考量。

其一，乾隆十六年，清政府颁布《酌定西藏善后章程十三条》，对西藏地方政府作出重大改革，力推达赖喇嘛在政教合一制度中享有最高权力。在达赖喇嘛之下设噶伦和办事机构，建立噶厦政府，凡涉及重大政务须向达赖喇嘛禀报批准，逐渐形成了驻藏大臣和达赖喇嘛共同执掌西藏政务的局面。② 基于此，乾隆帝在六世班禅圆寂后首先讣告达赖喇嘛。

其二，七世达赖喇嘛圆寂后，六世班禅代表西藏地方与清中央政府所派章嘉国师一道寻得呼毕勒罕，即后来的八世达赖喇嘛。六世班禅为其赐法名、授戒、传法、灌顶，承担了引导者、教育者的角色。达赖喇嘛听闻六世班禅圆寂必感悲恸，乾隆帝若非诚恳讣告，明白晓谕因果关联，恐其难以自制而生弊端。

对此，静修中的八世达赖和噶厦政府迅速作出回应，噶厦致驻藏大臣呈文中写道：

> 达赖喇嘛闻耗，躬体抖颤，不禁落泪，即下令：班禅大师乃释教众生之怙主，奉皇帝谕旨主持教务，以弘扬黄教为要旨，与本喇嘛恩情无比。今突然迁化净土，实感悲痛不已。为尽快寻访佛教众生保佑者之呼毕勒罕，着诺门罕与诸噶伦商议，由噶厦向前后藏、塔工等地诸寺全体僧众施茶，向拉

---

① 《阿桂等寄信谕恒瑞等将班禅在京圆寂讣告达赖喇嘛》，乾隆四十五年十一月初四日，《六世班禅朝觐档案选编》，北京：中国藏学出版社，1996 年，第 312—313 页。

② 尕藏加：《清代藏传佛教研究》，北京：中国社会科学出版社，2014 年，第 234—235 页。

萨、桑耶、昌珠、扎什伦布等佛教圣地，备以丰厚礼品供施。本喇嘛必当祈祷三宝佛，以求尽早寻获呼毕勒罕，并亲撰祷文，令全体僧众讽诵，尤须供奉拉萨释迦牟尼佛尊。吾自当即行中止静修，前往祈祷。大皇帝以弘扬佛法为旨，于班禅额尔德尼在世之日倍加崇敬，圆寂之后格外施恩，此乃对吾等佛教众生之莫大恩典，惟有诵经礼佛以报。①

达赖喇嘛听到六世班禅圆寂噩耗，当即欲中止静修赶赴拉萨祈祷，在诸噶伦的再三恳请下，方同意先于禅修中祈祷，待完成后再赴拉萨，可见其笃诚。达赖喇嘛亦亲撰谢恩奏书，并提出善后处理的初步设想：

> 文殊菩萨大皇帝……对小僧之恩师班禅额尔德尼自在世到圆寂赐于如此深恩厚德，小僧不胜感激之至……小僧极为悲伤，但小僧断定，因班禅额尔德尼平安抵达京都，圆满完成大皇帝心愿，亲自觐见天颜后圆寂，今定能尽快转世。对此，小僧向三宝佛祈祷，为祭祀班禅额尔德尼诵经，在拉萨和扎什伦布之诸佛前献供云，从小僧库中提取实物以供色拉、哲蚌、甘丹三大寺和扎什伦布寺为首之卫藏所属僧院做祭奠佛事。②

与乾隆帝的善后方案呼应，达赖喇嘛出示的善后计划重点是通过大范围的诵经、供佛、布施、供施活动，全意祈祷、助力呼毕勒罕尽快转世。达赖喇嘛亲撰呼毕勒罕早日来世之祷文，令全体僧众唪诵，并从自身商上中取出各类物品供色拉、哲蚌、甘丹三大寺及扎什伦布寺为首的卫藏寺庙做供祭佛事用，又遣嘉赛呼图克图至扎什伦布寺，偕同六世班禅师傅喇嘛罗桑曲丕抚慰僧俗人等。对此，乾隆帝特寄信谕驻藏大臣，嘉许达赖喇嘛等料理后藏事务妥当，表示高度满意。③

---

① 《噶厦就班禅圆寂在藏办理情况事致驻藏大臣呈》（原件系藏文），乾隆四十五年，《元以来西藏地方与中央政府关系档案史料汇编》第 2 册，北京：中国藏学出版社，1994 年，第 608 页。

② 《八世达赖喇嘛为班禅圆寂法体运藏并建金塔事谢恩奏书》（原件系藏文），乾隆四十六年正月，《六世班禅朝觐档案选编》，第 349 页。

③ 《福隆安寄信谕驻藏大臣嘉许达赖等料理后藏事务妥当》，乾隆四十六年正月十一日，《六世班禅朝觐档案选编》，第 344—345 页。

十一月十三日，乾隆帝寄信绥远城将军弘晌等，令亲赍信件前往归化城班禅属众驻地通告抚慰。这些班禅属众是由避暑山庄、多伦诺尔、岱海寺相继遣往归化城迎候六世班禅朝觐结束后返藏的护送队伍，共有兰占巴等僧俗近百人。乾隆帝强调"命彼处翻译大喇嘛明白转达"，一并交付仲巴呼图克图所给信件以安人心，另嘱咐弘晌务必遣"谙其习性之员，偕同地方官员好生抚慰照管"。①

当日，乾隆帝还寄信陕甘总督勒尔谨，命其派员前往塔尔寺，将六世班禅圆寂之事晓谕班禅随从僧俗人等。这些属众共有两班：一是三月班禅自塔尔寺东行时，留在当地之兰占巴等大小喇嘛、俗人；二是自归化城继续西行的兰占巴等僧俗人众。这两班属众应会合于塔尔寺，待班禅返藏时迎接并随行照料。乾隆帝强调，勒尔谨须派贤能委员持信前往塔尔寺，再命寺中通满蒙语言之喇嘛，明白晓谕众人，还须派干练官员前往塔尔寺好生看护。②

归化城距离西宁府路途甚远，若兰占巴等人众十三日抵达归化城驻留，便不太可能于几日内即行抵塔尔寺，但乾隆帝于十三日同时寄信两位大臣加紧通告办理，希望班禅随从、属众尽快明白知晓班禅圆寂之事原委，不致徒生事端。事实证明，勒尔谨于二十二日奏派福崧前往塔尔寺抚慰时，兰占巴等人仍"尚未闻抵西宁"，只得将圣意译成藏文交予西宁署理总兵衮楚克达尔、西宁道员刘广宇，俟此行徒众抵达塔尔寺时"逐队明白晓谕"。③

通过比较两次寄信发现，乾隆帝对塔尔寺的通告更为严谨、严密、严格。他在寄信中强调，派"贤能要员"、"干练官员"赴塔尔寺办理抚慰事宜。勒尔谨一一回复乾隆帝所托，言已觅得塔尔寺翻译大喇嘛一人，详述乾隆帝叠沛隆恩情形，另派候补同知郭竞前往塔尔寺，妥加看护六世班禅徒众。④ 这一特殊处理方案应是考虑到塔尔寺巨大的地缘宗教影响力。历史上，塔尔寺是藏传佛教格鲁派

---

① 《阿桂等寄信谕弘晌等向在归化班禅属众转告班禅圆寂情形并妥加抚慰》，乾隆四十五年十一月十三日，《六世班禅朝觐档案选编》，第 317 页。
② 《阿桂等寄信谕勒尔谨前往塔尔寺抚慰班禅属众》，乾隆四十五年十一月十四日，《六世班禅朝觐档案选编》，第 318 页。
③ 《勒尔谨奏遵旨派员前往塔尔寺抚慰班禅徒众等情折》，乾隆四十五年十一月二十二日，《六世班禅朝觐档案选编》，第 329 页。
④ 《勒尔谨奏遵旨派员前往塔尔寺抚慰班禅徒众等情折》，乾隆四十五年十一月二十二日，《六世班禅朝觐档案选编》，第 329—330 页。

创始人宗喀巴大师诞生地，凡途经西宁之僧俗人众必至塔尔寺拜谒、驻锡，以表尊崇；政治地理上，塔尔寺不仅位于北京和西藏之间，还位于西藏和蒙古之间，是联结青藏高原佛教界和青海地方政教体系的纽带，也是清政府通过蒙古上层经营西藏的重要场所；宗教功能上，塔尔寺是安多藏族经院教育的最高学府，是安多藏区最大的宗教活动中心，更是西北地区信佛人众的精神寄托处所。① 班禅圆寂后，清政府如不能对塔尔寺僧俗人众实施有效管控，一旦出现乱局，后果不堪设想。

回望过往西藏政局，既有五噶伦拉帮结派、争权夺利之暴乱，又有"藏王制"施行后珠尔默特那木札勒谋叛。因此，在达赖喇嘛圆寂后呼毕勒罕未寻获、新达赖喇嘛未成年以前，谋求"制衡力量"就成为首要任务——此即清政府设立摄政的初衷。六世第穆活佛阿旺降白德勒嘉措开西藏摄政之先河，建立了较健全的接任摄政职位体制，摄政的作用也逐渐由最初单一的"辅佐、过渡"，转变为以"辅佐、过渡"为基础，协同达赖喇嘛掌管政务，共同维护西藏政教合一制度。

一世策墨林活佛阿旺楚臣是第二任西藏摄政，自乾隆四十二年至四十九年协同达赖喇嘛掌管政府。在六世班禅圆寂善后过程中，他作为摄政代表达赖喇嘛和清政府的双重立场，赴扎什伦布寺晓谕班禅属众，起到了重要作用。

十二月初三日，恒瑞等奉谕后即往赴阿旺楚臣住处，会商向扎什伦布寺执事喇嘛、僧俗人众等发布讣告事。9天后，阿旺楚臣率嘉赛呼图克图抵达扎什伦布寺，召集六世班禅师傅、四扎仓执事喇嘛、司钥等，恭宣圣谕，阐明班禅此次赴京朝觐，乾隆帝始终恩待优渥，所赐珍奇礼品不可胜数。班禅圆寂后，乾隆帝特谕为供奉法体成造金塔，各寺院诵经百日，祈祷超度。扎什伦布寺及其属寺所有僧俗人众听后"一口同声表示解除一切心虑，对大皇帝之大恩大德倍感敬仰和无比尊崇。并发出誓愿，将仰体圣心，准确无误寻访班禅额尔德尼之转世，保持扎什伦布寺之宗教活动不衰，竭力掌办好内外事务，召集数千僧侣为文殊菩萨大皇帝长寿万福诵经祈祷"。② 或许在此之前，扎什伦布寺僧俗人众还处于悲伤、不

---

① 敖红：《论塔尔寺在藏传佛教史上的地位和作用》，《青海社会科学》1993年第5期。
② 《摄政阿旺楚臣为班禅圆寂赴扎什伦布寺传谕等事奏书》，藏历铁牛年（乾隆四十六年）正月，《六世班禅朝觐档案选编》，第350页。

解的消极情绪中，但听罢此番解释豁然贯通、精神振作。可见，摄政传谕的作用非同小可。这与阿旺楚臣僧官、俗官一体的政教身份不无关系，此种身份与驻藏大臣等纯俗官性质不同，可达扎什伦布寺僧众顿感与"自己人"直接对话之效，更易于消除疑虑、稳定人心。鉴于阿旺楚臣卓有成效的抚慰工作，乾隆帝特施恩赏赐青金石佛头珊瑚素念珠1挂、蟒缎2匹，令恒瑞一并送去阿旺楚臣为皇帝万寿塑造大佛前贡献所用唐古特字大哈达1条，敬挂于大佛前。①

即便如此，乾隆帝仍不放心，考虑到虽有仲巴呼图克图、绥绷堪布等管束僧俗人众办理诸事，但六世班禅灵榇抵达扎什伦布寺尚有1年时间，属众听闻讣告不免人心浮动，此间理应派员诚意抚慰、稳妥管束，特寄谕恒瑞等由达赖喇嘛处选一大喇嘛赶赴后藏：

> 著寄信恒瑞等，将朕之此旨，转谕达赖喇嘛、堪布额尔德尼诺们汗阿旺簇勒提木，从彼处大喇嘛内选一名派往扎什伦布，将班禅额尔德尼已圆寂，朕屡次加恩，由京城特制金塔，从容送至扎什伦布之处，明白晓谕彼处办事喇嘛、扎什伦布所属众徒弟、属下人等。管束彼属下人等，虔心诵经，祈祷班禅额尔德尼之呼毕勒罕速出，令彼处办事喇嘛等同心妥办班禅额尔德尼诸事。②

六世班禅圆寂后，清政府对扎什伦布寺等地的管控十分慎重周全。乾隆帝依据实际情况采用不同方式讣告多地，同时附加重重保险，尽力排除一切可能出现的不稳定因素，不仅达到了防患于未然的目的，还在不断强调对六世班禅宠恩异数过程中，赢得了人心。

---

① 《寄谕驻藏办事副都统恒瑞等著赏赐堪布额尔德尼诺们汗阿旺簇勒提木》，乾隆四十六年正月三十日，《乾隆朝满文寄信档译编》，长沙：岳麓书社，2011年，第15册，第548页。

② 《寄谕驻藏办事副都统衔恒瑞等著派一大喇嘛管束班禅额尔德尼属下人等》，乾隆四十五年十一月初六日，《乾隆朝满文寄信档译编》，第14册，第710页。按，此篇档案标点、译文有误，本文已改。

（三）筹办葬仪

北京主要的供祭佛事活动均集中在六世班禅生前驻锡地——西黄寺。因班禅突然圆寂，清政府只得仓促安排。在乾隆帝主导下，各主管大臣、各部门积极协调互动，开展了诸项善后事宜，以藏传佛教最高葬仪塔葬，首次圆满完成了在京祭奠藏传佛教首领的仪轨。

塔葬之前，须对藏传佛教高僧活佛法体进行清洗、定型、防腐、装饰处理，即制作"肉身"。此过程须遵循一定的宗教仪轨，但也依据客观情况采用不同的操作方式。

章嘉呼图克图主持处理六世班禅法体的整个过程，完全依照藏传佛教高僧活佛丧葬仪轨，顺利完成了"肉身"制作。实际上，"肉身之制"本就是西藏地区物质和医学技术发展到能够有效保存人体肉身水平后的产物。在北京，处理法体所需设施、药品及气候条件等虽与雪域高原有所不同，但物质和医学技术的发展程度更高，也能很好地处理法体。

班禅圆寂后第一天，福隆安、永瑢即与章嘉呼图克图商议，因所造金塔极大、工序复杂，无法在三日内完成，故"先造一木龛，初次超度毕，暂行供于龛内"，待金塔建造完毕后再请法体入塔中。① 按照藏传佛教葬仪，初次超度完毕后应请法体入灵塔，然因时间紧迫，此次葬仪只好先暂请法体入龛。在此情形之下，乾隆帝仍精益求精，派专人造得灵龛一座，其"底座用三百五十两白银制成，上半用天然妙香木，内有上等缎子坐垫"，② 甚为考究。

十一月初八日，福隆安会同永瑢、金简、章嘉呼图克图"照看班禅额尔德尼法体，叠裹经衣，用哈达包仙丹香料等物，巳时恭请班禅额尔德尼法体入龛"，安放于西黄寺大殿宗喀巴佛像幢前中央以供瞻拜。乾隆帝为此特颁赏"圆寂礼"，供祭于六世班禅灵龛前。仲巴呼图克图、绥绷堪布对一切安排表示满意，虽仍不能抑制悲痛之情，但已着手准备虔诚诵经祈祷六世班禅呼毕勒罕尽早转世，并请

---

① 《福隆安等奏请金塔未造成前先造木龛放置班禅遗体折》，乾隆四十五年十一月初三日，
《六世班禅朝觐档案选编》，第311页。

② 嘉木央·久麦旺波：《六世班禅洛桑巴丹益希传》，第545页。

章嘉呼图克图将遗物（俐玛佛、念经铃杵等）代为呈进，以感戴皇帝殊恩。①

清政府为班禅法体成造四成金肉身灵塔，由塔座、塔瓶（身）、塔刹三大部分构成，通高7尺7寸6分，塔座5尺见方。②《内务府奉旨为六世班禅成造金塔记注》对制造金灵塔的过程进行了翔实记载，③ 兹总结如下。首先，照样画得样纸。初三日，命管理造办处大臣事务舒文照章嘉呼图克图所提供的铜镀金小塔样一座，按应用尺寸（即高7尺7寸6分）放大画得样纸以备成造，即金塔轮廓样纸。舒文又将金塔添安松石、珊瑚、催生石三色镶嵌，并塔伞添安缨络，加之塔欢门内应供梵太子佛像画得样纸，即金塔内外装饰细节样纸。其次，领取造塔所需工料。向广储司要四成金7199两3钱，向造办处领取工料银2649两4分5厘、镀金叶96两8钱4分6厘。最后，计算买料、雇工匠开支。买办物料银284两8钱3分7厘，外雇大器胎钣等匠工价银2364两2钱8厘。《内务府奉旨为六世班禅成造金塔记注》末页特别以小字补充说明塔刹部分月牙镶嵌（即"月轮"），系由乾隆四十五年六月初二日收贮画样玉料1392块中挑得一块做得，足见制作工序之严谨细密。

金塔制作完毕后，即安放法体入塔。其外造带帏大柜，置金塔于柜中，供于西黄寺大殿中央，除安排六世班禅随行众喇嘛于灵塔前唪经外，还召集京城各寺

---

① 《福隆安等奏班禅额尔德尼灵龛暂置黄寺供奉等情折》，乾隆四十五年十一月初八日；《福隆安奏强佐等悲恸之情并进献班禅遗物等情折》，乾隆四十五年十一月初三日，《六世班禅朝觐档案选编》，第316、311页。

② 7尺7寸6分约合2.59米，5尺约合1.67米。清政府为六世班禅所成造金灵塔有其特殊之处：其一，所造灵塔应为金质，无表面箔层。此塔耗四成金7199两3钱，与历世班禅额尔德尼灵塔相比，金质度极高。依例，班禅灵塔表层为银箔，但从档案来看，清政府为六世班禅所造灵塔各细节记载均十分明晰，唯独未显示有"银箔"制造程序，可基本推断应无箔层。其二，所造灵塔为规格较小的肉身灵塔。通过比较西藏其他高僧活佛的肉身灵塔发现，五世达赖灵塔高14.84米，四世班禅11米，十世班禅11.52米，即肉身灵塔高度大概应在10米以上。此塔高约2.59米，相比之下甚为精致小巧。清政府如此行事原因何在？这与六世班禅遗体经特殊防腐处理后缩小，灵椟归藏路途遥远不好护送，加之扎什伦布寺本就为六世班禅圆寂造有大银塔等情形不无关联。此举既要考量实际运输情况，又须对在京圆寂之班禅表示殊恩，更不好喧宾夺主。另外，达赖喇嘛灵塔尚为金箔，若班禅灵塔为金质且规格过大，则不免偏颇。可见，清政府为六世班禅成造小规格肉身灵塔实为反复权衡而定。

③ 《内务府奉旨为六世班禅成造金塔记注》，乾隆四十五年十一月初三日，索文清、郭美兰主编：《清宫珍藏历世班禅额尔德尼档案荟萃》，第204—205页。

喇嘛替换诵念《密集》等经，每日献果饼等百供，持续百日。乾隆帝又遣巴忠前往西黄寺，将祭奠班禅食物和分配班禅随行僧俗食物赍往。①

清政府按照藏传佛教高级活佛圆寂塔葬仪轨，颇为高效地完成了首次塔葬仪式，显示了乾隆帝对六世班禅的敬仰和尊崇。为更好地完善葬仪，纪念六世班禅功绩，乾隆帝特在西黄寺之西，"对着班禅额尔德尼圆寂处右侧七丈余处"敕建清净化城塔，专门供奉班禅"牌位"及生前所用衣冠、经咒等物品。② 清净化城塔属金刚宝座塔，用汉白玉砌成，主塔为覆钵式，小塔为密檐式经幢。自乾隆四十五年十二月开始，工匠逐步进行画图烫样、造匣装藏等工作，并在仲巴呼图克图、绥绷堪布支持下制订塔内供奉计划。

按照最初的建塔方案，塔通高 7 丈，后大学士英廉又于十二月十二日"遵旨改烫得石塔铜顶加高六尺，通高七丈六寸烫样"，交铸炉处造，做铜胎钣镀金。大殿加重檐，后檐添庑座，娑罗树石配添庑头，塔台周围添月台，塔基后面至后楼前檐添丹陛，逐步完善塔身和塔周。在石塔内，塔囊内藏匣高 1 尺 3 寸，2 尺见方，并凿佛像，四出轩座、八方须弥座底垫水盘。其中，四出轩内藏匣高 5 寸 6 分，1 尺 1 寸 6 分见方，八方须弥座内藏匣高 5 寸 6 分，1 尺 1 寸 6 分见方。塔内所有须弥座、蓑衣座、塔囊三处俱装藏，于建造过程中完成，装好后不可移动。③

据章嘉呼图克图所缮宜装塔之六世班禅衣物清单，塔内应装"法冠一顶，法衣三件、氆氇裌裟一件、斗篷一件、比肩一件、念珠一盘、净水瓶一个、米盒一个、碗一个（连座）、靴一双"。内务府又为班禅衣冠配高 3 尺 1 寸，面宽 2 尺 5 寸 5 分，进深 2 尺 1 寸龛一座。后照样收小，用红木制成，以备塔建成后使用。④

---

① 《福隆安奏请将班禅灵塔放置黄寺诵经折》，乾隆四十五年十一月初三日；《阿桂等奏为祭奠班禅供食物于班禅灵塔前折》，乾隆四十五年十二月二十一日，《六世班禅朝觐档案选编》，第 308、338—339 页。

② 《乾隆皇帝为班禅额尔德尼圆寂及善后事宜致达赖喇嘛敕谕》，乾隆四十六年正月初十日，赵令志等主编：《雍和宫满文档案译编》，北京：北京出版社，2016 年，第 955 页。

③ 《内务府奉旨将黄寺新建清净化城塔塔顶加高镀金及装脏》，乾隆四十五年十二月十六日，《六世班禅朝觐档案选编》，第 336—337 页。按，7 丈 6 寸约合 23.53 米。

④ 《和珅奏为班禅建造塔院仲巴呼图克图等谢恩贡物情形折》，乾隆四十五年十一月十八日；《内务府奉旨将班禅衣冠配龛安供新盖塔内》，乾隆四十五年十一月三十日，《六世班禅朝觐档案选编》，第 325、333 页。按，原文"法冠一项"误，今径改。

仲巴呼图克图、绥绷堪布拟将六世班禅在世时所供佛尊、用过物件列清单呈文一份，俟工竣照单供奉。此番物品在入新塔前，皆暂存于西黄寺，交西黄寺达喇嘛等妥善保存。① 仲巴呼图克图、绥绷堪布等在闻知乾隆帝为班禅建金灵塔后又用银数万两在西黄寺建造塔院，表示无尽谢意，供献"哈达一方、银曼扎一个、佛四尊、经一部、金如意二柄、玉如意一柄、金一百两、银一千两"，助修清净化城塔。乾隆帝命章嘉呼图克图分别供奉进呈之银曼扎、佛尊、如意等，黄金交和珅等造金塔用，银两用于建造塔院。②

清净化城塔完美结合了汉、藏、印佛教艺术，是清代佛塔建筑艺术的杰作，也是西藏地方同清政府紧密团结的象征。由于清净化城塔规模宏伟，在六世班禅灵榇归藏前并未完工，直到乾隆四十七年十一月才告竣。

在清政府备办六世班禅圆寂善后事宜同时，西藏、青海、甘肃等地筹备工作也相继展开。扎什伦布寺为迎接来年班禅灵榇修建银灵塔、建造灵殿，青海、甘肃等地各大寺庙进行了大规模的佛事活动，主要包括熬茶布施、诵经祈祷、燃灯致祭等，其中部分活动由清政府主导操办，有些则由各寺庙主管喇嘛自发组织。

在六世班禅灵榇抵藏前，扎什伦布寺严格依据惯例为迎请法体建造银质灵塔。此银灵塔"塔身自底部至顶端有五十七拇指四手指长，用白银二万九千五十两、铜一百驮、金粉二千七百八十九钱、银水八百二十七两七钱"。③ 由是观之，六世班禅法体安放有其迥殊之处。"塔身"即塔瓶，本是用来安放活佛遗体之处。此次班禅金塔运抵扎什伦布寺后，不再将法体从金灵塔中取出，而是连同金灵塔一起直接置于银塔塔身之中，形成"金银双层灵塔"。这从银灵塔塔身高度和金灵塔整体高度的比例也可看出（见图1）。

商卓特巴仲巴呼图克图、绥绷堪布等在北京商议，应在扎什伦布寺五世班禅"灵堂之左方创建佛堂，供放大师之灵塔……尔时书信由驿站送给扎什伦布寺德

---

① 《和珅奏仲巴呼图克图等呈进供奉清净化城塔之班禅遗物暂存西黄寺折》，乾隆四十六年二月十一日，《六世班禅朝觐档案选编》，第360页。

② 《和珅奏为班禅建造塔院仲巴呼图克图等谢恩贡物情形折》，乾隆四十五年十一月十八日，《六世班禅朝觐档案选编》，第325页。

③ 嘉木央·久麦旺波：《六世班禅洛桑巴丹益希传》，第565页。按，57拇指4手指长约合15—18尺。

琼巴格勒睿乃，德琼巴奉命将此事委任与十五所佛堂的管家格桑曲旺与那塘寺管家洛桑坚参"。此灵殿于乾隆四十六年初开工，"当经师洛桑班觉行典土仪式时，大家看到从东方升起一股彩虹直立于佛殿建造处"，昭示吉祥。

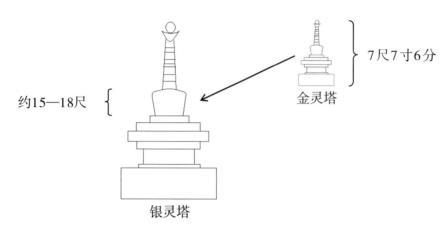

图1 "金银双层灵塔"构成示意图

扎什伦布寺为建造灵殿进行了专业、细致的人员分工，从上到下，各司其职。其中，画匠总管有一人为来自尼泊尔的第巴阿纳噶拉，带领尼泊尔匠役承担灵殿的绘画设计任务。扎什伦布寺特从尼泊尔聘请画匠，用心之笃诚可见一斑，亦反映出当时西藏地区和尼泊尔佛教艺术交流颇为深入。另专设诵经僧人11名，还"以拉让强佐为首的僧人及汉地、蒙古、多康、卫藏等地信徒立于工地处诵经"，为六世班禅消除阻碍，祈求福祉。①

青海、甘肃各寺庙活佛分别由其主寺主持诵经祈祷、发放布施、燃灯致祭，从参与活动的寺庙数量、僧侣数量、持续天数、供祭物品种类来看，为六世班禅圆寂所备佛事活动规模宏大，各负责喇嘛依藏传佛教仪轨安排诸事，秩序井然。仲巴呼图克图请准派兰占巴1名、僧人从役6人携带行包20包，在理藩院笔帖式和领催护送下，抵达塔尔寺为班禅圆寂熬茶，留守等候班禅灵榇一并起程。②

（四）恩赏抚慰随众

乾隆四十六年正月初二日，仲巴呼图克图代班禅进丹舒克后，乾隆帝赏银珐

---

① 嘉木央·久麦旺波：《六世班禅洛桑巴丹益希传》，第563页。
② 《阿桂奏仲巴呼图克图请准派人前往塔尔寺熬茶折》，乾隆四十五年十一月二十九日，《六世班禅朝觐档案选编》，第331—332页。

仲巴呼图克图罗卜藏津巴是六世班禅之兄，而绥绷堪布罗卜藏凯木楚克乃其高徒，两人自扎什伦布寺起程，一路侍奉班禅至热河、北京朝觐，始终悉心照料其生活起居，辅助弘扬佛法，利乐众生。在班禅患病期间，仲巴呼图克图、绥绷堪布竭力劝慰其接受治疗，每日诵经祈祷，未有丝毫怠慢。班禅圆寂后，二人如同丧失精神支柱，不知何去何从。乾隆帝特加恩赏仲巴呼图克图额尔德木图诺门罕之号、大绥绷扎萨克喇嘛职衔默尔根堪布之号，并随敕书赐物。①

　　事实上，赐商卓特巴仲巴呼图克图名号之事在班禅圆寂之前就已拟成文字，准备在十一月十一日班禅寿辰之日发布。不料，班禅于初二日圆寂，遂在初六日改添：

　　　　奉天承运皇帝敕谕班禅额尔德尼之强佐仲巴呼图克图：

　　　　尔为班禅额尔德尼之兄，且任强佐之职，随班禅额尔德尼远道入觐，朕极赏识。（十一月初六日改添：正欲施恩，不料班禅额尔德尼猝然圆寂，朕不胜恻然，对尔益加悯爱。尔其节哀，但当尽心办理喇嘛事务，虔诚诵经，祈祷呼毕勒罕尽早转世。）尔为大呼图克图，谙悉经典，朕为振兴黄教，特此施恩，赏尔额尔德木图诺们罕名号，随敕赏琥珀念珠一串、大哈达三十方、蟒缎三匹、锦缎三匹、黄大缎三匹、红大缎三匹、漳绒三匹。尔当感激朕恩，尽心尽职。（十一月初六日改添：谨慎侍奉喇嘛舍利，管束属下僧俗人等，俟明年返回扎什伦布，仍行虔诚诵经，努力祈祷喇嘛之呼毕勒罕尽速转世。）敬之勿怠。特谕。

　　　　（将此于十一月初六日经修改复行进呈）②

　　此后，凡是涉及班禅圆寂善后的信件，均特别提出赏赐商卓特巴仲巴呼图克图、绥绷堪布名号之事，闻诸各地僧俗徒众。乾隆帝于正月二十日赏"商卓特巴、岁本堪卜每人普洱芽茶十瓶"，二月十一日又亲临黄寺，复赏仲巴呼图克图、绥绷堪布"每人大哈达十方、蟒缎一匹、漳绒二匹、茶叶十瓶、大荷包一对、小

---

① 《乾隆皇帝为班禅额尔德尼圆寂及善后事宜致达赖喇嘛敕谕》，乾隆四十六年正月初十日，赵令志等主编：《雍和宫满文档案译编》，第 955 页。
② 《敕谕班禅之兄仲巴呼图克图赐名号》，乾隆四十五年十月二十四日，《六世班禅朝觐档案选编》，第 300 页。

大塔寺，供奉班禅额尔德尼牌位，即犹永久驻在"，亦明白传达了护送班禅灵榇起程返藏的确切时间，由乾隆帝特躬往送，"俟百日讽经事竣，于本年二月十三日护送班禅额尔德尼灵榇起程时，朕特躬往送，遣六阿哥陪送出三驿站，遣理藩院尚书博清额、乾清门侍卫子爵伊噜勒图等陪送至扎什伦布"。① 在最初的讣告中，拟定"六阿哥偕同伍弥泰、留保住、福禄三人护送"，说明清政府在护送灵榇返藏人员方面作出了权衡调整，遴选出更适宜的人员以确保顺利返藏。此敕谕名义上是给达赖喇嘛，实际是告谕整个藏区处理六世班禅圆寂善后事宜之规划。

2. 选定护送人员

六世班禅圆寂后，本拟派永瑢、留保住来年护送灵榇至归化城，伍弥泰仍回西安将军任。伍弥泰认为先前曾钦命于来年护送班禅，现西安地方亦极宁谧，自愿护送灵榇至西宁再行回任。留保住也称由扎什伦布寺起即随侍班禅，来年情愿送行灵榇至木鲁乌苏。② 十一月初三日，乾隆帝同意彼等所请，故在最初给达赖喇嘛的讣告中提及拟定永瑢、伍弥泰、留保住等护送。

十一月初六日，皇帝决定派博清额护送班禅灵榇前往木鲁乌苏地方。伍弥泰即将钦差大臣关防移交博清额，博清额至木鲁乌苏时将关防移交驻藏办事大臣福禄至藏，俟恒瑞来京之便带回。又经再三考虑，皇帝念博清额办事历练，故遣其护送班禅灵榇至扎什伦布寺。事竣，着其即往前藏更换恒瑞来京，驻留西藏担任办事大臣处理地方事务。保泰亦驻藏办事，所有印务交博清额掌管，凡事俱由其统率办理。③ 十二月初三日，拟派乾清门侍卫伊鲁勒图护送班禅灵榇至塔尔寺，④尔后又确定令伊鲁勒图护送灵榇至扎什伦布寺，六阿哥永瑢陪送灵榇由京出三驿站。

乾隆帝据诸大臣处事风格、办事能力仔细斟酌、审慎挑选，最终决定任用博

---

① 《乾隆皇帝为班禅额尔德尼圆寂及善后事宜致达赖喇嘛敕谕》，乾隆四十六年正月初十日，赵令志等主编：《雍和宫满文档案译编》，第 953—954 页。

② 《福隆安奏请派伍弥泰留保住护送班禅灵榇折》，乾隆四十五年十一月初三日，《六世班禅朝觐档案选编》，第 309 页。

③ 《高宗实录》卷 1118，乾隆四十五年十一月庚辰、癸未，《清实录》第 22 册，北京：中华书局，1986 年，第 934、935 页。

④ 《谕派伊鲁勒图护送班禅灵榇至塔尔寺》，乾隆四十五年十二月初三日，《六世班禅朝觐档案选编》，第 334 页。

清额、留保住、伊鲁勒图三位官员为主要负责人，主管随行护送班禅灵榇返藏事宜。

3. 商定护送路线

领侍卫内大臣尚书和珅就来年班禅灵榇返藏路线，向章嘉呼图克图询问。章嘉呼图克图回复：

> 晨奉旨命在此嗉经百日，至来年二月十二日方期满，照原定之二月十三日起程即可。此次护送，仍经昌平州、宣化府、大同府出杀虎口，奔归化城，路近且便利。

章嘉呼图克图算得从班禅圆寂当日至乾隆四十六年二月十二日恰足 3 个月 10 日，百日嗉经期满，按原定计划于二月十三日起程返藏。和珅查此路线，表示赞同：

> 三月间六阿哥接迎班禅额尔德尼，即经由此道，相应来年二月班禅额尔德尼灵榇即由此道行走，尽可爽利。杀虎口内路经地方，直隶总督、山西巡抚均在各自备办，俟出关，又有原先来时所定驿站乌拉。自京城起程，经昌平州、宣化府、大同府出杀虎口，从归化城、鄂尔多斯、阿拉善等地行进，至抵西宁所属塔尔寺，共有七十八驿。奴才窃思，此次亦照先前不必设中伙处，即饬照料官员等沿途酌情疾行，提早几日抵达扎什伦布，班禅额尔德尼灵榇可得安宁，诸事尽可爽利。①

和珅言语间透露出高效求稳之态度。按原定熟知路线返回，"尽可爽利"，不必因探索新路而徒增烦扰；出关后，"又有原先来时所定驿站乌拉"，可节省开支；"亦照先前不必设中伙处"，"酌情疾行"，提早到达扎什伦布寺。如此，六世班禅可早日获得安宁，尽快安定人心。

乾隆四十五年，青海王公、扎萨克等请求由青海北路护送班禅返回，方便备

---

① 《和珅奏报明年护送班禅灵榇路线及应筹办事项折》，乾隆四十五年十一月初四日，《六世班禅朝觐档案选编》，第 314 页。

办迎送事宜，以示敬戴。现班禅业已圆寂，西宁办事大臣副都统衔诺木欢复传召纳罕多尔济、索诺木多尔济、贝子沙克达尔扎布、扎萨克喇嘛察干诺门罕等，询明青海北路及原经之路何处平坦。商定若将灵榇从青海北路护送返回，路途崎岖，戈壁阻隔，大河挡道，牛畜不宜。诺木欢等请依初来路线自青海南路护送灵榇返回，道路平坦，牧场优润，尽为爽利，可从速抵达扎什伦布寺。①

可见，返藏路线仍参考班禅来朝时设计，如此可节省人力、物力、财力，提升沿途支应能力，提高返程护送效率。

4. 分拨护送物品

随同六世班禅来京之徒众共有400余人，和珅与章嘉呼图克图商议确定分两拨行动：近300人携带必需包裹、仪仗等物随行护送灵榇返回；其余百余名僧俗随从携笨重物件，于灵榇起行之前，由理藩院派遣贤能章京协同路经各地官员妥为照管，分拨陆续起程。②

俟超度完毕，和珅立即会同章嘉呼图克图、博清额、留保住，询问仲巴呼图克图、绥绷堪布等先行遣往物件数目，得知暂有8000余包，亦有未及打包者。年前所有僧俗随行有为班禅念经等务，只得抽空陆续整理物件，年内断不及起程。此间各界尚有供献物品，至少又将增加2000余包。估计整理完毕将有物件1万余包，大概到来年正月方能起程。和珅与章嘉呼图克图等详加筹议，最终形成了一套完备的运输方案：

先令近六千包起程，自明年正月初十日始，分为三拨，正月初十日第一拨、二十日第二拨、三十日第三拨，每拨约四十人，携包近二千而行。此三

---

① 《诺木欢奏为明年班禅灵榇返藏备办乌拉等情折》，乾隆四十五年十一月二十四日，《六世班禅朝觐档案选编》，第330页；《诺木欢奏请仍从原路护送班禅灵榇返藏片》，乾隆四十五年十二月十六日，《六世班禅朝觐档案选编》，第335—336页；《诺木欢奏六世班禅额尔德尼舍利路经青海并接济牛马等折》，乾隆四十六年正月二十四日呈，军机处满文录副奏折，档号03—0189—2870—003，中国第一历史档案馆藏。本文所引军机处满文录副奏折题名均采用第一历史档案馆查档系统中题录，暂不作更改。遇有不一致之处，以注释方式标注。另，诺木欢又写作"诺穆浑"、"诺穆欢"等。

② 《和珅奏报明年护送班禅灵榇路线及应筹办事项折》，乾隆四十五年十一月初四日，《六世班禅朝觐档案选编》，第314—315页。

拔起行，由理藩院派贤能章京各一员，笔帖式各一员、领催各一员随行，协同关内地方官员等妥为照料。自归化城往塔尔寺，交付备办乌拉之扎萨克王公等，妥慎迎送。俟抵塔尔寺，由驻西宁副都统衔诺木欢处另行派人，送至藏界多伦巴图尔地方。其原派章京、笔帖式，由诺木欢处照例遣回。此项遣往物品内，或宜人背，或宜畜驮，或宜车载，将此交付博清额，立即加以区分，先行饬交地方官员，如数备办，车足畜敷，不误通行。①

同时，和珅对各地方官员如何协调此事亦作出安排。时值直隶总督袁守侗派口北道员永保来京，办理先行僧俗徒众携物件包裹起程事宜，除将直隶应办事项委派永保照料办理外，和珅复咨文袁守侗并照会陕西巡抚、陕甘总督，将备办事项一体遵办。关外至西宁所属塔尔寺沿途应备驿站乌拉等项，由理藩院咨行各扎萨克等照六世班禅来时之例备办。为加紧办理打包物件事项，和珅一边告知博清额催促众人整理，一边悉心嘱托有关随行僧俗人众所备食用，应听凭彼等意愿携之而行。②

可见，和珅行事干净利落、缜密周全，在处理财物运输问题上统筹兼顾，大到人员分工分配，小至日用品携带均作出合理安排。在为数众多的物品中亦不乏价值连城者，万一有所闪失，极易滋生事端。这也正是乾隆帝任用和珅主管料理此事的用意所在。

5. 统筹各地护送事宜

各地在六世班禅灵榇起程返藏之前就已开始筹备接洽事宜，同时还须接应携物件包裹先行之僧俗徒众。乾隆四十六年正月初九，距先行僧俗徒众起程日期仅余一日，但内务府仍未对应需车辆问题作出明确部署，顺天府尹虞明球、刑部尚书胡季堂咨呈内务府：

---

① 《和珅奏拟分拨遣送班禅属众及物品折》，乾隆四十五年十一月十七日，《六世班禅朝觐档案选编》，第323—324页。

② 《和珅奏报明年护送班禅灵榇路线及应筹办事项折》，乾隆四十五年十一月初四日；《和珅奏拟分拨遣送班禅属众及物品折》，乾隆四十五年十一月十七日，《六世班禅朝觐档案选编》，第315、323页。

> 本年班禅徒众需用车辆，俱系直隶总督备办应付……但未准行知，是否即由直隶备办，抑或仍由本衙门预备，并需车若干之处，相应咨呈贵府，迅即查明示复，以便转饬遵照，免致临事周章可也。①

此咨呈用以确认车辆应由顺天府提供抑或直隶备办，行文间透露出对内务府疏于安排的不满。事实上，顺天府已在文中表明"本年班禅徒众需用车辆，俱系直隶总督备办应付"，唯需内务府尽快下达通知而已。

山西巡抚喀宁阿得知六世班禅灵榇回归途经山西，系由直隶宣化府至山西天镇县入境起，经大同府，出杀虎口，至归化城，最后由毛岱渡出边。故一路行程道路、桥梁俱打扫修治平坦，应用夫马、车辆预备充足。另飞饬雁平道派员往赴天镇县，接应携带物件包裹先行之班禅徒众送至杀虎口，自口外至毛岱渡，委令归绥道伊桑阿随同照料出境，与陕西委员交替。此前，绥远城将军弘晌进京，乾隆帝面为训谕："止须将桥梁等项修治平坦，即需住营盘亦不过修垫打扫，不可涉于张皇，如巡幸时预备营盘、道路也。"② 乾隆帝考虑地方官员听闻班禅在京圆寂，不免震悼，迎接灵榇归藏时为表敬意有可能不由自主地"涉于张皇"，特意提示其规格如巡幸时即可，过犹不及。乾隆帝虽言"不可涉于张皇"，但亦需达到巡幸标准，足以显示对班禅的尊崇。

署理陕西巡抚毕沅得知六世班禅灵塔归真，出毛岱渡后仍由原路返回，随饬藩司等查照护送章程，雇备驮轿骡头等项，多选抬夫数十名。遴委榆林府知府和明就近携带夫骡驰赴毛岱渡接洽，于榆林、延安一带边外小心照料行走，经鄂尔多斯仍送至横城地方，交与甘肃委员接代。③

乾隆四十五年十一月二十二日，陕甘总督勒尔谨得知明年六世班禅灵榇返回，自宁夏横城入甘肃界，行经宁夏、阿拉善地方，至凉州，抵西宁丹噶尔。拟

---

① 《顺天府为预备班禅徒众回藏应需车辆事致内务府咨呈》，乾隆四十六年正月初九日，《六世班禅朝觐档案选编》，第341—342页。

② 《喀宁阿奏报班禅灵榇回藏途经晋省筹办迎送情形折》，乾隆四十五年十一月二十一日，《六世班禅朝觐档案选编》，第327—328页。

③ 《毕沅奏筹办班禅灵榇回藏途经陕西应办事项等情折》，乾隆四十五年十二月初七日，《六世班禅朝觐档案选编》，第334页。

从每营派参将或游击1员，率千总、把总4员，兵100名编队于各自管界护行，并饬总兵、道员督查，送至青海界。返回僧俗人等所需牲畜、廪饩等项，均照班禅进京之例丰足备办，于抵达营盘水前抽调使用。① 四十六年正月十二日，距班禅灵榇起程返藏整1个月，勒尔谨又上一折，更加细致地呈奏了灵榇行抵甘青时的接护计划：

> 窃查班禅额尔德尼龛座回藏，所需车驼马匹及沿途一切供应，臣悉照军机处及理藩院节次来咨，分饬各该地方官妥协备办在案。其抬送龛座需用轿夫，自横城起至塔尔寺止，臣已檄饬宁夏府预备轿夫三十二名，轮班抬送。沿途需用停放龛座之蓝布凉棚，已饬制造两分，上下卷站应用。至支搭钦赐黄布城、蒙古包之绿营官兵，亦檄饬各该镇、道预为妥备。
>
> 其自横城入甘省交界以至抵青海地方一切供应事宜，查上年曾派按察使福崧、平庆道福宁总统照料办理，甚属妥协，今仍派该司道预期前往总理，均可不致贻误。仍俟龛座将抵平番时，臣亲往照料，送至塔尔寺。
>
> 惟班禅额尔德尼龛座自青海交界至札什伦布，站远途长，恐蒙古、番子等不谙抬送，臣现饬皋兰、武威等县预为雇觅长夫六十四名，给与工价。届期派员押送，令其分为两班，间日轮班抬送，直送至札什伦布。②

勒尔谨在提到护送班禅灵榇自青海交界至扎什伦布寺时，对"蒙古、番子等不谙抬送"表示担忧，雇用长夫妥为准备，事实表明此举颇为必要，将在下文详述。甘肃提督仁和表示，去年三月班禅赴京觐见，自塔尔寺过宁夏府所属黄河出甘肃境，是其一路沿途照料，管办一切营伍及应备马匹事项。彼时虽派总督勒尔谨、地方文武大员料理，也应亲自在护送队伍入甘肃境前，预先赴宁夏府所属横

---

① 《勒尔谨奏班禅灵榇路经甘省派兵护送等情折》，乾隆四十五年十一月二十二日，《六世班禅朝觐档案选编》，第328页。

② 《勒尔谨奏筹办班禅灵榇回藏途经甘青事宜折》，乾隆四十六年正月十二日，《六世班禅朝觐档案选编》，第345页。按，番子，满文写作fandzi，为"番众"之意，乃清代对青海、四川等处藏人之称，当时并无贬义。本文援用旧称，以防在族称和范围等方面出现错乱。

城地方迎洽，会同地方官员照料行至塔尔寺。①

在尚未接领六世班禅圆寂部行文书之前，西宁办事大臣诺木欢着手准备迎接班禅返藏事宜，彼时奏称：

> 为来年班禅额尔德尼返藏应备乌拉等项及轿力，依纳罕多尔济等所呈充分备办，察干诺门罕等备宴四次，藏界以内应备骑驮牲畜，咨行驻藏大臣备办妥当，四十部番众所备乌拉等项，将预派通唐古特、蒙古语之委把总往查。

接护灵榇返藏，亦途经青海。乾隆帝寄谕诺木欢：

> 惟班禅额尔德尼虽已圆寂，灵榇返回时仍需乌拉等项，舍利之龛仍需入轿内而行，亦需轿力。相应将备办乌拉各项及轿力之处，均行照准诺木欢所奏外，班禅额尔德尼今已圆寂，虽不必设宴，然察干诺门罕及归化城王公、扎萨克等，皆因笃诚敬戴班禅额尔德尼方呈请备宴。其备宴之份，若为班禅额尔德尼诵经超度，亦堪尽其诚。著寄信诺木欢，转谕察干诺门罕及归化城王公、扎萨克等，准随其愿。②

扎萨克喇嘛察干诺门罕、郡王纳罕多尔济等谨遵圣旨，将为六世班禅备宴三次，召集千名喇嘛在塔尔寺为呼毕勒罕尽快转世燃灯诵经21日。土观呼图克图、曲卜庄呼图克图、噶勒丹锡呼图呼图克图、嘉木样呼图克图、阿嘉呼图克图等亦赴塔尔寺燃灯致祭、诵经超度。纳罕多尔济等周全考虑，又增遣蒙古军百队分工照管渐次起程之护送队伍。扎萨克喇嘛察干诺门罕、郡王纳罕多尔济等全力支应班禅灵榇返藏备办事宜，充分表达了对这位藏传佛教高僧的尊崇和爱戴。

---

① 《仁和奏到宁夏府迎送六世班禅额尔德尼舍利过甘肃境折》，乾隆四十六年二月二十四日，军机处满文录副奏折，档号03—0189—2869—028。
② 《诺木欢奏报西宁塔尔寺多招夫以备来岁护送圆寂六世班禅额尔德尼舍利返藏折》，乾隆四十五年十二月二十五日，军机处满文录副奏折，档号03—0189—2861—006。按，其中纳罕多尔济又写作"纳罕达尔济"、"那嘎达尔济"等。

可见，山西、陕西、甘肃、青海的筹办工作在山西巡抚喀宁阿、陕西巡抚毕沅、陕甘总督勒尔谨、甘肃提督仁和、西宁办事大臣诺木欢等主管官员的协调下，总体按照六世班禅来朝行经当地之例筹划备办，亦依据具体情况作出了适当调整。

值得注意的是，青海、西藏地区在历史、宗教、地理、气候等诸多方面具有极强的特殊性。雍正二年（1724），置"青海办事大臣"，管辖青海等地事务；乾隆以后，因常驻西宁，通称"西宁办事大臣"，以副都统衔赴任。清政府于乾隆四十五年任命诺木欢为西宁办事大臣，统辖青海蒙古二十九旗及相关部落，恰逢六世班禅入京朝觐及圆寂后灵榇返藏的关键时期。在此期间，塔尔寺作为班禅朝觐中转驻地和圆寂后诵经祈祷之主寺，情势逐渐趋于复杂化、敏感化。青海西南部亦有郭罗克盗贼劫掠官商事件，可能给班禅灵榇返藏带来威胁。同时，青海地处高原，气候高寒，逢雨水短缺季节，水草枯萎，马畜极易羸瘦，倒毙者甚多，支应班禅灵榇返藏堪忧。

西藏噶厦政府在达赖喇嘛指示下，严格依照先例办事，在与清政府、班禅系统的博弈中力图抢占先机。乾隆帝发挥强有力的政治主导作用，着眼于稳定大局，指挥班禅灵榇护送队伍顺利通过青海入藏。

此次护送班禅灵榇返藏途经郭罗克所在地区，社会状态异常复杂。郭罗克是聚居于清代四川西北部的藏番势力。雍正六年，阿尔布巴事件发生后，清政府将郭罗克纳入四川管辖，但其实际活动范围延及青海西南部。乾隆初年，郭罗克活动地区屡次出现劫掠往来官商事件，典型的有乾隆三年劫杀川南番民交纳供马银两和乾隆五年劫掠西宁地方蒙古帐房及马匹等。乾隆十六年，六世班禅遣使由京返藏，行至郭罗克活动区域时曾遭劫掠并造成伤亡。[1] 为防范郭罗克盗贼，诺木欢决定先行奖赏番众，加派人手护送，并作出如下安排。

首先，关于亲赴奖赏番众的时间问题。诺木欢认为，若在班禅灵榇抵达塔尔寺前，往查青海番众所备乌拉、驿站等项，会同地方官员办理事项极多，恐有耽误。若在班禅灵榇抵达塔尔寺后，查明所有应办事项，派去年查办青海驿站之员外郎灵伦，仍前率纳罕多尔济等妥加护送，往来督办驿站方可提高办事效率。

---

[1] 李红阳：《乾隆前期郭罗克问题研究》，《四川民族学院学报》2016年第1期。

其次，关于此次督查番众所备驿站、乌拉并奖赏物件次序问题。诺木欢准备先赴督查青海蒙古所备驿站、乌拉，直至索罗木，亲自查看番众所备牲畜、驿站、护送兵丁，发放奖赏。届时率番众头目护送班禅灵榇至多伦巴图，办妥各项事宜照料起程后再率众返回。

最后，关于请旨拟暂赏笔帖式常泰主事衔，与番众头目会商防范郭罗克问题。先前，随伍弥泰至木鲁乌苏迎接班禅之笔帖式常泰熟悉当地事务，又有资历。再派常泰照番众会盟之例前去与业已传集至索罗木番众头目会商，其备办26站内，宜防郭罗克盗贼之要冲，应如何防范并多派兵丁看护班禅灵榇、行包毋至遗失被盗，办理周全具报后，仍命常泰率番众头目亲自督办直至多伦巴图后返回。诺木欢又查得其所辖番众头目戴五六品顶，所属小头目亦戴七品顶，若派常泰以笔帖式衔同番众办事，难免众心不服。故请旨赏笔帖式常泰以主事衔办事，则与事大有裨益，也可服众番之心。①

对此，乾隆帝认为诺木欢将涉及抚慰塔尔寺班禅属众相关重要事项遗漏不办，反而以"防郭罗克等"为口实，所办之事"殊不知事理，甚为糊涂"，应"严加申饬"。至于笔帖式常泰，暂赏主事衔以观其功效，若诚能会同番子头目办理防郭罗克等事见效，则赏主事衔，稍有不和之处，事毕回西宁后仍为原笔帖式。② 可见，乾隆帝对西宁办事大臣诺木欢的要求十分严苛。从诺木欢办事的出发点来看，前后安排并无不妥，亦有清晰逻辑，唯乾隆帝以为现阶段抚慰塔尔寺班禅属众比防范郭罗克盗贼更为紧要。

乾隆四十六年正月初五日，摄政阿旺楚臣上奏，为班禅金塔回藏请由青海备办自索罗木至木鲁乌苏之间乌拉、杂役，这是对青海推脱应办乌拉责任不满的结果。奏折强调：

> 此次迎回班禅额尔德尼法体，需成千上万之马匹驮畜、大量蒙古包以及乌拉、杂役等。达赖喇嘛与班禅额尔德尼在青海地方，决无如此庞大支应能

---

① 《诺木欢奏为明年班禅灵榇返藏备办乌拉等情折》，乾隆四十五年十一月二十四日，《六世班禅朝觐档案选编》，第330—331页。

② 《寄谕西宁办事副都统衔诺穆浑著常泰暂赏主事衔会同番子头目办事》，乾隆四十五年十二月初三日，《乾隆朝满文寄信档译编》，第14册，第716页。

力。此次西宁大臣咨文钦差驻藏大臣称：措洛玛至扎什伦布之间，由达赖喇嘛、班禅额尔德尼之属民备办乌拉、杂役及乘马驮畜等已奏请圣上。等语。二位驻藏大臣亦转咨卑小喇嘛额尔德尼诺门罕及诸噶伦。治曲至措洛玛驮牛行十五日路程，卫藏至措洛玛路途遥远，达赖喇嘛及其属民虽竭尽全力，亦无力备办。前番班禅额尔德尼赴京恭请圣安，治曲至塔尔寺，一应马匹驮畜等均系青海各头领及西宁大臣属部备办。此次迎请法体，祈请皇上体恤持金刚达赖喇嘛及西天释教众生，仍照前规，自塔尔寺至治曲，由西宁大臣属部备办马匹等。①

阿旺楚臣为请旨少派乌拉不惜长篇大论，罗列历史和现实诸项，极尽笃诚申诉和严密论证，用语谦卑恭敬又铿锵有力，现列几点以供探讨。

第一，奏书开篇充斥恭维之辞，总结过往功绩，为下文争取少派乌拉埋下伏笔。首先，感激乾隆帝赐予掌管商上事务之职，明确经济职责，表明备办乌拉事宜在其管辖范围之内。其次，强调自抵藏后投身于弘扬政教二业，功勋卓著，俾"达赖喇嘛之所有属民免于奸狡者从中摊派乌拉、杂役等，扰害黎民之俗规之绝，连年丰登，众生常年安谧"。从侧面说明正因其"竭尽全力效劳于利生事业"，于实践中汲取宝贵经验，才不致"奸狡者"肆意摊派乌拉、杂役，意在暗示不允许任何"奸狡者"以摊派乌拉、杂役之名扰害藏地百姓富足生活。

第二，列举四条不应使藏地多派乌拉、杂役之理由，由表及里，层层深入。其一，援引乾隆四十五年六世班禅在世时理藩院致驻藏大臣咨文，重申由塔尔寺至木鲁乌苏应由西宁办事大臣属部筹办乌拉、杂役，自木鲁乌苏至扎什伦布寺应由达赖喇嘛之属民筹办乌拉、杂役等；另特别强调西藏派员至木鲁乌苏往迎是钦遵乾隆帝恩谕与理藩院文书，并无任何不妥之处。其二，借用班禅进京朝觐时备办乌拉任务分配惯例，认为此次班禅灵榇归藏亦应依照惯例行事。自扎什伦布寺至黑河地界察仑拉由达赖喇嘛商上出资备办乌拉，自察仑拉至多伦巴图由蒙古各

---

① 《阿旺楚臣为班禅金塔回藏自治曲至搭玛之乌拉请由青海备办事奏书》（原件系藏文），乾隆四十六年正月五日，《元以来西藏地方与中央政府关系档案史料汇编》第 2 册，第 611 页。按，治曲，即木鲁乌苏（通天河）；黑河地界察仑拉，即那曲（喀喇乌苏）地方；措洛玛，即索罗木。

头领负责，自多伦巴图至木鲁乌苏系西宁办事大臣主管。班禅进京时经由此后两段路程，达赖喇嘛属民未曾筹办乌拉、杂役，其驮畜不足之处，均由蒙古各头领和西宁办事大臣补给。其三，与五世达赖喇嘛进京、七世达赖喇嘛迎逆二事类比论证，说明达赖喇嘛办事尚用己方牛马差，班禅也理应如此，表达出对此次班禅灵榇返藏欲多使达赖喇嘛出派乌拉、杂役的不满。其四，摆出现实情况，证实达赖喇嘛与班禅在青海地方并无庞大支应能力以胜任接护灵榇返藏任务。昔日五世达赖喇嘛进京时确实有一批马匹驮畜寄牧于索罗木，但经盗匪多年侵扰，已被洗劫一空；班禅在西宁辖地仅有少量马匹驮畜，亦不敷接应。

第三，经论证后得出最终结论，"仍照前规，自塔尔寺至治曲，由西宁大臣属部备办马匹"。此前，西宁办事大臣诺木欢接准班禅圆寂咨文后，考量青海马匹驮畜倒毙情况，特请驻藏大臣转咨西藏地方噶厦政府索罗木至扎什伦布寺之间，由达赖喇嘛、班禅属民备办乌拉、杂役。阿旺楚臣对此强烈反对，表示应"仍照前规"，不仅塔尔寺至索罗木之间乌拉应由西宁大臣属部和青海各头领备办，索罗木至木鲁乌苏亦然，另若严格依照前规，木鲁乌苏至多伦巴图亦应由西宁大臣属部主管，而多伦巴图至察仓拉则为蒙古各头领负责。如此看来，阿旺楚臣对此事未作丝毫退让，坚持藏地仅全权负责提供察仓拉至扎什伦布寺之间乌拉、杂役，并依理藩院致驻藏大臣咨文迎至木鲁乌苏，而塔尔寺至多伦巴图、多伦巴图至察仓拉相应须由西宁办事大臣、蒙古各头领等自行主管料理。

嗣后，青、藏双方在筹备班禅返藏乌拉任务分配方面的争执逐渐尖锐。乾隆四十六年正月二十四日，距班禅灵榇起程返藏仅剩不到一个月，西宁办事大臣诺木欢紧急上奏，对阿旺楚臣之言行作出回应。

起初，对于阿旺楚臣的强硬态度，诺木欢亦不示弱。先阐释班禅进京朝觐时青、藏分配出派乌拉、杂役情况，与阿旺楚臣所述一致。在此基础上，说明青海的现实状况，即并非推脱责任不出派乌拉，而是旧有马牛、众人献呈马牛自喀喇乌苏驮运过程中，遗失甚多，又遭灾疫，倒毙不少；若无马牛倒毙、瘟疫侵扰，尚可留有马300匹、牛3000头，言下之意本不愿求助于人，无奈碍于马牛损失甚多，别无他法。另自青海赴扎什伦布寺行程中，统计放于青海之物品、自热河起行携带之物品，自此往驮共需鞍绳及驮牛8000头、马800匹，委实超出青海承受范围。

诺木欢表示，即便在如此艰难境况下，仍可在来年班禅灵榇返藏时，供应驼畜10200头、马畜2600匹，迎送灵榇至索罗木后由藏地所出牛马驼畜接应返回扎什伦布寺。不料，噶厦政府对此不予理睬，示意自扎什伦布寺至喀喇乌苏足有20站，自喀喇乌苏至索罗木又有近40站，藏地亦不敷接应，阿旺楚臣复上书乾隆帝请饬西宁办事大臣等将六世班禅舍利送至木鲁乌苏：

> 圣主施恩，敕谕西宁大臣饬令青海扎萨克等照旧依去年于木鲁乌苏境与伊等汇合之处送行，达赖喇嘛往迎之众依旧至木鲁乌苏。倘若如此，伊等之牲畜亦不致劳顿，与达赖喇嘛之属民等大有裨益。①

面对噶厦政府毫不妥协的立场，诺木欢作出退让，主张自塔尔寺往至多伦巴图，番子等辅以少量乌拉，备办柴草、木头等物，由青海所备马牛护送班禅灵榇直至多伦巴图，即青海扎萨克等备办之首站自阿什罕至多伦巴图共46站，均用青海之乌拉，藏地须依青海备办马牛数目自藏至多伦巴图往来接应。

乾隆四十六年二月二十日，诺木欢上奏称，考虑到藏地拒绝出派乌拉、杂役至索罗木往迎六世班禅灵榇，青海蒙古郡王索诺木多尔济、贝勒吹忠扎布、贝勒吉克默特伊希、贝子齐默特达巴、公根敦顿多布及众扎萨克主动请求护送班禅灵塔至多伦巴图。②

三月初二日，奉乾隆帝朱批，将此饬交理藩院。照此，青海已竭尽全力筹备护送班禅灵榇至多伦巴图事宜。然此事并未顺利完结，三月初五日，乾隆帝在阅毕阿旺楚臣奏书后，大发雷霆，严厉指责诺木欢"推卸责任"，系"有意祖护青海蒙古"，"著交部察议"，事态逐步复杂化和严重化。③

次日，乾隆帝旋寄信驻藏大臣转谕阿旺楚臣大加赞誉并赏赐物品，特准不必

---

① 《阿旺簇勒提木奏请饬西宁办事大臣等将六世班禅额尔德尼舍利送至木鲁乌苏地方书》，乾隆四十六年三月包，军机处满文录副奏折，档号03—0189—2873—014。
② 《诺木欢奏六世班禅额尔德尼舍利路经青海接济牛马派员护至多伦巴图尔地方》，乾隆四十六年三月二日，军机处满文录副奏折，档号03—0189—2870—013。
③ 《内阁奉谕将推诿护送班禅灵榇之诺木欢交部察议》，乾隆四十六年三月初五日，《六世班禅朝觐档案选编》，第365页。

备办木鲁乌苏至多伦巴图乌拉、杂役，所需理应均由西宁府所属各处承担。①

达赖喇嘛、阿旺楚臣等听闻圣谕，不胜感戴，甚为欣喜，故照旧遣噶伦益西旺堆迎接六世班禅灵榇，带去乌拉、牲畜等至多伦巴图后留驻等候，从中分派益西旺堆带皮船、水手等备办至木鲁乌苏地方。② 至此，青海、西藏为班禅灵榇返藏备办乌拉、杂役之争告一段落。

乾隆时期，驻甘肃西宁府之西宁办事大臣管辖青海事务，反映了西宁迤西地区社会治理的特殊性。从班禅朝觐及圆寂灵榇返藏事件的处理中发现，西宁塔尔寺在行政区划上归属甘肃，但又因复杂的宗教政治地缘，其发挥行政效能的范围实际远远超出甘肃，不断西向青海延伸。以塔尔寺为节点，往西随着地域不断向外辐射扩展，皇权的渗透力逐渐减弱，事件处理难度加大；相反，往东则全由清中央政府稳固掌控，并无过多繁复之处。这可从北京到甘肃备办护送灵榇返藏时各地合理分工、有序筹办中反映出来。正因此，塔尔寺迤西地区备办班禅灵榇返藏事宜就势必要采用不同的规范和标准。

此外还应看到，达赖系统、班禅系统等之间始终存在微妙的博弈关系，各方努力寻求平衡点以期稳定大局。诺木欢于二月二十日进奏一折，主要阐明两件事：一是将此前与阿旺楚臣在出派乌拉方面的争执原文抄录上奏；二是表明由阿什罕至多伦巴图之间乌拉由青海蒙古主动出派，并辅以青海番子援助，不必再由西藏帮扶。三月二日，特奉乾隆帝朱批，将此饬交理藩院办理。换言之，乾隆帝在三月二日即已知晓事件经过。然而，当乾隆帝收到阿旺楚臣的申诉后，骤然改变态度，将诺木欢一份奏书中的内容拆成两部分判辨："迩来诺穆浑奏称：至多伦巴图尔间牛马差役，已饬青海之王、公、扎萨克等准备"；但诺木欢经驻藏大臣转交班禅额尔德尼之堪布信称，卫藏至索罗木间乌拉差役由达赖喇嘛处准备，无疑是袒护"伊属青海之王、公"，并严厉斥责其"推卸责任"、"不明事理"、"愚顽已极"，"交部察议具奏"。乾隆帝对阿旺楚臣则持相反态度，称扬其"据实呈报，绝非专为偏袒西藏，亦非专图番人之利益，惟以顾徇情面所致"，"于朕

---

① 《寄信谕恒瑞班禅灵榇回藏治曲至藏地乌拉无需西藏备办》（原件系藏文），乾隆四十六年三月初六日，《元以来西藏地方与中央政府关系档案史料汇编》第2册，第614页。

② 《恒瑞奏多伦巴图尔等处准备牲畜迎接六世班禅额尔德尼舍利折》，乾隆四十六年五月二十三日，军机处满文录副奏折，档号03—0189—2880—005。

尽心效忠，仰体朕意，朕甚嘉悦"。

阿旺楚臣虽摆出诸项理由，看似无懈可击，但意在维护西藏方面的利益；再从诺木欢对青海所剩驮畜牛马的统计数字可知，其属部牛马倒毙、遭遇瘟疫当属事实。但乾隆帝为何故意偏袒阿旺楚臣，惩罚诺木欢？不可否认的是，诺木欢确实在此问题的处理上怀有私心。乾隆四十五年十一月，预定计划待班禅灵榇返藏，青海扎萨克等备办乌拉，从索罗木送至与藏交界之多伦巴图地方；十二月，察干诺门罕、纳罕多尔济、索诺木多尔济、贝子沙克达尔扎布请求自愿随至多伦巴图照料。① 但令人不解的是，诺木欢似乎对此并未给予足够重视，仍与阿旺楚臣争论不休，直至最后以让步的方式勉强接受由青海备办乌拉、杂役。诺木欢可能考虑到，即便青海蒙古王、公、扎萨克随行照料，班禅灵榇途经青海所需乌拉、杂役数目比来朝时更为巨大，一旦不敷接应，恐难保周全。诺木欢此举本为保险起见，不料阿旺楚臣严词拒绝，直接上书乾隆帝。

当乾隆帝以裁判者身份出现时，不会站在是否公允的立场作出裁定，而是出于政治利益的考量，充分认识到分摊乌拉之争背后维护国家整体利益的问题，以期用最高效简洁的方案消除可能产生的不安定因素。六世班禅在京圆寂，以达赖喇嘛为首的西藏噶厦地方政府难免震荡，若在分派乌拉此等小事上有所迟误，于大局无益。由是观之，乾隆帝对诺木欢的处置绝非仅仅因其在乌拉出派问题上办事不力，而是愤其缺乏大局意识，无法统筹兼顾。

此后，按照乾隆帝旨意，令博清额在"班禅额尔德尼灵榇到达西宁后，视所备牲畜之够否，好生与诺木欢商议办理"。博清额查得青海所备牛马、现随灵榇而行之僧俗从役骑用驮载牲畜足敷使用，即便抵达后遇水草干枯，马匹牲畜倒毙，亦可协商补足。唯随灵榇入藏物件中御赐金塔、佛尊、匾额等物均极为重大，青海蒙古番众所备牛只不能驮运，须咨诺木欢交付索诺木多尔济等备驼 200 峰，驮载不适于牛驮之物，亦咨行驻藏大臣等多备驼 200 峰，迎至多伦巴图。博

---

① 《诺木欢奏为明年班禅灵榇返藏备办乌拉等情折》，乾隆四十五年十一月二十四日，《六世班禅朝觐档案选编》，第 330 页；《诺木欢奏报西宁塔尔寺多招夫以备来岁护送圆寂六世班禅额尔德尼舍利返藏折》，乾隆四十五年十二月二十五日，军机处满文录副奏折，档号 03—0189—2861—006。

清额"一面具奏，一面咨交诺木欢、恒瑞等"，展现出灵活纯熟的办事风格。[1]

诺木欢依博清额所奏，令纳罕多尔济、吉克默特伊希等即刻行文扎萨克等，饬备驼200峰外，又令多备驼100峰。经博清额等会商，班禅灵榇抵西宁后，牛不堪驮运之物，改由骆驼驮运。将牛马中倒疲者，顺便行知青海扎萨克等自努科特更换。[2] 显而易见，诺木欢处事过于小心谨慎，唯恐乌拉不足，拼力做到只多不少，侧面反映出重细节、轻大局的处事弱点。

乾隆帝将诺木欢"交部察议"后月余，即作出最终决定：留保住送六世班禅灵榇至木鲁乌苏后返回西宁留驻办事，换诺木欢赴京。俟诺木欢抵京后，再令留保住接替西宁办事大臣。[3] 在此之前，仍暂由诺木欢办理青海事务。

（二）灵榇返藏经过

按照原定计划，乾隆四十六年二月十三日，六世班禅灵榇起程返藏。当日，博清额、伊鲁勒图护送轿供灵榇行至清河，翌日安抵昌平州，第三日通过关沟等难行地段入古北道台永保辖区。永保率知府李君远等备饼案、银缎等物供奉，每日拈香火供案。行抵宣化府后，都统常青、副都统观音保、牛羊牧场总管成德往迎，亦备饼案、缎物供献，另有总兵托宾泰率副将普吉保、绿营众官备饼案、缎物供献。因直隶备办蒙古帐房、马驼、食物等项俱丰足，仲巴呼图克图、绥绷堪布等随行僧众极为喜悦，表示"此皆仰赖大圣皇帝悯恤之恩，诸大臣官员等对舍利如此尽心，照料我等好生行走"。[4] 兹将护送途中主要事件，考证于下。

1. 直隶：处理西藏从役杜尔仲刺伤宣化县衙役张希事件

二月十九日，护送队伍到达宣化县所属洋河地方。由于洋河流经黄土高原和华北平原交界，地势由高至低，落差大，水流湍急。虽搭有木桥，倘令车驼齐

---

① 《博清额奏已咨诺木欢备办驼只驮运重大行包折》，乾隆四十六年三月十一日，《六世班禅朝觐档案选编》，第367—368页。

② 《诺木欢奏西宁地方准备驼马以迎送六世班禅额尔德尼舍利折》，乾隆四十六年四月十三日，军机处满文录副奏折，档号03—0189—2875—002。

③ 《留保住奏遵旨将六世班禅额尔德尼舍利送至多伦巴图尔后接任西宁办事大臣折》，乾隆四十六年四月十一日具奏/四月十四日朱批，军机处满文录副奏折，档号03—0189—2875—011。

④ 《博清额等奏报护送班禅灵榇经过直隶境进抵晋省情形折》，乾隆四十六年二月二十二日，《六世班禅朝觐档案选编》，第362页。

行，一旦桥毁，不仅灵榇无法通过，僧俗从役之行包亦不能通过。① 博清额见此情形，就如何安全过桥出示了一套应急方案，即先"护送班禅额尔德尼灵榇过桥"，同时防止车驮齐行毁桥，令属众守桥，先将行包逐件以人力抬过桥，最后驱空车过桥。然而，西藏从役杜尔仲公然反抗这一部署，执意先行，并刺伤阻止其行为的宣化县衙役张希。博清额立即将此事告知仲巴呼图克图、绥绷堪布，并奏请视张希伤势轻重进行处理。②

读过奏折后，乾隆帝颇为不悦，在博清额所言"等候张希养伤"后朱批"谬也"，文末又朱批"岂有此理"，并特降谕旨：

> 博清额所办谬矣。朕以彼较为明理，遣往护送班禅额尔德尼舍利。番众焉晓等候养伤，番子性暴，兹从役杜尔仲竟敢肆意刀刺衙役，甚属无法无纪，理合一面具奏，一面即将杜尔仲正法示众……著寄信博清额严加训斥，命彼奉旨之时，即将朕旨转告仲巴呼图克图等，召集众番，将杜尔仲就地正法示儆。③

博清额方知对杜尔仲处置过轻，立即遵旨而行。其虽遭乾隆帝责备，但处理此事的思路和方式值得肯定。作为钦差大臣，博清额并无乾隆帝至高无上的权威，稍有不慎便可能引起西藏方面不满，后果难以预料。唯有乾隆帝亲自作出判决，奉命执行，方可周全。仲巴呼图克图等对此未有异议，亦承认管束属众不力，以致触犯法纪，同意将杜尔仲正法示众。

---

① 《博清额等奏通过宣化洋河桥时杜尔仲扎伤张希请旨处置》，乾隆四十六年二月二十二日，《六世班禅朝觐档案选编》，第 363 页。宣化县属直隶，天镇县属山西。按照常理，若二十一日出直隶抵达山西，二十九日不可能又返回宣化。据谭其骧《中国历史地图集》第 8 册（北京：中国地图出版社，1982 年，第 7—8 页），洋河地方位于直隶、山西交界处，分东洋河、西洋河、南洋河三支，东流注入渤海。对照档案所记载的时间、地点，基本推知洋河地方有一部分虽流经山西，但仍归宣化县管辖，护送队伍由宣化府往西出直隶境，抵天镇县，再往南越过南洋河，奔大同府。

② 《博清额等奏通过宣化洋河桥时杜尔仲扎伤张希请旨处置》，乾隆四十六年二月二十二日，《六世班禅朝觐档案选编》，第 363 页。

③ 《博清额奏遵旨惩办杜尔仲情形折》，乾隆四十六年二月二十六日，《六世班禅朝觐档案选编》，第 364 页。

与青海、西藏备办乌拉之争处理方式形成鲜明对比的是，此次乾隆帝对刺伤宣化衙役之西藏从役毫未留情，当即决定就地正法，此为乾隆帝政治调适力的反映。乾隆初政即提出刚柔相合、宽严相济的方针，阿旺楚臣作为西藏摄政，代表噶厦政府乃至达赖喇嘛办事，理应宽容相待，尤其在敏感时期，须以稳定大局为重。而杜尔仲仅为西藏从役，竟公然违抗钦差大臣调度，故必须以儆效尤。乾隆帝处理此事的关键就是找到"适中"的法则，宽严相济而不相悖，施政艺术也体现于此。①

2. 山西：安渡黄河

护送队伍从宣化府起行，二十一日出直隶界，抵山西天镇县。由此逐程行走，每日有地方官员供献饼菜香火，至大同府，道员方应清率知府张世禄供献黄饼案、菜案、曼扎、缎匹等，总兵邢逢亦率下属官员供献饼案、缎匹等。至朔平府，绥远将军弘晌往迎，偕同博清额等照料出杀虎口，自新店子地方率土默特官兵，备办马匹车辇，随行照管。三月初一日至归化城，弘晌组织念经三日，又供献饼案、菜案、匹缎等。因仲巴呼图克图等告请多住两宿、整理行装，复留两日。初七日自归化城起行，初十日至毛岱渡，留宿一晚。三月十一日起程，安渡黄河。②

由归化城起程时，弘晌曾拟送至毛岱渡，因身感风寒，疼痛难忍，未能一起护送。依原定计划，陕西巡抚毕沅派知府贺明送来轿夫、骒头及特制供灵椁之轻轿一乘，以备抵达青海以南险途时使用。护送队伍至毛岱渡当日，西安八旗驻防将军伍弥泰、副都统萨炳阿、巡抚毕沅、提督马彪、布政使尚安、按察使蒲霖、道员翁遥等派员供献嵌金曼扎、锦缎、妆缎、缎绸、香等。对此，仲巴呼图克图、绥绷堪布甚为欣悦，言称沿途如此备办，皆赖大皇帝之恩。③

在乾隆帝的主导下，清政府从施行预定计划、确保沿途护送规格到处理突发

---

① 冯尔康：《乾隆初政与乾隆帝性格》，《天津师范大学学报》2007年第3期。

② 《博清额等奏报护送班禅灵椁经过直隶境进抵晋省情形折》，乾隆四十六年二月二十二日；《博清额等奏报照料班禅灵椁安渡黄河抵达鄂尔多斯情形折》，乾隆四十六年三月十一日，《六世班禅朝觐档案选编》，第362、365—366页；《博清额奏护送六世班禅额尔德尼舍利路经宁夏等事折》，乾隆四十六年四月十三日，军机处满文录副奏折，档号03—0189—2875—004。

③ 《博清额等奏报照料班禅灵椁安渡黄河抵达鄂尔多斯情形折》，乾隆四十六年三月十一日，《六世班禅朝觐档案选编》，第366页。

事件均做到了灵活研判和合理调度。每至一地，仲巴呼图克图、绥绷堪布即对恩典表示感激。这也反映了清政府特别致力于赢得西藏僧俗上层的支持，对人心、人情的渗透十分用心，借此深化对西藏政教体系的行政支配和政治管控。

3. 鄂尔多斯—宁夏—阿拉善：应对"循化撒拉回乱"①

按照原定计划，护送队伍出毛岱渡口进入鄂尔多斯后，沿陕西榆林、延安一带边外行走。至横城地方，进抵甘肃界，尔后仍需再涉黄河，经宁夏抵达阿拉善地区，奔营盘水、凉州，到西宁塔尔寺驻扎。此间正值甘肃"循化撒拉回乱"，护送队伍的正常行进受到干扰。在各地官员、军队的通力配合下，短时间内便基本平复，使班禅灵榇安抵西宁。

博清额等经山西境毛岱渡渡过黄河，鄂尔多斯盟长贝子达木巴多尔济等已备驮马迎接，逐日行至鄂尔多斯界内。在当地驻留时，达木巴多尔济等燃灯致祭，知府贺明供献饼案、菜案。俟抵白塔站，达木巴多尔济、鄂尔多斯众扎萨克献银、绸缎、曼扎等。鄂尔多斯黄沙漫布，步履维艰，适逢小雨，不宜行走。为确保安全，护送队伍安营驻留，雨后继续西行。② 三月二十日，博清额等率护送队伍已过哈屯郭特，行抵莫端布拉克地方，接奉乾隆帝谕旨赏赐仲巴呼图克图、绥绷堪布大哈达各一，彼等跪献谢恩哈达各一。③

---

① 乾隆四十六年正月，班禅灵榇即将自北京起程返藏，所经之地附近循化"回教"新旧两派又起冲突，并发展到械斗。虎夫耶教长韩三十八在械斗中被杀，其子到兰州府衙门将哲赫仁耶首领苏四十三等告下。陕甘总督勒尔谨派兰州知府杨士玑查办，札委河州副将新柱共同弹压办理。三月，新柱带兵前往循化，苏四十三教众佯作老教回民跪地迎接，试出新柱维护老教的真实意图，因之激怒了新教教众。新教首领苏四十三率领教众杀死杨士玑、新柱等官员，震惊朝野。苏四十三等率众抗清，波及西北地区。关于此次事件，目前史学界认定之结论不一，分别有"起义"、"起事"、"事件"、"叛乱"等说。本文按清代档案所载，写作"循化撒拉回乱"、"撒拉回乱"等。

② 《博清额等奏报照料班禅灵榇安渡黄河抵达鄂尔多斯情形折》，乾隆四十六年三月十一日，《六世班禅朝觐档案选编》，第366页；《博清额奏护送六世班禅额尔德尼舍利路经宁夏等事折》，乾隆四十六年四月八日具奏/四月十三日朱批，军机处满文录副奏折，档号03—0189—2875—004。

③ 《寄谕尚书博清额著分别赏赐仲巴呼图克图及岁琫堪布大哈达》，乾隆四十六年三月十五日，《乾隆朝满文寄信档译编》，第15册，第552页；《博清额等奏仲巴呼图克图等为护送班禅灵榇受赏谢恩折》，乾隆四十六年四月初八日，《六世班禅朝觐档案选编》，第368页。

此次经由鄂尔多斯向西，预计不到一个月即可抵达宁夏。在鄂尔多斯境内时，博清额接奉防范撒拉回众抢劫六世班禅灵椁车驮之特谕：

> 据勒尔谨奏，兰州府属撒拉尔地方回子等，为新教回子杀死旧教回子，不服缉拿，率众包围村庄，副将新柱、知府杨士玑皆被杀害。伊亲率兵往缉。等语。撒拉尔地方回子等杀我官员，算何本事？一经我军威慑，必致四下逃窜。班禅额尔德尼车、驮甚多且杂，又分散行走，极易遭其劫掠，理应防范。著将此寄谕博清额，令其亲自护送班禅额尔德尼灵枢至甘肃境内，倘距兰州所属撒拉尔回子已近，其事尚未消弭，即先觅一安稳之处，将车马、行李聚集一处，小住时日，等候消息，迨事藏后，再行启程。今在此经询问留保住，班禅额尔德尼灵枢返回时，不取道兰州。其相距虽有三百余里，亦不可不加防范。此等回子避开剿捕，将会肆行骚扰。博清额务将班禅额尔德尼属下车辆行李，妥善收聚一处，加意看护，不得稍事轻忽。（将此亦告仲巴呼图克图等知之）①

乾隆帝向护送队伍传递三层意思：一是撒拉回众作乱实属小事，不必惊惶；二是尽管如此，也应提高警惕，严加防范，一切以稳妥为要旨，确保顺利无误；三是建议护送队伍先觅一安稳之处，将车马、行李聚集，小住时日，等候消息，待事件平息下来再行起程。

四月初三日，护送队伍抵达横城黄河沿岸，宁夏驻防将军莽古赉、总兵乌灵阿来迎。平羌堡道员富宁、宁夏道员永灵、知府张景成等备船，翌日早晨渡过黄河，共同照料至宁夏城。初五日至初七日，当地官员等供献饼案。仲巴呼图克图、绥绷堪布、僧俗人众甚喜，感戴乾隆帝隆恩。此行在宁夏停驻三日。②

在此期间，宁夏总兵乌灵阿闻知"循化撒拉回乱"后，本欲领兵驰往，但念

---

① 《寄谕尚书博清额著防范撒拉尔回子抢劫班禅额尔德尼灵枢车驮》，乾隆四十六年三月二十八日，《乾隆朝满文寄信档译编》，第 15 册，第 555—556 页。按，满文 hūise，清代译作"回子"，乃"众回人"之意，当时并无褒贬。

② 《博清额奏护送六世班禅额尔德尼舍利路经宁夏等事折》，乾隆四十六年四月十三日，军机处满文录副奏折，档号 03—0189—2875—004。

六世班禅金塔将抵横城，事关紧要，遂一面视甘肃布政使王廷赞调遣，派游击、守备率领所选兵丁 300 名前赴兰州，一面决定俟亲自护送班禅金塔至塔尔寺后，再驰速起程剿乱。乾隆帝对此大加赞赏，[①] 意在要求诸官员分清主次矛盾，作出最优统筹。

对于乾隆帝的指示，博清额等作出了调整，拟从横城渡黄河直至营盘水，皆用阿拉善之马驼。然四月初八日自宁夏起运班禅灵榇后，接准阿拉善亲王罗卜藏多尔济咨文称"现遵旨由牧场挑选精兵一二千起程；牧场兵丁现为运送班禅额尔德尼灵榇备办乌拉，皆集中于赤木口边外，由此兵内挑选带往，马驼亦令官兵骑往。现各项备办事件业已紊乱"，请"或将班禅额尔德尼灵榇留于宁夏，或在某地等候"。博清额当即决定暂驻平羌堡，俟罗卜藏多尔济赶至再行商定。[②]

初九日晨，罗卜藏多尔济会同博清额等商议如何起运班禅灵榇，告称：

> 我阿拉善旗只有八牛录额设兵丁一千二百名，现皆驻守于护送班禅额尔德尼灵榇之八程，若从中抽调进兵，则无人备办护送灵榇之事……我等原定为护送班禅额尔德尼灵榇备驼六千只、马二千匹内，去今两年数次用于护送前期遣往行包，又遇水草枯萎之时，骆驼倒毙仅剩三千余只，马匹倒毙仅剩一千余匹，我现在带往驼一千只，马匹尽皆带往，驼尚有一千只，以及扎萨克图汗盟、乌兰察布盟资助驼一百只，马五百匹可以通融。[③]

阿拉善旗本为班禅灵榇返藏备办八程，有八牛录额设兵丁 1200 名，外加所剩驼 3000 余峰、马 1000 余匹，扎萨克图汗盟、乌兰察布盟资助驼 100 峰、马

---

① 《寄谕宁夏总兵伍龄阿著平安护送班禅额尔德尼灵柩至衮木布寺》，乾隆四十六年四月初九日，《乾隆朝满文寄信档译编》，第 15 册，第 560 页。

② 《博清额等奏阿拉善备办驼马不足护送班禅灵榇拟仍经宁夏而行等情折》，乾隆四十六年四月初十日，《六世班禅朝觐档案选编》，第 371 页。

③ 《博清额等奏阿拉善备办驼马不足护送班禅灵榇拟仍经宁夏而行等情折》，乾隆四十六年四月初十日，《六世班禅朝觐档案选编》，第 371 页。阿拉善原有驼 6000 峰，倒毙后剩 3000 余峰，罗卜藏多尔济带赴兰州 1000 峰，应尚剩 2000 余峰，加扎萨克图汗盟、乌兰察布盟资助 100 峰，计 2100 峰。但档案显示可通融之驼仅 1100 峰，推知其余 1000 峰应系作为阿拉善地区日常运转之用。

500 匹，只待班禅灵榇经过时接洽使用。事实证明，四月初八日自宁夏起程运送班禅灵榇后，阿拉善所备八程皆撤回，由罗卜藏多尔济率 1000 余兵丁，带驼 1000 余峰、马 1000 余匹赶赴兰州支援。① 此任务严重干扰了阿拉善地区的护送计划，以致"各项备办事件业已紊乱"，最后阿拉善旗、扎萨克图汗盟、乌兰察布盟可以提供护送班禅灵榇的仅有驼 1100 峰、马 500 匹。

博清额认识到阿拉善所备八程既皆已撤回，不可经其地行走，倘择地等候，不知罗卜藏多尔济何时自兰州返回接济。即便从速返回，马驼亦皆疲惫不堪使用，况班禅属下僧俗从役众多，多住数日亦扰累地方。博清额遂与道员富宁、永灵等商议可否"由此经内地而行"。据富宁等称，倘由此沿山路去往营盘水，缺水不可行；若仍回宁夏由彼沿驿路而行，较经蒙古地方而行尚近两程，但抵宁夏后住一二日，火速办理即可备齐。②

博清额等于初十日起程，行至宁夏暂驻等候，俟备齐驼马、蒙古帐房等物，再酌量使用阿拉善王罗卜藏多尔济等所备驼 1100 峰驮运行包。扎萨克图汗盟、乌兰察布盟自去年备办至今，恰逢水草干枯时节，驼马羸瘦，亦倒毙甚多。现若调用，不仅无处放牧，且马匹不易肥壮，令各赶回牧场。经与总兵乌灵阿商议，据称其兵营有现成肥壮马匹，尽可匀出几百匹，遂酌量调用营马，告知仲巴呼图克图等亦匀出彼等现有马匹，过此几程。③ 如是，从宁夏起程行走前几程，由阿拉善旗、扎萨克图汗盟、乌兰察布盟提供骆驼，宁夏总兵兵营、仲巴呼图克图等支援马匹，共同应付。

博清额对此次行经阿拉善地区情形判断失误，一方面，认为"兰州附近集兵达四千余，又有提督马彪、延水总兵等地官兵，剿贼不难"；另一方面，为确保不受边外逃脱之众的影响，认为应尽早通过阿拉善地区，赶赴营盘水，彼时一旦

---

① 《寄谕钦差大学士阿桂等著撤拉尔逆回即将剿灭停止调遣各路兵力》，乾隆四十六年四月初七日，《乾隆朝满文寄信档译编》，第 15 册，第 558 页；《寄谕尚书博清额著妥善护送班禅额尔德尼灵柩回藏》，乾隆四十六年四月十七日，《乾隆朝满文寄信档译编》，第 15 册，第 561 页。

② 《博清额等奏阿拉善备办驼马不足护送班禅灵榇拟仍经宁夏而行等情折》，乾隆四十六年四月初十日，《六世班禅朝觐档案选编》，第 371 页。

③ 《博清额等奏阿拉善备办驼马不足护送班禅灵榇拟仍经宁夏而行等情折》，乾隆四十六年四月初十日，《六世班禅朝觐档案选编》，第 371—372 页。

仍有未剿尽之众，再即行"觅一坚固之处下榻"不迟。然"撒拉回乱"之队伍进攻能力之强、速度之快，让博清额等官员、僧众始料不及，无奈护送队伍只得返回宁夏经内地而行。

诺木欢从勒尔谨处领讫"撒拉回乱"寄信，得知叛乱之人可能受困于清军并四处逃窜，为严加守卫塔尔寺以保护班禅物件免遭抢掠作出了相应部署。

其一，火速送信至纳罕多尔济等五旗，饬于紧要隘口令扎萨克等严守防范。其二，留驻塔尔寺之班禅徒众接连送来物品，均选塔尔寺可看守之牢固房屋存放。由于塔尔寺与循化相距甚近，又札饬护守班禅灵榇物品之参将阎明翰等增兵看守，以防滋生事端。① 因看守物件兵卒较少，诺木欢又从塔尔寺喇嘛所属人众中选出强壮男丁百余名协助，常派衙门官员轮流查守，不时赴寺查看。其三，诺木欢唯恐班禅徒众听闻贼人滋事，相约猜疑恐惧，故亲至塔尔寺晓谕劝慰："兹撒拉回子在其地方行盗，派兵看守尔等之物件，贼人不可相约窃来妄行偷盗，为此又增兵照管，派属寺僧俗人众巡查。……尔等毋庸恐惧，班禅额尔德尼舍利抵达之前，尔等可好生返回扎什伦布抚慰晓谕。"其四，将甘肃所属河州循化等地"撒拉回乱"之众妄行劫掠之处，晓谕护送舍利之尚书博清额。②

诺木欢所为似乎均合乎情理，乾隆帝依旧不甚满意，责其守护塔尔寺力度不够：

> 诺穆浑所奏甚为含糊。今若令其率兵出剿，伊亦难以胜任。诺穆浑惟护守衮布木寺，看护班禅额尔德尼行李诸物，使之毫无遗失，即其功也。著将此寄谕诺穆浑，令其于衮布木寺周围，增调内地青海兵丁，加意防守。循化地方毗连青海，逆贼若抵该属境内，伊等亦务必奋力剿捕。总之，衮布木寺

---

① 《诺木欢奏将河州循化撒拉回子作乱之处晓谕护送舍利之尚书博清额折》，乾隆四十六年四月十三日，军机处满文录副奏折，档号03—0189—2875—001；《寄谕西宁办事副都统衔诺穆浑著增兵防守衮布木寺以防逆回骚扰》，乾隆四十六年四月初一日※，《乾隆朝满文寄信档译编》，第15册，第556页。按，该译编翻译采用的时间，以寄信上谕的字寄时间为准，在每件正文之首；正文之首无时间者，采用正文中奉上谕的时间，并标注※号，以示区别。下同。

② 《诺木欢奏将河州循化撒拉回子作乱之处晓谕护送舍利之尚书博清额折》，乾隆四十六年四月十三日，军机处满文录副奏折，档号03—0189—2875—001。

甚属紧要，诺穆浑务必妥善加意防守。①

在乾隆帝看来，诺木欢此举又未分清轻重缓急，误把安抚塔尔寺人心当作重点，含糊处理派兵看守塔尔寺物件这一关键问题。诺木欢接奉圣旨后，旋即派该处衙门之通事等前赴头站阿什罕地方备办乌拉，并令青海郡王索诺木多尔济、贝勒吉克默特伊希、公索诺木多布吉、扎萨克台吉贡藏策零率兵 500 人，各自携带兵器加紧赶至塔尔寺守卫班禅诸物件。除此之外，勒尔谨、仁和称，照管物件之班禅 200 名徒众兵丁不敷调用，又从代同、永安、永固、弘水等处遣 300 人，催饬西宁总兵中军营署理游击包柱携兵器至塔尔寺看守班禅物件。诺木欢率章京、笔帖式等驻塔尔寺，令照管守卫官兵妥善留意，巡查看守。青海兵卒至塔尔寺后，就如何设置瞭哨处与索诺木多尔济商议，留意考量与事有裨之处裁定办理，防范看守。②

随清军支援力量不断壮大，"撒拉回乱"很快败落，全无反攻之力。勒尔谨率兵进行最后阶段的攻剿。尽管如此，乾隆帝对此仍不放心，特寄谕西安将军伍弥泰速奏闻兰州剿贼情形。③ 复交代博清额妥善护送班禅灵榇以保速捷、平安：

> 博清额等奏，因赤木口等处所备阿拉善兵马，已由罗卜藏多尔济带领前往兰州剿匪，伊等为确保护送班禅额尔德尼灵柩，途中不受阻劫起见，暂回宁夏，由彼取道内地前往衮布木寺。等语。阿拉善兵马，既由罗卜藏多尔济带领前往兰州，则应自宁夏取道内地。此时罗卜藏多尔济已奉朕旨撤兵，想必仍率领兵马同博清额等妥善护送班禅额尔德尼灵柩。今兰州贼首即将拿获，于护送灵柩毫无妨碍。著将此寄谕博清额，令其沿途惟以速捷、平安为准，酌情办理。④

① 《寄谕西宁办事副都统衔诺穆浑著增兵防守衮布木寺以防逆回骚扰》，乾隆四十六年四月初一日※，《乾隆朝满文寄信档译编》，第 15 册，第 556 页。按，衮布木，gumbum，满文音译，即塔尔寺。

② 《诺木欢奏增兵塔尔寺保护六世班禅额尔德尼舍利以防河州撒拉回子骚扰折》，乾隆四十六年四月十六日，军机处满文录副奏折，档号 03—0189—2875—024。

③ 《寄谕西安将军伍弥泰著速奏闻兰州剿贼情形》，乾隆四十六年四月十六日※，《乾隆朝满文寄信档译编》，第 15 册，第 560—561 页。

④ 《寄谕尚书博清额著妥善护送班禅额尔德尼灵柩回藏》，乾隆四十六年四月十七日，《乾隆朝满文寄信档译编》，第 15 册，第 561 页。

寄谕中关于罗卜藏多尔济已奉旨撤兵，是否率领兵马同博清额等妥善护送班禅灵榇问题，博清额回称，"罗布藏多尔济接不再派彼出征之旨，由彼即回游牧，并未咨请仍经其游牧护送班禅额尔德尼灵榇，亦未派人前来"。① 由于当时宁夏总兵乌灵阿、道员永灵等已备齐马驼、车辇、蒙古包、帐房，博清额等遂决定返至宁夏。十三日，自宁夏起行护送灵榇，计路程远近及搭支蒙古包、帐房、凉棚等，于可住之处住宿一日。道员富宁等每日照供饼菜案、灯火。二十日抵中卫县，留保住赶到，一同护送灵榇。二十三日安抵营盘水驿，一路平安无事。护送队伍暂定于营盘水住一宿，更换驼马，二十五日前往西宁。②

此后，护送队伍自营盘水南行，至平番县一带，向南距离兰州尚近，而碾伯县、老鸦等地又与河州接壤。虽然兰州桥已断，"撒拉回乱"之众在黄河以东，现又为清军所困，短时间内不会对护送队伍造成威胁。但经由阿拉善地区所积累的经验，博清额感到"恶贼极为奸诈，窥视班禅额尔德尼灵榇，潜渡黄河行劫，亦难预料，宜计其完全，防范而行"。故同总兵乌灵阿商酌，告知仲巴呼图克图等南行时行装均不得在前，每日派兵200名由护送官员管带于灵榇前行走，亦派官兵殿后，其余官兵由博清额等管带，照料班禅灵榇、行装前行。夜间在营地附近放哨，远处设卡。如此则不致耽误灵榇前行，且即便有数百名之众来犯，亦尽可弹压。③ 护送队伍于五月初六日平安抵达西宁。

综观以上，为确保班禅灵榇安抵西宁，乾隆帝总揽大局，协调各方，最终指导完成了本阶段的护送任务。在此过程中，乾隆帝确立了严格而灵活的指挥、评判标准，对博清额、乌灵阿、诺木欢等官员作出了及时有效的指示训诲。

4. 西宁：整备中转物品

经历"循化撒拉回乱"后，乾隆帝对灵榇护送眷注甚笃。五月初二日，仍未收到有关护送队伍的任何消息，故特寄谕阿桂、博清额"速行奏闻"：

---

① 《博清额等奏护送班禅灵榇从宁夏行抵西宁并从西宁起程日期等情折》，乾隆四十六年五月初十日，《六世班禅朝觐档案选编》，第374页。

② 《博清额等奏报照料班禅灵榇抵达甘肃营盘水情形折》，乾隆四十六年四月二十四日，《六世班禅朝觐档案选编》，第372—373页。

③ 《博清额等奏报照料班禅灵榇抵达甘肃营盘水情形折》，乾隆四十六年四月二十四日，《六世班禅朝觐档案选编》，第372—373页。

今已是五月，班禅额尔德尼灵柩，尚未送至衮布木寺，诺莫浑岭六、七月即将降雪。倘如此行走，必难过岭。莫非班禅额尔德尼灵柩，于衮布木寺停候，过冬再行乎？博清额前奏返回宁夏一折，已半月有余，现在伊等已到何处，途中情形若何，博清额俱应奏闻，却未奏者，朕甚为挂念。著将此寄谕阿桂、博清额，于班禅额尔德尼灵柩之行程，著阿桂会同博清额详商拟定，务必以快捷、平安筹画，赶在降雪之前，越过诺莫浑岭为好。接奉此旨，将如何办理之处，速行奏闻。①

诺莫浑岭是护送队伍返藏必经之处，因地处高寒地带，每年六七月降雪。现已五月，按此行进速度，倘恰逢降雪，则"必难过岭"。乾隆帝在寄信中殷切发问：莫非留塔尔寺过冬，俟大雪过后再过岭？现队伍行进至何处？途中情形如何？最后，再次叮嘱"务必以快捷、平安筹画"，建议赶在降雪前越过诺莫浑岭，催促如何办理之处火速奏闻。

因传递时间差问题，乾隆帝和护送大臣之间的信息无法及时、有效沟通，在这种信息延迟的情况下，乾隆帝担忧的心情、细致的问询、紧急的催促，恰表明其对六世班禅真挚而笃切的关怀。②

在护送队伍抵达西宁后第四天，博清额等基本安顿好驻留整装各项事宜，于五月初十日当天缮四折具奏，将护送班禅灵榇从宁夏行抵西宁，并从西宁起程日期情形、抵达西宁后仲巴呼图克图等谢恩情形、于西宁整理行装再行起程情形、咨照甘肃派出官兵将灵榇送至青海境情形一并奏闻。

---

① 《寄谕大学士阿桂等著速奏班禅额尔德尼灵柩抵达何处等情》，乾隆四十六年五月初二日，《乾隆朝满文寄信档译编》，第15册，第562页。按，诺莫浑岭，地名，又写作诺木浑岭、诺门浑岭。

② 乾隆帝在五月初二日《寄谕大学士阿桂等著速奏班禅额尔德尼灵柩抵达何处等情》中提到，"博清额前奏返回宁夏一折，已半月有余，现在伊等已到何处，途中情形若何，博清额俱应奏闻，却未奏者，朕甚为挂念"。从时间上看，《博清额等奏阿拉善备办驼马不足护送班禅灵榇拟仍经宁夏而行等情折》为四月初十日具奏，除去往送时间，与五月初二日相距恰足"半月余"；然四月二十四日《博清额等奏报照料班禅灵榇抵达甘肃营盘水情形折》，业已对自宁夏经中卫县安抵营盘水情形恭折具奏完毕，甚至将经行平番县的防范工作也作出了统筹，但乾隆帝仍于五月初二日寄谕阿桂、博清额饬其"速行奏闻"，由此推断因邮寄时间差导致乾隆帝无法及时得到护送大臣之具奏，心生担忧，故复催促。

对于诺莫浑岭六七月降雪一事，博清额等将能否通过奏复乾隆帝。诺莫浑岭距西宁共有 50 余程，预计于闰五月初起程，六月底即可抵达，七月底便能通过。经实地考察，博清额等断定此次抵达并非大雪时节，即便有小雪，亦不致不能通行，因此不致耽误。乾隆帝朱批"如此甚好"。①

护送队伍至营盘水更换马驼，自此逐程行进，每日有地方官员供祭饼等。行抵平番县，勒尔谨派员献银、缎、曼扎、羊等，甘凉道员王曾一亦供缎、曼扎、羊、饼案。此段一路畅顺，五月初六日至西宁府。

仲巴呼图克图、绥绷堪布深感欣慰，跪称："班禅额尔德尼喇嘛在世时及圆寂后，仰承大圣皇帝之恩，犹如天高地厚，不可胜数。现往扎什伦布护送灵榇，所到之处极为整洁，均行祭奠，供献伯勒克，我等喇嘛以至俗人，每日之食物、骑驮，均为丰足。得以平安至此，皆赖大皇帝之殊恩，小僧等无以回报，谨备叩谢天恩古佛二尊、哈达二方及谢恩奏书。"② 可见，仲巴呼图克图等并未抱怨因"撒拉回乱"耽误行程一事，极尽感恩之情。

按照原定计划，先行起程之运送包裹队伍，及后面的班禅灵榇护送队伍均以塔尔寺作为中转驻地，在此整理行装，准备向青藏地区行进。博清额等查得，先行起程之 3000 余件包裹已至塔尔寺，散放于三寺看守。塔尔寺并非进藏大道，西宁方为进藏大道，亦不需绕行。照此，倘按原定之例将灵榇请至塔尔寺供奉，又将配备包裹数千分散，不便管理。地方官员供给廪饩等项，均需运至西宁。即便僧俗人等需用物品，亦来西宁方可采办，往返行走，颇费周折。③ 去年班禅住塔尔寺，乃念其及属下人等未曾出痘者众多。此次返回，六世班禅已圆寂，仲巴呼图克图、绥绷堪布及其属下人等皆已出痘，居于何地，并无碍益。

西宁为护送队伍进抵青海、西藏之入口，更具便利性、快捷性。道员永良、刘广宇等因去年六世班禅路经西宁曾在该署下榻，今闻灵榇至此亦照常备办。博

---

① 《博清额等奏护送班禅灵榇从宁夏行抵西宁并从西宁起程日期等情折》，乾隆四十六年五月初十日，《六世班禅朝觐档案选编》，第 375 页。

② 《博清额等奏报护送班禅灵榇抵达西宁仲巴呼图克图等谢恩情形折》，乾隆四十六年五月初十日，《六世班禅朝觐档案选编》，第 373 页。

③ 《博清额等奏报于西宁整理行装再行起程情形折》，乾隆四十六年五月初十日，《六世班禅朝觐档案选编》，第 375 页。

清额等护送大臣准确领会乾隆帝从速护送灵榇抵藏之意，依据实际情况调整行进计划，最终决定将中转驻地由塔尔寺变更为西宁城。为方便起见，经与仲巴呼图克图等商酌，博清额等将班禅灵榇、大喇嘛、重要物件安置于官署，其余僧俗人等、杂件均安置于校场，四周砌有现成土墙，便于管束。①

博清额等自京城护送班禅灵榇起行时，御赐金塔、金佛、匾额等重大包裹，皆雇脚力赍往，按驿更换，一切顺利。但由西宁往南之厄鲁特等仅能以驼驮运物件，倘若仍用内地脚力，抵藏再返回，有200余站，数百名脚力之食物、工钱、耗费颇巨，于地方官员办理委实不便。博清额等与仲巴呼图克图等会商，在西宁多住几日，检查前后抵达之包裹，途中损坏者修之，该一分为二者分之，"笨者精之"。御赐金塔、金佛、车辇、匾额等重大物件，可拆者拆卸加固，至藏后仍可依旧合缝，完好如初。如此方可驼驮而行，脚力均行裁减，仅留抬班禅灵榇之轿夫。如此不仅便于灵榇前行，亦不烦扰地方。②

班禅灵榇护送队伍抵达前，塔尔寺及附近属寺有两拨物品，需分别将其转运西宁、东科尔寺：一拨为班禅朝觐路经塔尔寺驻留时不方便携带者，及其圆寂后，青海、甘肃僧俗人众供献之零散物品，一并运至西宁城内打包整理；另一拨为先于班禅灵榇起行之3000余件包裹，悉数交付西宁所属镇海营之参将阎明翰、青海扎萨克索诺木多尔济等，派人送至甘肃境东科尔寺外，并由索诺木多尔济等委派官兵看守，等候灵榇护送队伍抵达后共同起行。③

对此，博清额、仲巴呼图克图等每日亲自督查整治，催办至五月二十六日事竣。因总督勒尔谨起初所遣照料班禅灵榇之按察使富宁处理刑狱诉讼事务，无暇分身。总兵衮楚克达尔率西宁兵丁赶赴平复起义，所剩不过三四百人，而西宁至青海尚有三四程，护送灵榇、守城均不足。故乌灵阿、永灵请让伊等暂留，俟至出甘肃境送抵青海境，再返回办事。此间，诺木欢二十二日即往青海境阿什罕地

---

① 《博清额等奏报于西宁整理行装再行起程情形折》，乾隆四十六年五月初十日，《六世班禅朝觐档案选编》，第375—376页。

② 《博清额等奏报于西宁整理行装再行起程情形折》，乾隆四十六年五月初十日；《博清额等奏报照料班禅灵榇自西宁起程日期等情折》，乾隆四十六年五月二十七日，《六世班禅朝觐档案选编》，第376、377—378页。

③ 《博清额为将存于塔尔寺包裹运至西宁城以便送往洞阔尔寺事咨呈》，乾隆四十六年五月二十日呈，军机处满文录副奏折，档号03—0189—2883—005。

方，催促督办驼马、牛只、廪给，查得彼时青海王公等所备乌拉大半运抵阿什罕，其余三四旗之乌拉亦将运抵。博清额等预料护送灵榇并无耽搁之项，故于二十七日即自西宁起程赴青海境。①

如前所述，诺木欢曾因着重防范郭罗克未对塔尔寺僧俗人众多加抚慰事、与阿旺楚臣争辩摊派乌拉事、"撒拉回乱"期间未大力守卫塔尔寺保护班禅物件事，遭乾隆帝严饬，"交部察议"，俟留保住护送班禅灵榇至木鲁乌苏返回西宁留驻办事，换返京城。除以上诸项，诺木欢另有两处过失，使乾隆帝十分恼怒，亦特寄信严加斥责。

班禅灵榇护送队伍在西宁驻留整理行装期间，达赖喇嘛专门遣人来迎班禅灵榇，燃灯致祭，熬茶布施。诺木欢询问来人有无恭请大皇帝圣安之事，答以专事来迎班禅灵榇，诺木欢遂将此情咨行驻藏大臣。乾隆在寄谕中指责其行为不当：

> 达赖喇嘛派人专事迎接班禅额尔德尼灵柩、点灯熬茶，乃甚妥协。诺穆浑何以如此糊涂，竟询问来人有无请安之事。达赖喇嘛遣人迎接班禅额尔德尼灵柩未借此便奏请朕安，甚属妥当。诺穆浑却甚糊涂，且又咨行驻藏大臣，岂有此理。糊涂已甚，全不明事。著寄谕严加申饬。②

在留保住护送班禅灵榇赴木鲁乌苏至返回西宁期间，仍由诺木欢暂时负责西宁办事大臣事务。诺木欢虽知大势已去，不得不为所为承担责任，但为挽回局面，尽可能博得乾隆帝谅解，故奏言俟留保住抵达西宁，"交付办理青海番务之印"，同时"将关防等一应交代事项，俱交留保住"，"仍行协助博清额、留保住办理灵榇起程诸务，护送班禅额尔德尼灵榇至多伦巴图尔。照料起行后，再行返

---

① 《博清额等奏报照料班禅灵榇自西宁起程日期等情折》，乾隆四十六年五月二十七日，《六世班禅朝觐档案选编》，第 378 页；《博清额奏咨照甘肃派出官兵将六世班禅额尔德尼舍利送至青海境折》，乾隆四十六年五月十八日，军机处满文录副奏折，档号 03—0189—2879—020。

② 《寄谕西宁办事副都统衔诺穆浑申饬其办事糊涂》，乾隆四十六年闰五月初三日※，《乾隆朝满文寄信档译编》，第 15 册，第 563 页。

回京城"。①

乾隆皇帝否定了诺木欢主动护送班禅灵榇至多伦巴图的请求：

> 此乃不必。送行灵柩，终究有留保住协助博清额送至木鲁乌苏。诺穆浑若将关防交给留保住后，一同护送班禅额尔德尼灵柩，则西宁暂时无有驻扎办事大臣，岂可乎哉？将此著速寄谕诺穆浑，关防暂不必交给留保住，伊仍驻西宁办事等候。俟留保住自木鲁乌苏回至西宁，再将应交关防等事项，明白交代留保住，返回来京。不必前往护送灵柩至多伦巴图尔。②

留保住偕同博清额照料班禅灵榇抵达西宁后，诺木欢转宣奏折、朱批，五月初十日交付印信，③ 亦执意交付关防。在护送队伍自西宁起程后，派笔帖式图蒙阿请出关防，前往追赶，但未赶上。又因图蒙阿途中患病，将关防带回，故暂时封存衙门内，俟留保住返回西宁后，再行交付。皇帝对此大发雷霆，直斥其"不明事理"。④

诺木欢任职西宁办事大臣一年间，恰逢班禅朝觐、圆寂、灵榇返藏等事。他处事缺乏变通，大局意识淡薄，屡遭乾隆帝训斥，最终被革职。西宁办事大臣主要负责管理青海蒙古事务，当地历史、宗教、地理、风俗等均与中原地区有差异，办事难度大、能力要求高，诺木欢显然无法胜任。但也并非一无是处，他在班禅朝觐、灵榇返藏过程中恪尽职守，力所能及地保证护送队伍的顺利行进，这是值得肯定的。

---

① 《留保住等奏报交接西宁办事大臣印务并护送班禅灵榇至多伦巴图尔情形折》，乾隆四十六年五月初十日，《六世班禅朝觐档案选编》，第376页；《寄谕西宁办事副都统衔诺穆浑著不必前往护送班禅额尔德尼灵柩》，乾隆四十六年五月初六日※，《乾隆朝满文寄信档译编》，第15册，第563页。

② 《寄谕西宁办事副都统衔诺穆浑著不必前往护送班禅额尔德尼灵柩》，乾隆四十六年五月初六日※，《乾隆朝满文寄信档译编》，第15册，第563页。

③ 《留保住等奏报交接西宁办事大臣印务并护送班禅灵榇至多伦巴图尔情形折》，乾隆四十六年五月初十日，《六世班禅朝觐档案选编》，第377页。

④ 《上谕严行申饬诺穆浑封存关防》，乾隆四十六年六月二十二日，《乾隆朝满文寄信档译编》，第15册，第576页。

5. 青海：蒙藏民众护送

暂赏主事衔常泰于乾隆四十六年正月二十四日自西宁起程，三月初二日行抵阿瓦逊图地方，远近众部落之千户、百户均相继赶赴集结会盟。常泰通晓当地语言，熟悉当地事务，随即告知各部首领详情。他从六世班禅圆寂后在京葬仪说起，将乾隆帝施恩诸项预先晓示，尔后直切主题，点明"大圣主赏赐班禅额尔德尼各类物品甚多，且均属紧要"，意在提醒各部提高警惕。针对应备办驼马、乌拉差役、生活必需品，常泰给出具体数字供各部首领参考，又对举办法会、燃灯、诵经等事交代清楚。另为提防郭罗克盗贼，做好放哨工作。此外，渡河时须备办大船，派出精良水手。护送期间，务令兵丁于夜间巡逻。最后，常泰从诸部信仰入手，直击其"尊佛重道"、积累功德之心理。听罢此番告谕，各部皆合掌祈祷，回复道：

> 我等番子之道，乃尊崇达赖喇嘛、班禅额尔德尼而得。今曼珠师利大圣主又施予诸项鸿恩，我等愚昧番奴不胜感激。先前我等番子已备办牛只五百、马匹一百、兵丁一百。现我等互商，增补兵丁一千一百，共派一千二百，警惕筹备，务令细小物件亦丝毫不致遗失被盗。百户噶尔楚克等八人率七百兵丁，在郭罗克行窃道路重要隘口放哨，严加防范。千户敦珠布色布腾，百户凌沁垂拉克、噶拉姆达齐等八人率五百兵丁。我等番子地方备办头站，节节照料班禅额尔德尼舍利金塔、物品等诸项，护送至多伦巴图。余下百户令备办乌拉、驿站等项。增补牛只三千四百，共备办三千九百，马匹增补六百八十，共备办七百八十。从我等番子地方雅克达平至多伦巴图，计二十六程，令每程备办牛只一百五十、马匹三十，轮换备办疲乏困顿之乌拉。遣乌拉差役六百，从中抽派，每站八人巡逻，令备柴草等物充足。既然我等番子隶属各自寺庙，则召集各自寺庙喇嘛举办法会，为班禅额尔德尼呼毕勒罕尽快出世诵经、燃灯一个月外，仍在所经木鲁乌苏等渡口备办大船二十、挑选精良水手四十，以表我等番子对达赖喇嘛、班禅额尔德尼极尽尊崇之意。①

① 《诺木欢为青海番子各部准备驼马等迎送六世班禅额尔德尼舍利事咨呈》，乾隆四十六年四月二十六日呈，军机处满文录副奏折，档号03—0189—2880—049。

各部详细列出所有兵丁、牛马的具体派用计划，亦一一回应了常泰所提各项要求。对比常泰告谕前已备数量和其后增补数量，增补是已备数量的数倍之多，可见收效甚佳。由此看出常泰过人的交涉本领，亦知各部此前并不清楚班禅灵榇此次返程究竟需要多少兵丁、牛马，若无告谕，恐青海护送事宜无法顺利进行。谈妥后，各部领受分赏顶珠、绸缎、布匹、银佩、烟壶、刀具、荷包等物品，不胜欣喜，齐跪拜谢恩。

常泰三月二十四日自阿瓦逊图起程，四月初六日返回柴达木地方。此前常泰跟随西安将军至木鲁乌苏往迎六世班禅时，青海蒙古派出之兵丁出托逊淖尔卡伦至索罗木，因郭罗克之众抢掠，蒙古各部在此五程间未加防范，情形不尽如人意。为避免重蹈覆辙，常泰对现有卡伦作出调整。此外，各部哨卡派去照料护送兵丁，皆查验整理所备大船、水手、驿站、牲畜等项。除照料班禅舍利金塔、物件等项护送至多伦巴图，明白交付自藏来迎人众，诸项办理爽利看护起程外，尚令各部照旧放哨，青海蒙古乌拉等项先行，常泰率蒙古兵追赶行进。至青海境，各部蒙古兵撤离哨卡，各自返回游牧地。至托逊淖尔，青海扎萨克等依旧在放哨处驻扎。

常泰对于青海境内返程各站均进行了严密安排。在护送结束后，各部返回游牧地等事项亦有完整调度部署。

闰五月初一日，博清额、留保住、诺木欢、伊鲁勒图等护送班禅灵榇行抵甘肃境之东科尔寺。诺木欢与诸大臣会商，认为甘肃所备驼马、车辇多半来自宁夏，远道而来已极羸瘦。而青海阿什罕地方距东科尔寺不过40余里，将阿什罕之牲畜调拨至东科尔寺更换，近便爽利，甘肃驼马、车辇亦不必出界。诺木欢先行抵达阿什罕，饬令纳罕多尔济、索诺木多尔济、贝勒吉克默特伊希等整备驼马牛只赶至东科尔寺。

先前提到，塔尔寺及附近属寺有两拨物品，前者为零散包裹，令运至西宁，后附随班禅灵榇起行之包裹同抵东科尔寺；后者为先于班禅灵榇起行之包裹，已先行运达东科尔寺。如是，东科尔寺所存行李物件数量庞大。各大臣商议，存放各处之包裹现皆汇集一处，自西宁起行时，又添沿途所食物品等项包裹，总计有万余件。如若一同并行，遇险道易拥塞；若分多批，又不便管束。故决定酌情分两批起行，将目前不用之物，派扎萨克一名率兵看护，皆令初三日先行起程；诸大臣偕同王、公、扎萨克等初四日起程，护送班禅灵榇、要件等当日即行抵阿什罕。纳罕多尔济等乞请住一宿，以便念经祭祀，献伯勒克。故博清额等带领护送队伍暂住一日，初六日照料灵榇起程。①

由于青海地处高寒地带，气候条件恶劣，天气情况不稳定。纳罕多尔济、索诺木多尔济、众扎萨克等所备驼马牛只虽属丰足，但当年春天雨水稀少，水草不茂，畜难上膘，牦牛体小，若不缓行，极易疲惫。经博清额等与仲巴呼图克图等会商，决定珍惜畜力，行五六程便觅一水草茂盛之地歇息一日。至索罗木后，按原计划饬常泰率青海番子千户、百户等携来彼等捐助牛马，逐程替换疲惫牲畜。

如此行进，护送队伍于六月十七日抵达木鲁乌苏，达赖喇嘛、驻藏大臣处遣来噶伦益希旺堆，妥备水手、船只，将博清额等备办皮船、常泰预备皮船计算在内，共有皮船 40 余只。但逢木鲁乌苏水涨，宽五六里，河中又有数处沙丘泥泞，水深流急，不便蹚水而过，小船又不敷渡用。诸大臣等亲临河岸，立鄂博领喇嘛等诵经，祭祀牛马、羊只。二三日内河水大落，驼马均可蹚水而过，各种杂件被轮番驼负过河。班禅灵榇、御赐要件，于二十三日船载渡河。二十四日休息一日，将其余物品尽行运载过河。二十五日，即行照料灵榇起程。达赖喇嘛派卓尼尔等来迎班禅灵榇，并讽经布颜，献古佛、哈达等。再往前行，仅有木鲁乌苏一支流，亦安然渡过。②

博清额、留保住、伊鲁勒图等率护送队伍自木鲁乌苏起程前行，以青海所属番子逐程备办马牛，更换青海王公之疲惫马牛。因此次番子等所备驼马、柴薪等物均为丰足，故护送队伍沿途无阻，逐程行进，七月初六日安抵藏境多伦巴图地方。千户、百户等感戴皇恩，每日率兵前后护卫，夜则设哨巡察，极为勤敏。③

护送队伍行抵多伦巴图时，达赖喇嘛、驻藏办事大臣等派噶伦益希旺堆、员

① 《博清额奏报护送班禅灵榇已入青海境情形折》，乾隆四十六年闰五月初六日，《六世班禅朝觐档案选编》，第 379—380 页。
② 《博清额等奏报护送班禅灵榇安渡木鲁乌苏河情形折》，乾隆四十六年六月二十五日，《六世班禅朝觐档案选编》，第 381—382 页。
③ 《博清额等奏报照料班禅灵榇安抵藏境情形折》，乾隆四十六年七月初八日，《六世班禅朝觐档案选编》，第 382 页。

外郎舒兴等，① 将驼、马、骡、牛、柴薪等项一一备齐。仲巴呼图克图、绥绷堪布等再行查明包裹，博清额等率员督换骡马驼牛，住二日办妥，初九日照料灵榇起程。

此次护送路途遥远，博清额等照料班禅灵榇自京城起程，沿途各项备办完善，使灵榇、物件安抵藏境。博清额等将仲巴呼图克图罗卜藏津巴、绥绷堪布罗卜藏凯木楚克所进奏书、古佛各一尊，哈达一方，齐切贵达尔罕堪布格桑策旺所献哈达，一并奏呈。②

6. 西藏：安抵扎什伦布寺

护送队伍自多伦巴图前行四程，至诺莫浑岭。此岭峻峭，绵延百里，四季积雪不融。博清额等行经大道，顺山而走，并未翻越山岭，极为平坦，顺利越过诺莫浑岭。这意味着险道皆已通过，再往前并无阻隔。

护送队伍自西宁起行时，为省脚力，将御赐恩赏匾额等较大物件皆拆卸驼负行走。现欲在大吉之日供奉，便需预先前往扎什伦布寺，对棱合缝，妥为料理。博清额等派原先督拆官员、通事、喇嘛等，好生照料先往扎什伦布寺。又因御赐仪仗颇具规模，若每日陈列，则须一路祭祀，故亦应将此携裹遣往一处修理整备。博清额等经与仲巴呼图克图等商议，得知距扎什伦布寺四程的思兴卡地方有大村，由此处前往扎什伦布寺，路坦无阻，便于仪仗车辇通行，可将仪仗先行遣往思兴卡地方整备。故博清额等饬派原先督拆人员将御赐轿辇、仪仗、衣物好生护送至思兴卡地方，应修者修之，一一备齐。随后护送队伍照料灵榇逐程行进，七月二十八日安渡喀喇乌苏河，二十九日自嘉木楚克起程行进。③

---

① 据恒瑞具奏可知，前年六世班禅经过时，曾派员外郎舒兴督查蒙古诸部备办驿站事宜；现舒兴任期虽已满一年，换班之人即将到来，但因舒兴先前妥善打理备办驿站，班禅得以爽利行走，故令暂且留任，派舒兴带去绿营官1员、兵20人，督办迎接班禅灵榇。参见《恒瑞奏多伦巴图尔等处准备牲畜迎接六世班禅额尔德尼舍利折》，乾隆四十六年四月十七日具奏/五月二十三日朱批，军机处满文录副奏折，档号03—0189—2880—005。

② 《博清额等奏报照料班禅灵榇安抵藏境情形折》，乾隆四十六年七月初八日，《六世班禅朝觐档案选编》，第382—383页。

③ 《博清额等奏护送班禅灵榇已过诺门浑岭喀喇乌苏河等情折》，乾隆四十六年七月二十九日，《六世班禅朝觐档案选编》，第386页；《博清额奏六世班禅额尔德尼舍利已抵扎什伦布折》，乾隆四十六年九月二十七日，军机处满文录副奏折，档号03—0189—2894—037。

恒瑞考虑到班禅是受乾隆帝殊恩之大喇嘛，现虽钦差博清额等护送灵榇返回扎什伦布寺，抵达藏地后理应由驻藏地之办事大臣轮流往迎。恒瑞依据博清额来文所报班禅灵榇七月初九日自藏境多伦巴图起程，故于七月三十日自藏出发，八月初三至交克匣拉驿站迎接等候灵榇，熬茶诵经，翌日送行，初六日即返至藏地。保泰于当日去往藏地西北羊八井地方预备迎接，初八日抵达。随灵榇行走两三日，自彼事先赴扎什伦布寺照看寺中喇嘛，令督备迎接灵榇、供放金塔等项。达赖喇嘛亦遣阿旺楚臣会同保泰为班禅灵榇燃灯等，亦赴后藏扎什塘地方迎接，又遣其弟锡呼图喇嘛等诵经，宴请护送灵榇之诸大臣等。①

仲巴呼图克图等对此表示感激，告称："我等跟随班禅额尔德尼灵榇自京城起程以来，备办内外乌拉、牲畜等项，均属丰足。钦差大臣等授意照料，我等得以爽利妥善行进。此皆蒙荷曼珠师利大圣主无尽殊恩，委实感激不尽。"②

为确保整备诸项无误，保泰会同绥绷堪布于十四日提前起程至思兴卡地方，亲临督查乾隆帝所赐车轿、仪仗等，均依原样整装，丝毫未有破损肮脏迹象。运送至扎什伦布寺后，再次查视乾隆帝所赐金塔、佛像、匾额，接合处均完好，亦未有磨损痕迹，金塔、佛像金色饱满。保泰等将此晓谕扎什伦布寺僧俗人众，彼等愈加赞叹，无不感戴圣恩。

乾隆四十六年八月十三日，距班禅在热河恭祝乾隆帝万寿已满一年。现护送队伍抵藏，往扎什伦布寺方向行进，不日即将到达。仲巴呼图克图等有感于乾隆帝殊恩，特提议停宿一日，为乾隆帝万寿祈祷祝愿，虔心诵经。十三日，仲巴呼图克图等另在城中搭建帐篷，恭谨悬挂乾隆帝画像，博清额率众人行礼，仲巴呼图克图率众喇嘛诵经一日。③

---

① 《恒瑞奏迎候六世班禅额尔德尼灵榇抵藏折》，乾隆四十六年八月二日，军机处满文录副奏折，档号03—0189—2890—011；《恒瑞奏回任西藏办事大臣保泰赴扎什伦布迎接六世班禅额尔德尼舍利折》，乾隆四十六年九月十一日，军机处满文录副奏折，档号03—0189—2893—008；《博清额奏六世班禅额尔德尼舍利已抵扎什伦布折》，乾隆四十六年九月二十七日，军机处满文录副奏折，档号03—0189—2894—037。

② 《恒瑞奏回任西藏办事大臣保泰赴扎什伦布迎接六世班禅额尔德尼灵榇折》，乾隆四十六年九月十一日，军机处满文录副奏折，档号03—0189—2893—008。

③ 《博清额奏六世班禅额尔德尼舍利已抵扎什伦布折》，乾隆四十六年九月二十七日，军机处满文录副奏折，档号03—0189—2894—037。

据仲巴呼图克图、绥绷堪布查朱拉海经，八月二十二日为大吉之日，应于当日供奉乾隆帝所赐金塔。计其祥瑞，预定于八月二十二日抵达扎什伦布寺。① 后仲巴呼图克图等复查朱拉海经，商榷抵达扎什伦布寺供奉金塔时间，最终认定二十一日为大吉之日，抵达之日即供奉金塔，翌日悬挂所赐匾额。

八月二十日，后藏锡呼图大喇嘛、呼图克图等尽数出一站跪迎，请乾隆帝万安，并呈献哈达称：

> 我等班禅额尔德尼在世时，蒙荷大圣主鸿恩，委实不可胜数。圆寂后，惹得大圣主圣心忧闷，建造塔院，赏赐金塔、佛像，钦差大臣等护送，凡此种种殊恩，愈加不可胜数。我等小喇嘛、奴才最初听闻班禅喇嘛圆寂消息，尚感悲恸忧郁，现大圣主恩典过渥，我等众小奴感戴大圣主鸿恩，悲恸之心竟全然无存。我等小喇嘛、奴才无以为报，惟有为班禅额尔德尼呼毕勒罕尽快转世，曼珠师利大皇帝金莲座万万劫牢固，虔心诵经祈祷。②

博清额等观此情形，当日即先于班禅灵榇赶至扎什伦布寺亲自督查安排诸项。班禅师傅喇嘛罗桑曲丕虽八十有余，身形孱弱，仍命人搀扶出寺，跪请圣主万安，呈献哈达，叩谢圣恩，众喇嘛、呼图克图等亦感恩。博清额、保泰、绥绷堪布一齐登寺，检查供祭灵塔、悬挂匾额各项。二十一日，诸大臣、僧众出迎灵榇，伊鲁勒图会同众官员妥善照料送至扎什伦布寺，当日即供奉舍利、金塔，翌日亦悬挂匾额。

博清额等观察，扎什伦布寺僧俗人众丝毫未有悲恸怨恨之意，无不感戴圣恩。班禅师傅喇嘛罗桑曲丕、较大喇嘛、呼图克图等献哈达各一，仲巴呼图克图、绥绷堪布献佛像各一，台座、哈达各一。博清额等诸大臣亦各自熬茶行善，

① 《博清额等奏护送班禅灵榇已过诺门浑岭喀喇乌苏河等情折》，乾隆四十六年七月二十九日，《六世班禅朝觐档案选编》，第385页。按，朱拉海经，jurahai nomun，满文音译，即天文历算之书。

② 《博清额奏六世班禅额尔德尼舍利已抵扎什伦布折》，乾隆四十六年九月二十七日，军机处满文录副奏折，档号03—0189—2894—037。

二十五日缮折行礼具奏，计藏地所备乌拉情况，陆续起程返回。①

至此，博清额、仲巴呼图克图等护送六世班禅灵榇自京起程，历时 7 个月又 8 日，行程 8000 余里，携带大量物品，越过重重阻碍，最终安全抵达扎什伦布寺，可谓清代处理藏传佛教事务之壮举。依照原定计划，博清额驻藏办事，换恒瑞回京。他将偕驻藏办事大臣保泰、驻藏帮办大臣庆麟等主导班禅呼毕勒罕寻访、认定和坐床事宜。

三、六世班禅呼毕勒罕之寻访、认定和坐床

藏语称活佛为"朱古"，化身之意。蒙古语称"朱古"为"呼毕勒罕"，满语借之。活佛转世是藏传佛教独有的宗教首领传承方式，把佛教的基本教义、仪轨和西藏社会错综复杂的政治、经济、宗教等因素协调起来，在某一个重要宗教首领或得道高僧去世后，基于佛教"灵魂不灭"的基本主张，由其弟子和所在寺院通过一定的程序在各地新出生的儿童中寻访、认定他的"转世"，然后接入寺院，择时坐床，加以特别的培养教育，使其继承前一世宗教首领的地位及政治、经济权力。②

格鲁派达赖、班禅世系等即采用这种转世传承的方式。活佛转世的程序经历了由简单到复杂的历史过程，大体是活佛转世预言提供线索，经过护法降神、观察神湖、占卜等一系列具体的宗教活动，确定呼毕勒罕降生大体方向，再遣员前往寻访，对符合条件的幼童进行逐步考核。金瓶掣签制度建立以前，对于寻访中发现数名灵童无法确认的情况，常采用食团问卜、降神指定、高僧活佛指定、世俗统治者指定、僧俗共商确认等方式，最终确定一名为呼毕勒罕。在执行时，可能会依据具体情况进行调整，但大体不会偏离上述基本步骤。

乾隆时期，转世活佛需经中央政府批准后才能获得合法名义。一方面，转世活佛通过中央政府支持，提高自身在西藏政教领域的地位；另一方面，中央政府借由活佛稳固的政教地位，强化对当地的治理。

---

① 《博清额奏六世班禅额尔德尼舍利已抵扎什伦布折》，乾隆四十六年九月二十七日，军机处满文录副奏折，档号 03—0189—2894—037。

② 陈庆英、陈立健：《活佛转世及其历史定制》，北京：中国藏学出版社，2010 年，第 1 页。

乾隆十六年颁行《酌定西藏善后章程十三条》，确立了驻藏大臣与达赖喇嘛共同主持当地事务的行政管理体制，法定驻藏大臣作为钦差大臣兼西藏最高行政长官的地位和职权，以及达赖喇嘛兼管西藏地方政教两权的社会地位，[①] 对维护国家统一和西藏稳定、加强中央政权对西藏地方行政管理等起到了重要作用。

随着乾隆朝驻藏大臣的权力不断扩大，有关呼毕勒罕寻访、认定和坐床的大小事务逐渐由驻藏大臣主导，达赖喇嘛（或班禅额尔德尼）或噶厦地方政府（或班禅堪布会议厅）主持，共同商定。此次处理六世班禅呼毕勒罕问题虽发生在金瓶掣签制度建立前，但经各方协调办理最终顺利寻得呼毕勒罕，班禅世系得以正常延续，为六世班禅圆寂善后事宜画上了圆满句号。在清政府和西藏地方的互动过程中，双方均自觉、主动维护业已建立起来的良好统属关系，西藏的政教格局也相对平稳。

（一）统筹寻访呼毕勒罕期间之各方职责

在六世班禅呼毕勒罕未寻得期间，乾隆帝晓谕达赖喇嘛妥善管理扎什伦布寺僧俗诸事，在敕谕中特意对其如何行事作出指示：

> 唯班禅额尔德尼虽圆寂，喇嘛尔亦必感戴朕恩，尽快寻选呼毕勒罕，为班禅额尔德尼之呼毕勒罕转世尽力。扎什伦布所属弟子人众，皆赖尔喇嘛照管，期间，喇嘛尔务须仰体朕怀，加意约束，诵密集诸神等经，恭诚祈祷。班禅额尔德尼之呼毕勒罕尽快转世后，察访喇嘛之意，善为教养，以礼法妥为培育转世之呼毕勒罕，振兴黄教，仰体朕意，此即为吉祥善事矣。[②]

乾隆帝传递了三个重要信息：一是清中央政府自始至终对六世班禅恩待优渥，现班禅业已圆寂，达赖喇嘛应感戴圣恩，虔心诵经祈祷呼毕勒罕尽快转世，并尽心办理寻访事宜；二是管理、约束扎什伦布寺僧众，维护后藏政治、宗教局面稳定；三是待呼毕勒罕转世，还须依例教养、培育，尽到作为其师长之职责。

---

① 张羽新编著：《清朝治藏典章研究》上册，北京：中国藏学出版社，2002 年，第 2 页。
② 《乾隆皇帝为班禅额尔德尼圆寂及善后事宜致达赖喇嘛敕谕》，乾隆四十六年正月初十日，赵令志等主编：《雍和宫满文档案译编》，第 954 页。

乾隆四十七年六月初四日，距六世班禅圆寂已近两载，乾隆帝甚为挂念，遂寄谕章嘉呼图克图：

> 其间藏地一带或有呼毕勒罕转生消息，亦未可知。著寄信询问章嘉呼图克图，若仲巴呼图克图信内提及班禅额尔德尼之呼毕勒罕转生消息，令即明白奏闻。①

在寻访班禅呼毕勒罕暂无音讯阶段，仲巴呼图克图、绥绷堪布二人亦十分焦虑，致信章嘉呼图克图：

> 窃惟为盼得我等师傅喇嘛班禅额尔德尼呼毕勒罕尽快转世，再三向达赖喇嘛、拉穆吹忠等询问，得知时时准备在紧要时为呼毕勒罕出世诵古里穆经外，至于转世于何处、谁家，则全未提及。既然如此，前后藏之大小寺庙当尽力诵古里穆经，昼夜不止，祈祷呼毕勒罕尽快转世。我等为伏乞尊师喇嘛班禅额尔德尼呼毕勒罕尽快转世，得以拜认师傅，祈祷三宝，亦为能受各方守卫之悯护，诚心诵经，递至天听。②

仲巴呼图克图、绥绷堪布为尽早得知呼毕勒罕转世消息，"再三向达赖喇嘛、拉穆吹忠等询问"，然喇嘛和吹忠对"转世于何处、谁家"等信息全未提及，料想应是寻访呼毕勒罕过程复杂，无法在短时间内完成。故决心"前后藏之大小寺庙当尽力诵古里穆经，昼夜不止，祈祷呼毕勒罕尽快转世"。章嘉呼图克图随后将信译成满文呈览。乾隆帝颁布上谕敦促各方竭诚不怠，加紧寻得呼毕勒罕

---

① 《寄谕章嘉呼图克图著若有班禅呼毕勒罕转生消息即行奏闻》，乾隆四十七年六月初四日，《乾隆朝满文寄信档译编》，第 15 册，第 655 页。

② 《仲巴呼图克图为六世班禅额尔德尼转世诵经事致信》，乾隆四十七年六月，军机处满文录副奏折，档号 03—0189—2929—037。按，古里穆经，满文转写为 gurim nomun，乃讽诵祈祷活佛转世之经。另将以诵古里穆经为主，祈祷早日寻得呼毕勒罕之法会，称为"做古里穆"。

转世。①

班禅师傅喇嘛罗桑曲丕在妥善安排扎什伦布寺诸事过程中，自始至终站在维护国家稳定和统一立场，对中央政府各项善后措施表示感激和赞许。罗桑曲丕深知此次挑选呼毕勒罕事关重大，在班禅灵榇尚未自京起程返藏时，即偕同办事之第巴缮写奏书，表明对班禅在京圆寂一事的态度：

> 我等僧俗人众非但没有丝毫怨恨之意，曼珠师利大皇帝如此施恩于我等之喇嘛，我等如何能回报。惟有为尽快明了呼毕勒罕转世，每日召集千名喇嘛持法寻选、祈祷外，无言以奏。嗣后，既然小僧我等仰赖曼珠师利大皇帝之恩典存活，仍祈如先前之例予以悯护。②

班禅师傅了然皇帝心意，特意说明僧俗人众绝无丝毫怨恨之意，在乾隆帝悯护下必定全意诵经祈祷呼毕勒罕早日转世。

（二）寻访、认定呼毕勒罕

六世班禅呼毕勒罕的寻访与认定工作由驻藏大臣博清额主导，协同达赖喇嘛主持，仲巴呼图克图和绥绷堪布等高僧辅助执行，在遵守活佛转世仪轨基础之上依照实际情况灵活处理，并最终完成。

寻访转世灵童往往根据前世活佛圆寂年月时辰，推算呼毕勒罕出生时间，再辅以各种转世"预言"所提供的线索，由管事喇嘛到各地寻访符合条件的幼童。六世班禅呼毕勒罕的初步寻访事宜主要交予仲巴呼图克图和绥绷堪布负责，基本任务是先查访与前世班禅相貌相似者，遣班禅平素亲近随从僧徒前往，摆设班禅在世时喜爱之佛具等，令诸幼童辨识。若能识出，则做记录。乾隆四十七年十月九日，大绥绷默尔根堪布罗卜藏凯木楚克等告知驻藏大臣博清额等，终于寻得四位符合条件的男童：

---

① 《章嘉呼图克图奏遵旨恭览圣上关于六世班禅额尔德尼转世上谕折》，乾隆四十七年六月十四日，军机处满文录副奏折，档号03—0189—2928—035。

② 《罗卜藏楚木颇勒奏为班禅额尔德尼圆寂后挑选呼毕勒罕等情事》，乾隆四十六年正月，军机处满文录副奏折，档号03—0189—2865—039。

于后藏巴囊吉雄地方访得一童，其父为第巴巴勒丹敦珠克，母名齐麦嘉茂，此童虎年四月初八日出生。牛年六月三十日，又一童生于镶金普鲁，父名次塔尔策楞，母名策楞。虎年五月初八日，又有一童出生，为后藏岱本巴战之妻旺堆所生。牛年十月十五日，又一童生于容集阿赛，父为第巴策旺扎什，母名格桑珠玛尔。此四童出生时皆显示吉祥征兆。①

博清额与仲巴呼图克图二人详议赴此四地暗访事宜。对于如何准确判定六世班禅呼毕勒罕，诸大臣、喇嘛设计了一套方案，即照班禅在世时所钟爱之念珠制作一串假念珠，持真假念珠让此四童辨认，若能识别，则可初步判定其为六世班禅呼毕勒罕。这意味着，寻访呼毕勒罕的工作已由"海选"阶段的"辨识供佛"进行到了"甄选"阶段的"辨认真假念珠"。

博清额等到达第巴巴勒丹敦珠克、齐麦嘉茂夫妇家中，对男童进行先天禀赋、身体素质、思维能力等全方位考察后，猜测生于后藏巴囊吉雄之男童可能为六世班禅呼毕勒罕。由于当时金瓶掣签制尚未建立，仅凭该幼童的种种表现，仍不能确定其必为呼毕勒罕，须达赖喇嘛和拉穆吹忠的咙单相符，方可认定该童为六世班禅呼毕勒罕。

博清额详究后，将寻访诸情形告知仲巴呼图克图，并赴前藏会见达赖喇嘛，知会此四童出生时间、征兆等。当时达赖喇嘛正专注拜佛诵经，坐禅七日，尔后交付咙单，由博清额等监督验看，于咙单前祈佛求得虎年四月初八日生于巴囊吉雄地方之男童即为班禅呼毕勒罕。绥绷堪布等又赴甘丹寺向拉穆吹忠求取咙单，亦显示第巴巴勒丹敦珠克同齐麦嘉茂所生男童系班禅呼毕勒罕。随后，博清额、摄政阿旺楚臣、诺门罕噶布伦等赴达赖喇嘛坐禅之处，将拉穆吹忠咙单交达赖喇嘛验看，达赖喇嘛最终确认其咙单与吹忠之咙单切合无疑。

六世班禅呼毕勒罕业经认定，须立即奏明乾隆帝。翌日，达赖喇嘛、诺门罕阿旺楚臣各自遣人将呈进乾隆帝之奏书、哈达、佛匣，一并送交驻藏大臣博清额

---

① 《博清额奏闻六世班禅之转世灵童业已转世验明情形折》，乾隆四十七年十二月二十日，军机处满文录副奏折，档号03—0190—2948—008。

等。十一月十九日，博清额等将班禅呼毕勒罕寻访、认定诸项缮折具奏。①

十二月二十日，乾隆帝获悉呼毕勒罕寻得喜讯，深感欣慰，随即将此情转告章嘉呼图克图，并布告京城各寺院，"于各寺进供三巡，为已故班禅大师供奉祈祷"，各方无不欢悦。② 乾隆帝特遣驻藏大臣颁赏达赖喇嘛、诺门罕阿旺楚臣、仲巴呼图克图、绥绷堪布及班禅呼毕勒罕。章嘉呼图克图敬献班禅呼毕勒罕漆封信札表示恭贺，又向仲巴呼图克图、绥绷堪布寄漆封信札嘱托妥善照料呼毕勒罕事宜。③

在前藏，降旨当日恰逢达赖喇嘛自布达拉下驻大昭寺，召开祈愿法会，诵万寿经，数万名喇嘛聚集，众人皆来朝拜。博清额等面朝众人，颁旨赏赐达赖喇嘛、诺门罕阿旺楚臣。绥绷堪布亦从后藏来至前藏，代表其本人和仲巴呼图克图听旨受赏并接准章嘉呼图克图转交之信札。具体颁赐情形如下：

> 至达赖喇嘛特以静修，为早见灵童祝福，甚合朕意。堪布额尔德尼诺门罕阿旺赤成为确定灵童，适时禀报达赖喇嘛，甚佳。特赏赐达赖喇嘛暨阿旺赤成御库大哈达各一方、玉如意各一柄……赏赐仲巴呼图克图暨司膳堪布御库哈达各一方、玉如意各一柄。④

可见，博清额等为最大程度昭示隆恩，抓住绝佳时机，逢僧俗人众聚集之处颁赐赏物，且晓谕仲巴呼图克图、绥绷堪布赴前藏一并领赏，借此机会博得前藏、后藏僧俗领袖及属众对清政府的拥护与支持。不出所料，此举赢得了前藏达赖喇嘛及僧俗属众赞许，无不感怀乾隆帝恩典。达赖喇嘛、阿旺楚臣、绥绷堪布

---

① 《博清额奏闻六世班禅之转世灵童业已转世验明情形折》，乾隆四十七年十二月二十日，军机处满文录副奏折，档号03—0190—2948—008。

② 《谕内阁认定六世班禅转世灵童著博清额传旨颁赏》（原件系藏文），乾隆四十八年正月二十三日，参见张羽新编著：《清朝治藏典章研究》中册，第563页。

③ 《博清额奏报共同验证四名六世班禅额尔德尼之转世灵童并八世达赖喇嘛谢赏哈达等物恩折》，乾隆四十八年三月四日，军机处满文录副奏折，档号03—0190—2956—005。

④ 《谕内阁认定六世班禅转世灵童著博清额传旨颁赏》（原件系藏文），乾隆四十八年正月二十三日，张羽新编著：《清朝治藏典章研究》中册，第563页。按，此处"玉如意"应为"嵌玉如意"，满文转写为 gu i kiyamnaha keksebuku。参见《博清额奏报共同验证四名六世班禅额尔德尼之转世灵童并八世达赖喇嘛谢赏哈达等物恩折》，乾隆四十八年三月四日，军机处满文录副奏折，档号03—0190—2956—005。

等皆连连跪拜，叩谢天恩。①

为祈祷班禅呼毕勒罕长寿，清政府安排京城各寺诵长寿佛经、呼毕勒罕古里穆经三日，同时赏赐呼毕勒罕"御库大哈达一方、珍珠一串、玉如意一柄"，"由专使亲往扎什伦布交仲巴呼图克图暨司膳堪布前去灵童处转赐"。② 博清额亦亲抵呼毕勒罕居住之巴囊吉雄地方颁旨赏赉，以驻藏大臣身份再次验看呼毕勒罕，留意观察其举止、容貌，尽到监督管理之职责。

乾隆四十八年二月十一日，博清额抵达巴囊吉雄，翌日率官员恭奉御赐物品前往呼毕勒罕居处传宣谕旨。③ 博清额等发现，呼毕勒罕听宣、受赏时举止端庄，④ 种种灵动之举，与其他孩童迥然。

由于呼毕勒罕年纪尚小，不可离开父母。若将呼毕勒罕及父母均迎至扎什伦布寺，则与仪规不符。前世班禅呼毕勒罕自出世后尚历经2年4个月方迎至扎什伦布寺。博清额、仲巴呼图克图、绥绷堪布等会商，暂时寻找扎什伦布寺附近一清净地安顿呼毕勒罕及其父母。由仲巴呼图克图、绥绷堪布二人轮流照料，依例等候至龙年六月初四日传授佛经，择吉日再迎至扎什伦布寺。⑤

获清政府许可后，仲巴呼图克图等着手同达赖喇嘛商议呼毕勒罕暂居地问题。依达赖喇嘛之意，扎什伦布寺附近有一寺，系从前自印度来此之大摄授喇嘛所建，师利匝那之旧居，名为"塔尔巴寺"，甚为清净。此寺为大摄授喇嘛之寺，将其改称"噶勒丹勒锡曲灵"，请呼毕勒罕安顿于此，十分祥瑞。仲巴呼图克图等据此将"塔尔巴寺"正式更名为"噶勒丹勒锡曲灵"。经批准，此寺作为呼毕

---

① 《博清额奏报共同验证四名六世班禅额尔德尼之转世灵童并八世达赖喇嘛谢赏哈达等物恩折》，乾隆四十八年三月四日，军机处满文录副奏折，档号03—0190—2956—005。

② 《谕内阁认定六世班禅转世灵童著博清额传旨颁赏》（原件系藏文），乾隆四十八年正月二十三日，张羽新编著：《清朝治藏典章研究》中册，第563页。

③ 《仲巴呼图克图奏谢赏六世班禅额尔德尼呼毕勒罕物品之恩并请暂住塔尔巴寺书》，乾隆四十八年四月，军机处满文录副奏折，档号03—0190—2962—023.1。

④ 《博清额奏报前往后藏巴囊吉雄会见六世班禅转世灵童情形折》，乾隆四十八年四月六日，军机处满文录副奏折，档号03—0190—2959—036。

⑤ 《博清额奏闻六世班禅之转世灵童业已转世验明情形折》，乾隆四十七年十二月二十日，军机处满文录副奏折，档号03—0190—2948—008；《博清额奏报改定七世班禅额尔德尼坐床日期折》，乾隆四十九年正月九日，军机处满文录副奏折，档号03—0190—2992—021。

勒罕及其父母暂居地。班禅呼毕勒罕叩谢天恩，并敬献吉祥哈达等。①

博清额自后藏巴囊吉雄颁赏结束后直接赴噶勒丹勒锡曲灵考察。由巴囊吉雄至噶勒丹勒锡曲灵有五六十里路程，仲巴呼图克图、绥绷堪布率先起程前往恭候。二月十四日，博清额抵达，旋至呼毕勒罕居处察勘。据绥绷堪布称，噶勒丹勒锡曲灵有印度高僧所建盖居住之僧舍三间，修葺后将作为呼毕勒罕与其父母合住之处，其旁空地需再建几间房舍供呼毕勒罕会客、诵经之用。现考虑呼毕勒罕年幼，尚难以频繁会见，遂于四侧修造窗户，若有来拜之人，皆可从下方行礼。经博清额实地察考发现，噶勒丹勒锡曲灵地势略高且干净，寻常人确实不易到达，乃理想之所。②

达赖喇嘛为呼毕勒罕暂居之地选址、取名，是为教务；博清额赴实地察勘、考证，是为政务。两人各司其职，是清中央政府和西藏地方在处理六世班禅圆寂善后事宜上互动配合的一个缩影。

噶勒丹勒锡曲灵于五月修整布置后，本可依原定计划于六月自巴囊吉雄迎请呼毕勒罕入住新寺，但呼毕勒罕稍显不情愿之意，故推至九月再办。③ 此间，仲巴呼图克图等负责继续修整完善该寺，至八月修葺完毕。驻藏帮办大臣庆麟将御赐班禅呼毕勒罕物件暂行保存，俟乔迁之日临近亲自赍往后藏当众赏赐。

九月初四日，庆麟先行抵达巴囊吉雄地方，次日会见呼毕勒罕，呈以御赐哈达等赏物。呼毕勒罕在父母帮助下立地祈领，面带喜悦。当日，呼毕勒罕之母抱其坐轿起程，庆麟随行照料，初九日抵达噶勒丹勒锡曲灵。呼毕勒罕受赏及与众人交流情形如下：

> 奴才将御赐物件当众逐件转赏，呼毕勒罕一一抚摸，欣然祗领。观呼毕勒罕之情形，甚是俊秀端庄。是日，后藏人多聚集，凡来谒之人，均予摩顶

---

① 《仲巴呼图克图奏谢赏六世班禅额尔德尼呼毕勒罕物品之恩并请暂住塔尔巴寺书》，乾隆四十八年四月，军机处满文录副奏折，档号03—0190—2962—023.1。

② 《博清额奏报前往后藏巴囊吉雄会见六世班禅转世灵童情形折》，乾隆四十八年四月六日，军机处满文录副奏折，档号03—0190—2959—036。

③ 《博清额奏报改定七世班禅额尔德尼坐床日期折》，乾隆四十九年正月九日，军机处满文录副奏折，档号03—0190—2992—021。

施福，尚无畏惧之状。次日，呼毕勒罕筵请用餐，呼毕勒罕从稀粥中挑出延寿果，给奴才一颗，奴才接受后，彼又取一颗给噶布伦丹津班珠尔，继而又给其父母、仲巴呼图克图、绥绷堪布等各一颗，均系呼毕勒罕亲手挑取给付，他人取则不给，委实殊异于其他幼童。

仲巴呼图克图等见此情形，跪地告称：

> 我等呼毕勒罕之前世，仰承文殊菩萨圣主之恩，至优极渥，不胜尽数，圆寂后复蒙特派大臣送至扎什伦布，供奉于塔。兹呼毕勒罕转世后，又蒙圣主恩赏各样奇珍，派大臣赍至，诚属如天地之隆恩，小僧等委实感激不尽。身为喇嘛之人，无以还报，唯有顶戴文殊菩萨大圣皇帝之恩，率众呼巴喇克等，虔诚诵经祷祝大皇帝金莲座万万年牢固。①

此后，博清额又赴扎什伦布寺叩谒六世班禅金塔，悬挂哈达，十五日起程返回，二十三日抵达前藏。班禅呼毕勒罕叩谢天恩，呈进哈达，珊瑚素珠、琥珀素珠各一串，扎什俐玛佛一尊。仲巴呼图克图、绥绷堪布叩谢天恩，呈进哈达各一方。次日，仲巴呼图克图、绥绷堪布遣使者罗卜藏丹巴给乾隆帝请安，乾隆帝又赏予玉如意等各项珍奇之宝。仲巴呼图克图、绥绷堪布又备办呼毕勒罕叩谢天恩奏书、呈进吉祥哈达一方、俐玛佛二尊，亦各自叩谢天恩呈进吉祥哈达各一方、俐玛佛各一尊。②

---

① 《驻藏帮办大臣庆麟奏报护送六世班禅呼毕勒罕至噶勒丹勒锡曲灵寺折》，乾隆四十八年九月二十六日，索文清、郭美兰主编：《清宫珍藏历世班禅额尔德尼档案荟萃》，第230页。

② 《博清额奏报庆麟前往后藏参加六世班禅额尔德尼呼毕勒罕移居仪式折》，乾隆四十八年九月十三日，军机处满文录副奏折，档号03—0190—2975—018；《博清额奏报改定七世班禅额尔德尼坐床日期折》，乾隆四十九年正月九日，军机处满文录副奏折，档号03—0190—2992—021；《博清额奏报仲巴呼图克图代六世班禅额尔德尼呼毕勒罕谢赏物品之恩并贡哈达等事物折》，乾隆四十八年十一月十四日，军机处满文录副奏折，档号03—0190—2983—033；《驻藏帮办大臣庆麟奏报护送六世班禅呼毕勒罕至噶勒丹勒锡曲灵寺折》，乾隆四十八年九月二十六日，索文清、郭美兰主编：《清宫珍藏历世班禅额尔德尼档案荟萃》，第230页。

（三）六世班禅呼毕勒罕（七世班禅）坐床

坐床典礼是藏传佛教特有的隆重仪式。呼毕勒罕经寻访、认定等程序，由父母、喇嘛进行初步培养，待到一定的年龄后迎迓至主寺举行坐床典礼。坐床完毕后，呼毕勒罕开始以前世活佛地位公开与各界往来。① 一般情况下，举办班禅呼毕勒罕坐床典礼时，驻藏大臣、达赖喇嘛、噶厦官员、三大寺代表、各大活佛等都会参加。六世班禅呼毕勒罕经坐床后，正式继立为七世班禅。

依例，前世班禅于六月初四日被迎请入扎什伦布寺坐床，亦应于龙年六月初四日迎请其呼毕勒罕坐床。乾隆四十八年十月二十一日，寄谕博清额、诺门罕阿旺楚臣于次年六月迎请班禅呼毕勒罕入扎什伦布寺，届时钦派乾清门侍卫伊鲁勒图、果莽呼图克图等择吉时赏赐达赖喇嘛喜庆玉宝、玉册，继而赴后藏迎请班禅呼毕勒罕入扎什伦布寺。② 显然，乾隆帝意在提醒并敦促达赖喇嘛尽到教导七世班禅之职责，敷演黄教，广济仁慈。

由于自巴囊吉雄迎请呼毕勒罕至噶勒丹勒锡曲灵寺时间由原定乾隆四十八年六月改为九月，仲巴呼图克图等疑虑是否仍应按原计划于四十九年六月迎请呼毕勒罕入扎什伦布寺，故向达赖喇嘛、拉穆吹忠求取咙单。得知六月迎请对于呼毕勒罕委实无益，八月十三日适逢乾隆帝万寿，甚为祥瑞。照此，仲巴呼图克图、绥绷堪布即暂改定于龙年八月十三日，迎请呼毕勒罕入扎什伦布寺坐床。仲巴呼图克图等为跪谢天恩呈上奏书，呈进哈达一方、扎什俐玛佛二尊，均装匣漆封请驻藏大臣代为转奏乾隆帝，并强调呼毕勒罕坐床事关重大，"不便自作主张，是

---

① 蔡志纯、黄颢编著：《活佛转世》，北京：华文出版社，2000年，第77—78页。
② 《寄谕博清额等著颁封八世达赖喇嘛玉宝玉册等物事》，乾隆四十八年十月二十一日，军机处满文录副奏折，档号03—0190—2980—011。按，关于此次赏给达赖喇嘛"玉宝、玉册"，乾隆皇帝在寄谕中特别说明，"前世班禅额尔德尼来京朝觐朕，朕宠爱有加，降旨恩赏玉宝、玉册予扎什伦布寺，著万万年供奉。兹思忖，达赖喇嘛世世代代敷演黄教，亦应赏赐大喇嘛玉宝、玉册……先前所赉金印、金册是为达赖喇嘛世系更替赏赐之物。此玉宝、玉册是万年永久供奉于布达拉宫之恩赏物件。若遇国之大庆典礼，则本章上著此玉宝钤印。平素各类本章、行文仍著按旧例行事。是故，尊崇黄教，造福众生，广济仁慈于藏地，彼处僧俗人众万万年永久安享福瑞"。

故疾速赶至京城，估量一日五百里限期送至，连同匣子一并谨具奏闻"。①

四十九年正月十日，上谕对改定坐床日期一事表示同意和赞赏：

> 前拟本年六月初四日，仲巴呼图克图等迎请班禅额尔德尼之呼毕勒罕入寺，朕方欲遣员赍送赏贺物件。适据博清额等奏，仲巴呼图克图、绥绷堪布等称，据达赖喇嘛、拉穆吹忠选得八月十三系上吉之日，奏请改期迎请。等语。深惬朕怀。班禅额尔德尼前世广敷黄教，诚切皈依，又感激朕恩，寻即转世。既据达赖喇嘛检查，应于八月十三迎请入寺，是日值朕寿辰，允称祥瑞。除令赍送赏件侍卫改期起程外，此旨著交达赖喇嘛阅看，并传谕仲巴呼图克图、绥绷堪布知之。②

博清额等携圣旨先赴布达拉宫颁布晓谕达赖喇嘛。达赖喇嘛感激乾隆帝恩泽优渥，不但钦派乾清门侍卫果莽呼图克图等探视，又为改定坐床日期之事喜降金旨。随后，由驻藏大臣等遣员外郎乌明阿、达赖喇嘛遣堪布罗卜藏丹达尔于二月二十二日自藏起程，携圣旨至后藏。三月初二日，此二人抵呼毕勒罕所居噶勒丹勒锡曲灵寺，于寺中登高传谕呼毕勒罕等钦定坐床日期事宜，呼毕勒罕、仲巴呼图克图、绥绷堪布等欣然接旨，并呈进哈达三方、扎什俐玛长寿佛一尊。③

由于呼毕勒罕坐床日期改定，乾隆帝在四十九年三月初三日的上谕中再次明确了乾清门侍卫伊鲁勒图及果莽呼图克图二人赴藏应办事宜：赏达赖喇嘛喜庆玉册、玉宝，并赐如意、珊瑚佛珠、各样匹缎、玻璃瓷器等物，俱交伊鲁勒图等带往，偕同博清额、庆麟、诺门罕阿旺楚臣赍送，由阿旺楚臣向达赖喇嘛宣谕册文并颁赏物；赏班禅呼毕勒罕诸项物品，派伊鲁勒图及果莽呼图克图赍送，尔后博清额即会同伊鲁勒图、果莽呼图克图携带赏物赴扎什伦布寺，同仲巴呼图克图、绥绷堪布迎请班禅呼毕勒罕入寺，陈赏物于呼毕勒罕前赏赐。皇帝叮嘱博清额等

---

① 《博清额奏报改定七世班禅额尔德尼坐床日期折》，乾隆四十九年正月九日，军机处满文录副奏折，档号 03—0190—2992—021。

② 《高宗实录》卷 1196，乾隆四十九年正月丁酉，《清实录》第 24 册，第 5—6 页。

③ 《博清额奏代八世达赖喇嘛等谢钦定六世班禅额尔德尼呼毕勒罕坐床日期之恩折》，乾隆四十九年四月初一日，军机处满文录副奏折，档号 03—0190—3005—040。

在行呼毕勒罕入寺礼之时，须将呼毕勒罕性情举止详察密奏。博清额、庆麟奉旨将玉册、玉宝等物一同赏予达赖喇嘛等。谕仲巴呼图克图、绥绷堪布善加侍奉呼毕勒罕，诚谨勤敏，教习经典，助其康健长成，益加衍兴黄教。

共同赴扎什伦布寺照料班禅呼毕勒罕坐床之僧俗官员极众，所需乌拉颇多，分别行动方能周转。博清额、庆麟、伊鲁勒图、果莽呼图克图会同达赖喇嘛、诺门罕阿旺楚臣等就何时起身、如何行走等事提前商议。① 相比乾隆帝在上谕中的安排，各僧俗官员依据实际情况微调。七月二十九日，博清额、伊鲁勒图偕同果莽呼图克图率部员等，由前藏起程至巴纳宗岔道口处分为两路。一路由伊鲁勒图、果莽呼图克图先赴扎什伦布寺备置赏物，等候博清额；另一路由博清额携轿夫等前往噶勒丹勒锡曲灵，八月初九日抵达即迎请呼毕勒罕起程赴扎什伦布寺。两路人众于扎什伦布寺会齐，共同照料坐床。

达赖喇嘛、诺门罕阿旺楚臣等于八月初九日自布达拉宫起行，十二日至阿穆呼郎图塔拉地方，十三日率百余名大喇嘛唪诵皇上万寿经，预计八月二十一日抵达扎什伦布寺，为班禅呼毕勒罕批注塔迁爱满等经。② 博清额对护送达赖喇嘛也作了细致安排：

> 查得先前达赖喇嘛去往各处，由驻藏二臣内派一员随行。此次奴才博清额先往迎接呼毕勒罕，奴才庆麟驻藏办事，达赖喇嘛前往后藏，路途无人照料。奴才等共同商议，诺门罕随行照料达赖喇嘛，又有噶伦丹津班珠尔前往照管，此数驿尚不需照料之人，然若不派数名官兵随行，则番众看之不威武……在此修学赏有笔帖式衔四人内巴扬阿，人尚质朴，又通唐古特语，遣彼及委官一员、兵九名，随侍达赖喇嘛。候至后藏，既有奴才博清额在彼，相应由奴才博清额留彼照料达赖喇嘛即可。班禅额尔德尼坐床事毕，达赖喇

① 《博清额等奏拟分起前往后藏照料七世班禅坐床事宜折》，乾隆四十九年九月初二日朱批，张羽新编著：《清朝治藏典章研究》中册，第566—567页。
② 六世班禅呼毕勒罕的坐床日期是八月十三日，而达赖喇嘛抵达扎什伦布寺的时间为八月二十一日，可见此次坐床典礼，达赖喇嘛并未参加。

嘛返还时，奴才博清额送入哲蚌寺，再行回藏。①

博清额在与达赖喇嘛的交往过程中注重从大局出发，亦不失谨慎细心。即便达赖喇嘛此行既有诺门罕阿旺楚臣随行照料，又有噶伦丹津班珠尔前往照管，仍觉"若不派数名官兵随行，则番众看之不威武"，遂遣有笔帖式衔一行人随侍达赖喇嘛至后藏壮大排场，以示隆恩浩荡，抵达后又亲自照料。达赖喇嘛返回布达拉宫前需赴哲蚌寺给众呼巴喇克等批注多种经典，博清额又计划将其送至哲蚌寺后方返藏办事。

七月二十九日，博清额率员外郎扎隆阿等依原定计划至巴纳宗岔道口下榻。仲巴呼图克图往迎，恭请圣安后仍返噶勒丹勒锡曲灵照料呼毕勒罕。八月初九日，由于分路而行，伊鲁勒图、果莽呼图克图前往扎什伦布寺时，绥绷堪布亦出迎数十里，恭请乾隆帝万安，随至扎什伦布寺，分别照料安顿后，仍返噶勒丹勒锡曲灵。当日，博清额等亦至噶勒丹勒锡曲灵，仲巴呼图克图、绥绷堪布往迎。按理，博清额本应在行抵噶勒丹勒锡曲灵当日会见呼毕勒罕，但恐仲巴呼图克图、绥绷堪布等疑心其特意查探，故决定翌日早晨再会呼毕勒罕。仲巴呼图克图、绥绷堪布等"极为欣喜"，称"此乃大臣款待呼毕勒罕之诚意"，"照饬俟明晨呼毕勒罕起身着装毕，送信给大臣"。②

初十日晨，仲巴呼图克图、绥绷堪布等派人请博清额会见呼毕勒罕，博清额细察呼毕勒罕情形后，坚信确为六世班禅之转世无疑，遂"每见呼毕勒罕极为尽心敬重"。仲巴呼图克图、绥绷堪布轮换照料呼毕勒罕期间，经留心观察亦发现，呼毕勒罕之举止、饮食习惯、步履等均似前世班禅，确系呼毕勒罕正身，无可置疑。

十一日，呼毕勒罕母亲抱其乘轿缓行前往扎什伦布寺，在葱堆安歇一宿。本十二日尽可入居扎什伦布寺，唯仲巴呼图克图建议应严格按照既定之十三日入寺，甚属吉祥。如此，呼毕勒罕在前世班禅之旧花园歇息一宿。博清额先至扎什

① 《博清额等奏拟分起前往后藏照料七世班禅坐床事宜折》，乾隆四十九年九月初二日，张羽新编著：《清朝治藏典章研究》中册，第 566 页。
② 《博清额等奏报于扎什伦布照料七世班禅坐床情形折》，乾隆四十九年九月三十日，张羽新编著：《清朝治藏典章研究》中册，第 568 页。按，此处"送信"乃派人告知之意。

伦布寺，与伊鲁勒图、果莽呼图克图会齐，整理御赐长寿佛像、法衣、铃杵、如意、佛珠、各样匹缎、玉器、瓷器、玻璃器、龙锦坐席等物件，告知绥绷堪布供圣像于都罡殿中央。

十三日，伊鲁勒图、果莽呼图克图在扎什伦布寺内等候呼毕勒罕。博清额尽早前往，叩谒乾隆帝像，尔后返回旧花园迎请呼毕勒罕入扎什伦布寺坐床。当日，呼毕勒罕父母、众僧俗官员、前后藏信众等皆聚于都罡殿内，共同见证庄严时刻：

> 呼毕勒罕稍事歇息进茶后，即至床前，悦容满面，立地伸手祗领御赐衣服、各种器物，其母抱彼坐床后，奴才等各呈曼达、经、佛、塔，彼皆尽数手抚收领。庆麟亦派人呈曼达、经、佛、塔等物，呼毕勒罕亦手抚收领。达赖喇嘛、诺门罕亦派人呈曼达、佛、塔等物，继之各寺大喇嘛、噶伦、东科尔等相继叩呈曼达等物，呼毕勒罕皆以手摩顶。时殿内人众济济，而呼毕勒罕全无厌惧之色。是日天气晴和，前后藏众人皆言无不欢悦。①

八月二十日，达赖喇嘛、诺门罕阿旺楚臣即将抵达扎什伦布寺，暂于后花园休憩，博清额闻后立即赴后花园迎接达赖喇嘛，后即返回扎什伦布寺照护七世班禅，等候达赖喇嘛到来。二十一日，七世班禅坐床后听闻达赖喇嘛前来之奏乐声，不时朝外张望，唤其父询问达赖喇嘛为何不至，令其父前去催促。达赖喇嘛临近都罡殿时，七世班禅穿戴御赐衣帽等物立即出门迎接，向达赖喇嘛问安后请入殿内。七世班禅立达赖喇嘛床下，近前叩拜三次，脱帽至达赖喇嘛前，相互碰头一次，各自入座。七世班禅转向达赖喇嘛而坐，面露笑意。尔后，僧俗人众皆叩首，进呈哈达，七世班禅以手依次摩顶。

达赖喇嘛、诺门罕阿旺楚臣见七世班禅举止庄重，极为欣喜。当日，达赖喇嘛为七世班禅剃度、批注塔迁爱满等经，七世班禅在都罡殿宴请众人一次。二十三日，达赖喇嘛以七世班禅喜庆之礼又盛宴一次，赠七世班禅曼扎、银两、各样

---

① 《博清额等奏报于扎什伦布照料七世班禅坐床情形折》，乾隆四十九年九月三十日，张羽新编著：《清朝治藏典章研究》中册，第570页。

绸缎、茶叶等。九月初七日，七世班禅从八世达赖受近事戒，取法名为"罗桑巴丹旦贝尼玛雪列南杰贝桑布"。① 自此，八世达赖喇嘛和七世班禅额尔德尼正式确立了新一轮的师徒关系，共同维护西藏政教的稳定局面。②

二十四日，仲巴呼图克图闻乾清门侍卫伊鲁勒图、果莽呼图克图欲离藏返京，遂延请二人至扎什伦布寺，参与七世班禅告别礼筵宴。伊鲁勒图、果莽呼图克图起程前，达赖喇嘛叩谢天恩，谨备奏书、哈达、古佛、珊瑚数珠、琥珀数珠、盛有红花匣5个、藏香5包、氆氇10包；额尔德尼诺门罕阿旺楚臣叩谢天恩，恭备装有奏书、哈达、佛尊等物匣2个、藏香2包、氆氇4包，赍呈伊鲁勒图等抵京后代奏恭进。仲巴呼图克图、绥绷堪布等代七世班禅叩谢天恩，谨备装有奏书、哈达、佛尊、珊瑚数珠1串、琥珀数珠1串之匣1个、藏香2包；仲巴呼图克图、绥绷堪布叩谢天恩，谨备装有奏书、哈达3方、玛佛2尊之匣1个、藏香1包、氆氇2包，亦赍呈伊鲁勒图等代为恭进。③ 二十九日，伊鲁勒图、果莽呼图克图恭折驰奏后即赴前藏，将僧俗人众所呈之物品各自贴签加固，携至京城。至此，六世班禅圆寂善后事务性工作完成。

四、清政府处理六世班禅圆寂善后事宜之影响

六世班禅率僧俗约3000人，自扎什伦布寺起程，前往热河为乾隆帝贺寿。对清政府而言，无疑具有较大政治意义。因此，乾隆帝特旨修建须弥福寿之寺以迎之。班禅抵达热河，与乾隆帝一见如故，论法甚笃。此后班禅至京，弘扬佛法，赐福庶众，一时轰动内外。乾隆帝评价班禅此行，乃"以海宇清宴，民物熙和，乐观华夏之振兴黄教。而蒙古诸藩一闻是事，无不欣喜顶戴，倾心执役。内地人民亦延领企踵，奔走皈依。以为国家吉祥善事，于震旦国土宣扬宗乘，成就

---

① 马连龙：《七世班禅罗桑巴丹旦贝尼玛年谱》，《西藏研究》1989年第4期，第145页。按，该年谱中记载时间为藏历木龙年九月初七日，经与档案对照，当月藏历日期和农历日期相同，亦为乾隆四十九年九月初七日。

② 柳森：《六世班禅额尔德尼研究》，第168页。

③ 《伊鲁勒图等奏报七世班禅坐床事毕达赖喇嘛等谢恩情形折》，乾隆四十九年九月三十日，张羽新编著：《清朝治藏典章研究》中册，第571页。

无量功德者焉"，① 足见其影响之大。

孰料六世班禅在京染痘，骤然圆寂，很容易引起蒙藏信众猜忌，造成不良影响，故处理班禅圆寂善后事宜，成为当时要务。这注定六世班禅丧仪，有别于其他藏传佛教高僧大德。清代藏传佛教高僧大德圆寂，丧仪基本为讽经超度、做古里穆法会、寻访认定灵童、坐床完成转世等。六世班禅圆寂后，清政府迅速议定其丧仪。其后处理善后事宜，事无巨细，均由乾隆帝钦定。所有程序皆严格依照藏传佛教仪轨，在京举行隆重丧仪，百日唪经结束后，乾隆帝钦差尚书博清额等护送灵榇安全抵藏，主导完成呼毕勒罕的寻访、认定和坐床等事宜。在清朝君臣共同努力、满藏蒙汉等族人民通力协作下，完满处理六世班禅圆寂善后之事，乃清朝"阐扬黄教"政策之具体实践，体现出清朝政治、经济、文化等方面的综合实力，对加强各民族团结、维护国家稳定等方面均有重要影响。

为纪念六世班禅的历史功绩，清中央政府在北京、热河等地陈列佛物法器、书画造像等，以示缅怀，反映出清朝对西藏杰出佛教大师的敬重以及对藏传佛教文化、艺术的推崇，这也属于善后事宜之一。这些举措共同构成了六世班禅圆寂善后事宜的全部内容，是清中央政府在维护蒙藏地区政治稳定、维持班禅世系正常延续、应对复杂多变国际局势、促进民族情感交会融合等方面的成功实践。

乾隆帝在北京、热河等地为六世班禅供奉的纪念物基本上分为两类：一是班禅朝觐期间进献的部分贡品、留下的物件，在班禅圆寂后被当作特殊纪念供奉于曾经驻锡之地；二是乾隆帝在班禅圆寂后特别定制的纪念品，这些物品安供于北京、热河的各大庙宇、宫殿。这些纪念品有一部分辗转迁移，目前已不易辨别，但仍有一部分至今保存完好。清中央政府还为六世班禅建造塔院、修设影堂，专门供奉画像、造像以及各类遗物，使六世班禅迄今影响较大。这些建筑、画像、造像等，经历了晚清、民国各时期的洗礼，历久弥新，至今仍是联结各民族团结友好的纽带。

六世班禅圆寂善后事宜是在金瓶掣签制度建立之前，清中央政府和西藏地方处理高级喇嘛在京圆寂事件的典范，具有重大的历史意义。

第一，维护蒙藏地区政治稳定。乾隆帝迎接六世班禅至热河、北京祝寿弘

---

① 参见《御制清净化城塔记》，北京西黄寺藏。

法，是为效法清世祖迎请五世达赖之例，借此"兴黄教以安众蒙古"，同时提高六世班禅的政治地位，使班禅政教系统倾心内向，维护国家统一和稳定。

面对六世班禅的骤然圆寂，乾隆帝依据实际情况采用不同方式讣告多地，并附加重重保险，尽力排除不稳定因素。按藏传佛教高级喇嘛圆寂塔葬仪轨，首次探索并顺利完成塔葬，充分显示了乾隆帝对于六世班禅的敬仰和尊崇。同时辅以大规模赏赐各类物品，封赐仲巴呼图克图、绥绷堪布、班禅师傅喇嘛名号，并加以广泛宣传，不仅达到了防微杜渐的目的，还在此过程中赢得了人心，维护了蒙藏地区的稳定。

六世班禅在京圆寂百日嗪经期满，由乾隆帝亲自遴选博清额、留保住、伊鲁勒图等护送灵榇返藏。其间历经杜尔仲刺伤张希、"循化撒拉回乱"、变更中转驻地、革职诺木欢等诸多事件，克服重重困难，历时 7 月余，行程 8000 余里，于乾隆四十六年八月二十一日，终使班禅灵榇安抵扎什伦布寺，这更增强了蒙藏地区僧俗各界对清政府的信任和拥护。

第二，顺利完成班禅世系延续。随着乾隆朝驻藏大臣权力的不断扩大，有关呼毕勒罕寻访、认定和坐床的大小事务逐渐由驻藏大臣主导，达赖喇嘛（或班禅额尔德尼）或噶厦地方政府（或班禅堪布会议厅）主持，共同商定。此次处理六世班禅呼毕勒罕问题虽发生在金瓶掣签制度建立前，但经各方协调办理，最终顺利寻得呼毕勒罕，使班禅世系得以顺利延续，为六世班禅圆寂善后事宜画上了圆满句号，并使班禅系统在西藏的社会地位和影响力得到进一步提高。在清中央政府和西藏地方的互动中，双方均自觉、主动维护业已建立起来的良好统属关系，西藏的政教格局达到了一种相对平稳的状态。

另外，清朝对六世班禅前来朝觐的赏赐，以及圆寂后的各类赙赠，均随灵榇一同运至扎什伦布寺，成为班禅活佛系统的重要财富。但因之引起财富之争，乃至最终爆发廓尔喀之乱，非乾隆帝所能预料。而乾隆帝从中发现藏传佛教活佛转世之弊端，制定了金瓶掣签制度，对藏传佛教发展以及蒙藏地区之稳定均有重要作用。

第三，积极应对复杂多变的国际局势。乾隆三十九年，英国继侵略印度后染指不丹。英属印度总督沃伦·哈斯汀斯计划以西藏为跳板侵略中国，故千方百计诱惑六世班禅，欲取得其支持。六世班禅始终以维护国家统一为己任，毅然拒绝了东印度公司提出的无理要求。在此国际背景下，六世班禅圆寂北京，极易被英国侵略者演绎成"阴谋论"，挑起西藏地方政府和清政府矛盾，坐收渔翁之利。

清政府面对班禅圆寂的突发状况在善后处理过程中作出恰当的解释和处理，最大程度排除了各种不利因素，对试图破坏国家统一、民族团结的阴谋分子给予了有力回击，为稳定国内政局作出重要贡献。

第四，促进各民族情感交融。满、蒙、汉、藏官员人等共同完成了六世班禅圆寂善后事宜，乾隆帝所降多道上谕，满、汉官员的共同努力，蒙古王公竭力资助护送及青海番众多备乌拉等，均感动了班禅之庶众，加强了各民族之间的情感交融。钦差护送大臣、西宁办事大臣、驻藏办事大臣与达赖喇嘛、西藏摄政、扎什伦布寺堪布等默契配合，充分显示出清代统一多民族国家的力量和各民族的团结协作。尽管善后事宜耗费了大量人力物力，但对清朝推行兴黄教以安蒙藏之政策有重要影响。可以说，清朝圆满处理六世班禅圆寂善后事宜，是清政府处理边疆民族、宗教问题的典范，对维护边疆稳定、巩固国家统一、加强民族团结均有重要历史意义。

〔作者赵令志，中央民族大学历史文化学院教授；马坤，北京市海淀区党史地方志办公室主任科员。北京　100081〕

（责任编辑：黄　娟）

中、英、印围绕鸦片税厘征收之博弈
（1876—1885）*

王宏斌

摘　要： 从 1876 年 9 月中英两国草签《烟台条约》，将"洋药税厘并征"提上议事日程，到 1885 年 7 月《续增专条》签订，中国和英国、印度围绕鸦片贸易展开的外交谈判持续 10 年之久。清廷为增加财政收入，将厘金和关税一起征收作为谈判的基础；印度政府意在实现鸦片利润最大化，反对中国提高鸦片关税和厘金，主张继续实行鸦片专卖制度；英国政府则坚持鸦片贸易，试图通过各种手段转移国内外反对鸦片贸易的视线，并防止中国恢复鸦片输入禁令。外交谈判时断时续，鸦片贸易的巨大经济利益考验着谈判者的智慧和各国的道德底线。

关键词： 晚清　鸦片贸易　英国　关税　厘金

19 世纪七八十年代，有一场外交谈判持续 10 年之久，主要围绕如何征收由印度输入中国的鸦片关税和厘金展开，涉及中、英、印三国的巨大经济利益。

学界关于晚清鸦片关税和厘金的研究已取得一定成就，国内研究主要集中在三个方面：一是晚清如何征收鸦片关税和厘金；① 二是如何使用鸦片关税和厘金；②

---

* 本文系国家社科基金重大项目"国际禁毒史"（18ZDA215）阶段性成果。

① 代表性论述如王金香：《清末鸦片税收述论》，《山西师大学报》2000 年第 4 期；周育民：《清季鸦片厘金税率沿革述略》，《史林》2010 年第 2 期；马光：《晚清民初广东外国鸦片的进口与税收》，《国家航海》2014 年第 1 期；林满红：《晚清的鸦片税（1858—1906）》，《国家航海》2016 年第 3 期。

② 如刘增合：《鸦片税收与清末练兵经费》，《史学集刊》2004 年第 1 期；《鸦片税收与清末兴学新政》，《社会科学研究》2004 年第 1 期；《鸦片税收与清末警政改革》，《江苏社会科学》2004 年第 4 期。

三是赫德在"洋药税厘并征"方面发挥的作用。① 一些成果虽已涉及中英"洋药税厘并征"谈判，但多语焉不详。② 国外学者在研究英国外交史时也曾提及中英"洋药税厘并征"谈判，但通常将其置于宏观外交政策的调整上，未能触及此次谈判的复杂交锋过程。③ 即使是探讨鸦片问题的专著，也很少论及晚清中、英、印三国关于"洋药税厘并征"的谈判。④

档案文献的相继公开和出版，为探讨这一问题提供可能。《光绪朝东华录》《光绪朝朱批奏折》《清季外交史料》《晚清四部丛刊（总理衙门档案）》及参与谈判要员文集的出版，使相关中文档案已相对完整。就英文档案来说，有关1856—1885 年中英关系的英国外交部通信及其他文件（编号 17—228），现藏于伦敦档案局（Public Records Office, London）。⑤ 英国外交部蓝皮书数量巨大，陆续整理、出版了数十册，⑥ 其中 1840—1885 年中英鸦片贸易的档案由爱尔兰大学

---

① 如周志初：《鸦片贸易与 1887 年中葡条约》，《扬州大学学报》1999 年第 6 期；陈勇：《赫德与鸦片"税厘并征"》，《暨南学报》2006 年第 4 期。

② 睢萌萌：《英国议会文书中的威妥玛与清廷关于鸦片税厘的纷争》，《殷都学刊》2011 年第 2 期。

③ 如 N. A. 伯尔考维茨《中国通与英国外交部》第 3 编，分析了英国政府不批准《烟台条约》的原因，但未涉及中、英、印三国此后展开的 10 年谈判（江载华、陈衍译，北京：商务印书馆，1959 年，第 155—161 页）；又如季南《英国对华外交（1880—1885 年）》重点探讨了 1880—1885 年的中英外交问题，但也未涉及洋药税厘并征谈判（许步曾译，北京：商务印书馆，1984 年）。

④ 如 Joshua Rowntree《帝国毒品贸易》第 11 章中曾提及威妥玛与中国官员关于"洋药税厘并征"谈判的大致情况和结果，仅 200 余词，失之简略，难窥真相（*The Imperial Drug Trade*, Methuen & Co., London, 1906, p. 102）；又如马丁·布思在《鸦片史》第 8 章中只提及伦敦反对鸦片贸易活动（任华梨译，海口：海南出版社，1999 年，第 174—176 页）。

⑤ Foreign Office: Foreign Office Correspondence and Other Documents Relating to Anglo-Chinese Relations Covering the Period from 1856 to 1885, Filed under Series F. O. 17/ – and F. O. 228/ –, in Public Records Office, London.

⑥ 主要有：*Report of the Committee on Commercial Relations with China in 1847*; *Communications Concerning the Earl Ergin's Mission to China and Japan from 1857 to 1859*; *Communications on China's National Conditions in 1861*; *Opening up to Foreign Trade in 1861*; *Newsletter on the Yangtze River Basin*; *Proposal from Chambers of Commerce in China from 1867 to 1868 to the British Minister to China on the Amendment of the Tianjin Treaty*; *China in 1869*; *China in 1870*; *China in 1871*; *China in 1872*; *China in 1873*; *China in 1876*; *China in 1877*; *China in 1898*; *China in 1899*; *China in 1900*; etc.

出版社编入《英国议会文书·中国》第31卷，于1971年出版。[1] 1910—1941年的外交部鸦片贸易档案由伦敦一家学术资源公司整理，复印于1974年。本文拟以"洋药税厘并征"为中心，利用、对比已出版的中英文档案，探讨中、英、印三国博弈的完整过程，以揭示其实质问题。

一、"洋药税厘并征"问题之提出

1858年11月，中英签订《通商章程善后条约：海关税则》。此后，在朝廷文书中，外国鸦片正式易名为"洋药"，中国土产鸦片则称为"土药"。按规定每担洋药在海关交纳30两关税之后，可以进入内地。进入内地的洋药，在经过厘金局所时，需要交纳数额不等的厘金，才能到达消费市场。鸦片贸易合法化之后，外国鸦片贩子为牟取暴利，无视条约的限制性规定，继续从事走私贸易。例如，1882年，运入香港的外国鸦片共85565担，在中国通商口岸报关的却只有65709担，留在香港的尚有19856担。除本地消费和转口贸易的部分鸦片外，留在香港的鸦片绝大多数通过走私渠道进入各个口岸。

在鸦片贸易合法化之前，英国在华外交官不厌其烦地劝告参加谈判的清朝外交官，称鸦片贸易合法化可以防止鸦片走私，并提高关税收入。事实证明，鸦片贸易合法化并不能阻止鸦片走私，英国外交官的劝说完全是一派胡言。[2] 1861年，总税务司赫德（Robert Hart）提出，鸦片走私是鸦片税收和厘金过高造成的。为杜绝走私，就应当把鸦片关税和厘金降低到人们无须冒险走私、主动报关纳税的水平。为此，他提出两个整顿方案：一是对洋药征收一次重税，即每担洋药在通商港口征收60两白银，以后不再征收厘金；二是"划一办理"洋药厘金，即先按海关税则办理，每担洋药征收进口税30两，由中国官府不分南北划一征收一次厘金，此后无论运往何地都不再征收厘金。[3]

赫德之所以提出这两种整顿洋药税厘方案，既是为了增加中国关税，也是为

---

[1] *British Parliamentary Papers: China*, Vol. 31, Dublin: Irish University Press, 1971.

[2] 王宏斌：《从英国议会文件看英国外交官关于鸦片贸易合法化的密谋活动》，《世界历史》2010年第3期。

[3] 贾桢编：《筹办夷务始末·咸丰朝》卷79，北京：中华书局，1979年，第2934页。

了印度鸦片贸易顺利发展。因为，按照《通商章程善后条约：海关税则》规定，中国海关除应对每担洋药征收 30 两白银外，还要在洋商聚居区设立局所，加收数额不等的厘金。英国政府和英国鸦片商对此非常不满。他们认为，中国官员的行为影响了英印政府的利益。因此，英国驻华公使威妥玛（Thomas Francis Wade）提出抗议，声称中国对洋药征收厘金，导致"商民不便"。总理衙门大臣据理反驳说："洋药按百斤征税三十两，原系征之海口，征之洋商，今约内声明一经离口，即是中国货物，则此后进入内地之洋药，皆系征之华商，与洋人无涉。其征之华商者，听中国办理，须照内地逢关纳税，遇卡抽厘章程。"[1] 这一驳论无懈可击，威妥玛不便公开反对。

1875 年，英国驻华使馆翻译马嘉理（Augustus Raymond Margary）在云南被误杀，英国借此事对中国施压。1876 年 8 月至 9 月，直隶总督兼北洋大臣李鸿章作为全权代表与威妥玛就英国提出的种种要求进行谈判。借此机会，赫德重提"洋药税厘并征"，并代表总理衙门起草了一份致各国公使的照会。照会大意为，大量鸦片走私使中国的税收和厘金大大减少；负责征收洋药厘金的官员在洋商周围设立局所，出现许多滋扰事件。为制止鸦片走私及其产生的混乱，中国政府准备在通商口岸实行"洋药税厘并征"方案。[2]

李鸿章接到上述总理衙门的照会后，作了一些修改，即发交英国公使。中英双方代表在会谈时，威妥玛表示接受中国"洋药税厘并征"原则，但在税率问题上，双方存在较大分歧。据李鸿章记录："七月二十一、二等日会议时，鸿章先欲加百廿两，威使不允，嗣减为南洋八十两，北洋五十两，该使犹不允。彼固深知南省各口药厘原只每箱五、六、七十两不等，北口药厘原只每箱三、四十两不等也。"[3]

1876 年 9 月 13 日草签的《烟台条约》第 3 款有："洋药一宗，威大臣议请本

[1] 李圭：《鸦片事略》卷下，中国历史研究社编：《中国内乱外祸历史丛书》，上海：神州国光社，1946 年，第 232 页。

[2] 李鸿章：《酌改赫总税司代拟给各国照会洋药底稿附》，吴汝纶编：《李文忠公（鸿章）全集》译署函稿卷 6，沈云龙主编：《近代中国史料丛刊续编》第 79 辑，台北：文海出版社，1980 年，第 3006 页。

[3] 李鸿章：《议洋药厘税并征》，光绪二年十二月十九日，吴汝纶编：《李文忠公（鸿章）全集》译署函稿卷 6，沈云龙主编：《近代中国史料丛刊续编》第 79 辑，第 3005 页。

国，准为另定办法，与他项洋货有别。令英商于贩运洋药入口时，由新关派人稽查，封存栈房或趸船，俟售卖时洋商照例完税；并令买客一并在新关输纳厘税，以免偷漏。其应抽收厘税若干，由各省察勘情形酌办。"① 由此可见，双方只是达成了"洋药税厘并征"原则性协议。

《烟台条约》草签后，凡有利于英方的条款陆续得到实施，如立即开放了湖北宜昌、安徽芜湖、浙江温州、广东北海 4 个驻扎领事的口岸和安徽之大通、安庆，江西之湖口，湖广之武穴、睦溪口、沙市等 6 个停靠外国船只的港口。唯独有利于当时清政府增加财政收入的"洋药税厘并征"久久不能实施。曾有学者指出："印督中于商人之言，英廷复中印督之言，且烟台条款有益于彼者，已尽行之，此事遂置不理。其谓久议不决，特饰词也。"② 实际上在"遂置不理"背后，隐藏着极其复杂的外交博弈。

《烟台条约》草签后，威妥玛以为该条约如同 1860 年 10 月 24 日中英在北京签署的《续增条约》一样，无需英国女王批准就可生效。③ 然而，他判断有误。当他兴冲冲地回到伦敦后，收到外交大臣德比伯爵（Earl of Derby）的通知，要求他起草一份关于《烟台条约》谈判内容的报告。报告共分 3 个部分：第一部分关于云南马嘉理事件，第二部分关于官方交往和司法行政问题，第三部分关于厘金与商务问题。

英国政府之所以没有批准《烟台条约》，主要是厘金与商务问题，尤其是鸦片问题，在议会内外受到广泛质疑。上海成立的外商协会于 1877 年 6 月 15 日寄给伦敦协会一封信，表达了他们反对承认《烟台条约》的理由。在他们看来，厘

---

① 王铁崖编：《中外旧约章汇编》，北京：三联书店，1957 年，第 1 册，第 349 页；李鸿章：《谨将与英国使臣威妥玛会议改定画押互换条款照录恭呈御览事》，光绪二年七月，《晚清四部丛刊》第 9 编，台北：文听阁图书有限公司，2013 年，第 44 册，第 57 页。

② 李圭：《鸦片事略》卷下，中国历史研究社编：《中国内乱外祸历史丛书》，第 236 页。

③ "在《烟台条约》上签字时，我本人没有意识到这个条约必须由女王陛下正式批准。因为 1860 年殿下同额尔金（Elgin，1811 – 1863——引者注）签署的 9 个法律文件，女王从来就没有正式批准，但也照样执行了。"（Sir T. Wade to Prince of Kung, November 10, 1879, Correspondence Respecting the Agreement between the Ministers Plenipotentiary of the Governments of Great Britain and China Signed at Chefoo on September 13, 1876（1877），*British Parliamentary Papers: China*，Vol. 31，p. 395）

金本身是不合法的，对于洋货，不仅在租界内不应当征收，即便在租界外也不应当征收；对洋药实行"税厘并征"，等于增加了洋药贸易的负担，不利于洋药贸易。①

1874 年，"英东力除鸦片贸易协会"（The Anglo-Oriental Society for the Suppression of the Opium Trade）在伦敦成立，主席是沙夫茨伯里。② 该协会甫一成立即积极展开活动，如出版各种宣传品反对鸦片贸易，积极游说议员，进行请愿活动。兵部侍郎郭嵩焘到达伦敦后，目睹了英国反对鸦片贸易人士的活动，"西洋人士知鸦片烟为害之烈与中国受害之深也，相与设为公会，广劝禁止栽种贩卖。臣至伦敦，其地世爵夏弗斯伯里（即沙夫茨伯里——引者注）及议政院绅士马克斯求尔德及教士里格、丹拿、毕士等五十余人，相就论此，义形于色"。③

1881 年 6 月 16 日，英国印度事务部大臣哈汀顿（Hartington）在致印度总督的第 59 号电文中明确指出："不可否认，这个国家（中国——引者注）的舆论影响力相当大，强烈反对印度和中国之间的鸦片贸易，特别是反对印度政府与这种贸易的直接联系，并且越来越强烈地要求对其进行全面镇压。虽然在我看来，这场运动在很大程度上是建立在误解，甚至是偏见的基础上的，但是它的重要性，建立在那些支持它的人的能力、活动和高品质之上，不能也不应该被忽视；只要印度政府的地位不是完全无懈可击，它就会继续增长而不是减弱。"④

英国伦敦社会各界同时受到伦敦协会和反对鸦片贸易运动的影响，有的反对"洋药税厘并征"方案，有的反对中国政府对洋货继续征收厘金。"与鸦片贸易有关的商人自然受到反烟运动的影响，但他们有一个强大的同盟军，传媒支持他们和政府政策。每出版有 1000 字的反对鸦片的文字，报纸和刊物就会有 5000 字支

---

① Mr. Fraser to the Earl of Derby, Peking, June 15, 1877, F. O. 17/775, p. 237.

② 当时英东力除鸦片贸易协会主席沙夫茨伯里与英国外交大臣索尔兹伯里，均是贵族出身，英文原名均为 Salisbury，笔者曾怀疑为同一人，但缺乏直接文献证据，因此，在文中将二人译成不同的汉文名以示区别。此外，关于英东力除鸦片贸易协会，虽常被提及，却很少有人介绍其主席的生平情况。姑且存疑待考。

③ 《郭嵩焘奏稿》，杨坚补校，长沙：岳麓书社，1983 年，第 367 页。

④ Revenue Despatch to the Government of India, June 16, 1881, Correspondence with the Government of India Respecting the Negotiations with China on the Subject of Opium 1882, *British Parliamentary Papers: China*, Vol. 31, p. 412.

持鸦片贸易"。① 面对纷争，英国政府采取了沉默政策。"烟台条约没有正式交换批准，但让它默默地付诸实行，只有以下两项规定除外：就是关于帝国海关对于鸦片征收厘金，和规定外国租界为免征厘金区域的条款。"②

二、威妥玛的解释与印度政府撤回反对意见

英国政府之所以没有立即批准《烟台条约》，除在议会受到广泛质疑外，更主要的原因是遭到印度政府的强烈反对。印度政府公开反对"洋药税厘并征"的方案，而印度政府的背后是新老沙逊洋行。在鸦片商看来，实行"洋药税厘并征"，等于加征鸦片关税，"因为印度鸦片在到达各省区时，各省当局仍然会勒索厘金的"。③ 1878 年秋，威妥玛准备返回中国，时任英国外交大臣的索尔兹伯里责成他前往加尔各答，向印度政府解释《烟台条约》"洋药税厘并征"条款，因为"此条款曾被认为妨害了印度政府的鸦片税收"。④ 威妥玛在 1879 年 2 月离开加尔各答时，写给印度总督利顿勋爵（Lord Lytton）一个备忘录，叙述其在印度的活动情况和基本观点。

威妥玛在备忘录中承认，中国政府的合法鸦片税收应该受到条约的保护。例如，1858 年 11 月 8 日在上海签订的中英《通商章程善后条约：海关税则》第 5 款明确规定："洋药准其进口，议定每百斤纳税银叁十两。惟该商止准在口销卖，一经离口，即属中国货物；只准华商运入内地，外国商人不得护送。"⑤ 依照这一规定，鸦片有别于其他外国商品，只要离开通商口岸的货栈到了中国商人手中，中国各地官员就有权征收厘金。

基于上述条约规定，为防范中国鸦片商人逃避厘金，清朝在通商口岸和香港周围设立了局所，征收洋药厘金。然而各国外交官对此感到不胜其扰，认为"中

---

① 马丁·布思：《鸦片史》，第 174—175 页。

② N. A. 伯尔考维茨：《中国通与英国外交部》，第 160 页。

③ London Committee to the Shanghai Chamber Commerce, June 15, 1877, F. O. 17/776, pp. 31 – 35.

④ Sir T. Wade to the Viceroy of India, February 16, 1879, Correspondence Respecting the Agreement between the Ministers Plenipotentiary of the Governments of Great Britain and China Signed at Chefoo on September 13, 1876（1880）, *British Parliamentary Papers：China*, Vol. 31, p. 525.

⑤ 王铁崖编：《中外旧约章汇编》，第 1 册，第 117 页。

国政府控制鸦片税收的愿望是无可非议的。而站在我们的立场上，则希望消除这个烦人的防卫圈"，[1] 并建立限制厘金征收的免税区。建立免税区，需要得到中国政府的配合，而要得到中国政府的配合，就必须确保洋药厘金不受损失，只有实行"洋药税厘并征"制度，才能确保洋药厘金不受损失。这就是威妥玛赞成"洋药税厘并征"的原因所在。

按当时国际惯例，国际条约分为两类：一类是根据最高权力机关的命令缔结的协议，各当事方必须按照条约的规定，不得以任何借口违反，不得从事任何违反条约目的和宗旨的活动；另一类是越权缔结的协定，指未经最高权力机关授权，缔结条约行为的人作出的某种承诺协议。这时的《烟台条约》显然属于越权缔结的协定。对于越权缔结的协定有两种处理办法：一是针对绝对越权条约，即宣布无效；二是对相对越权，即条约的部分内容未得到最高权力机关的授权，如果协定的签署人声称他们有权以国家的名义履行协定，他们就应当承担为自己的欺诈行为造成的损失恢复原状的义务。如果他们并非故意欺诈，则他们的义务是尽力使协定得到批准。[2]

通过中英《烟台条约》，英国政府不仅迫使清廷派遣使臣前往英国，对滇案表示"惋惜"，而且实现了在长江沿岸地区进一步扩大通商特权的愿望，还得到了进入中国西南地区的权利。

威妥玛为此向印度政府解释说，"我并不认为《烟台条约》必须生效，但是我请求我国在我报告滇案解决之前，能批准这个文件。清廷已发表了和我方协商相符的声明，我对此表示很满意。因为，这一声明已经满足了我的一切要求，并且要求我们也批准《烟台条约》"。[3]

---

[1] Sir T. Wade to the Viceroy of India, February 16, 1879, Correspondence Respecting the Agreement between the Ministers Plenipotentiary of the Governments of Great Britain and China Signed at Chefoo on September 13, 1876 (1880), *British Parliamentary Papers: China*, Vol. 31, p. 528.

[2] 格劳秀斯：《战争与和平法》第 2 卷，马呈元、谭睿译，北京：中国政法大学出版社，2016 年，第 293 页。

[3] Sir T. Wade to the Viceroy of India, February 16, 1879, Correspondence Respecting the Agreement between the Ministers Plenipotentiary of the Governments of Great Britain and China Signed at Chefoo on September 13, 1876 (1880), *British Parliamentary Papers: China*, Vol. 31, p. 528.

而印度政府最担心的是，随着洋药税厘并征方案的实施，洋药销量就会下降，印度的财政收入就会受到影响。威妥玛认为这种担心完全是多余的。

第一，中国人吸食鸦片已经很普遍，云南、四川、甘肃和山西已广泛种植罂粟，生产大量鸦片，洋药在这些地区的销量并不多。还有许多省区虽禁止种植罂粟，但有人阳奉阴违，不过产量毕竟有限，难以满足吸食者的需求。中国政府之所以不鼓励农民大量种植罂粟，一是吸食鸦片导致道德沦落，毁坏身体；二是种植罂粟影响粮食生产，导致饥荒。①

第二，质量低劣的本土鸦片，无法排挤质优的印度鸦片。"富有的人以吸食洋药为荣，看不起吸食土药的人。毫无疑问，洋药被看成是富贵人家的时尚。在北京的社交中，尤其是纨绔子弟通常用鸦片来招待客人，在他们看来，使用洋药才算有面子。"②

第三，实行"洋药税厘并征"，不是提高洋药输入中国的关税，而是将原来各地不规范的洋药厘金转变为统一的厘金，由税务司负责的海关征收而已。为此，威妥玛列举了各地新海关提供的厘金征收情况（详见表1）。在他看来，统一征收的洋药厘金只要不高于80两，就不会影响印度鸦片的输入。

为此，威妥玛劝告印度政府接受"洋药税厘并征"方案。他说，他不能不考虑英印政府的鸦片利益，但也不能回避中国政府的利益。尤其是在《烟台条约》草签后，中国政府已经按要求开放了4个通商口岸和6个开放港口，他不能直接撕毁这个协议，否则会使英国使馆陷入尴尬的境地。此外，各国公使也不会同意，因为这些新开的口岸和港口已经对各国开放。况且，这些口岸开放后，随着外国商品的进入，印度鸦片自然也会输入。他说："我认为签订协议，让出一定数量的鸦片税收，使中国政府得到稳定的厘金收入，借以保证印度鸦片贸易的顺利进行，对于我们是有利的。"

---

① Sir T. Wade to the Viceroy of India, February 16, 1879, Correspondence Respecting the Agreement between the Ministers Plenipotentiary of the Governments of Great Britain and China Signed at Chefoo on September 13, 1876 (1880), *British Parliamentary Papers: China*, Vol. 31, p. 529.

② Sir T. Wade to the Viceroy of India, February 16, 1879, Correspondence Respecting the Agreement between the Ministers Plenipotentiary of the Governments of Great Britain and China Signed at Chefoo on September 13, 1876 (1880), *British Parliamentary Papers: China*, Vol. 31, p. 530.

表1　1877 年中国各地洋药厘金征收标准一览　　　　单位：海关两

地点	征收的厘金	地点	征收的厘金
海南	23	上海	40
汕头	21.5	镇江	16
厦门	84.6	烟台	32
福州	84.6	天津	18
宁波	32	牛庄	18
温州	40	汉口	30

资料来源：Sir T. Wade to the Viceroy of India, February 16, 1879, Correspondence Respecting the Agreement between the Ministers Plenipotentiary of the Governments of Great Britain and China Signed at Chefoo on September 13, 1876（1880），*British Parliamentary Papers：China*, Vol. 31, p. 530.

无论是采取"洋药税厘并征"，还是继续像先前那样由中国各地官员任意征收洋药厘金，外国鸦片在中国都将被进一步征税，"我的建议将使我们免于长期以来不守信誉的臭名，并且依照诺言，他们将会开放新的港口"。①

印度总督接到这封信后反应如何，我们目前尚未看到直接记录。但从事件进程来看，应该是未继续反对《烟台条约》中"洋药税厘并征"的基本原则。1881 年 6 月 16 日，英国印度事务部大臣哈汀顿致电印度政府："我注意到你们已经撤回了早先提出的针对批准《烟台条约》的反对意见。这个反对意见是你们为了维护印度税收提出的。现在，任何阻碍《烟台条约》获得通过的责任就不在你们了。"②

三、第一轮中英征收洋药税厘谈判（1879 年 5 月至 1880 年 1 月）

1879 年 5 月，威妥玛从印度返回中国，在天津就"洋药税厘并征"与李鸿

① Sir T. Wade to the Viceroy of India, February 16, 1879, Correspondence Respecting the Agreement between the Ministers Plenipotentiary of the Governments of Great Britain and China signed at Chefoo on September 13, 1876（1880），*British Parliamentary Papers：China*, Vol. 31, pp. 532–533.

② Revenue Despatch to the Government of India, June 16, 1881, Correspondence with the Government of India Respecting the Negotiations with China on the Subject of Opium 1882, *British Parliamentary Papers：China*, Vol. 31, p. 412.

章进行深入讨论。当时，威妥玛认为各个港口征收每担鸦片的厘金不应超过 30 两白银，考虑到鸦片在其他地方也将被征收厘金，因此可以提高到 40 两。李鸿章认为威妥玛关于鸦片统一厘金的比率估计过低，每一个口岸征收的厘金不能少于 60 两。威妥玛准备提高到 50 两。正在商议时，李鸿章接到朝廷指示，于是中断讨论。①

威妥玛回京后，立即着手与总理衙门谈判洋货厘金征收问题。11 月 10 日，他给恭亲王奕䜣写了一封长信，不仅解释了英国政府未批准《烟台条约》的原因，而且初步表明他对中英商务所面临问题的看法。尽管他绕了一个大圈子，煞费苦心地谈了"滇案"的处理情况，但最终还是回到鸦片厘金的征收上。他说："这个问题的解决对于中国政府来说事关切身利益，我本不应该首先提出这个问题，但我国政府面临众多指责，称 1876 年在烟台进行的谈判对中国不公。当时是我和大学士李鸿章进行的谈判，因此我觉得必须让我国政府能够应对这种责难。条约签署之后，我在英国待了将近 2 年，多次要求我国政府说明为什么不批准条约。"②

威妥玛继续解释说，实行鸦片关税、厘金并征是他站在中国立场上提出的。③ "我提议新的厘金征收方案，目的就是要确保中国政府的洋药厘金不受损失。我承认，我提议时考虑的是那时估计的洋药厘金。当时对税率的评估明显是根据各口情况不一作出的；如果中国政府满足于当时各省征收的洋药厘金标准，我就能够说服英国不对这个方案提出异议。然而，现在大学士李鸿章所提出的统一税率比原来统计的翻了一番，并且让我得到的印象是，即使按照他所提出的高税率征

---

① Sir T. Wade to Earl Granville, June 3, 1882, Correspondence Respecting the Agreement between the Ministers Plenipotentiary of the Governments of Great Britain and China Signed at Chefoo on September 13, 1876 (1880), *British Parliamentary Papers: China*, Vol. 31, p. 535.

② Sir T. Wade to Prince of Kung, November 10, 1879, Correspondence Respecting the Agreement between the Ministers Plenipotentiary of the Governments of Great Britain and China Signed at Chefoo on September 13, 1876 (1877), *British Parliamentary Papers: China*, Vol. 31, p. 395.

③ 威妥玛所说实行鸦片关税、厘金并征是他提出的，可以理解为，在谈判时，威妥玛提出的中国撤销外国租界周围的厘金局卡、中国开放长江上游通商口岸及轮船码头、"洋药税厘并征"等一系列计划，而不单指赫德代表总理衙门提出的"洋药税厘并征"方案。

收，他还要保留在内地继续征收厘金的想法。"① 威妥玛这时才知道原来他所了解的新海关所收的洋药厘金不过是各地最初抽取的靠近海关的厘金，并未包括深入内地后各个局所征收的厘金，也明白了他原本以每担洋药抽取白银 30—40 两厘金的设想肯定行不通。

但是，他仍然试图说服奕䜣。他在信件中开始宣扬统一征收厘金 40 两的好处："我准备建议印度政府同意每担抽取厘金 40 两，以期对中国有益。除了香港本地消费和转运澳大利亚、美国的那一部分鸦片外，凡是进入通商口岸和留存在香港的超出所报的鸦片皆征收一次重税（即每担抽取 40 两厘金）。"② 他进一步举例说，1878 年输入香港的印度鸦片有 94899 担，其中转运到各个通商口岸的有 73424 担，留在香港的尚有 21475 担，留在香港的 21475 担中，本地消费的和转运出口的有 7500 担，剩余的 13975 担鸦片被走私到中国沿海地区。按照威妥玛的设想，从 94899 担印度鸦片中扣除香港本地消费和转运出口的 7500 担，剩余 87399 担鸦片，若按 30 两关税、40 两厘金计算，每担共征银 70 两，产生的洋药关税为 2621970 两，厘金为 3495960 两，两项合计 6117930 两。然而，1878 年实际征收的洋药关税和厘金一共不到 500 万两，实施洋药税厘并征后，每年可以增加关平银 100 余万两。

最后他强调说，原来的补偿条件，即《烟台条约》规定的开放 4 个口岸和 6 个停靠商船港口可以关闭。对于洋药厘金征收的老办法，他并不反对继续维持，但向女王提交方案之前，要求中国政府告知所有内地厘金局所的确切位置，以及每个局所规定的厘金税率。

---

① Sir T. Wade to Prince of Kung, November 10, 1879, Correspondence Respecting the Agreement between the Ministers Plenipotentiary of the Governments of Great Britain and China Signed at Chefoo on September 13, 1876（1877）, *British Parliamentary Papers: China*, Vol. 31, p. 396.

② Sir T. Wade to Prince of Kung, November 10, 1879, Correspondence Respecting the Agreement between the Ministers Plenipotentiary of the Governments of Great Britain and China Signed at Chefoo on September 13, 1876（1877）, *British Parliamentary Papers: China*, Vol. 31, p. 398.

奕䜣接到威妥玛来信后，于 1879 年 11 月 20 日针对几个重点问题进行答复。①

关于 4 个口岸与 6 个港口开放问题。复信表示，《烟台条约》的这一规定当时由李鸿章奏请批准，早在几年前就按照备忘录执行了。

关于"滇案"结案问题。复信说，早在 1878 年已经收到中国驻英公使郭嵩焘转来的电文，英国外交大臣德比伯爵照会该案可以结案。

关于租界免收洋货厘金与"洋药税厘并征"问题。复信说，1876 年 12 月，威妥玛返回英国后，德国公使巴兰德（Maximilian August Scipio von Brandt）写信要求总理衙门免收上海租界洋货厘金。总理衙门据此上奏，确定 1877 年 2 月 13 日为此协议生效日期，并知照巴兰德，同时也向英国公使馆发出照会。因此，该协议已在上海租界生效。虽然巴兰德在这一事件上抢先一步，但免除租界洋货厘金符合《烟台条约》，总理衙门并不知道英国代表反对立即执行巴兰德的提议。上海租界既然已免除洋货厘金，与此连带的"洋药税厘并征"也应开始执行。

关于洋药厘金的抽取标准问题。复信认为，英国公使提出每担洋药统一征收的厘金最多为 40 两，这个方案在新海关实施后，洋药进入内地不得再征收任何厘捐。但是，据总理衙门估计，平均每担洋药厘金为 60 两才能与其在各省境内征收的厘金持平。然而，经过双方几次商议，毫无结果。为避免继续这种毫无用处的讨论，总理衙门提出放弃统一征收洋药厘金的想法，按《烟台条约》规定办理，先在通商口岸征收一次厘金，可以继续对进入内地的洋药征收厘金，试行 5 年。试行期满后，双方可就此方案继续进行磋商。

关于告知内地厘金局所一事。复信表明，对于洋药如何征税，由中国自行办理，这与新海关征收洋药关税和厘金关系不大。因缺乏内地开设局所和征收标准的统计，没有必要告知威妥玛。

接到复信后，威妥玛又与总理衙门进行了两次商谈：一次是 11 月 28 日英国使馆参赞璧利南（Byron Brenan）携带威妥玛备忘录前往总理衙门；另一次是 12

---

① Prince of Kung to Sir T. Wade, November 20, 1879, Correspondence Respecting the Agreement between the Ministers Plenipotentiary of the Governments of Great Britain and China Signed at Chefoo on September 13, 1876 (1877), *British Parliamentary Papers: China*, Vol. 31, pp. 400 – 401.

月 1 日威妥玛亲自前往谈判。在没有取得任何进展的情况下，威妥玛向奕䜣发出新的照会，继续解释其关于"洋药税厘并征"的基本主张。[①]

第一，重提"滇案"结案一事。威妥玛解释说，他是在尚未得到英国政府授权情况下就通知了中国政府，意在消除总理衙门对他的怀疑。

第二，在洋货需要交纳厘金问题上，他认为总理衙门大臣对此有误会："请原谅我再次重申在这个问题上我所理解的中国和外国的权利。各省多年已经形成习惯，对于进入中国的包括鸦片在内的所有外国货物，可以抽取厘金，不论在口岸还是局卡，甚至在租界内。对于洋药，他们有权这样做。但他们对其他洋货也照样抽取厘金，则是错误的。对于违反条约的行为，各国代表（包括我在内）都进行了抗议，但都无效。尽管如此，1876 年，我劝说我国政府接受一个妥协，如果中国政府增开更多口岸，我赞成允许中国对各个口岸租界外的所有洋货征收厘金，但是洋货免收厘金的实施，需要其他条约国同意划定界址。然而，到现在为止，各国都不同意划定界址。"

第三，洋药厘金。洋药一旦进入华商手中，中国政府就有权对其征收厘金。如果租界内不准设立厘金局所，中国政府的厘金收入将严重受损。因此，威氏在烟台同意将洋药封存栈房，由新海关派人稽查，并由海关税务司取代厘金局收取洋药厘金。并称"我曾多次对总理衙门大臣说，虽然目前洋药为英国商人独家贩运，但没有其他国家的同意，也不能生效。因为，洋药的条款出现在许多国家的通商条约中。就条约来讲，任何外国公司都有权向中国输入洋药，售予中国人。现在要外国鸦片统统封存在栈房，等候征收税厘之后，再卖给中国商人。由于既往的条约中没有这一规定，因此要实行税厘并征制度，就必须征得有约各国同意"。

第四，《烟台条约》关于"洋药税厘并征"规定，旨在保护中国的岁入。威氏称，"我明白中国政府希望我劝说我国政府同意 1876 年《烟台条约》签订时的各口厘金税率，由海关税务司代替各口岸厘金局所在一定年限征收厘金，口岸与

---

① Sir T. Wade to Prince of Kung, December 27, 1879, Correspondence Respecting the Agreement between the Ministers Plenipotentiary of the Governments of Great Britain and China Signed at Chefoo on September 13, 1876（1877）, *British Parliamentary Papers: China*, Vol. 31, pp. 402 – 403.

邻近的厘金局所不再征收洋药厘金"。按照这一办法，威妥玛认为自己必须了解中国内地厘金局所的数量、所在地，以及各局所征收鸦片厘金的比率。"如果您能够接受这些条件，并让我得到令人满意的书面保证，我将再次请求我国政府改变立场，同意由新海关征收洋药厘金。而且我将劝说其他国家公使同意我国政府接受的任何有关洋药的协议。但必须再一次声明，征得他们的同意是最基本的。如果我得不到我所要求的保证，我将通知我国政府，并建议放弃在《烟台条约》规定的4个口岸和6个开放港口进行通商的权利。"

收到威妥玛12月27日的照会之后，经过内部磋商，奕䜣于1880年1月4日发出复照，认为前一次关于"滇案"结案的复信援引的是驻英公使郭嵩焘的报告，尽管没有援引威妥玛的声明，但并未否定他在"滇案"谈判中的作用。

至于洋货厘金问题。中国政府遵照条约规定，对有单和无单货物作了明确区分。有单货物，无论运输远近，沿途关卡不再对其征税；无单货物，需要"逢关纳税，遇卡抽厘"。

租界内洋商卖给华商的洋货抽收厘金是中国政府为筹集军饷而设，由华商交纳，不是正税。而在烟台谈判时，英国公使坚持要求租界内免除洋货厘金，同时申明实行"洋药税厘并征"制度确实是从中国岁入考虑。后来，德国公使巴兰德要求免除租界内的洋货厘捐，总理衙门为此奏请皇帝，并获批准。尽管威妥玛认为，这一动议与《烟台条约》的相关规定无关，但是，总理衙门在奏请批准上海租界免除洋货厘金时，已经考虑了《烟台条约》的相关条款。

鸦片与其他洋货毕竟有别，中英《通商章程善后条约：海关税则》明确规定，准许洋药输入，但只准在口岸卖给华商，不得运入内地。洋药一经离口，即属中国货物，如何征税，听凭中国办理。

关于洋药厘金征收比率不一的问题，英国公使反复表示有的口岸每担洋药抽收高达80—90两，有的只有20—30两。总理衙门原想统一各关的税率，但被搁置。《烟台条约》中关于"洋药税厘并征"的原则只剩下一条，即由新海关一并征收税厘。因此，洋药输入各个口岸后，应由新海关将其封存栈房，由洋商交纳进口税、华商交纳厘金后，方可离开口岸。洋药不准进入租界，违者视为非法销售，按规定加以处罚。

各个口岸的厘金局所不单是为了征收洋药厘金而设。洋药交纳税厘之后，口岸附近的局所不再抽收厘金，但在经过第二道局所时，应按照规定交纳厘金。英国公使希望告知内地厘金局所地点，总理衙门当然可以通令各省提供必要信息并转达给英国公使。但是，往来传递信息会有一些延误。因此，为确保信息精确，总理衙门保证不再新设局所。

最后，复照指出，无论是其他口岸还是上海，应立即实施英国公使所说为期5年的试验方案。①

威妥玛接到奕䜣照会后，于1月30日再次复信，明确了就"洋药税厘并征"问题达成的初步协议。新方案试行5年，厘金征收标准按1876年的统计抽收，不得上调税率。② 这个协议事实上没有任何意义，因为总理衙门与威妥玛不能就厘金的征收税率和各个口岸免除厘金的范围达成一致意见，谈判毫无进展。

而"洋药税厘并征"的消息传到印度，就遭到了当地政府的强烈反对。在他们看来，无论是李鸿章提议征洋药税厘110两，还是威妥玛建议提高关税至45两或50两，厘金照旧征收等方案，都是对印度鸦片加征重税，而这"严重损害了印度政府的收益"。③

四、第二轮中英征收洋药税厘谈判（1881年5—11月）

1881年，南洋通商大臣、大学士左宗棠奉诏入京，任军机大臣，兼在总理衙门行走。5月，左宗棠邀请威妥玛商议"洋药税厘并征"事宜，适逢直隶总督兼

---

① Prince of Kung to Sir T. Wade, January 14, 1880, Correspondence Respecting the Agreement between the Ministers Plenipotentiary of the Governments of Great Britain and China Signed at Chefoo on September 13, 1876 (1877), *British Parliamentary Papers: China*, Vol. 31, pp. 403 – 405.

② Sir T. Wade to Prince of Kung, January 30, 1880, Correspondence Respecting the Agreement between the Ministers Plenipotentiary of the Governments of Great Britain and China Signed at Chefoo on September 13, 1876 (1877), *British Parliamentary Papers: China*, Vol. 31, pp. 405 – 406.

③ Sir T. Wade to Earl Granville, June 3, 1882, Correspondence Respecting the Agreement Between the Ministers Plenipotentiary of the Governments of Great Britain and China signed at Chefoo on September 13, 1876 (1880), *British Parliamentary Papers: China*, Vol. 31, p. 551.

北洋大臣李鸿章到京，三人在总理衙门晤商两次，之后李鸿章又单独与威妥玛商谈一次，但仍未达成一致意见。在左宗棠看来，"（威妥玛）语多反复，而于加价一节尤断断然若重有所惜者。臣等如从其后议，以每箱八十两为定（即洋药每担征收 30 两关税和 50 两厘金——引者注），则加数甚微，不但瘾无由断，适足为兴贩洋药者广其销路，而内地种罂粟贩土烟者得以借口，并加征捐厘亦多窒碍，是与拟增税捐，期收实效本谋大为刺谬"。① 这里的"本谋"指驱除外国鸦片，制止鸦片流毒，是一种曲折的禁毒方案。

左宗棠主张对洋药和土烟采取"寓禁于征"的方针。6 月 8 日，他奏称，每担"洋药税厘并征"应当提高到 150 两。就加征洋药厘金来说，无非有两种办法，"或议于总口征洋商之税，即并内地应捐之厘而加征之，是为合办；或议于总口照税加厘外，于内地分销各口加征华商之厘，是为分办"。② 这两种方案在左宗棠看来都是可行的，都是中国内政，与外交无关，朝廷选其一即可。

这份奏折送达御案之后，当即被慈禧太后批交南北洋大臣、福州将军、各直省督抚、粤海关监督讨论。李鸿章认为，洋药税厘加征数量太重，可能导致鸦片走私更加严重，"加捐易办，偷漏难防"。山东巡抚周恒祺也认为，"加增较多，办理不易"。③

左宗棠上述奏折于 6 月 29 日被刊登在《申报》上，威妥玛看到后，感到左宗棠对他有所误解，于是，在 7 月 23 日写信给左宗棠。他在信中说，如果能保证中国政府的收入，只要是合理的，他随时都会向英国政府提出接受的建议；如果是不合理的，也会向英国政府提出报告，但不会建议认可。正是因为左宗棠和李鸿章提议加征的税厘数过大，他认为不合理，因此予以拒绝。威妥玛认为在把某一年当作税厘征收的平均年、将关税和厘金定为每担 80 两过程中，"我并没有

---

① 朱寿朋编：《光绪朝东华录》，张静庐等校点，北京：中华书局，1958 年，第 1 册，总第 1096 页。

② 朱寿朋编：《光绪朝东华录》，第 1 册，总第 1095—1096 页。

③ 《直隶总督李鸿章奏为遵议洋药土烟加增内地厘税事宜》，光绪七年六月十八日；《漕运总督山东巡抚周恒祺为洋药土烟加征内地厘税事》，光绪七年六月，《晚清四部丛刊》第 9 编，第 50 册，第 3539、3622 页。

表现出'反复无常'的态度"。①

左宗棠于 8 月 1 日复信解释说：他的奏折是写给朝廷的，而且朝廷已经谕令各直省督抚讨论，不知道是哪个地方泄露了消息。对于报纸，中国政府历来没有监督和限制，也不特别看重新闻。他又说，威妥玛认为大量厘金流失，最好的办法是提高关税，取消内地厘金。尤其是英国政府对奢侈品加征两倍税率的做法更值得效法。正是接受了威妥玛的这个建议，他才建议每箱洋药征收 150 两税厘。至于"反复无常"的问题，左宗棠指出，威妥玛"一开始建议提高关税，取消厘金；然后提议商讨关税，置厘金于不顾；最后提议提高关税，不取消厘金。尤其是关于关税加征的数额，先是 5 两，后是 10 两、15 两。随后在与中堂大人（指李鸿章——引者注）商谈时，又提出增加关税，免收厘金，说关税可以增加到 80 两。从开始到最后，谈判目标一直含糊不清，没有一个固定的方向"。②

正当威妥玛和总理衙门大臣及左宗棠、李鸿章商谈洋药如何"税厘并征"时，一位广东富商提出包揽洋药计划。这位富商名字叫何献墀，他提出可以集资 2000 万元设立洋药公司，与英印政府签订包买鸦片合同，再与清廷签订包卖合同。"每年限定运赴香港洋药若干箱，每箱价值若干，统归公司承买缴价，再由该公司发售中国各口，不准印度洋药经运他处，售于他人。如于定数尚可多销，再由该公司寄信印度添运。该公司于卖出后，每箱统交中国税厘一百余两。"该计划经翰林院编修钟德祥等人转呈李鸿章。在李鸿章看来，何献墀拥有雄厚资金，加之一批富商支持，只需要派一名大员驻扎公司负责监督，无虑国家税收亏损，或许可行。但是，考虑到这项包揽洋药计划必须得到印度的合作和支持，"权非自我

① Sir T. Wade to Grand Secretary Tso, July 23, 1881, Correspondence Respecting the Agreement between the Ministers Plenipotentiary of the Governments of Great Britain and China Signed at Chefoo on September 13, 1876 (1880), *British Parliamentary Papers: China*, Vol. 31, pp. 554–555.

② Grand Secretary Tso to Sir T. Wade, August 1, 1881, Correspondence Respecting the Agreement between the Ministers Plenipotentiary of the Governments of Great Britain and China Signed at Chefoo on September 13, 1876 (1880), *British Parliamentary Papers: China*, Vol. 31, pp. 555–556.

操"，一面令该商与印度官员接触，一面委派马建忠出国考察其可行性。①

1881 年 5 月，英国派往印度、中国考察鸦片贸易的代表团成员沙苗（Joseph Samuel）见到何献墀，得知了清朝官员正在考虑商人包揽洋药计划，他对垄断中国鸦片贸易的利润垂涎三尺，试图将这一特权抢夺到自己手中，立即将一份包揽洋药计划草案递送给总税务司赫德。沙苗的方案共 17 条，主要内容是，中英两国政府批准沙苗承包中国洋药贸易，如果 5 年试办有效，此后继续由沙苗包办。印度生产的鸦片全部由沙苗包买，然后转售给中国，在中国每销售一担鸦片，就向中国政府交纳税银 100 两。中国政府不得在内地任何地方设卡征收关税和厘金；中国政府应付 2 万两白银作为沙苗的开办经费。② 这个计划不仅盗取了何献墀的洋药包揽计划，③ 而且想空手套白狼。

赫德接到沙苗的计划后，立即转交总理衙门大臣，并极力推荐说："多年反复商议洋药事宜，而未见头绪。总税务司以为，不若依沙苗之章定局。缘无庸商及他国，按此法可多收税项，而多省事，若准照办，似必有效验。"④

与沙苗递交包揽洋药贸易计划同时，天津海关税务司德璀琳（Gustav von Detring）也提出一个包揽洋药计划，主要内容分为 4 个方面：第一，选派一名精干大员驻扎印度，负责调查鸦片事宜，然后就中国购买鸦片问题与印度总督庞斯佛德爵士（Sir J. Pauncefote）进行磋商，以每年进口总数 9 万箱为最高额，以 30 年为限，每年递减 3000 箱，期满断绝鸦片进口；第二，中国与印度协商鸦片价

---

① 李鸿章：《议设洋药公司片》，光绪七年六月十六日，见吴汝纶编：《李文忠公（鸿章）全集》奏稿卷 41，沈云龙主编：《近代中国史料丛刊续编》第 79 辑，第 1281—1282 页；也见于《晚清四部丛刊》第 9 编，第 50 册，第 3541—3544 页。

② 《直督张树声奏英商包揽洋药章程请饬总署核议折》，《清季外交史料》卷 27，北京：书目文献出版社，1987 年，第 34—37 页；《晚清四部丛刊》第 9 编，第 51 册，第 4323—4326 页。

③ "四月间，适有英官沙苗奉派前来中国查考各口每年售销洋药数目，何献墀等与之相见，论议创设公司之事，沙苗允为留意"。（李鸿章：《议设洋药公司片》，光绪七年六月十六日，见吴汝纶编：《李文忠公（鸿章）全集》奏稿卷 41，沈云龙主编：《近代中国史料丛刊续编》第 79 辑，第 1281 页；也见于《晚清四部丛刊》第 9 编，第 50 册，第 3541—3542 页）

④ 《直督张树声奏英商包揽洋药章程请饬总署核议折》，《清季外交史料》卷 27，第 37 页。

格，每年按照定价由中国收买，印度必须保证不将鸦片售与其他国家；第三，中国方面严禁种植罂粟，由北洋通商大臣派员主持，严格监督各个口岸鸦片输入情况，每担"洋药税厘并征"180两银；第四，洋药运到中国后，不准零售，批发若干，纳税若干。德璀琳的计划没有明确指出谁可以承办。但他暗示说，如延洋人办理，应议定年限。言外之意，他可以承办。德璀琳的计划得到了李鸿章的认可。据赫德观察，马建忠将带着何献墀和德璀琳的计划前往印度，直接与印度总督谈判。①

1881年7月19日，马建忠奉命自天津搭乘怡和洋行（Jardine Matheson）船只前往印度。9月5日，他到达印度西姆拉。9月8日，正式与印度总督代表贝尔（E. Baring）进行了交谈。马建忠和盘托出计划并指出，鸦片毒害世人共知，中国鸦片流毒日益严重。英国伦敦设立"英东力除鸦片贸易协会"，提倡禁毒，鸦片必须禁止。但骤然禁止办不到，需在一定期限内逐渐禁止。希望印度逐渐减少鸦片出口，建议双方就鸦片贸易问题磋商，制订一个妥善办法。"使印度岁出鸦片，或专售于中国国家，或专售于中国所指为承揽公司，通盘交易，不复辗转他商之手，将鸦片出口箱数立一定额，每岁递减，约积至二三十年之久减完，自然禁绝。如是办法，则销售鸦片之权操自两国国家，中国于进口鸦片无虞奸商之偷漏，贵国家于出口鸦片亦岁有定项之可收。"②

贝尔却狡猾地说，印度白皮鸦片不归国家专卖，鸦片价格变化无常，难于核定；减少鸦片出口不利于印度的国家财政收入；中国加重洋药关税和厘金，走私势必更加严重，奉劝中国减轻鸦片税厘，使印度鸦片在中国内地畅行无阻。马建忠则称："吾国之加厘，亦即暗寓渐禁之意。至度支自有正项，假如欲向鸦片筹饷，则开内地罂粟之禁，由官抽税，自行贩卖，一如贵治之例，每岁进项又岂止六百万金磅。此法一行，则印度出口鸦片日减，而岁入之税亦日减矣。"③

贝尔见马建忠的回答无懈可击，遂话锋一转，借题发挥道："商人垄断一专，

---

① 《赫德致金登干》，1881年10月16日，陈霞飞主编：《中国海关密档——赫德、金登干函电汇编（1874—1907）》第2卷，北京：中华书局，1990年，第638页。

② 马建忠：《适可斋纪言纪行》记行卷3《南行记下》，光绪二十二年刻本，第9页。

③ 马建忠：《适可斋纪言纪行》记行卷3《南行记下》，第10页。

流弊滋甚，贵国恐难一一清理，故不若国家自办之妥也。"马建忠当即表示，中国政府可以包揽包括白皮土在内的一切印度鸦片；并反问道，"贵国有何善法使白皮与以上二种（即公班土和喇班土——引者注）一例专售我国否"？贝尔称"一时别无善法"，表示要与印度总督磋商后再议。

此次马建忠出使印度，与贝尔进行了几次非正式会谈，[①] 所得结论是，英国人一致反对何献墀的包揽洋药计划。香港总督说何献墀等人不可靠，印度总督不以华商为然，因此，何献墀的包买洋药计划胎死腹中。

是年 11 月下旬，李鸿章与威妥玛在天津再次就"洋药税厘并征"事宜会谈。会谈一开始，威妥玛就询问中国关于"洋药税厘并征"的最新意图。李鸿章反问他哪个方案对中国最有利。威妥玛先否定了三个方案：一是香港商人何献墀的包揽洋药计划；二是左宗棠加征洋药税厘至 150 两的方案；三是《烟台条约》关于各省自行确定厘金数量的方案。李鸿章表示赞同，并提出若税厘并征，则收 120两；若不并征，则需征收关税 60 两。李鸿章还称中国愿与英国"和衷"，因此让步至 110 两。[②]

此后李鸿章与威妥玛又进行了几次商谈，双方争论要点有以下几点。其一，"洋药税厘并征"的数额，威妥玛坚持每担不超过 90 两白银，而李鸿章坚持不少于 110 两。其二，加征洋药关税，厘金仍由中国自行办理。威妥玛认为每箱鸦片加征正税最高额为 50 两，李鸿章坚持不低于 60 两。其三，关于洋药包揽计划，威妥玛认为中国商人资金不足，无力承办，建议由英国人承包；李鸿章认为中国商人承包洋药固然力量不足，但若有外国人愿意包揽，则应每担交纳税厘 150—180 两（暗指德璀琳包揽洋药计划）。

---

① 马建忠：《适可斋纪言纪行》记行卷 3，第 11 页；Letter from the Government of India, December 19, 1881, Correspondence with the Government of India Respecting the Negotiations with China on the Subject of Opium 1882, *British Parliamentary Papers：China*，Vol. 31，p. 432.

② 李鸿章：《英国威使来晤回答节略》，光绪七年十月十六日，吴汝纶主编：《李文忠公（鸿章）全集》译署函稿卷 12，沈云龙主编：《近代中国史料丛刊续编》第 79 辑，第 3144—3145 页。

五、第三轮中英征收洋药税厘谈判（1882 年 1 月）

在读完李鸿章的记录后，我们有必要看一看威妥玛后来的说法。1882 年 1 月 13 日威妥玛写信给奕䜣，详细阐述了他对当时各种洋药税厘征收方案的看法。

第一种是沙苗的建议。威妥玛认为沙苗是一个财团的经纪人，他的计划是把鸦片专卖市场设在中国，总部定在香港，由英国人经营。然后，通过各个口岸运到中国各地，在新海关税务司监督下，买卖双方分别交纳一次性关税和厘金。威妥玛这时已经倾向于沙苗的洋药包揽计划，只是他不便明说而已。

第二种是何献墀的提案。何献墀是中国南方商人，他的计划是在香港设总部，包揽洋药的全部买卖，为中国政府提供巨额的洋药税厘。但这个方案的前提条件是中国将内地征收的洋药厘金全部免除。威妥玛坦言："我并不支持这个方案，因为每年进口到中国的鸦片总额为 4000 万两，中国和印度两个国家非常重视洋药税收。把如此巨大的贸易交给一个资产有限的私人公司来经营，我怀疑其操作的安全性。"①

第三、四种方案分别指沙苗的修正案和约翰·皮特曼（John Pitman）提案，但威妥玛没有直接介绍提案者的名字。他称"上个月，我从天津回来后又得到两个方案，也有明显的优点。前一个方案是，中国政府应该在一段时间内专卖英国鸦片。达成的协议应当规定，印度政府在一定时期内逐渐减少罂粟种植面积，并在合同期满后完全停止鸦片生产。根据设想，在香港设立公司（既可以是私商，也可以由国家来组建），一年一度向中国和印度交纳洋药专卖税收"。后一个方案是在前一个方案基础上增加一条：在合同期内，中印双方应逐渐减少鸦片贸易的利润。这两个方案显然是指沙苗修正案和约翰·皮特曼提案。②

---

① Sir T. Wade to Prince of Kung, January 13, 1882, Correspondence Respecting the Agreement Between the Ministers Plenipotentiary of the Governments of Great Britain and China signed at Chefoo on September 13, 1876 (1880), *British Parliamentary Papers: China*, Vol. 31, p. 545.

② 1881 年冬季，沙苗对于提出的包揽洋药计划又进行了修改。与此同时，还有一个名为约翰·皮特曼的英国皇家海军军官也提出了一个鸦片专卖方案。Sir T. Wade to Prince of Kung, January 13, 1882; Sir T. Wade to Earl Granville, June 3, 1882, Correspondence Respecting the Agreement between the Ministers Plenipotentiary of the Governments of Great Britain and China Signed at Chefoo on September 13, 1876 (1880), *British Parliamentary Papers: China*, Vol. 31, pp. 539, 546.

第五种是左宗棠提出的征收 150 两税厘方案。即每箱洋药除了在通商口岸征收 30 两关税之外,再统一征收 120 两厘金。威妥玛坚决反对这个方案,理由是印度政府将遭受重大损失。

第六种是李鸿章提出的征收 110 两税厘方案,即除了 30 两关税外,再统一征收 80 两厘金。关于统一征收厘金问题,威妥玛最初极力主张在每担征收 30 两关税的基础上,再统一加征厘金 50 两,合计每担洋药征收税厘 80 两。每年中国洋药税厘一项就可以收入 600 余万两白银。经过在天津与李鸿章激烈辩论后,"确定固定的厘金比率定在 60 两。但是李中堂仍然想提高这个数目,我丝毫没有考虑接受 70 两的比率,除非一般贸易的有关条件得到非常满意的解决"。

第七种是威妥玛提出的变通方案。在李鸿章与威妥玛各执己见情况下,威妥玛提出了一个新方案,即在 30 两关税的基础上,再增加 15 两,合计关税 45 两,洋药厘金征收则按照先前办法继续执行。经过激烈的谈论,威妥玛"建议征收 20 两进口附加税,这样,每担进口鸦片征收的关税达到 50 两,而不是现行的 30 两。厘金的征收无论在中国口岸还是内地,仍和过去一样"。①

比对李鸿章的记录和威妥玛的信函,可以看出两人的说法基本一致。在威妥玛看来,可供中国政府选择的洋药征收税厘方案众多,但必须得到缔结条约国政府同意。尤其是鸦片贸易事关英印政府的巨大利益,必须得到英国政府的支持。言外之意,中国政府单方选择左宗棠提出的方案,英国政府不会通过。威妥玛称:"我不想再进一步深究鸦片贸易的道德问题。一旦我确定在众多方案中有中国政府比较容易接受的一种,我就会立即向英国政府提出报告。"②

总理衙门接到威妥玛 1 月 13 日信件后,经过讨论,于 1 月 25 日以恭亲王奕䜣的名义复信。复信讨论了双方的分歧和误解,明确表示,在众多征收洋药税厘的方案中,"厘金和关税一起征收将作为谈判的基础"。同时表示,英国公使提出的每担

---

① Sir T. Wade to Earl Granville, June 3, 1882, Correspondence Respecting the Agreement between the Ministers Plenipotentiary of the Governments of Great Britain and China Signed at Chefoo on September 13, 1876 (1880), *British Parliamentary Papers: China*, Vol. 31, pp. 546 - 547.

② Sir T. Wade to Earl Granville, June 3, 1882, Correspondence Respecting the Agreement between the Ministers Plenipotentiary of the Governments of Great Britain and China Signed at Chefoo on September 13, 1876 (1880), *British Parliamentary Papers: China*, Vol. 31, p. 548.

洋药合计征收税厘 90 两，与李鸿章提出的合计征收 110 两之间还有比较大的差距。李鸿章代表中国政府提出的洋药统一税厘 110 两是不会降低的。中英关于鸦片的谈判不必涉及第三方。中英之间应当尽早就"洋药税厘并征"达成协议。否则，中国也许采纳左宗棠的建议，将每担洋药税厘提高到 150 两。①

1 月 28 日，威妥玛针对 1 月 25 日奕䜣的来信，复信道，关于鸦片问题的协商并不像奕䜣所说的发生在 1879 年协商其他问题之前，而是在 1879 年之后，并一直持续到当下。他说自己必须承认，中国政府把鸦片厘金的征收权操在自己手中，并且现在仍然握在手中。但上海港作为唯一的厘金免税区，其边界问题仍没有确定。更何况其他口岸仍然像以前那样征收厘金，大量的鸦片偷漏过关，导致厘金征收损失很大。统一征收洋药厘金，离不开英国政府的配合。英国政府是乐意合作的，但必须提醒中国官员，英国在"洋药税厘并征"方案上，仍保留自己的选择权。② 此话显然有不打算配合的意味。

总理衙门接到威妥玛 1 月 28 日来信，于 2 月 2 日复信。首先解释说，前一封信（即 1 月 25 日复信）所称单方面采取措施征收洋药厘金，或诉诸其他措施，以防止厘金大量流失，乃是中国政府的权力，并非威胁。然后敦促道："我现在回复英国公使，如果洋药税厘征收的措施得不到落实，中国将自行提高厘金，抑或采取其他措施。这清楚地表明，中国政府想尽快达成协议，如果谈判达不到应有的效果，中国将搁置久谈不决的谈判。"最后，奕䜣强调，既然威妥玛乐意合作，希望将洋药并征的方案报告英国政府，在得到答复后，尽快通知中方，以便这一问题得到尽快解决。③ 总理衙门的这一封复信语气稍有缓和，显然对"洋药

---

① Prince of Kung to Sir T. Wade, January 25, 1882, Correspondence Respecting the Agreement between the Ministers Plenipotentiary of the Governments of Great Britain and China Signed at Chefoo on September 13, 1876 (1880), *British Parliamentary Papers: China*, Vol. 31, pp. 549 – 550.

② Sir T. Wade to Prince of Kung, January 28, 1882, Correspondence Respecting the Agreement between the Ministers Plenipotentiary of the Governments of Great Britain and China Signed at Chefoo on September 13, 1876 (1880), *British Parliamentary Papers: China*, Vol. 31, p. 550.

③ Prince of Kung to Sir T. Wade, January 25, 1882, Correspondence Respecting the Agreement between the Ministers Plenipotentiary of the Governments of Great Britain and China Signed at Chefoo on September 13, 1876 (1880), *British Parliamentary Papers: China*, Vol. 31, pp. 549 – 550.

税厘并征"协议早日达成有所期待。

但笔者在英国外交部提交给议会的文件中，没有看到威妥玛在1882年1月至5月提交给英国外交部的任何关于鸦片贸易的报告，1882年他写给英国外交大臣格兰维尔的涉及鸦片问题的信件，最早时间是6月3日，格兰维尔收到这封信件的时间是1882年7月22日。在这封长信中附录了他和总理衙门大臣1882年1—2月的往来照会。

他承认鸦片与其他洋货不同，《天津条约》不仅规定外国人不许携带鸦片前往内地销售，而且明确规定鸦片在通商口岸每箱缴纳30两关税后，应当售给中国商人，中国政府有权对其自由征收厘金。问题是，保留在租界征收厘金的权利，势必影响其他洋货贸易的正常进行；而取消租界的厘金局卡，必然导致厘金的损失。

在信中，威妥玛介绍了他与李鸿章等中国官员会谈的情况。他说，大多数中国官员都赞成对洋药采取税厘并征方案。李鸿章的丰富经验使其比同僚更容易接受比较灵活的财政制度，他倾向于关税与厘金一起征收，不排斥鸦片专卖制度，只是他要求的厘金数额比较高，且多次表示要与自己进一步商谈。总理衙门也倾向于统一征收关税和厘金，要求征收的厘金也比较高。威妥玛还称"我推荐的最高数额为60两，可以考虑的最大数额是70两。总理衙门要求的厘金是80两，但是，我得到的口头承诺是70两可以被接受"。[1]

我们不知道威妥玛延迟向英国外交部报告的具体原因。但可以推知，正是由于威妥玛的报告延迟，英国外交部未能及时作出决定。事实上，威妥玛在"洋药税厘并征"问题上，已由最初的积极推动转变为消极延宕。总理衙门大臣为此多次向威妥玛发出照会，而威妥玛总以咨报本国为辞，不予明确答复。由于"洋药税厘并征"问题久拖不决，总理衙门大臣因此怀疑威妥玛缺乏诚意，是一种"藉作推宕地步"的欺诈行为，为此于1883年2月18日奏请皇帝谕令曾纪泽在伦敦直接与英国政府进行交涉，"威妥玛在华，臣等屡商此，总以咨报本国为

---

[1] Sir T. Wade to Earl Granville, June 3, 1882, Correspondence Respecting the Agreement between the Ministers Plenipotentiary of the Governments of Great Britain and China Signed at Chefoo on September 13, 1876 (1880), *British Parliamentary Papers: China*, Vol. 31, p. 539.

词，藉作推宕地步。刻下该使臣业已回国……拟请饬下出使英国大臣曾纪泽将洋药厘税并征一事，查照臣衙门节次电函与英外部妥为商办，使彼无可狡展，期在必成"。①

六、英印政府鸦片贸易政策之调整（1881—1882 年）

与威妥玛在中国就"洋药税厘并征"展开持续谈判的同时，英国政府与印度政府就鸦片贸易政策调整问题也进行了讨论。

1881 年 6 月 16 日，英国印度事务部大臣哈汀顿向印度政府发出第 59 号电文，明确指出，英、印两国政府由于长期以来维持鸦片贸易及印度政府同这个贸易有直接关系而备受指责，"我们不能主张完全禁止当地民众，其实就是我们自己的民众种植罂粟、生产鸦片以供出口，不能把鸦片出口定为非法。但是，很明显如果政府就是这种药物的生产者和交易商（例如在孟加拉），而这种药物可能引起滥用，并在许多人的眼里是导致罪恶和痛苦的根源，那情况就不同了"。他敦促印度政府积极采取措施消除这个被指责的原因。

哈汀顿在电文中承认，印度政府对鸦片贸易带来的巨大财政收入有很大依赖性，难于立即变革。"从 1868—1869 财政年度开始到 1879—1880 财政年度为止，每年印度鸦片税收自 675 万英镑增加到 825 万英镑。但同时一些新的不可预算的支出也增加了。首先是白银贬值以及接连不断的外汇汇率下跌，接着是 1879—1880 年大饥荒造成的大量开支。因此，印度想要进行财政变革，以减少对于鸦片贸易税收的依赖，现在是不可能的。"

印度鸦片贸易不仅备受舆论谴责，且在中国市场上面临各种挑战。第一个挑战是印度鸦片生产成本的提高，一部分种植者已不像以前那样愿意接受政府的影响；第二个挑战是波斯鸦片的竞争；第三个挑战是中国土产鸦片的增加。因此，哈汀顿提醒说："这样一来，印度鸦片生产成本将会提高，净收益就会减少，除非售价提高。但面临中国市场上日益激烈的竞争，这个做法也靠不住。"

在当时的国际背景下，英国政府如果再公开反对中国提高鸦片进口税厘，反

---

① 奕䜣：《奏为洋药税厘并征载在会议条款请旨饬下出使大臣与英外部商办以专责成而免延宕事》，《晚清四部丛刊》第 9 编，第 53 册，第 5189—5190 页。

对中国的禁烟措施，将是十分愚蠢的。哈汀顿为此劝告说，"我不赞成招惹这种麻烦。相反，我认为应积极准备，利用一切合法手段进行对抗，防止中国政府恢复将会引起非法贸易的政策"。① 哈汀顿的电文耐人寻味，但有一点是明确的，即英国政府不希望把中国重新逼回禁烟的政策上。

在 19 世纪，鸦片贸易使一批英印毒品贩子发了横财，他们聚集在孟买、加尔各答、香港、广州和上海，并在伦敦为其政治集团提供经济支持和舆论发声。印度总督接到哈汀顿的电文后，立即将消息传递给英印鸦片商。鸦片商难以接受根本利益被触动。他们立即动员起来，纷纷陈述其坚持鸦片贸易的荒谬主张，试图影响英国和印度政府的决策。

1881 年 7 月 31 日，赫顿公司致函加尔各答商会主席说，中国正在北海和海口成立厘金局所，这不仅影响了他们的鸦片贸易利益，也影响了孟加拉的鸦片销售。②

9 月 7 日，新沙逊洋行（Messrs. David Sassoon and Co.）代表孟买鸦片商向印度总督递交了陈情书。他们声称，如果中国对于洋药加征税厘，不仅会使印度政府的鸦片收益很不稳定，而且会导致商人的重大损失。他们要求印度政府进一步保护鸦片贸易，增加中国通商口岸，进一步扩大市场。③

9 月 16 日，靠贩运鸦片起家的怡和洋行和史金纳公司（Skinner Co.）也致信印度总督说：他们得知中国派遣马建忠前往印度谈判"洋药税厘并征"事宜，建议印度政府就每箱鸦片只征一次 30 两的进口税进行谈判，以确保鸦片贸易正常进行，而不是实行很重的关税。他们表示最担心的是左宗棠所提每担洋药统一加

---

① Revenue Despatch to the Government of India, June 16, 1881, Correspondence with the Government of India Respecting the Negotiations with China on the Subject of Opium 1882, *British Parliamentary Papers: China*, Vol. 31, p. 412.

② Messrs. Herton and Co. to the Chairman of the Chamber of Commerce, Calcutta, July 31, 1881, Correspondence Respecting the Agreement between the Ministers Plenipotentiary of the Governments of Great Britain and China 1882, *British Parliamentary Papers: China*, Vol. 31, pp. 481 –482.

③ Memorial of Bombay Merchants, September 7, 1881, Correspondence Respecting the Agreement between the Ministers Plenipotentiary of the Governments of Great Britain and China 1882, *British Parliamentary Papers: China*, Vol. 31, pp. 477 –478.

征税厘 150 两的建议得到实施。①

印度总督接到各地鸦片商的陈情书之后，经过精心准备，于 1881 年 12 月 19 日致信英国印度事务部大臣哈汀顿，全面表达了印度政府的基本观点。这一封信长达 21 页，并有 5 个附件。② 此处简单归纳其要点。

第一，关于孟加拉其他作物对鸦片的竞争。印度政府承认生产成本的提高，对种植罂粟构成了挑战。他们列举的数据是，比哈尔（Behar）代理处 1881—1882 财政年度种植罂粟的田地有 476600 比卡，③ 与 1880—1881 财政年度的 465000 比卡相比，增加了 11600 比卡。但是，这比 1879—1880 财政年度少了 7000 比卡，比 1878—1879 财政年度少了 28000 比卡。贝拿勒斯（Benares）1880—1881 财政年度罂粟种植面积为 432113 比卡，1879—1880 财政年度是 451641 比卡，相比之下减少了 19528 比卡。罂粟种植面积的减少，意味着种植其他农作物比种植罂粟更有吸引力。在印度政府看来，只能通过提高比哈尔和贝拿勒斯的鸦片收购价格来稳定罂粟种植面积。

第二，关于波斯鸦片的竞争。据印度政府估计，1859 年中国进口的波斯鸦片为 300 箱，数量很少。这种情况一直持续到 1877 年，波斯鸦片进口量才开始快速增长。1877—1878 财政年度约为 3500 箱，1878—1879 财政年度为 6700 箱，1879—1880 财政年度为 7100 箱，1880—1881 财政年度约为 10000 箱。因此，印度鸦片必须依靠上乘的品质才能赢得市场。

第三，关于中国土产鸦片的竞争。据英国使领馆报告，中国土产鸦片在持续增加，且价格低廉，势必在中国的贫困阶层中取代印度鸦片。不过到目前为止，印度鸦片仍以其上乘品质在富裕阶层中拥有市场。

基于以上三方面的竞争和挑战，印度政府称他们的财政收入势必受到影响。

---

① Messrs. Jardine, Skinner, and Co. to the Secretary to the Government of India, September 16, 1881, Correspondence Respecting the Agreement between the Ministers Plenipotentiary of the Governments of Great Britain and China 1982, *British Parliamentary Papers：China*, Vol. 31, p. 476.

② Letter from the Government of India, December 19, 1881, Correspondence with the Government of India Respecting the Negotiations with China on the Subject of Opium 1882, *British Parliamentary Papers：China*, Vol. 31, pp. 413 – 432.

③ 比卡为印度土地面积单位，1 比卡约等于 2.5 英亩、1760 平方米。

第四，关于印度政府与鸦片贸易之间的直接联系。印度政府诡辩说："假若不对鸦片贸易实行专卖制度和管理，不对罂粟种植设置障碍，同时取消出口税，肯定会给鸦片生产打一针强心剂，印度鸦片将会像洪水一样涌入中国市场。这样一来，消除经济上的异议之后，道德上的异议就凸显了。"这是说印度政府直接参与鸦片贸易要比不参与好得多，因为不直接参与鸦片贸易将对中国造成更大危害。这种思维逻辑十分荒谬！

第五，关于中国被迫承认鸦片贸易合法化问题。印度政府为了证实中国政府承认鸦片贸易合法化不是被迫的，围绕以下四点展开了混淆是非的论述。

其一，中国政府承认鸦片贸易合法化是自愿的。印度政府引英国远征军秘书劳伦斯·奥利佛（Laurence Oliphant）的话，证明中国政府承认鸦片贸易合法化完全是自愿的，而不是战胜方强加的。

其二，洋药贸易不是英国政府强加给中国政府的。如果终止这一贸易，中国政府会反感。证据是，1881 年 2 月 7 日，英国公使威妥玛在发给外交大臣格兰维尔的电报中说："我并不否认中国政府有选择的自由，但想知道到底赞同哪个方案。他们说，这个提问令人费解。中国政府很高兴全面禁止鸦片贸易，但是，现在吸食鸦片的习惯已经根深蒂固，官方干预已经无法完全奏效。目前中国政府还没有考虑彻底废止鸦片贸易。"以总理衙门大臣在谈判中强调全面禁烟存在一定困难，断章取义地说明中国政府想维持鸦片贸易，只不过是通过指责对方错误，借以达到混淆视听的目的而已。

其三，清廷禁止鸦片种植是有条件的。印度政府引证英国公使馆 1878 年 6 月 7 日的信函说："中国政府禁种罂粟主要原因是由于土药产量过高，影响了洋药市场。"意即清廷下令查禁土药，是为了增加洋药税厘；而对地方政府来说，本土鸦片利益比外来鸦片利益更重要。这话虽然符合清朝部分官员的想法，以此作为印度政府维持鸦片贸易的理由则是强词夺理。

其四，中国政府没有能力禁止鸦片。印度政府引证各种说法，强调中国政府既无能力，又无成功的经验处理鸦片问题。

第六，禁止孟加拉鸦片将导致印度财政破产。印度政府表示，印度对中国出口贸易的减少会加重英、印两国外贸的困难。中国每年对印度贸易逆差很大，这主要是因为鸦片。这个逆差主要由英国对华贸易逆差来平衡。因此，就外贸而言，如果印度对华贸易一年减少 400 万卢比的话，英国对华贸易将会出现严重问题。忽略不计那些不确定的因素，印度政府每年对华贸易损失加上必须支付的养老金、抚恤金和工资，合计总量达到 500 万卢比。"不论采取什么措施扩展国家的税源，在实际允许的范围提高税率，降低开支等，印度政府都无法挽回停止孟加拉鸦片贸易造成的损失。"

印度政府坦率承认，印度的财政建立在与中国鸦片贸易的基础上，一旦失去鸦片贸易，印度政府的财政体系就会崩盘。"孟加拉鸦片收入损失会使政府每年的正常开支远远大于收入，也就是说印度政府会破产。"

第七，放弃孟加拉鸦片专卖制度将造成巨大财政损失。印度政府透露，1871—1880 年，每年平均卖出的孟加拉鸦片有 49337 箱。鸦片生产成为印度的支柱产业，如果放弃鸦片专卖制度，由私商经营，且不说鸦片质量下降，销售价格也会下跌，每箱抽取的鸦片出口税维持在 600 卢比，一年税收 270 万卢比。而在鸦片专卖情况下，每年税收收益是 500 万卢比，其中包括对阿布卡利鸦片抽取的货物税，平均每年 17.2 万卢比。"这样算来，在加尔各答市场上销售的鸦片获益为……482.8 万卢比。这个数字与 270 万卢比之间的差额 212.8 万卢比，即印度政府放弃鸦片专卖的损失数额。"在印度政府看来，上面的计算并没有反映事情全貌。因为，若放弃鸦片专卖制度，为了防止鸦片走私，则必须建立起一套预防走私的机构。因此，印度政府的鸦片财政损失可能远远超过 212.8 万卢比。

概言之，印度政府认为孟加拉鸦片专卖制度对印度政府和人民、中国政府和人民都有利，必须继续维持。他们不仅坚持维护孟加拉的鸦片专卖制度，而且反对中国政府对进口鸦片加征重税，还希望中国进一步开放通商口岸，扩大鸦片市场。这就是印度政府给予英国印度事务部大臣哈汀顿的答复。

不过，在长信末尾印度政府还是接受了哈汀顿"利用一切合法手段进行对抗，防止中国政府恢复将会引起非法贸易的政策"的建议，表示愿意通过谈判达成某种协议，为英国继续与中国谈判留下一定空间。

七、第四轮中英洋药税厘并征谈判（1883 年 3 月至 1885 年 7 月）

1882 年 8 月 16 日，总理衙门致函曾纪泽说："洋药加税一事，屡与威使商酌，迄未就绪。嗣因北洋大臣李鸿章议于正税之外，加征八十两，统计厘税一百一十两……如能就范，自属最妙。倘彼坚执，不稍转移，或我示以大方，即照威使百两之议办理，此事即可定局。"是年 10 月 23 日，总理衙门奏请委派曾纪泽在伦敦与英国外交部"随时商议"此事。①

曾纪泽在接到总理衙门训令后，开始与英国外交部商议在伦敦重启谈判。1883 年 1 月 31 日，英国外交大臣格兰维尔致函曾纪泽表示，"《烟台条约》第 3 款第 3 条关于向中国出口鸦片的关税问题已经进入英国政府和印度政府的议事日程。我现在准备和你讨论此事，希望达成一个使各国政府都满意的协议。我很想知道几周内是否方便协商此事"。②

2 月 6 日，曾纪泽致函格兰维尔说，"非常高兴接到 1 月 31 日来函。阁下通知我《烟台条约》第 3 款第 3 条向中国出口鸦片的条款已经提上议事日程，并期望达成一个令人满意的协议。鉴于中英两国政府对此事已经有了充分的考虑。我将在伦敦停留两周，中国政府也希望尽快达成一个令人满意的协议"。③

3 月 1 日，格兰维尔致函曾纪泽，通知于 3 月 5 日下午 3 时在英国外交部举行预备会议，以确定协商的范围。英国方面参加的人员有退休公使威妥玛、外交大臣助理柯里（Currie）和印度事务部大臣秘书佩迪（Pedder），并希望曾纪泽派遣中国驻伦敦使馆参赞马格里（Macartney）参加会议。3 月 3 日，曾纪泽复信表示同意。

3 月 5 日的会议如期召开，两国代表各抒己见。柯里在给马格里的备忘录中说，以 1880 年 1 月 14 日奕䜣的通知为基础进行谈判，即运到中国通商口岸的鸦片应当向中国新海关交税，然后由中国第一道局所按照 1876 年标准征收厘金。中国政府在备忘录中提交的厘金征收比率将递交英国政府考虑，④ 这显然是英国外交官的低价试探。

---

① 朱寿朋编：《光绪朝东华录》，第 2 册，总第 1966 页。
② Earl Granville to the Marquis Tsêng, January 31, 1883, Correspondence Respecting the Duties on Opium in China 1982, *British Parliamentary Papers：China*, Vol. 31, p. 573.
③ The Marquis Tsêng to Earl Granville, February 5, 1883, Correspondence Respecting the Duties on Opium in China 1982, *British Parliamentary Papers：China*, Vol. 31, p. 573.
④ Memorandum Communicated to Dr. Macartney, March 5, 1883, Correspondence Respecting the Duties on Opium in China 1982, *British Parliamentary Papers：China*, Vol. 31, pp. 574 – 575.

曾纪泽看了柯里给马格里的备忘录，于 3 月 12 日也写了一份备忘录，返给英国外交大臣。在曾纪泽看来，没有必要回到奕诉 1880 年 1 月 14 日写给英国政府的信函基础上，来讨论洋药税厘征收的范围。而后，曾纪泽直奔主题，提出统一征收洋药厘金问题。曾纪泽解释说，中国政府之所以主张洋药关税和厘金一并征收，是因为以前的厘金制度在实践中流弊较大。厘金作为一种战时征收的费用，不仅在不同省份征收的数额不一样，就是在同一省内不同地方也不一样。曾纪泽指出，他受清朝皇帝委派，专门就统一征收洋药厘金问题进行谈判。英国政府应当使英国商人同意，鸦片运到中国通商口岸后，由中国海关验明，存入栈房、仓库或趸船，只有在每箱交付了关税 30 两后，才能卖给中国商人。中国商人在每箱交纳厘金 80 两后，才能运销各地。[①] 为确保运输安全，中国政府将发给与货单一致的通行证，以保证洋药在内地运销过程中不再被征收任何费用。[②]

接到曾纪泽的备忘录后，格兰维尔于 4 月 27 日答复说，英国政府研究了曾纪泽 3 月 12 日的备忘录，为尊重中国政府的强烈愿望，准备举行一次正式协商，专门商讨中国大臣提出的统一征收洋药厘金及鸦片运销内地问题，但不能接受中国政府提出的每担征收厘金 80 两的标准。英国政府主张，中英双方应在交纳关税 30 两之外，每箱鸦片再交纳厘金 70 两的基础上进行谈判。因为，威妥玛从总理衙门那里得知，中国方面乐意接受这样的征收比率，并且强调说："中国政府颁发的通行证应当确保洋药无论运到何地，都免于再征收任何费用。"[③]

由于谈判没有取得快速进展。1883 年 5 月 11 日，总理衙门再次致函曾纪泽，希望尽快签订协议，称"威使原允百金，如不能议加，中国亦只可俯从"。[④]

我们不知是何原因导致此次谈判中断了 1 年多。1884 年 9 月 27 日，曾纪泽再次向格兰维尔递交备忘录，详细阐述中国政府立场。

---

① 此处 1 箱装载鸦片 100 斤，即 1 担。

② Memorandum by the Marquis Tsêng, March 12, 1883, Correspondence Respecting the Duties on Opium in China 1882, *British Parliamentary Papers: China*, Vol. 31, p. 575.

③ Earl Granville to Mr. Grosvenor, April 27, 1883, Correspondence Respecting the Duties on Opium in China 1882, *British Parliamentary Papers: China*, Vol. 31, p. 576.

④ 《遵旨议烟台续增专条及先后办理情形疏》，《曾惠敏公（纪泽）遗集》卷 5，光绪癸巳年（十九年）江南制造局刻本，第 24—28 页；朱寿朋编：《光绪朝东华录》，第 2 册，总第 1966 页。

第一，对英国政府尊重中国政府意愿——将统一征收洋药厘金作为谈判的基础——表示感谢。鉴于英国政府 1883 年 4 月 27 日备忘录的提案与中国政府的利益没有矛盾之处，中国决定同意英国政府的合理要求。

第二，针对英国政府的担心回复说，中国政府准备在统一征收洋药厘金后，给予洋药运入内地的合理保证，使其无论运往何地，都免收规定厘金以外的费用；中国政府有责任消除协议实施过程中发生的任何摩擦，只要不是故意违法，均可免除处罚。

第三，如果"洋药税厘并征"计划得以实施，中国政府将向全国发出通谕，确保英国政府的合理要求得到落实。其一，通令中国所有海关征收洋药关税 30 两、厘金 80 两。其二，在交纳关税和厘金之后，可将鸦片在货栈重新包装。经税务司同意后，按照包装情况，发给通行证。其三，中国政府同意，这些分包装的洋药无论运往何地，只要包装不破损，完税印章清晰，通行证附随，可以免交任何费用。其四，中国政府同意，洋药无论存放何处，均与土药一样，不得有任何歧视性限制。

第四，中国政府对英国将洋药统一厘金仅定为每箱 70 两深表失望。为了每箱洋药厘金不超过 80 两，中国政府已作了很大努力，因为部分总督和巡抚要求对鸦片征收远远高于 80 两的厘金。因此，中国政府无法将每箱洋药厘金统一削减到 70 两。考虑到鸦片的毒害性，中国政府有责任去控制它的蔓延，因此，中国政府提出的每担征收厘金 80 两是相对合理的。

第五，英国政府应当明白以下几点。其一，根据《通商章程善后条约：海关税则》第 5 款，中国政府有权把鸦片关税提高到自认为合理的数目。一旦鸦片进入中国商人手中，中国政府有权把厘金定为每箱 80 两，而不需要和贸易对方商议。在这个问题上，中国政府是决策者，而非接受者。其二，中国政府已经降低了厘金的征收标准，一些港口征收的厘金远远高于 80 两。例如，福州征收的厘金是 96 两，温州征收的厘金在 80—90 两。

鉴于上述事实，中国政府希望英国政府接受在通商口岸统一征收洋药关税 30 两和厘金 80 两的方案。①

---

① Memorandum Communicated to Earl Granville by the Marquis Tsêng, September 27, 1884, Correspondence Respecting the Duties on Opium in China 1882, *British Parliamentary Papers: China*, Vol. 31, pp. 579–581.

此后，曾纪泽遵守总理衙门训令，与格兰维尔等展开多次谈判，并利用英东力除鸦片贸易协会抗议施压，"或具分条节略，或与逐条面谈。该外部援引前说力争，数目久而未定。禁烟会绅屡发庄论，责以大义。外部始允加至一百零五两。臣恪遵谕旨，仍未敢遽行松口，最后乃争得一百一十两之数"。①

1885 年 2 月 8 日，格兰维尔致函曾纪泽说："英国政府仔细考虑了去年 9 月 27 日你的鸦片贸易备忘录。为尊重中国政府的意见，决定接受每箱鸦片厘金 80 两的请求，这将使印度政府的鸦片贸易税收有所减少，你应对这一提案感到欣慰。"英国政府对中国政府 1884 年 9 月 27 日作出的承诺表示满意。英国政府希望中国公使考虑两个问题。一是鸦片贸易通行证问题。中国政府按协定发放通行证，任何外国不能随便使用这一权利。通行证应遵照《烟台条约》的明确规定，不添加任何词语，因为那样可能提供违反条约的空间。二是洋药重新包装后运往内地的税收问题。"如果洋药在内地厘金未被有效废除，那么，英国政府有权在任何时间终止这一条约。"②

曾纪泽对于英国政府同意每箱洋药统一征收 80 两厘金表示感谢，同时，对于英国政府提出的两个要求表示接受。③

4 月 24 日，格兰维尔对曾纪泽的备忘录作出回应，将英方起草的《烟台条约》附件草案转交曾纪泽审阅。6 月 15 日，曾纪泽复信认为，草案很好地表达了双方谈判的成果，并告知英国方面，已经接到总理衙门通知其代表中国政府签字的电令。就在这时，英国政府内阁改组，索尔兹伯里担任首相兼外交大臣。

曾纪泽担心夜长梦多，希望尽快签字。就在这时，又发生了一件事。1885 年 4 月 28 日，英国驻华公使欧格讷（N. R. O'Conor）将 4 月 24 日《京报》刊登的一篇内阁学士周德润谴责凤阳关的奏折摘要呈送给英国外交部，据此认为清廷不

① 《遵旨议烟台续增专条及先后办理情形疏》，《曾惠敏公（纪泽）遗集》卷 5，第 24—28 页；朱寿朋编：《光绪朝东华录》，第 2 册，总第 1967 页。

② Earl Granville to the Marquis Tsêng, February 9, 1885, Correspondence Respecting the Duties on Opium in China 1882, *British Parliamentary Papers：China*, Vol. 31, pp. 581 – 582.

③ Memorandum Communicated to Earl Granville by the Marquis Tsêng, March 18, 1885, Correspondence Respecting the Duties on Opium in China 1882, *British Parliamentary Papers：China*, Vol. 31, p. 582.

能有效控制地方政府。在奏折中，周德润认为，凤阳关所辖 5 个厘金所和 10 个稽查站，任用亲信，中饱私囊，导致国家每年损失 100 万两白银。这种指责难免有所夸张，但正好成为英国政府指责中国厘金局所无法无天的证据。① 曾纪泽担心节外生枝。

索尔兹伯里没有借周德润的奏折大做文章，只是转呈曾纪泽，要求中国政府防止此类事件继续发生。中英关于"洋药税厘并征"的条约于 1885 年 7 月 18 日在英国外交部完成签字仪式，② 该条约名为《续增专条》，共 10 款，第 2 款规定："《烟台条约》第三端第三节所拟洋药办法，今议定改为洋药运入中国者，应由海关验明，封存海关准设具有保结之栈房，或封存具有保结之趸船内，必俟按照每百斤箱向海关完纳正税三十两，并纳厘金不过八十两之后，方许搬出。"③

中英关于"洋药税厘并征"的谈判，在天津开场，接着在北京进行，并在印度西姆拉非正式接触，而后又回到天津和北京交涉，最后又不得不改在伦敦举行，一波三折，经历 10 年之久，最终降下帷幕。

结语：必须揭露的财政秘密

19 世纪后期，鸦片贸易已经臭名昭著。那么，英印政府为什么还要在国际国内舆论强烈谴责下，竭力维持鸦片贸易呢？看一看鸦片贸易的丰厚利润就会明白一切。

（一）印度政府的鸦片收益

印度政府对孟加拉鸦片出口收益算了一笔账。每箱比哈尔鸦片（68 锡厄 2 古塔克，浓度为 75°，合 133.33 磅，约等于 100 斤）平均收购价格为 365 卢比，加上

---

① Memorandum Communicated to Earl Granville by the Marquis Tsêng, September 30, 1884, Correspondence Respecting the Duties on Opium in China 1982, *British Parliamentary Papers: China*, Vol. 31, pp. 579 – 581.

② The Marquis Tsêng to the Marquis of Salisbury, July 18, 1885, Correspondence Respecting the Duties on Opium in China 1882, *British Parliamentary Papers: China*, Vol. 31, p. 589.

③ 朱寿朋编：《光绪朝东华录》，第 2 册，总第 1965—1966 页。

生产和包装成本、投入的资金利息、管理人员的津贴和养老金等其他成本需要 73 卢比，合计成本为 438 卢比；每箱贝拿勒斯鸦片平均收购价为 341 卢比，加上其他成本 66 卢比，合计成本为 407 卢比。

每箱孟加拉鸦片的拍卖价，减去生产成本价（鸦片收购价、包装和管理者的工资），等于印度政府的鸦片收益。比哈尔与贝拿勒斯两地出售的鸦片数量大体相当，因此两地每箱鸦片的成本可以用算术平均法来计算，即（438 + 407）÷ 2 = 422.5 卢比。1871—1872 财政年度至 1880—1881 财政年度，每箱孟加拉鸦片在加尔各答市场上的平均拍卖价格是 1280 卢比，每箱孟加拉鸦片的平均利润为 1280 − 422.5 = 857.5 卢比，相当于 271 中国海关两，约为生产成本价的 203%。[1] 农民种植罂粟的收益大致与种植其他农作物相当，真正的受益者首先是印度政府。马洼鸦片的收益，即征收的出口税每箱为 600—700 卢比（照 650 卢比计算，约相当于 205 中国海关两）。

1871—1880 年是印度鸦片贸易鼎盛时期，印度政府从孟加拉鸦片专卖制度和孟买鸦片关税中获取了巨额财政收入。每年平均纯收益高达 7052387 镑，最高年度为 1880—1881 财政年度，纯收益为 8451185 镑。表 2 是印度政府的鸦片收益统计情况。

表 2　1871—1880 年印度政府的鸦片财政收益情况　　　　单位：英镑

财政年度	鸦片财政总收入			鸦片财政管理支出			鸦片财政纯收入		
	孟加拉	孟买	合计	孟加拉	孟买	合计	孟加拉	孟买	合计
1871—1872	6898700	2355159	9253859	1593298	3348	1596646	5305402	2351811	7657213
1872—1873	6069793	2614898	8684691	1810631	3637	1814268	4259162	2611261	6870423
1873—1874	5582984	2741895	8324879	1998226	3054	2001280	3584758	2738841	6323599
1874—1875	5602624	2953704	8556328	2338295	2987	2341282	3264329	2950717	6215046
1875—1876	5921097	2549494	8470591	2216044	1807	2217851	3705053	2547687	6252740
1876—1877	6174138	2948290	9122428	2839829	1815	2841644	3334309	2946475	6280784
1877—1878	6432763	2749840	9182603	2657355	2149	2659504	3775408	2747691	6523099
1878—1879	7006115	2391647	9397762	1695735	2057	1697792	5310380	2389590	7699970

[1]　Letter from the Government of India, December 19, 1881, Correspondence with the Government of India Respecting the Negotiations with China on the Subject of Opium 1882, *British Parliamentary Papers: China*, Vol. 31, p. 427.

续表2

财政年度	鸦片财政总收入			鸦片财政管理支出			鸦片财政纯收入		
	孟加拉	孟买	合计	孟加拉	孟买	合计	孟加拉	孟买	合计
1879—1880	7175953	3141347	10317300	2065490	2002	2067492	5110463	3139345	8249808
1880—1881	7953567	2526375	10479942	2026840	1917	2028757	5926727	2524458	8451185
平均数	6481773	2697265	9179038	2124174	2477	2126651	4357599	2694788	7052387

数据来源：财政总收入包括税务部门的管理支出。数据摘抄自印度政府的报告，参见 Letter from the Government of India, December 19, 1881, Correspondence with the Government of India Respecting the Negotiations with China on the Subject of Opium 1882, *British Parliamentary Papers：China*, Vol. 31, p. 455.（为保持史料原貌，表中数据均照录原文）

（二）英印鸦片商的收益

计算英印鸦片商的鸦片收益有两种方法。一种是从香港销售鸦片的价值中减去在印度销售鸦片的价值。采取这种方法，需要推算出印度销售鸦片的总价值。另一种方法是从香港销售鸦片的价值中减去印度政府的鸦片收益和生产成本费（农民生产鸦片费用和管理费用）。采取第二种方法的有利条件是印度政府的鸦片收益统计是现成的，不利条件是缺少农民生产鸦片数量、价值以及管理费用统计。两种方法相比，第一种方法可以借助已有的统计加以推算，而第二种方法由于缺乏必要的统计资料，推算起来比较困难。因此，本文采用第一种计算方法。表3第9列是印度鸦片在本国的销售总价值。

表3 1871—1880 年印度各地鸦片销售数量、平均售价和价值

财政年度	孟加拉鸦片			马洼鸦片			印度鸦片	
	拍卖箱数（箱）	平均售价（卢比）	价值（卢比）	销售箱数（箱）	平均售价（卢比）	价值（卢比）	箱数（箱）	总价值（卢比）
1871—1872	49695	1388	68976660	38754	600	23252400	88449	92229060
1872—1873	42675	1386	59147550	44003	600	26401800	86678	85549350
1873—1874	42750	1266	54121500	44957	600	26974200	87707	81095700
1874—1875	45000	1207	54315000	46561	600	27936600	91561	82251600
1875—1876	45510	1260	57342600	41804	600	25082400	87314	82425000
1876—1877	47240	1270	59994800	40786	600	24471600	88026	84466400
1877—1878	49500	1266	62667000	43281	625	27050625	92781	89717625
1878—1879	55500	1225	67987500	36881	650	23972650	92381	91960150
1879—1880	59100	1170	69147000	46732	675	31544100	105832	100691100
1880—1881	56500	1362	76953000	37205	700	26043500	93705	102996500

注释：数据摘自印度政府报告，参见 Letter from the Government of India, December 19, 1881, Correspondence with the Government of India Respecting the Negotiations with China on the Subject of Opium 1882, *British Parliamentary Papers：China*, Vol. 31, p. 455.

　　用运到香港的鸦片销售价，减去在印度的销售总价值（即在加尔各答的拍卖价值和在孟买的销售价），就等于鸦片商的税前收益。从税前收益中减去中国海关征收的关税，即为实际收益。表4第7列是1871—1880年英印鸦片商获取的税前利润。表5第5列是英印鸦片商获取的鸦片纯收益。

表4　1871—1880年英印鸦片商的鸦片税前收益

| 财政年度 | 在香港销售的鸦片 | | 在印度销售的鸦片 | | | 商税前收益（海关两） |
	箱数（箱）	价值（海关两）	箱数（箱）	总价值（卢比）	总价值折合海关两	
1871—1872	89744	40690974	88449	92229060	29125579	11565395
1872—1873	86385	34704689	86678	85549350	27016153	7688536
1873—1874	88382	32467697	87707	81095700	25609708	6857989
1874—1875	91082	33175559	91561	82251600	25974736	7200823
1875—1876	84619	29106923	87314	82425000	26029495	3077428
1876—1877	96985	36491288	88026	84466400	26674162	9817126
1877—1878	94200	32303963	92781	89717625	28332478	3971485
1878—1879	94899	37470465	92381	91960150	29040659	8429806
1879—1880	107970	41479892	105832	100691100	31797859	9682033
1880—1881	96839	42823721	93705	102996500	32525895	10297826

　　数据来源：第2—3列中国通商口岸进口洋药数量来源于《海关报告》（*Reports on Trade at the Treaty Ports in China 1862 - 1881*）；第4—5列是表3推算的1871—1880年在印度销售的鸦片数量与价值；第6列系按当年中国1海关两相当于印度3.1666卢比推算而得，中国海关两与印度卢比之间的汇率，可以印度政府提供的"30两折合95卢比"，"84两折合266卢比"求得，即1海关两约等于3.1666卢比。Letter from the Government of India, December 19, 1881, Correspondence with the Government of India Respecting the Negotiations with China on the Subject of Opium 1882, *British Parliamentary Papers：China*, Vol. 31, p. 455.

表5　1871—1880年英印鸦片商的鸦片税后利益

财政年度	商税前收益（海关两）	合法进口的印度鸦片箱数（箱）	中国海关征收关税（海关两）	商税后收益（海关两）
1871—1872	11565395	59670	1790100	9775295
1872—1873	7688536	61193	1835790	5852746
1873—1874	6857989	65797	1973910	4884079
1874—1875	7200823	69844	2095320	5105503
1875—1876	3077428	62949	1888470	1188958
1876—1877	9817126	69851	2095530	7721596
1877—1878	3971485	70179	2105370	1866115
1878—1879	8429806	72424	2172720	6257086

续表5

财政年度	商税前收益 （海关两）	合法进口的 印度鸦片箱数（箱）	中国海关征收关税 （海关两）	商税后收益 （海关两）
1879—1880	9682033	83051	2491530	7190503
1880—1881	10297826	71654	2149620	8148206

数据来源：第 3 列合法进口的鸦片箱数摘自《海关报告》（*Reports on Trade at the Treaty Ports in China 1862 – 1881*），第 4 列中国海关征收的洋药关税是按每担征银 30 两推算而得。

（三）中国政府的洋药税厘收入

中国海关征收的洋药关税收入，加上各地方政府征收的洋药厘金收入，就是中国政府的收益。关于鸦片税收，中国海关每年都有系统的进口数量统计，按照每箱鸦片交纳关税 30 两计算，可以得到鸦片关税征收总额。关于厘金收入，由于各地抽收比率不同，难以有效推算。不过，幸运的是罗玉东对此已有粗略统计。现将两种数据合计成表6。

表 6　1871—1880 年中国政府征收洋药税厘一览　　　　单位：海关两

年度	通商口岸进口洋药数量（箱）	海关征收洋药关税	地方政府征收洋药厘金	洋药关税和厘金合计
1871—1872	59670	1790100	54271	1844371
1872—1873	61193	1835790	52702	1888492
1873—1874	65797	1973910	55836	2029746
1874—1875	69844	2095320	50953	2146273
1875—1876	62949	1888470	48925	1937395
1876—1877	69851	2095530	48958	2144488
1877—1878	70179	2105370	41451	2146821
1878—1879	72424	2172720	30529	2203249
1879—1880	83051	2491530	27400	2518930
1880—1881	71654	2149620	25872	2175492

数据来源：第 2 列和第 3 列中国通商口岸进口洋药数量摘自表5，第 4 列摘录自罗玉东：《中国厘金史》第 2 册，第 471 页。

（四）中国政府、印度政府和英印鸦片商的收益对比

从表7可以看出，1871—1880 年，中国政府每年洋药平均收益 2103525.7 两；英印政府每年鸦片平均收益为 29200970 两；英国和印度商人每年平均鸦片

收益是 5797375 两。中国政府每年平均鸦片收益相当于英印政府的 7%，相当于英国和印度商人的 36%。若把英印政府和商人每年平均收益计算在一起，即34998345 两，那么，中国政府每年鸦片平均收益仅仅相当于前者的 6%。就每年来说，统计数据可能不够精确。但将其放在 10 年中考量，这些数据基本可以反映鸦片贸易的实质问题。

表 7　1871—1880 年中国政府、印度政府和英印鸦片商的收益对比一览

年度	中国政府洋药收益(海关两)	印度政府鸦片收益折合海关两			英印鸦片商利润	
		印度政府收益（英镑）	海关两兑英镑汇率(便士)	折合海关两	税前（海关两）	税后（海关两）
1871—1872	1844371	9253859	78	28473412	11565395	9775295
1872—1873	1888492	8684691	79.75	26135747	7688536	5852746
1873—1874	2029746	5324879	77	16597025	6857989	4884079
1874—1875	2146273	8556328	76	27019983	7200823	5105503
1875—1876	1937395	8470591	74	27472187	3077428	1188958
1876—1877	2144488	9122428	71.4	30663624	9817126	7721596
1877—1878	2146821	9282603	72	30942010	3971485	1866115
1878—1879	2203249	9397762	71.5	31544935	8429806	6257086
1879—1880	2518930	10317300	67.333	36774717	9682033	7190503
1880—1881	2175492	10479942	69.125	36386055	10297826	8148206
平均	2103526	8889038	73.611	29200970	7858845	5799009

数据来源：第 2 列数据来自本文表 6 第 5 列；第 3 列数据摘自表 5 印度政府的统计；第 4 列摘自海关统计（马士：《中华帝国对外关系史》，上海：上海书店出版社，2000 年，第 2 册，第 454 页所附《1870 至1904 年海关两合英镑及中国铜线每年平均价格图解》）；第 5 列系根据第 3—4 列折算，当时 1 英镑等于 240便士；第 6 列和第 7 列摘自表 5 第 4 列和第 5 列。

正是由于每年从鸦片贸易中获得了巨额收益，印度政府才始终坚持鸦片生产和专卖制度，且从来不敢把自己的巨额收入公之于众。在他们看来，鸦片的利润是固定的，中国政府加征洋药税厘分割了印度政府的财政收益。鸦片专卖是印度财政的命根子，如果停止孟加拉鸦片专卖政策，"鸦片税收的全部损失会使印度政府破产"。[1]

---

[1] Letter from the Government of India, December 19, 1881, Correspondence with the Government of India Respecting the Negotiations with China on the Subject of Opium 1882, *British Parliamentary Papers: China*, Vol. 31, p. 426.

对英国政府而言，巨大鸦片贸易利润既是维持对印度殖民统治的经济基础，又是平衡中、英、印之间三角贸易的重要手段。为维持鸦片专卖制度，英国政府制造种种借口，颠倒是非，混淆黑白，甚至发动战争，强行推销毒品。此次关于"洋药税厘并征"的谈判，英国政府之所以长期拖延，不愿彻底破裂，并非对自己的罪恶行径有所忏悔。英国印度事务部大臣哈汀顿在信中说得明明白白，在他看来，鸦片贸易已臭名昭著，英国政府不便为此再发动新的战争，因此，他希望英印政府"利用一切合法手段进行对抗，防止中国政府恢复将会引起非法贸易的政策"。① 言下之意，在必要时可以满足中国政府的某些要求，防止谈判破裂，导致中国政府重新宣布禁止鸦片贸易。显然，这是想通过某些妥协继续维持罪恶的鸦片贸易。由此可知，鸦片贸易是英印政府的生命线，是英国统治印度的政治、经济基础。英印殖民制度的存在，离不开印度与中国之间的鸦片生产、贸易和消费链条；一旦丧失巨大的鸦片利润，英印殖民制度必定发生严重问题；一旦英印殖民制度崩溃，英国势必走向衰落。

就中国代表而言，此次谈判毫无疑问是与虎谋皮，他们本来可以站在坚实的正义与道德基础上，义正词严地提出解决鸦片问题的正确方案，但由于执着于"洋药税厘并征"财政利益，没有摸清对方的底牌，不知道英印政府获取的巨大利润是多少，更不知道对方的核心利益是什么，始终没有打出严禁鸦片输入这张王牌，致使关于"洋药税厘并征"谈判一再延搁，直到 10 年之后，才以继续牺牲无数国人的身心健康为代价，取得了"洋药税厘并征"每担 110 两的谈判要价。以每年输入中国 9 万担鸦片计算，关税与厘金合并征收 990 万两，也仅相当于印度政府每年鸦片利税 1/3 左右（见表 6），这还不包括英印鸦片商获取的利润。总之，英印代表在这场关于洋药的关税谈判中有所失亦有所得，失去的是部分利益，得到的是鸦片贸易披着合法的外衣，继续摧残中国人民的身心健康。因此，某种意义上讲，英印代表赢得了"防止中国政府恢复将会引起非法贸易的政策"的胜利。

"洋药税厘并征"谈判取得一定进展，对清廷而言意义重大。第一，洋药税

---

① Revenue Despatch to the Government of India, June 16, 1881, Correspondence with the Government of India Respecting the Negotiations with China on the Subject of Opium 1882, *British Parliamentary Papers: China*, Vol. 31, p. 412.

厘并征是国家财政开源的重要举措之一。1875 年，一位御史建议全面整顿地丁、关税、盐税和厘金："近自军兴以来，用兵二十余载，以致帑藏空虚，迥异往昔，中外用款，支绌日甚。臣思户部为天下财赋总汇之地，若不及早理其源而节其流，诚恐泄沓日久，支撑愈难。"① 由此不仅可以看到光绪朝前期财政拮据，同时也可以明白清廷之所以开展"洋药税厘并征"谈判，意在整顿国家财政，支撑危局。第二，"洋药税厘并征"缓解了光绪朝前期国家财政拮据状况。对清廷来说，尽管"洋药税厘并征"之后，所收税银远不及印度政府，但就自身而言，还是有很大增加。1884 年海关征收的进出口税银为 13510712 两，到 1887 年猛增至 20541399 两，1888 年达到 23167892 两；此后关税长期稳定在 2200 万两上下。② 进出口关税大幅度增加缓解了中央财政拮据状况。第三，实施"洋药税厘并征"，使清廷找到了整顿国家财政的抓手。厘金是太平天国战争时期清朝地方当权者向商人征收的附加税，名目繁多，征收机构复杂。这种混乱的征收制度，不仅在战时和战后使商人饱受其苦，而且使户部等中央机构逐渐失去了对财政来源的控制。实施"洋药税厘并征"之后，清廷鉴于关税大幅度提高，立即将目标转向土药厘金的整顿。第四，"洋药税厘并征"之后，印度鸦片输入中国的价格进一步提高，相对减弱了在中国消费市场的竞争力。贸易数据的变化是最真实的反映，1886 年，输入香港的印度鸦片高达 96164 担，到 1896 年减少为 52859 担。③ 嗣后十余年间也都维持在 5 万担左右。鸦片进口所占中国进口货值的比例也从 1884 年的 35.94%，逐年下跌，到 1904 年仅占 10.78%。从产品替代角度来看，鸦片进口替代是比较成功的。海关对鸦片进口所占中国进口货值的比例，分析如表 8：

表 8　1884—1904 年鸦片进口所占中国进口货值的比例

年份	1884	1885	1886	1887	1888	1889	1890
进口鸦片(%)	35.94	28.84	28.56	27.31	25.91	27.46	22.78
年份	1891	1892	1893	1894	1895	1896	1897
进口鸦片(%)	21.14	20.29	20.94	20.57	16.98	14.14	13.76

① 朱寿朋编：《光绪朝东华录》，第 1 册，总第 87 页。

② 朱寿朋编：《光绪朝东华录》，第 2 册，总第 1892、2406 页；第 3 册，总第 2556 页。

③ 徐雪筠等译编：《上海近代社会经济发展概况（1882—1931）——〈海关十年报告〉译编》，上海：上海社会科学院出版社，1985 年，第 367 页。

续表8

年份	1898	1899	1900	1901	1902	1903	1904
进口鸦片(%)	13.96	13.52	14.70	12.28	11.24	13.41	10.78

资料来源：徐雪筠等译编：《上海近代社会经济发展概况（1882—1931）——〈海关十年报告〉译编》，第363页。

　　印度鸦片输入香港数量逐年减少，固然可以将大量土产鸦片看成是生产替代品，但也不可否认，"洋药税厘并征"在一定程度上对印度鸦片输入起到了抵制作用。但这种抵制作用是有限的，根本无法达到使其无利而自止的最终目的。总之，清廷在这场旷日持久的"关税之战"中有所得也有所失，得到的是关税的大幅度增加，有利于解决国家财政拮据问题；失去的是道德、正义和人心，牺牲的是中国人民的身心健康。得失之间，孰轻孰重，一目了然。这对左宗棠等提出的"拟增税捐，期收实效"初衷，即最终驱除洋药的"本谋"，乃是大为刺谬。

　　鸦片贸易，对于英国来说，不仅是殖民扩张的发动机，更是资本主义经济成长的孵化器，是其成为日不落帝国的经济基础；对中国来说，不仅摧毁了中国人民的身心健康，而且破坏了农业、手工业经济赖以维持的资金流，从而成为清朝衰亡的催化剂。

〔作者王宏斌，河北师范大学历史文化学院教授。石家庄　050024〕

（责任编辑：黄　娟）

五四运动与日本对华战略的调整[*]

王美平

摘　要： 五四运动既是中国近代史上具有分水岭意义的重大事件，亦在近代日美亚太竞争中具有节点意义。日本政府认为五四运动是中国内部政争、美英煽动、共产主义思想传播与国民党乘机利用的产物，否认中国民族主义的觉醒，故而采取威逼北洋政府镇压五四爱国运动的政策，并通过出动、增派海军辅助保护日侨，威慑学生运动。上海"三罢"斗争后，日本竭力煽动"普遍排外说"，企图拉拢列强联合出兵镇压，未得美国等列强共鸣而单独增兵。在中国民族主义运动与美国等列强的压力下，日本政府调整对华战略，从一国独占改为与欧美协调。日本对五四运动的认知与干涉，深刻影响了此后的中日美关系。

关键词： 五四运动　日本　北洋政府　中日关系　美日关系

　　五四运动既是中国近代史上具有分水岭意义的重大事件，亦对第一次世界大战后日本对华战略及日美的亚太竞争产生重要影响。学界关于五四运动与日本关联的探研，主要集中于以下方面。其一，以新民主主义革命史观，揭示出巴黎和会中国外交的失败、大国分赃以及北洋政府"卖国投敌"，是促使五四运动爆发并发展为反帝反封建运动的要因。[①] 其二，通过探讨日本媒体、知识界对五四运动的报道

---

*　本文系国家社科基金重点项目"战时日本政府对中国共产党观的调查、认识与决策"（20AZS012）阶段性成果。

①　俞辛焞：《巴黎和会与五四运动》，《历史研究》1979 年第 5 期。

与评论，认为日本舆论对五四运动主要持"他者煽动说"及"自发说"。① 其三，利用《日本外交文书》所载日本驻华使领馆人员对五四运动的观察，从经费来源、理论基础、力量支持等角度描绘五四运动在中国各地的具相，这类成果将本领域研究推上了新台阶，但对日本将共产主义与五四运动相联系的探讨较为欠缺。② 其四，探讨五四运动对中日关系的影响，主要有两种观点：一种主张促使中日关系转变的主要原因是一战后国际局势的变动，五四运动并未影响日本对华政策与中日关系；③ 另一种以北洋政府罢免曹汝霖等"亲日派"官员后，日本政府仍然支持北洋政府总统徐世昌为根据，认为日本政府的对华政策开始受到中国国民意志的影响。④ 本文在已有研究基础上，主要利用《日本外交文书》与亚洲历史资料中心新公布的日本外务省、军部档案，结合美、英外交档案与北洋政府档案，从列强竞合尤其是日美竞争的角度，探讨学界少有涉及的日本政府对五四运动的干涉及五四运动对日本对华战略所产生的影响。

一、山东问题的产生与日美的对立及妥协

攫取德国原有"山东权益"，是日本参加一战的重要目标。1898 年至 1900 年

---

① 日本的研究有嶋本信子：「五四運動と日本人：同時代の反応と研究史」、『史潮』第 100 号、1967 年 10 月；松尾尊兊：「五四運動と日本」、『世界』1998 年 8 月号；狭間直樹、江田憲治、馮天瑜：「日本人は五四運動をどうとらえてきたか」、『中国 21』第 9 巻、2000 年 5 月；胆紅：「五四運動と日本のジャーナリズム」、『国際公共政策研究』第 20 号、2007 年 3 月；武藤秀太郎：『「抗日」中国の起源：五四運動と日本』、東京：筑摩書房、2019 年。中国的研究有王美平：《日本对中国的认知演变：从甲午战争到九一八事变》，北京：社会科学文献出版社，2021 年，第 316—328 页；润泽：《政治、外交与媒体：1919 年日本报纸关于五四运动的报道研究》，《安徽大学学报》2011 年第 4 期；于耀洲：《日本社会对五四运动的态度简析》，《史学集刊》2001 年第 4 期；秦旭：《1919 年日本报纸中的五四运动》，硕士学位论文，华中师范大学历史文化学院，2014 年；周渝阳：《大正时期的综合杂志对五四运动的认识——以 1919 年〈中央公论〉和〈太阳〉为中心》，硕士学位论文，武汉大学历史学院，2017 年；等等。

② 黄自进：《日本驻华使领馆对五四学生爱国运动的观察》，《思想史》第 9 期，2019 年 12 月，台北：联经出版事业股份有限公司，第 63—109 页。

③ 池井優：「山東問題、五四運動をめぐる日中関係」、慶応義塾大学『法学研究』第 43 巻第 1 号、1970 年 1 月、第 233 頁。

④ 狭間直樹：「五四運動と日本：親日派三高官"罷免"問題をめぐって」、『東方学報』第 73 冊、2000 年 3 月、第 589 頁。

间，德国通过一系列不平等条约获取了胶州湾租借权，胶济铁路修建、经营权以及沿线 30 华里内开矿权。① 一战期间，作为不冻港的青岛已发展为胶州湾中心，东与日本控制下的朝鲜隔海相望；南借高密至徐州路约，可威胁苏皖；西有胶济铁道，扼津浦路之腰脊，又有济南至顺德路约，可制京汉路之死命；北可利用烟潍铁路进抵烟台，与日本海军所据之旅顺基地遥相呼应，一旦有事，可直封渤海口，使"北京成死囚"。② 正因意识到青岛的重要战略地位，日本企图借机独占。

1914 年 8 月，为阻止日本参战，德国向北洋政府提议举行归还胶州湾的谈判。其后，北洋政府虽与德国试行交涉，但因遭到日本的警告与恫吓未果。③ 8 月 15 日，为从德国手中攫取山东及南洋权益，日本以执行英日同盟协约、维护远东和平为"大义名分"，向德国驻日大使发出最后通牒，"限德意志帝国政府以将胶州湾租借地完全归还中国为目的，以 1914 年 9 月 15 日为限，无偿、无条件交付日本政府"。④ 该声明既是日本对德开战的借口，亦成为此后中国要求日本归还山东的重要依据。同日，日本外相加藤高明向中国驻日公使陆宗舆声明，日本对德开战"绝无占领土地之野心"，且尊重中国的"中立"立场。⑤

然而，日本在攻占青岛后，却突破中国划定之战区，先后占领了潍县、济南车站与胶济铁路及其沿线矿产，企图将胶州湾租借地扩大至济南。⑥ 为达到战后绕开中国攫取德国在山东权益的险恶目的，1915 年，日本政府逼迫袁世凯接受"二十一条"中的主要款项，并签订严重破坏中国主权的"民四条约"，其中规

---

① 王铁崖编：《中外旧约章汇编》第 1 册，北京：三联书店，1957 年，第 793—795、827—828 页。

② 龚振黄：《青岛潮》，中国科学院历史研究所第三所近代史资料编辑组编：《五四爱国运动资料》，北京：科学出版社，1959 年，第 138 页。

③ 「独逸ノ膠州湾還附ノ申出ハ中国ニ於テ絶対拒否スル様中国政府ヘ警告方訓令ノ件」（1914 年 8 月 14 日）、日本外務省編：『日本外交文書』1914 年第 3 冊、東京：外務省、1966 年、第 137—138 頁。

④ 「対独最後通牒文」（1914 年 8 月 15 日）、日本外務省編：『日本外交文書』1914 年第 3 冊、第 145 頁。

⑤ 「対独最後通牒ニ関シ在本邦陸公使ト中国政府トノ間ニ往復セル電報写送附ノ件」（1914 年 8 月 19 日）、日本外務省編：『日本外交文書』1914 年第 3 冊、第 195 頁；王芸生编著：《六十年来中国与日本》第 6 卷，天津：大公报社出版部，1933 年，第 51 页。

⑥ 刘彦：《欧战期间中日交涉史》，戴逷点校，长沙：湖南教育出版社，2010 年，第 8—9 页。

定："中国政府允诺，日后日本国政府向德国政府协定之所有德国关于山东省依据条约或其他关系对中国享有一切权利利益让与等项处分，概行承认。"① 而且，日本并不满足于德国原有权益，而是企图进一步扩张。1915 年 4 月 26 日，日本在给北京外交部的条约最后修正案中提出处理胶州湾问题的具体办法，即当日本通过战后和会获取胶州湾之自由处分权时，向中国提出如下条件："（1）胶州湾全部开放为商港；（2）在日本指定区域设置日本专管居留地；（3）可根据列强希望，另行设置共同居留地。"② 以上条件均是对德国原有权益的扩大，并被写入换文之中。③ 日本还通过"民四条约"攫取了"由烟台或龙口接连于胶济路线之铁路"的借款权。④

　　1917 年，中国政府在对德宣战时，声明依据国际公法与惯例，废止中德间所签订一切条约。在中国看来，"民四条约"中关于山东权益的条款随之失效。日本则在继续主张"民四条约"有效的同时，寻机订立新的条约以扩大在华权益。1917 年二三月间，日本暗中以出征地中海对德作战为条件，要挟英、法、俄、意四国，与之达成关于将来在和会上支持日本接手德国在山东权益的密约。⑤ 1918 年 9 月 24 日，日本以提供段祺瑞所需借款为诱饵，与驻日公使章宗祥达成了《山东问题换文》与《济顺、高徐二铁路借款预备合同》。⑥《山东问题换文》规定："胶济铁路所属确定以后，归中日两国合办经营"，中国之胶济铁路巡警队"本部及枢要站点并巡警养成所内，应聘用日本国人"。⑦ 虽然该协定并未得到中

---

① 王芸生编著：《六十年来中国与日本》第 6 卷，第 336 页。

② 「最後通牒提出二至ル迄ノ日支交涉顛末発表ノ件」（1915 年 5 月 7 日）、日本外務省編：『日本外交文書』1915 年第 3 冊上卷、東京：外務省、1968 年、第 396 頁。

③ 威罗贝：《外人在华特权和利益》，王绍坊译，北京：三联书店，1959 年，第 162 页。

④ 王芸生编著：《六十年来中国与日本》第 6 卷，第 336 页。

⑤ "外務省第 676、682、683、695 号文書"、日本外務省編：『日本外交文書』1917 年第 3 冊、東京：外務省、1968 年、第 650、656、657、668 頁；俞辛焯：《巴黎和会与五四运动》，《历史研究》1979 年第 5 期；唐启华：《"中日密约"与巴黎和会中国外交》，《历史研究》2019 年第 5 期。

⑥ 沈予：《日本大陆政策史（1868—1945）》，北京：社会科学文献出版社，2005 年，第 223 页。

⑦ 王芸生编著：《六十年来中国与日本》第 7 卷，天津：大公报社出版部，1934 年，第 188 页。

国国会的批准，但日本却坚持认为有效，成为其在巴黎和会上主张继承德国在山东权益的重要依据。

在做好上述准备后，日本针对巴黎和会定下了直接从德国获取胶州湾之"自由处分权"的方针。1918 年 11 月 22 日，原敬内阁确定参加巴黎和会的原则："帝国政府若能从德国政府手中获取胶州湾租借地之自由处分权"，可按"民四条约"中中国政府"概行承认"日德间关于山东权益之"让与处分"的条文，将胶州湾"归还"中国，但"绝不能以将胶州湾归还中国作为德国将该地让渡于日本的条件"，且要"使列强承认该问题完全属于日中两国之间的事务"。① 1919 年 1 月 18 日，日本内阁进一步确定媾和草案，其中，就山东问题要求德国按照条约及其他协定与惯例，将在山东省享有的对领土领海的租借、铁道与矿山等一切权利、特权与让与，及构成上述权利、利权与让与之一部分，或与之相关的位于山东省外的一切权利、特权与让与，转让于日本；德国将胶济铁道及其一切支线并属于该地该铁道所属或为其盈利而经营的一切矿山及附属于该地该铁道及矿山的一切权利、特权与财产让渡于日本。② 毋庸赘言，在上述方针与要求下所"归还"中国者，是徒具空壳的"主权"，胶州湾租借地、胶济铁道及其沿线矿务等将丧失殆尽。日本陆相田中义一甚至提出不惜动武的主张，即"山东铁道与日本帝国关系重大而密切"，若"不能归我所有，则意味着帝国丧失整个山东，丢掉将来继续扩张帝国威力之动脉。是故，不论采取何种手段，日本帝国都应获取之"。③

巴黎和会期间，日本代表牧野伸显在 1919 年 1 月 27 日的"十人会"上，提出德国须将胶州湾租借地、铁路及德人在山东所有其他权利无条件让与日本。④

---

① 閣議決定：「膠州湾租借地ノ独逸ヨリ日本ヘノ譲渡ハ中国ニ対スル還附ヲ条件トスベカラザル件」（1918 年 11 月 22 日）、日本外務省編：『日本外交文書』1918 年第 3 冊、東京：外務省、1969 年、第 635 頁。

② 「日本の單獨に利害関係を有する講和条件に関する條約案」（1919 年 1 月 18 日）、日本外務省編：『日本外交年表並主要文書』上巻、東京：原書房、1965 年、第 478 頁。

③ 池井優：「山東問題、五四運動をめぐる日中関係」、慶應義塾大学法学部編：『法学研究』第 43 巻第 1 号、第 219 頁。

④ 『対獨講和會議経過調書』（上）、JACAR（アジア歴史資料センター）、Ref. B10070128500、第 50 頁；王芸生編著：《六十年来中国与日本》第 7 卷，第 239 頁。

日本对山东权益的独占，与列强战后重返中国、追求对华扩张的战略相背。但英、法、意因与日本存有密约，无法支持中国。唯美国通过一战发展为世界贸易与金融大国，① 急寻投资场所，而支持中国。

美国总统威尔逊在参会前已对中国驻美公使顾维钧表示，"将尽最大努力支持中国"。② 因此，起初打算按照中日成约处理山东问题的北洋政府，在美国的怂恿下，在巴黎和会开幕前夕决定提出废除"民四条约"，并就山东问题改为主张"直接向德国要求退还中国"。③ 美国还促成有留美背景的顾维钧、王正廷，出席 1 月 27、28 日五国讨论山东问题的大会。④ 顾维钧在 28 日会上提出："中德间的条约因中德开战而失效，现在中国国民希望将胶州湾、铁道及其他利权全部归还。夺走德国所有再转于他国，可谓无理无道。山东省是孔孟诞生之地，且是军事交通要地，故中国要求归还并非无理，希望和会决定交还山东。"牧野反驳："日本进攻胶州湾之目的，如同对德最后通牒所明记，相信日本占领该地得到了中国政府的谅解。其后，由于与中国政府进行了友好性的意见沟通，而缔结了关于交还该地及铁道的协定。"威尔逊及法国总理克里孟梭询问是否可以阅览该协定，牧野表示此为秘密协定，需经日本政府同意。顾维钧此际尚不知牧野所言秘密协定为 1918 年山东换文，发言称："日本委员所需确认的 1915 年中日协定，实际上是中国陷于极其艰难境地时所签，在中国看来只是暂时协定，需和会确认。"牧野表示，"关于胶州湾，按照与中国的协定，由日本在和会上取得自由处分权后交还中国"。顾维钧回称，"无需经手日本，手续烦琐，请直接交还中国"。⑤ 后因 1918 年换文的暴露，美国转而携中国主张"五大国共管山东"案，遭到日本的顽固抵制。又兼威尔逊将构筑国际联盟视为参会的最高目标，随着意

① Steven T. Ross, *American War Plans, 1890 – 1939*, New York：Routledge, 2002, p. 292.

② 详见高鸿志：《威尔逊与北洋军阀政府》，北京：人民出版社，2015 年，第 163—164 页。

③ 参见唐启华：《巴黎和会与中国外交》，北京：社会科学文献出版社，2014 年，第 168—175 页。

④ 中国社会科学院近代史研究所译：《顾维钧回忆录》第 1 分册，北京：中华书局，2013 年，第 156—162、173—177 页。

⑤ 『対独講和會議経過調書』（上）、JACAR、Ref. B10070128500、第 56—57 页；中国社会科学院近代史研究所《近代史资料》编辑室主编：《秘笈录存》，北京：中国社会科学出版社，1984 年，第 74 页。

大利退出和会，效仿意大利之举成为日本手中的利器，美国为实现其国际战略而转变态度。4 月 30 日，英、美、法三国领袖会议决定，在日本发表下述声明的条件下，答应日本关于山东的要求，即"日本的政策是把山东的完全主权交还中国，仅保留原德国在山东的经济特权和在青岛设置非独占性租界的权利。至于铁路，比如胶济铁路及其延长线将使用特别警队以确保运输的安全，不用作别的目的。警队由中国人组成，但中国政府任命铁路公司董事所选的日本教官"。① 由此，《凡尔赛和约》写入日方要求，即第 156 条规定的："德国将基于 1898 年 3 月 6 日与中国缔结的条约及关于山东省的所有其他协定，获得的所有权利、权源及特权，尤其是关于胶州湾、铁道、矿山及海底电线者，弃予日本。关于胶济铁道（包括其支线及各种附属财产、车站、工厂、固定物件与车辆、矿山、矿用设备及材料）的所有德国权利及其附带的所有权利、特权同时由日本取得。"② 和约丝毫未提及将山东主权归还中国，由此引发中国的强烈反对。

巴黎和会上，日本关于山东问题的主张虽然得逞，但中日关系与日美关系亦因之恶化，③ 并一时形成"中美提携"一致对日的关系格局，且美国拒绝承认"民四条约"与 1918 年山东换文，为敦促日本撤兵山东作了铺垫。英国对日本的支持，亦以日本保障"门户开放"、"机会均等"为前提。④ 此后围绕山东问题的较量，成为英日同盟走向解体的重要原因。⑤ 美英尤其是美国在巴黎和会上对日本的牵制，深刻影响了日本对五四运动起因的研判。

① 「山東問題第三回首相会議二於テ我要求通リ最終決定ヲ見タル件」（1919 年 4 月 30 日）、日本外務省編：『日本外交文書』1919 年第 3 冊上卷、東京：外務省、1971 年、第 268—269 頁。

② 「ベルサイユ講和条約の日本関係条款」（1919 年 6 月 28 日）、日本外務省編：『日本外交年表並主要文書』上卷、第 492 頁。

③ 古瀬啓之：「第一次世界大戦後の山東問題とイギリス：ワシントン会議期を中心に（1）」、『三重大学法経論叢』第 33 卷第 1 号、2015 年 11 月、第 25 頁。

④ Mr. Balfour to Earl Curzon, May 8, 1919, Kenneth Bourne and D. Cameron Watt, *British Documents on Foreign Affairs: Reports and Papers from the Foreign Office Confidential Print* (*BDFA*), Part II, Ser. E, Vol. 23, 1919, Lanham, M. D. : University Publications of America, 1994, pp. 46 –47.

⑤ 详见黑羽茂：『日英同盟の軌跡』（下）、東京：文化書房博文社、1987 年、第 48—55 頁。

二、五四运动的爆发与日本的认知

日本在巴黎和会上对中国利益的侵害及中国外交的失败，激起了中国民众的强烈愤慨。从5月4日开始，北京学生纷纷罢课，组织讲演，随后天津、上海、广州等全国多地学生也给予支持，引起了日、美等列强的关注。一战之后，美、英重返亚洲，对利用一战几乎"独占"中国的日本，在借款、铁路、航运、电信、武器等各领域展开了激烈竞争与遏制。美国政府鉴于北洋政府得到日本的支持与被操控，通过投资教育、医院，并利用宗教、舆论等拉拢中国民众。

美国普遍认为中国民族主义在五四运动中觉醒，并出于对日竞争的考虑，而普遍同情、支持或者利用五四运动。美国驻华公使芮恩施认为，学生运动是中国接受西方思想影响的产物，中国青年是为追求"民族的自由与新生而战"，判断五四运动具有"民族主义"倾向。[1] 美国舆论界、学界以及传教士等亦对中国的反日运动持同情态度，认为中国在五四运动中开始觉醒。[2] 美国《大陆报》积极评价芜湖抵制日货运动，赞赏"女校学生在该市历史上首次参加了这种公开示威活动"。[3] 除美国官方机构因对日关系而力避公开援助学生运动外，多数在华美国人都对五四运动进行了一定程度的侧援。

英国对日本利用一战独占中国亦感不满。英国驻汉口领事判断，因一战期间日本商人几乎垄断长江流域的市场，"导致英国公司被迫原地踏步"。[4] 英国驻华公使朱尔典认为，日本支配的胶济铁道属于排他性特权铁道，[5] 并将胶济铁道视

---

[1] The Minister in China（Reinsch）to the Acting Secretary of State, May 16, 1919, U. S. Department of State, *Papers Relating to the Foreign Relations of the United States*（*FRUS*）, 1919, Vol. 1, Washington D. C. : U. S. Government Printing Office, 1969, p. 692；芮恩施：《一个美国外交官使华记》，李抱宏、盛震溯译，北京：文化艺术出版社，2010年，第324页。

[2] 周策纵：《五四运动史》，陈永明、张静译，成都：四川人民出版社，2019年，第211—212页。

[3] "Boycott In Whu Attended By Disorder," *The China Press*, May 22, 1919.

[4] Consul-General Wilton to Sir J. Jordan, Apr. 15, 1919, *BDFA*, Part Ⅱ, Ser. E, Vol. 23, 1919, p. 67.

[5] Sir J. Jordan to Earl Curzon, Jan. 20, 1919, *BDFA*, Part Ⅱ, Ser. E, Vol. 23, 1919, pp. 10 – 11.

为中国贸易"生死攸关之动脉",不能任由日本独占。为了限制日、俄、法在华特权铁道,朱尔典在 1918 年底便向英国外相提出"中国铁道国际统一管理"的构想,① 并于次年年初与美国合作在华推进,但遭到日本及北洋政府内"联日派"的抵制而未果。② 英国政府鉴于日英同盟的存在,对于五四运动态度暧昧,但朱尔典在向外交部发回的报告中,评价学生反日运动是"认真"而"主动"的。③ 英国商民在上海"三罢"运动影响其利益之前,因不满于日本对自身利益的蚕食而同情学生运动。5 月 13 日,英国的《字林西报》评论北京商会将要发动的全国商会联合抵制日货运动是一种"无声的抗议"。④ 在芜湖的反日运动出现激化行为的情况下,《字林西报》依然报道抵制日货运动"正在悄然进行",评价"抵制活动的效果正变得越来越明显",更注意到各棉织品经营商已不再向日本纺织厂订货,而倾向于向西方经营的纺织厂订货。⑤ 24 日,《字林西报》依然称"抵制日货运动安静而稳步地进行",赞赏中国人"不需要任何组织,因为每个人似乎都决心不买任何日本商品"。⑥ 美、英对五四运动的同情、利用态度从日本的观察中亦可窥见一斑。

与美英承认中国民族主义觉醒相反,日本否认五四运动是中国人民自发、自觉行动,而持"他者煽动说"。五四运动爆发当日,日本驻华公使小幡酉吉与坂西利八郎分别向外务大臣内田康哉、参谋次长福田雅二报告了北京大学生在天安门、东交民巷的示威游行活动以及火烧赵家楼等情况。⑦ 日本政府不仅高度关注

---

① 古瀬啓之:「第一次世界大戦後の山東問題とイギリス——ワシントン会議期を中心に(1)」、『三重大学法経論叢』第 33 巻第 1 号、2015 年 11 月、第 33 頁。

② 「中国鉄道国際管理問題ノ起源由来及其後ノ経過ニ付報告ノ件」、日本外務省編:『日本外交文書』1919 年第 2 冊上巻、東京:外務省、1960 年、第 644—646 頁。

③ Sir J. Jordan to Earl Curzon, Jun. 6, 1919, *BDFA*, Part Ⅱ, Ser. E, Vol. 23, 1919, p. 72.

④ "Boycott of Japanese Goods," *The North China Daily News*, May 13, 1919.

⑤ "The Boycott of Japanese Goods," *The North China Daily News*, May 20, 1919.

⑥ "From Day to Day," *The North China Daily News*, May 24, 1919.

⑦ 「学生等二千名『青島ヲ我ニ返セ』等ノ小旗ヲ携ヘ北京市内ヲ示威行進ノ件」(1919 年 5 月 4 日)、「北京学生示威隊ニ依ル駐日公使章宗祥負傷状況交通総長曹汝霖邸ニ対スル放火等ニ関シ詳報ノ件」(1919 年 5 月 4 日)、「青島問題憤慨ノ示威学生団ノ暴行、章公使ノ負傷及示威運動ニ外国人参加ノ事実報告ノ件」(1919 年 5 月 4 日)、日本外務省編:『日本外交文書』1919 年第 2 冊下巻、東京:外務省、1970 年、第 1144、1145—1146 頁。

相关事态的进展，而且重点分析了五四运动的成因。就此，日本虽意识到其对华政策是促成五四运动爆发的因素，却更为注重下列几种他因。

（一）日本认为五四运动是中国政客挑唆所致

五四运动爆发后，"国会与政府、直系与皖系、南方与北方，种种固有矛盾更加尖锐并公开化"，[①] 其相互之间的斗争促进了五四运动的发展。日本通过"亲日高官"等途径探听到相关内情。首先，日本认为五四运动是由研究系煽动而起。5 月 5 日晨，小幡酉吉到同仁医院探望受伤之曹汝霖时，曹向其透露事件与"政客"即进步党主要领袖、前司法总长林长民的"暗中挑唆"密切相关。[②] 7 日，京畿警备总司令段芝贵亦向日本驻天津总领事船津辰一郎表示五四运动是"由部分具有野心的政治家，即梁启超、林长民等利用报纸借山东问题极力鼓吹反日论调，同时攻击其政敌曹汝霖、陆宗舆、章宗祥为卖国贼，以图挽回青岛问题的失败"。8 日，小幡酉吉向外相内田康哉分析了五四运动爆发的原委——4 月下旬巴黎和会关于五国共管山东案出台后，由前外交总长与代理国务总理汪大燮为委员长、林长民为事务长的总统府外交委员会，拟以将山东归还中国为前提接受五国共管方案。但 4 月 30 日，外交委员会接到梁启超于 24 日发表的巴黎通电："对德国事，闻将以青岛直接交还，因日使力争，结果英、法为所动，吾若认此，不啻加绳自缚，请警告政府及国民严责各全权，万勿署名，以示决心。"林长民遂于 5 月 1 日通过其主导的国民外交协会向英、美、法、意四国委员发出恳电，争取四国同情中国立场，并发电陆征祥等中国代表要求拒绝签字。2 日，林长民又在《晨报》发表《外交警报，敬告国民》一文，转发梁启超的上述通电，呼吁"胶州亡矣！山东亡矣！国不国矣！"指出日本之依据即"二十一条"、《山东问题换文》及各铁道预备条约，或出自胁迫，或需以确定铁道所属权为前提，或为预备契约，皆属无效。3 日，熊希龄、王宠惠、庄蕴宽、林长民等 30 位要人在国民外交协会作出如下决议：于 5 月 7 日国耻纪念日在中央公园召开国民大会，并分电各省各团体同日举行大会；声明不承认"二十一条"及英、法、意等与日

---

① 邓野：《巴黎和会中国拒约问题研究》，《中国社会科学》1986 年第 2 期，第 133 页。
② 「北京二於ケル支那学生暴行二関スル件」（1919 年 5 月 5 日）、JACAR、Ref. B11090275300。

本签订的关于处分山东问题之密约；巴黎和会如不容我主张，则即请政府撤回专使；向英、美、法、意各使馆声述国民意见。由上，小幡酉吉判断五四运动显然是受到林长民等人"煽动"所致。① 内田康哉也接受了该观点，并向驻法大使通报了事态进展及上述分析。② 小幡酉吉还于5月4日建议内田发布声明，以防中国掀起抵制日货运动。③ 当日，日本全权代表牧野伸显在巴黎发表声明，口头保证将山东半岛主权归还中国，只继承德国在青岛的经济特权等。④

其次，日本认为五四运动是留美派与留日派的权力斗争所致。戊戌变法后，中国出现留学热潮。在清末新政主要取范于日本，且一战期间控制北洋政府的皖系受日本扶植的背景下，曹汝霖、章宗祥、陆宗舆等留日派把持交通、财政、外交等部门要职，引起留美派不满。段芝贵向船津辰一郎透露：五四运动是由于"英美留学派为在政商各界营造有利地位而致力于打击当前处于优势地位的留日派。为此，他们认为必须首先排斥日本才能实现目标，故而采取一切手段极力反日"。⑤ 小幡酉吉也认为五四运动是留美派学生"妄动"的结果，判断欧美同学会是制造五四运动的重要力量，即欧美同学会受到国民外交协会的刺激，吁请英美各国的同情，希望得到欧美之庇护，以在巴黎和会上对抗、压服日本，该组织与国民外交协会相呼应，于5月3、4日集会作出与国民外交协会大体相同的决议。他推测国民外交协会与欧美同学会等团体之间"保持着某种联络"，判断5月7日有300多名欧美同学会成员在石达子庙集会，选出代表访问英、美、法、意四国公使，呈递废除"二十一条"的请愿书。⑥ 9日，内田进一步明确欧美同学会向四国公使提出呼吁，"在巴黎和会最终决议山东问题之前，山东应先交由

---

① 「巴里講和会議二於ケル山東問題処理二憤激ノ北京学生ノ暴動及其後ノ状況二関シ詳報ノ件」（1919年5月8日）、日本外務省編：『日本外交文書』1919年第2冊下巻、第1148—1152頁。

② 「五月四日ノ暴動小幡来電ノ転電」（1919年5月8日）、JACAR、Ref. B11090275300。

③ 「巴里会議二於ケル山東問題取扱振二対スル国民外交協会等ノ反対運動二関スル件」（1919年5月4日）、日本外務省編：『日本外交文書』1919年第3冊上巻、東京：外務省、1971年、第288頁。

④ 「山東問題第三回首相会議決定ノ公表文ヲ牧野全権及通信社代表者間会見談トシテ発表ノ件」（1919年5月4日）、日本外務省編：『日本外交文書』1919年第3冊上巻、第288—289頁。

⑤ 「北京学生暴行事件ノ原因二関スル警備隊総司令段芝貴ノ船津二対スル内話報告ノ件」（1919年5月8日）、日本外務省編：『日本外交文書』1919年第2冊下巻、第1147—1148頁。

⑥ 「北京学生暴行二関スル件」（1919年5月8日）、JACAR、Ref. B11090275300。

五大国管理；废弃开战以后的中日条约；五大国管理应以将德国及日本享有的一切特权归还中国为前提"。① 12 日，日本驻华公使馆武官东少将在向参谋总长上原勇作报告时，也认为五四运动与中国朝野的"欧美留学派利用山东问题夺取亲日派势力"密切相关。②

再次，日本推断五四运动是冯国璋与段祺瑞进行最高权力争夺的产物。五四运动爆发时，中国由徐世昌任大总统，钱能训担任内阁总理，二者实际上均受边防军督办段祺瑞的操控，国会亦由段祺瑞控制下的安福系把持。③ 早在五四运动爆发之初，段芝贵便向船津透露"煽动"学生运动的梁启超与林长民背后有熊希龄、汪大燮，其总后台则是冯国璋。④ 5 月 15 日，段祺瑞向来访的小幡酉吉透露：学生运动是"在政界不得志的党派为争夺政权而借口外交问题企图打倒亲日派"。⑤ 6 月 16 日，小幡酉吉推断北京学生运动的部分经费来自冯国璋。⑥ 9 月 15 日，船津辰一郎向内田明确报告五四运动与冯国璋、段祺瑞之间的最高斗争密切相关，冯国璋归隐故乡直隶河间后，依然作为直系首领策划对抗皖系，利用山东问题暗中联络南方派以及李纯、陈光远、王占元等所谓长江三督军，唆使熊希龄、林长民等"策士"及其他直系人物，"煽动"反日风潮，以攻击现政府及皖系，扰乱中央政府，企图东山再起。故而，钱能训内阁一经瓦解，冯国璋立即暗中筹划熊希龄组阁，企图让本派人物担任直隶督军、省长、实业厅厅长、财政厅厅长。为实现该目的，冯国璋在天津支出 70 万元，通过反日报纸《益世报》收买各大言论机构。另外，还传闻他向南京、上海提供了百万元。船津还通过王芝

---

① 「北京二於ケル支那学生暴行二関スル件」（1919 年 5 月 9 日）、JACAR、Ref. B11090275300。

② 「北京学生暴動ノ原因及英米人ノ行動二関スル情報報告ノ件」（1919 年 5 月 12 日）、日本外務省編：『日本外交文書』1919 年第 2 册下卷、第 1171—1172 页。

③ 狭間直樹：「五四運動と日本：親日派三高官"罷免"問題をめぐって」、『東方学報』第 72 册、2000 年 3 月、第 581 页。

④ 「北京学生暴行事件ノ原因二関スル警備隊総司令段芝貴ノ船津二対スル内話報告ノ件」（1919 年 5 月 8 日）、日本外務省編：『日本外交文書』1919 年第 2 册下卷、第 1148 页。

⑤ 「段祺瑞卜會見要領報告ノ件」（1919 年 5 月 17 日）、JACAR、Ref. B03050041400。

⑥ 「北京学生ノ排日運動費出所二関スル件」（1919 年 6 月 16 日）、日本外務省編：『日本外交文書』1919 年第 2 册下卷、第 1296—1297 页。

祥确认了以冯国璋为首的直系军阀"操纵政客、煽动学生系为事实"。① 其后，日本还判断直系军阀吴佩孚亦利用学生从事反日运动。②

（二）日本认为五四运动是由英美尤其是美国煽动而起

除认为五四运动由中国内部政争引发外，日本驻华使领、武官纷纷向外务省、军部报告，当地的反日运动系为英美尤其是美国煽动而成。日本政府从以下几个方面判断英美人煽动、参与了五四运动。

首先，英美人直接参与其中。坂西利八郎根据亲历事件的日本人中江丑吉的说法，判断有3名西方人参加了火烧赵家楼事件，其中2名特意高呼"日本人也该打"。③ 日本驻天津军司令官命北京步兵队派遣中国人翻译，探查5月7日国耻纪念日时欧美留学生大会的情况，发现会场有4名美国人，其中一名还与中国人一起殴打了该名"日探"。④ 小幡酉吉判断，北京的学生运动背后"必有煽动者"，英美人特别是美国人对学生运动给予极大同情，学生进行沿街反日讲演、抵制日货时，"往往有很多英美人尾随其后，特别是美国男女竟开车追随，以示鼓励，或是挥动帽子、手帕进行声援"。⑤

其次，英、美经营的教会学校、基督教青年会在各地煽动学生的反日运动。东少将报告5月12日美国经营的清华学堂学生在进行街头讲演，散布反日檄文。⑥ 日本驻济南代理领事山田友一郎向外务省报告了美国人煽动教会学校学生从事反日运动的情况：4月20日济南国民请愿大会是由英美经营的齐鲁大学、

---

① 「安徽派打倒ノ為画策中ノ馮国璋ノ行動二関スル件」（1919年9月15日）、日本外务省编：『日本外交文書』1919年第2册下卷、第1511—1512頁。
② 秋山雅之介：「呉佩孚と学生」（1920年2月13日）、JACAR、Ref. B03041684700。
③ 「北京二於ケル支那学生暴行二関スル件：曹汝霖、章公使遭難二関スル件（分割1）」（1919年5月4日）、JACAR、Ref. B11090275300；山本四郎编：『坂西利八郎書簡報告集』、東京：刀水書房、1989年、第143頁。
④ 天津軍司令官致上原勇作参謀総長"天电74号"（1919年5月10日）、"天电第76号"（1919年5月10日）、『北京二於ケル支那学生暴行二関スル件』、JACAR、Ref. B11090275300。
⑤ 「北京学生ノ排日運動費出所二関スル件」（1919年6月16日）、日本外务省编：『日本外交文書』1919年第2册下卷、第1296頁。
⑥ 「北京学生暴動ノ原因及英米人ノ行動二関スル情報報告ノ件」（1919年5月12日）、日本外务省编：『日本外交文書』1919年第2册下卷、第1171—1172頁。

青年会及商业专门学校发起；在 5 月 7 日国耻纪念大会召开之前，英美人便屡聚齐鲁大学，与美国领事馆保持联络，极力煽动反日运动，还向日本经营的东文学校的中国学生灌输反日思想。国耻纪念大会召开当日，尽管中国警察极力禁止学生入场，但齐鲁大学的学生还是列席会场，散会后又在城内游行示威，散布反日檄文，酿成普通民众的反日情绪，"这种无视支那政府威力的行为，完全是由于获得外国人援助所致"。而且，根据谍报，国耻纪念大会演讲会上有青年会干事美国人陶德曼及齐鲁大学美国人教员列席，当晚该校的一名美籍教师还在城内中国饭店，邀请参加当天演说会的各校代表 17 人，煽动学生向欧美学习，积极参加政治运动，称若放任中国官界处理山东问题，则中国都将归于日本之手，宣扬学生应当成为国家中坚，鼓励学生进行救国运动。① 日本驻天津领事馆事务代理龟井贯一认为当地发起、参与反日运动的北洋大学、南开中学、新学书院、师范学校、成美学校均属美英系统，尤其是南开中学校长张伯苓曾留学美国，五四运动期间他亲自在校内讲解国耻纪念日的由来，以此鼓动学生。他推测英美在利用这一良机暗中煽动反日，甚至有人看到 12 日学生的游行示威队伍里有 3 名美国传教士。② 日本"遣支舰队"司令官山冈丰一在向海军大臣加藤友三郎的报告中，认为南京的反日运动由美国人经营的金陵大学主导。③ 日本驻厦门领事馆事务代理市川也报告，有人看到美国传教士出现在当地的反日游行队伍中，他本人也目睹学生队伍中到处在挥动美国国旗，判断反日运动背后确实有英美人的策划。④ 驻粤日领判断广东的反日运动是由美国开设的岭南学堂、培英学堂所主导。⑤

再次，英美经营的报纸在从事反日报道。段芝贵向船津透露：五四运动是由"一部分英美人教唆而致，他们或利用英文报纸，或由其门人借用青岛问题乃至朝

① 「国恥記念大會開催前後ニ於ケル英米人ノ活動振リニ関スル件」（1919 年 5 月 12 日）、JACAR、Ref. B11090275500。

② 「青島直接還附要求及日貨排斥運動ノ天津ニ於ケル状況報告ノ件」（1919 年 5 月 12 日）、日本外務省編：『日本外交文書』1919 年第 2 冊下卷、第 1173—1174 頁。

③ 「揚子江一帯ニ於ケル排日行動概要報告ノ件」（1919 年 5 月 13 日）、日本外務省編：『日本外交文書』1919 年第 2 冊下卷、第 1179 頁。

④ 「廈門ニ於ケル日貨排斥運動ニ関スル件」（1919 年 5 月 17 日）、JACAR、Ref. B11090257700。

⑤ 「広東ニ於ケル状況ニ関スル件」（1919 年 6 月 2 日）、JACAR、Ref. B11090259800。

鲜问题，煽动反日"。① 天津军司令官根据当地的美国报纸判断：欧美留学生于 5 月 10 日向美、法、意公使提出废除"二十一条"、五国暂管山东等方案，是由在华美国报人威尔顿起草。龟井贯一也判断当地的英美系报纸都在刊载反日文章。②

此外，美国驻华使领馆以个人身份直接从事煽动学生反日运动。东少将在向参谋总长上原勇作的报告中称，5 月 4 日学生队伍到美国公使馆门前要求声援归还山东问题时，美国人煽动学生直接去找日本；某美国公使馆员以 CM 为名在《华北明星报》上发表反日文章。③ 驻汉口日领探得驻当地美国副领事在商务会长王芹甫等人的招待会上表示："虽然美国政府对于贵国国民的抵制日货运动不能明确表态，但余等作为个人已经在不断地给予援助，美国货物现在大部分都依赖日本轮船进入中国，今后应该直接开辟中美之间的航路。太平洋上的中美两国相互提携，是抑制日本最为有效的方策。"④ 5 月 29 日，美国总统威尔逊就上海美国商会向其发送的反对巴黎和会决议，通过美国驻华公使馆转达了"将尽力用心处理"之意。⑤ 该电被日本探得，原敬首相与内田外相都判断该电对中国反日运动给予了"重大声援"，激化了中国的反日情绪。基于此，日本政府令驻美大使向美国国务院提出抗议。⑥ 6 月 6 日，北京英美协会⑦决议反对巴黎和会对山东问题的处理，认为将德国原来的权益转交日本，将激化中日民族矛盾，不利于远东和平，且有悖于"门户开放"与"机会均等"原则，要求英、美政府敦促参

---

① 「北京学生暴行事件ノ原因ニ関スル警備隊総司令段芝貴ノ船津ニ対スル内話報告ノ件」（1919 年 5 月 8 日）、日本外務省編：『日本外交文書』1919 年第 2 冊下巻、第 1148 頁。

② 「青島直接還附要求及日貨排斥運動ノ天津ニ於ケル状況報告ノ件」（1919 年 5 月 12 日）、日本外務省編：『日本外交文書』1919 年第 2 冊下巻、第 1174 頁。

③ 「北京学生暴動ノ原因及英米人ノ行動ニ関スル情報報告ノ件」（1919 年 5 月 12 日）、日本外務省編：『日本外交文書』1919 年第 2 冊下巻、第 1171—1172 頁。

④ 「日貨排斥運動ニ関スル件」（1919 年 5 月 30 日）、JACAR、Ref. B11090258400。

⑤ The Commission to Negotiate Peace to the Acting Secretary of State, May 29, 1919, *FRUS*, 1919, Vol. 1, p. 695.

⑥ 「内田康哉より駐美大使石井菊次郎宛」（1919 年 6 月 16 日）、松本記録：『第十六回外交調査会会議筆記』、JACAR、Ref. B03030027800。

⑦ 据芮恩施所言，北京英美协会是由所有杰出的在京英国人与美国人代表组成。美国驻华公使本人与使馆工作人员参加晚宴，但不参加商务会议。详见 The Minister in China (Reinsch) to the Acting Secretary of State, Jun. 26, 1919, *FRUS*, 1919, Vol. 1, p. 712.

会各国，制定并实施公正的解决方案。芮恩施向美国国务卿转呈了该决议。① 16
日，内田康哉根据密探查得芮恩施等美国驻华公使馆人员，参与了北京英美协会
发表反对巴黎和会决议的活动，向美国国务院进行了抗议。② 美国对此予以否认，
并认为在外美国人的类似行为不在美国政府的控制范围之内。③ 其后，青岛守备
军民政长官秋山雅之介通过齐鲁大学学生发现，美国驻北京公使馆官员裴夫理士
于 10 月 19 日被美国代理公使派往济南，调查中国抵制日货运动与美英侨民之合
作关系。裴夫理士访问了齐鲁大学校长宝德福，称已向美国驻济南领事交付 1000
日元专门用于支持中国学生的反日运动。在齐鲁大学的演讲中，裴夫理士回顾了
日本趁一战列强无暇东顾之机，排斥英美两国，导致欧美在华"毫无立锥之地"，
宣扬中国的抵制日货运动，就是为"争回主权"，"可致日本于死地"。裴夫理士
还明确表示，"现在美国驻北京公使正在更迭，但我等已奉本国之密电，加强英
美中三国合作，一鼓作气排斥日本，以扑灭其野心"。④

最后，日本判断美国为学生反日运动提供了经费。内田外相收到报告称，济
南国民请愿大会花费的 2000 银元是从中西俱乐部所借，该组织由英美人及中国
的英美留学派组成。⑤ 东少将判断美国人的"阴谋本部"在北京兵营内，其经费
来自 1918 年在中国募集的 46 万欧战伤员救济费，其中 6 万赠予基督教青年会，
40 万充当了"阴谋经费"。⑥ 小幡酉吉根据曹汝霖、陆宗舆所言，判断北京学生
运动的经费大部分来源于美国公使馆特别是美国传教士从京津地区募集而来的

---

① The Minister in China（Reinsch）to the Acting Secretary of State，Jun. 10，1919，*FRUS*，
1919，Vol. 1，pp. 698－699. 芮恩施确实反对巴黎和会有关山东问题的决议，详见 The
Minister in China（Reinsch）to the Acting Secretary of State，May 16，1919，*FRUS*，1919，
Vol. 1，p. 692.

② 「内田康哉より駐米大使石井菊次郎宛」（1919 年 6 月 16 日）、松本記録：『第十六回外
交調査会会議筆記』、JACAR、Ref. B03030027800。美国对此予以否认。

③ The Department of State to the Japanese Embassy "Memorandum"，Jul. 2，1919，*FRUS*，1919，
Vol. 1，p. 713.

④ 「北京米公使代理派遣員ノ来済ト其ノ言動」（1919 年 10 月 29 日）、JACAR、Ref.
B03041670100。

⑤ 「国恥記念大会開催前後二於ケル英米人ノ活動振リ二関スル件」（1919 年 5 月 12 日）、
JACAR、Ref. B11090275500。

⑥ 「時局二関スル安福派領袖ノ談話報告ノ件」（1919 年 6 月 11 日）、日本外務省編：『日
本外交文書』1919 年第 2 冊下巻、第 1500 頁。

"欧战共济捐款"。① 但芮恩施对此进行了否认，认为这是日本进行的反美宣传。青岛守备军民政长官也判明美国驻青岛领事馆为齐鲁大学校长宝福德提供了 200 日元经费，用于该校学生出省串联反日运动。② 10 月，内田外相特别指示日本驻华使领馆，要求就反日运动与英美人之间的关系进行调查。驻京公使与驻沪、汉等领事纷纷报告，在美国为学生提供资金援助方面虽有诸种传说，但难有确证。尽管如此，他们依然主张英美人都在暗中援助、利用反日运动，以扶植本国在华势力。③

（三）日本认为五四运动与共产主义传播及国民党煽动密切相关

小幡西吉认为五四运动受一战后世界思潮的影响，为"自由而过激"的氛围所感染，北京大学中有相当的教师产生"极其过激的新思想"，成为否定、攻击旧学派、旧思想的中心。故而该校师生的思想开始动摇，学生动辄集会，采取各种"过激"的决议与行动。此次因有直接、间接的各方煽动，联合纠集各校学生，于 4 日开始示威游行。④ 上海罢工运动展开后，日本外相认为"暴动"的目的在于破坏秩序，这与"过激派煽动家"云集上海密切相关。⑤ 日本口中的所谓

---

① 「北京学生ノ排日運動費出所二関スル件」（1919 年 6 月 16 日）、日本外務省編：『日本外交文書』1919 年第 2 冊下卷、第 1296 頁。就此，美国驻华公使芮恩施在向美国国务卿的报告中进行了否认，认为这是日本进行的反美宣传，详见 The Minister in China (Reinsch) to the Secretary of State, Sept. 10, 1919, *FRUS*, 1919, Vol. 1, p. 370.

② 秋山雅之介：「米支人ノ排日協議卜米領事ノ運動費支出」（1919 年 11 月 20 日）、JACAR、Ref. B03041669700。

③ 「排日運動学生団ノ所属学校及其系統並該運動ノ背後関係等二付調査回電方訓令ノ件」（1919 年 10 月 16 日）、「北京二於ケル排日運動学生団ノ実体等二付回答ノ件」（1919 年 10 月 18 日）、「武漢二於ケル排日学生団ノ所属学校及其系統並其背後関係地方官憲ノ取締等二付回電ノ件」（1919 年 10 月 24 日）、「上海二於ケル排日学生団ノ実体及米人卜ノ関係等二付回答ノ件」（1919 年 11 月 26 日）、日本外務省編：『日本外交文書』1919 年第 2 冊下卷、第 1449、1450、1455、1467 頁。

④ 「北京学生暴行事件ノ原因二関スル警備隊総司令段芝貴ノ船津二对スル内話報告ノ件」（1919 年 5 月 8 日）、日本外務省編：『日本外交文書』1919 年第 2 冊下卷、第 1153—1154 頁。

⑤ 「内田康哉より石井菊次郎宛第 436 号電」（1919 年 6 月 15 日）、「出淵勝次より内田康哉宛電」（1919 年 6 月 23 日）、松本記録：『第十六回外交調査会会議筆記』、JACAR、Ref. B03030027800。

"过激派"便是指中国早期的马克思主义者。

此外，日本政府还认为上海的五四运动与国民党的"煽动"密切相关。日本驻上海总领事有吉明向内田外相报告了 5 月 7 日上海国耻纪念日的情况，他根据护军使卢永祥的讲话判断"国民党进行了煽动"，特别是孙洪伊等关系最为密切。有吉明还报告张继、戴天仇、何天炯等国民党内所谓亲日派公开"攻击日本的侵略主义，指责日本领有朝鲜、台湾，施政错误，并在返还青岛问题上大加攻击我方"。① 小幡酉吉通过段芝贵等人对船津的谈话，判断国民党拥护顾维钧与王正廷在巴黎和会的主张，试图利用林长民、国民外交协会以及部分国会议员达成目的，从而促成上海的学生反日运动。② 海军少佐白木在向海军军令部的报告中认为，孙中山虽派山田纯三郎赴日辩解反日运动与己无关，但实际上"孙文毫无疑问地与孙洪伊等人在背后策划，操纵学生"。③ 有吉明也通过与孙中山进行过谈话的印度人夏斯特里获知，孙在 1918 年丢失广州，赴日求援未果后，对日本态度"逆转"，认为日本援助北方军阀是在侵略中国，主张抵制日货、拒绝对日出售原材料，扼制日本军事发展及其对北方军阀的援助，并离间日英同盟，鼓动日本的社会主义者发动革命，以促使日本沦为"三等国"。有吉明还判断孙中山接受了德国的资金援助，正致力于建立"中德苏"三国同盟。④

上述日本驻华使领、武官对五四运动的观察为日本政府的对华决策提供了依据。1919 年 9 月 9 日，原敬内阁基于五四运动"他者煽动说"，作出了支持北洋政府的决议：

> 眼下支那最为活跃的是全国中等以上学校学生组成的所谓学生团体……他们的运动除了其自身的意志之外，还有林长民、熊希龄、汪大燮等政治家的唆使乃至英美两国的煽动，且其行动至今仍偏执于消极的反日，鉴于他们不顾及支那复兴之大旨——各项政治改革建设，故难以断定他们具有与国家

---

① 『有吉明より内田康哉宛第 221 号電』(1919 年 5 月 8 日)、JACAR、Ref. B11090275500。
② 『小幡酉吉より内田康哉宛第 692 号電』(1919 年 5 月 11 日)、JACAR、Ref. B11090275300。
③ 『白木海軍少佐より海軍軍令部第 96 号電』(1919 年 6 月 14 日)、JACAR、Ref. B11090280000。
④ 『孫文ノ対日態度豹変ニ関スル件』(1919 年 6 月 24 日)、JACAR、Ref. B03030215600。

命运休戚相关的抱负，作为其邻国的日本帝国，既然不能同情他们的努力，就应在获得各国认同的基础上，向其中央政府乃至总统提供公正的借款，给予其援助，这才是最好的政策。①

总之，日本政府认为五四运动是中国内外因素交织之结果，既包含中国政客为从日本扶植下的皖系军阀手中争夺权力而进行的挑唆，也包括美英列强为压制日本在华势力而进行的煽动，在此基础上，共产主义思想的传入与国民党的活动，促使五四运动迅速发酵扩大。

客观上讲，日本的上述观察涵盖了五四运动发生与发展的重要因素，对当今中国全面而深入地认识五四运动具有一定参考价值。然而，由于日本获取信息的渠道主要是亲日的皖系，故其对华认知存在严重的片面倾向。而且，警戒美英重返中国的强烈意识，促使日本将五四运动的起因归结于"除日本侵略外的一切"他因。又兼明治维新以来，日本认为中国人"无国家观念"、"无爱国心"，其在五四运动中亦难以摆脱固有的认知窠臼，因而否定中国青年学生与工人在五四运动中的自发性，否定中国民族主义的觉醒。这导致日本的五四运动观存在致命性错误，并对此后的对华政策产生了深远影响。

三、日本对华的曲意笼络与威逼干涉

五四运动中的反日宣传、抵制日货，对日本的对华扩张造成重大影响。5月下旬，日本文具、草帽等商品在北京的销量减半，甚至降低到五四运动前的1/3。②上海抵制日货运动给日本在华商贸带来沉重打击，棉丝、棉布、洋纸、药类、漕运等商人同业行会受学生运动的影响，决定抵制日货，停止与日商交易，致使日本在沪商贸几乎停顿。上海的钱庄工会拒绝与日本交易，导致横滨正金银行、台湾银行的纸币无法流通。通关运输业也进行反日运动，致使日货不通，日清汽

---

① 「中国財政援助に関する件」（1919 年 9 月 9 日）、日本外務省編：『日本外交年表並主要文書』上巻、第 503—506 頁。

② 『排日貨影響二関スル件』（1919 年 5 月 29 日）、JACAR、Ref. B11090257600。

船、戴生昌及满铁等轮船会社的载货量急剧下降。①

为应对上述情况，日本政府对北洋政府软硬兼施。一方面，为维护本国在华利益，威逼中国政府严厉取缔反日运动；另一方面，基于五四运动因美英离间而起的认知，又对中国曲意拉拢，缓解反日情绪。

（一）向中国政府施压并武力恫吓

5 月 6 日，北洋政府已经颁布禁止北京学生爱国运动的大总统令，决定"不服弹压者，著即依法逮捕惩办"。② 但是，日本政府认为大总统令将责任仅归咎于警察放任不管，毫不谴责学生行动，颇成问题。③ 7 日，小幡酉吉先令船津敦促段芝贵注意加强取缔反日风潮，④ 但反日运动却迅速波及全国。日本认为除张作霖控制的奉天等个别省份外，其他各省对学生运动取缔不严，导致学生在各地街头进行反日演说，散布抵制日货檄文，"胁迫"贩卖日货的华商。5 月 10 日，内田外相接到日本驻南京领事清野长太郎的报告，称南京的督军、省长于 5 月 7 日晚召开文武官员会议，决定对南京的学生运动采取"与其镇压莫如疏导"的政策，虽禁止学生进行露天演说，但准其到督军署、省长署游行请愿，南京也接到"对于学生示威游行运动即便出现暴行，也绝不许开枪"的大总统令。⑤ 5 月 12 日，天津日领向内田外相、小幡公使通报当地官员在表面上取缔学生运动，实际上却担忧引起公愤，故只要不发生治安混乱，就对学生集会放任不管。⑥ 13 日，

---

① 日清汽船降至 1/3，戴生昌降至 1/4，满铁降至 2/3。详见『上海二於ケル日貨排斥状況二関シ報告ノ件』（1919 年 5 月 28 日）、JACAR、Ref. B11090257400。

② 《大总统镇压北京学生爱国运动令》（1919 年 5 月 6 日），中国社会科学院近代史研究所、中国第二历史档案馆史料编辑部编：《五四爱国运动档案资料》，北京：中国社会科学出版社，1980 年，第 184 页。

③ 「巴里講和会議二於ケル山東問題処理二憤激ノ北京学生ノ暴動及其後ノ状況二関シ詳報ノ件」（1919 年 5 月 8 日）、日本外務省編：『日本外交文書』1919 年第 2 冊下卷、第 1155 頁。

④ 「北京学生暴行事件ノ原因二関スル警備隊総司令段芝貴ノ船津二対スル内話報告ノ件」（1919 年 5 月 8 日）、日本外務省編：『日本外交文書』1919 年第 2 冊下卷、第 1147 頁。

⑤ 「南京学生運動取締方二関スル申入二対シ南京警察庁側ノ回答報告ノ件」（1919 年 5 月 8 日）、日本外務省編：『日本外交文書』1919 年第 2 冊下卷、第 1161 頁。

⑥ 『青島問題二関スル當地状況報告ノ件』（1919 年 5 月 12 日）、JACAR、Ref. B11090275500。

北洋政府在遭到日方抗议后，由外交部向小幡公使表示明日将召开国务会议，商讨如何更为有效地取缔反日运动。① 17 日，厦门日领认为当地道尹、知事虽在表面上答应张贴告示禁止反日运动，但实际上并不采取任何取缔措施。知府甚至亲自参加各校代表集会，却不采取任何制止手段。② 当日，小幡酉吉也注意到京津两地随处可见共产主义传单，以学生运动给"过激思想"即共产主义的传播提供了机会为由，要求国务总理钱能训取缔反日运动。③

5 月 20 日，小幡酉吉向中国外交部提出了一份措辞强硬的抗议书，在坚持"二十一条"与《山东问题换文》有效的前提下，谴责中国政府任由国民进行反日运动，将对两国外交"酿成不妙事态"，要求中国政府立即严加取缔。④

由于财政拮据，北洋政府难以支付公务官员以及军队的薪资，面临兵变危局，海军部已于 4 月下旬以大沽造船厂为抵押向日本提出借款要求。⑤ 5 月 3 日，财政部又以棉花工厂的实业借款为名要求日本提供借款。⑥ 由于当时其他列强尚无余力与决心给中国提供借款，故日本政府可谓抓住了北洋政府的软肋。又兼，此时北洋政府内部因美国在巴黎和会最终牺牲中国而"联日路线"再次抬头，故北洋政府在日本的压力下加紧镇压学生运动。

5 月 21 日，教育部令江苏省教育厅严防学生运动，"当保持秩序，共矢真诚，举动文明，以资倡率，万不可有妨碍邦交，排斥外人之激烈言动，致国际上多所

① 「中国二於ケル排日運動継続ノ状況報告及日本政府ガ山東還附二付公表スル必要アル旨稟申ノ件」（1919 年 5 月 13 日）、日本外務省編：『日本外交文書』1919 年第 2 冊下卷、第 1177—1178 頁。

② 『厦門二於ケル排日運動ノ状況及之二対スル官憲ノ態度報告ノ件』（1919 年 5 月 17 日）、JACAR、Ref. B11090257700。

③ 「排日運動及過激思想ノ宣伝取締方銭総理二申入ノ件」（1919 年 5 月 17 日）、日本外務省編：『日本外交文書』1919 年第 2 冊下卷、第 1183—1184 頁。

④ 「排日言動取締方二関シ外交部へ申入ノ件」（1919 年 5 月 24 日）、日本外務省編：『日本外交文書』1919 年第 2 冊下卷、第 1192—1194 頁。

⑤ 『朝鮮銀行理事木村雄次より外務省政務局長植原直正宛電』（1919 年 5 月 2 日）、JACAR、Ref. B04010758500。

⑥ 「中日実業株式会社倉知副総裁より東京本社宛電」（1919 年 5 月 4 日）、『対支借款関係雑件：北京政府ノ部』第 2 卷上、JACAR、Ref. B04010759000。

窒碍"。① 当日，北京大中学生仍在多处进行反日讲演，散发传单，抵制日货，遭到京师警察厅的劝解离散。22 日，内务部转饬教育部及各省长官督同教育厅长，向各校下达了严禁学生进行反日讲演、传播相关印刷品等行为。② 同日，日本驻天津总领事馆警察署北京派出所波多野龟太郎访问了京师警察厅，要求取缔北京学生的反日运动与抵制日货行为。中方表示将专门开会商讨镇压学生运动，若今后市内依然出现反日行为，则"从明日起必将严加逮捕"。③ 23 日，内务部通令各省督军、都统、护军使等对于"有碍邦交"的学生反日运动"用特掬诚相告，俾期弭患无形"。④

　　5 月 25 日，北洋政府以大总统名义，向北京地方及各省官员下达严厉镇压反日爱国运动的命令："近日京师及外省各处，辄有聚众游行、演说、散布传单情事。始因青岛问题，发为激切言论。继则群言泛滥，多轶范围。而不逞之徒，复借端构煽，淆惑人心。……著责成京外该管文武长官剀切晓谕，严密稽察。如再有前项情事，务当悉力制止。其不服制止者，应即依法逮办，以遏乱萌。京师为首善之区，尤应注重。前已令饬该管长官等认真防弭，著即恪遵办理。倘奉行不力，或有疏虞，职责攸归，不能曲为宽假也。"⑤ 同日，北洋政府教育部下令各校校长会同教职员于 3 日内"督率"学生一律上课。此后，军警对学生运动的镇压变本加厉。荷枪实弹的步兵、马队在北京的各街道上，来往穿梭；学生讲演团的旗帜被夺去，传单被撕毁，听众被驱散。学生们的讲演活动不能进行，转而将活动主要放在贩卖国货上。⑥ 上述措施实行后，5 月 26 日后京津地区几乎不见反

---

① 《江苏教育厅奉令为和约正在交涉严防学生爱国活动代电》（1919 年 5 月 21 日），中国社会科学院近代史研究所、中国第二历史档案馆史料编辑部编：《五四爱国运动档案资料》，第 190 页。

② 《内务部转饬严禁学生干预政治训令稿》（1919 年 5 月 22 日），中国社会科学院近代史研究所、中国第二历史档案馆史料编辑部编：《五四爱国运动档案资料》，第 192 页。

③ 『排日状況二関スル件』（1919 年 5 月 23 日）、JACAR、Ref. B11090257600。

④ 《内务部通行各省区镇压反日运动电稿》（1919 年 5 月 23 日），中国社会科学院近代史研究所、中国第二历史档案馆史料编辑部编：《五四爱国运动档案资料》，第 196 页。

⑤ 《北洋政府公报》第 1188 号（1919 年 5 月 26 日），中国社会科学院近代史研究所、中国第二历史档案馆史料编辑部编：《五四爱国运动档案资料》，第 197 页；『北京二於ケル日貨排斥状況二関スル件』（1919 年 5 月 26 日）、JACAR、Ref. B11090257600。

⑥ 彭明：《五四运动史》，北京：人民出版社，1984 年，第 314 页。

日学生队伍的身影以及反日传单的发放。[1] 27 日，由于日本的警告以及芜湖爆发激化的反日事件，北洋政府更为严格地镇压学生运动，北京的警察厅及京畿警备司令部均发布治安告示，在日本人居住区增派巡警，加强了警备，日侨人心渐稳。[2]

5 月中旬以后，芜湖、厦门、漳州、汕头、长沙、重庆等地先后发生反日运动，部分地区出现殴打日侨的过激行动，日本驻各地领事与武官纷纷提出强硬要求，并采取巡航示威政策。5 月 17 日，芜湖爆发反日运动，其间出现破坏房产、攻击日侨等情况。芜湖日侨通过日本驻宁代理领事向安徽省政府提出如下要求：官方道歉、重金赔偿；在芜湖向日本提供租借地以设置日本专管租界；芜湖警察厅需雇用日人做警务顾问，以保护日侨；在尚未设置领事馆之前，先允许日本帝国军舰停泊。[3] 日本海军分别从南京、汉口调遣"遣支舰队"[4] 的嵯峨、隅田舰分赴芜湖、九江巡航示威。[5] 5 月 20 日，湘潭发生反日运动，日本商店招牌遭到破坏，仁丹广告被摘下，反日风潮日益高涨，日本驻长沙领事要求当地政府进行弹压。[6] 21 日，常州发生数千民众围攻日本药商雇用船事件，当地知事出动军警进行镇压。驻苏州日领大和久义郎虽对中国军警的表现感到满意，但仍要求当地镇守使、道尹以及交涉员严加取缔反日运动，并严惩肇事人员。[7] 同日，"遣支舰队"司令官山冈丰一奉海军省之命训令各舰长："对于长江一带发生的反日运

---

[1] 「排日状况ニ関スル件」（1919 年 5 月 23 日）、「天津ニ於ケル学生ノ排日運動ニ対スル官憲ノ取締状況報告ノ件」（1919 年 5 月 26 日），日本外务省编：『日本外交文书』1919 年第 2 册下卷、第 1210、1200—1201 頁。

[2] 「北京ニ於ケル排日状况ノ経過報告ノ件」（1919 年 5 月 27 日）、日本外务省编：『日本外交文书』1919 年第 2 册下卷、第 1209 頁。

[3] 「清野長太郎より内田康哉宛第 51 号電」（1919 年 5 月 20 日）、「蕪湖在留邦人被害ニ関スル書類送付ノ件」（1919 年 5 月 26 日）、JACAR、Ref. B11090258100。

[4] "遣支舰队"的前身是 1917 年 12 月日本海军设立的第 7 战队，1918 年 2 月独立为"遣支舰队"，由 6 艘军舰编成，司令官为山冈丰一。1919 年 8 月，改编为第一遣外舰队，负责长江流域的"巡航警备"。

[5] 『艦隊日誌摘要報告』（1919 年 6 月 7 日）、JACAR、Ref. C10081027100。

[6] 『日本駐長沙代理領事八木より内田康哉宛第 17 号電』（1919 年 5 月 20 日）、JACAR、Ref. B11909258000。

[7] 『大和久義郎より内田宛第 6 号電』（1919 年 5 月 23 日）、『當地日商丸三薬房店員常州ニ於テ排日暴民ニ襲撃セラレタル情況報告ノ件』（1919 年 5 月 24 日）、JACAR、Ref. B11090259000。

动，要全力以赴地完成任务。"25 日，"遣支舰队"仅留旗舰须磨号在上海，由沪调遣伏见号到南京戒备。① 26 日，常德爆发袭击日本人商店事件，有三家日本商店遭到破坏，虽未出现人身伤害，但驻汉口日领认为"形势险恶"，直接电邀"遣支舰队"。② 日本鉴于厦门抵制日货运动影响重大，由印度洋、太平洋战场撤回的第一特务舰队③于 5 月 23 日抵达当地，其司令官于当日及 26 日先后两次向中国道尹表示：只要中国提出要求，日本军舰可随时"帮助"镇压反日运动。日本驻厦门领事也向中国道尹、知事要求警戒商会与钱庄抵制日货，迫使当地道尹、警察长官发布第三次禁止反日运动的告示。纵使如此，日领仍感不满，于 5 月 29 日会同第一特务舰队司令官再度访问厦门道尹，交付如下公文：（1）25 日大总统令实施到何种程度。（2）有哪些学校煽动反日运动。（3）煽动祸首是谁。（4）对与台湾银行及日商有交易的钱铺施加了何种强迫。（5）如何处置反日团体。（6）中国警察保证严加取缔散布檄文、"胁迫"与日商交易者。对于上述问题，日领要求明确回答，并威胁将视中方回答进一步与舰队商量应对办法。④

鉴于上述情况，5 月 28 日，小幡酉吉会见了中国代理外长陈箓，针对芜湖、常德、沙市、饶州等地发生的"过激"反日事件，要求中国进一步严加取缔反日运动。陈箓表示："中央政府已向各省地方军民长官训令严加取缔此种风潮，但依然出现此种纠纷，中国政府颇感遗憾，我将在明早召开的国务会议上进行报告，要求上述地方长官今后更为严厉地取缔此类事件。"⑤ 5 月 29 日，国务会议

① 『艦隊日誌摘要報告』（1919 年 6 月 7 日）、JACAR、Ref. C10081027100。
② 『常德二於テ日本人商店破壊掠奪セラレタル件』（1919 年 5 月 28 日）、JACAR、Ref. B11090258400。
③ 第一特务舰队是日本在一战中远征印度洋与太平洋的舰队，由八云、春日、吾妻、矢矧、须磨、对马、淀、常磐各舰及第 6 驱逐队组成，详见 『艦隊編制二関スル件』（1917 年 12 月 21 日）、JACAR、Ref. C11080296800。
④ 「中国二於ケル排日運動二対スル措置八慎重ヲ要スル旨海軍出先官憲二訓達アリタキ件」（1919 年 6 月 4 日）、日本外務省編：『日本外交文書』1919 年第 2 冊下卷、第 1234 頁。
⑤ 「蕪湖常德等各地二於ケル排日暴行ヲ指摘ノ上有効取締方二付陳外交総長代理二申入ノ件」（1919 年 5 月 29 日）、日本外務省編：『日本外交文書』1919 年第 2 冊下卷、第 1218 頁。

讨论了陈箓的报告，决定向各省军民长官训令进一步取缔反日运动。① 次日，外交部致函内务部，转呈了日使的照会，要求"从严取缔，俾免外借口之处"。②

然而，5月30日广东爆发反日游行，导致数名日侨受伤。驻粤日领太田要求中国督军及警察紧急派兵保护。③ 次日，日领借口三次提出书面要求而不见效，向督军莫荣新提出如下要求：（1）督军省长联名发布维持治安布告；（2）即日实施戒严令；（3）严禁煽动反日及抵制日货的行为；（4）特派巡警充分保护日人店铺与住宅；（5）严禁破坏日货，并充分保护与日商进行交易的华商；（6）电讯全省地方官保护日侨；（7）严格检举首谋者。莫荣新表示，禁止反日及抵制日货的布告反将刺激民心，招致祸端。④ 几日后，海军次官栃内曾次郎要求外务次官币原喜重郎同意从"遣支舰队"中向广东派遣炮舰1艘。⑤ 5月31日，福州的抵制日货运动如火如荼，驻福州领事向督军李厚基要求取缔反日运动。日本驻台湾陆军参谋长曾田派遣小见山大尉向当地督军转达了如下告诫：（1）"远亲不如近邻"，"日支亲善"应比与其他国家的关系更为重要，反日运动则完全与此背道而驰；（2）在华南，督军统治下的厦门及福州的反日运动最为激烈，这需督军反省；（3）学生干政，极不利于福建的统治，若不认真压制，恐将导致官宪失威，威胁到督军的立场。⑥ 6月1日，驻上海日领有吉明一改静观其变的态度，认为"不逞之徒"趁着学生鼓吹反日运动混入其中，采用胁迫手段强制良民不得与日商进行各种交易，以致日商蒙受重大损失，建议小幡酉吉向北洋政府要求严格取缔妨碍日清汽

① 「排日暴行更ニ厳重取締ニ付国務院ヨリ各省軍民長官ニ訓令アリタル件」（1919年5月31日）、日本外務省編：『日本外交文書』1919年第2冊下卷、第1222頁。

② 《外交部等处理日使要求取缔散发反日宣传品文件》（1919年5—6月），中国社会科学院近代史研究所、中国第二历史档案馆史料编辑部编：《五四爱国运动档案资料》，第200—202页。

③ 『広東ニ於ケル状況ニ関スル件』（1919年5月31日）、JACAR、Ref. B11090259800。

④ 「広東ノ排日暴動及排日貨取締ノ方策ニ関シ莫督軍ト打合ノ件」（1919年5月31日）、日本外務省編：『日本外交文書』1919年第2冊下卷、第1222—1223頁。

⑤ 「警備ノ為広東へ砲艦一隻派遣ノ件」（1919年6月2日）、日本外務省編：『日本外交文書』1919年第2冊下卷、第1231—1232頁。

⑥ 「福州排日行為日増激烈トナルニ付小見山大尉ヲシテ督軍ニ戒告セシムルコトトセル旨報告ノ件」（1919年5月31日）、日本外務省編：『日本外交文書』1919年第2冊下卷、第1223頁。

船会社等日商的"暴徒"。①

为此，6 月 1 日，北京政府以大总统名义接连发布两则命令。一则是为曹、章、陆等"亲日派"辩解"挽留"。另一则是取缔爱国活动，要求学生立即复课，称"在京著责成教育部，在外著责成省长及教育厅，警饬各校职员，约束诸生。即日一律上课，毋得借端旷废，致荒本业。其联合会、义勇队等项名目，尤应切实查禁。纠众滋事，扰及公安者，仍依前令办理"。②

（二）拉拢抚慰中国民心

日本为应对美英"离间计"，除了慰问在运动中挨打受伤之"亲日"高官外，还对中国采取下列拉拢抚慰政策。

首先，承诺将山东主权归还中国。5 月 5 日，小幡酉吉向内田外相报告了中国各大报纸对巴黎和会山东问题决议的不满评论，抨击中国的报道是"故意歪曲，煽动对日恶感"，但"鉴于其势日炽"，向内田建议由日本专使发表关于山东问题的"明确宣言"，以防止中国"民心动摇"。当日，日本巴黎专使发表声明，称日本"恢复青岛地区的中国主权，且将来也将永远尊重中国主权，同时恪守机会均等、门户开放主义"，希望中国国民一扫对日"误会"，相信日本的"诚意与公正"。③ 但日本在巴黎发布的宣言，并未能缓解中国的反日运动。13 日，北洋政府通过外交部向小幡酉吉表示："中国的反日运动，是由于中国民众与知识分子担忧一旦日本取得青岛就不归还所致。"有鉴于此，小幡向内田建议，以日本政府名义向国际社会声明"归还山东"，以印证牧野伸显在巴黎和会上的承诺。④ 17

---

① 「上海ニ於テ排日運動ノ為日清汽船会社ノ蒙ル営業妨害ニ付不逞ノ徒取締方中国官憲ニ要請ニ関スル小幡公使宛公信写送付ノ件」（1919 年 6 月 1 日）、日本外務省編：『日本外交文書』1919 年第 2 冊下巻、第 1226 頁。

② 《青岛潮》，中国社会科学院近代史研究所编：《五四爱国运动》（上），北京：中国社会科学出版社，1979 年，第 296—297 页。

③ 「山東問題ノ解決ニ関スル各紙論評報告並中国民心ノ動揺防止ノ必要ニ付稟申ノ件」（1919 年 5 月 5 日）、日本外務省編：『日本外交文書』1919 年第 3 冊上巻、第 296—297 頁。

④ 「中国ニ於ケル排日運動継続ノ状況報告及日本政府ガ山東還附ニ付公表スル必要アル旨稟申ノ件」（1919 年 5 月 13 日）、日本外務省編：『日本外交文書』1919 年第 2 冊下巻、第 1177—1178 頁。

日，日本政府接受小幡的建议，由内田通过驻欧美使馆及路透社向世界重申了"将山东半岛及其完全主权归还中国"的方针。① 内田还训令驻华公使及各地领事特向当地以适当方式公布声明。但其声明并未指明各项权益的具体处理，故而未能缓减中国的反日运动，亦未降低在华英美人的猜疑，《北京导报》《北京日报》都评价"吾人此时希望日本的并非声明，而是实际行动"。②

其次，日本对本国驻华各领事与武官的强硬行动采取了一定程度的约束。6月2日，内田向驻华公使及各地领事发出训令，认为中国的反日运动除煽动因素外，也有"日本向来的对支政策与行动让支那官民形成日本武力侵略的印象"、"日本国民态度傲慢刺激支那人"等因素，主张"改善日支关系是当务之急"，具体对策为：对于山东问题，应等巴黎和约生效后立即与中国政府就归还青岛及其他附带事宜进行直接谈判；对于中国朝野之"正当希望"，日本政府"始终将以公正无私之精神加以援助"。对于当地的反日风潮，在向中国当局要求进一步取缔的同时，"切勿对支那官民采取压迫态度而招致反感"，而"应冷静地观察事态发展，与支那官宪保持良好关系，使之了解帝国政府的上述诚意"；"指导日本国民服从上述方针"，一旦发生"日支国民之间的冲突事件"，需"进行迅速而公平的处理"。③ 6月4日，内田康哉基于"出兵干涉反将连累大局"的判断，要求海军大臣加藤友三郎指示驻华舰队指挥官及驻华武官等"需谨慎应对"，④ 并向驻美大使石井菊次郎通告了上述事宜。⑤ 为约束陆军的行动与态度，内田又于

① 「膠州湾租借地還附ニ関スル我政府ノ方針不変ナル旨ノ声明ヲ大臣談トシテ発表ノ予定ナルニ付右取扱振指示ノ件」（1919年5月16日）、「山東還附ニ関スル我声明ヲ外務大臣談トシテ発表シタルニ付通報ノ件」（1919年5月17日）、日本外務省編：『日本外交文書』1919年3冊上巻、第316—320、321頁。

② 「十七日公表ノ外相談ニ関スル英字紙社説ニ付報告ノ件」（1919年5月20日）、日本外務省編：『日本外交文書』1919年第3冊上巻、第323—333頁。

③ 『支那排日運動ニ対スル措置方在支各領事ヘ訓電ノ件』（1919年6月2日）、JACAR、Ref. B11090277200。

④ 「中国ニ於ケル排日運動ニ対スル措置ハ慎重ヲ要スル旨海軍出先官憲ニ訓達アリタキ件」（1919年6月4日）、日本外務省編：『日本外交文書』1919年第2冊下巻、第1234—1235頁。

⑤ 『内田康哉より石井菊次郎宛第406号電』（1919年6月4日）、JACAR、Ref. B11090277200。

6 月 6 日向陆相田中义一转达了上述意见。① 数日后，日本陆军次官电告青岛守备军参谋长及民政长官、天津驻屯军司令官、华中派遣队司令官，称中国的反日运动已经影响到日本驻华各股部队的经费问题，训令各司令官命令下属务必"谨言慎行"，切勿在调配物资、征集劳力、实施工程的过程中引起中国反感。② 在此种方针之下，驻粤日领太田鉴于当地中国军警全力保护日侨并禁止反日运动，担忧派遣军舰可能引起反弹，而向内田一度请示不再申请派遣军舰。③

（三）诱使中国政府在巴黎和会上与日合作

北洋政府一度受美国影响采取"联美制日"政策，但当巴黎和会美国最终牺牲中国后，政府内部对美评价下降，④ 联美路线动摇，段祺瑞的联日路线再度抬头，徐世昌的态度亦随之改变。5 月 14 日，北洋政府召开总统府特别会议，各部总长、两院议长、段祺瑞、徐树铮、段芝贵等亦列席，商讨山东问题。段祺瑞诘难政府违背与日本单独处理山东问题的方针，仰仗英美处理导致巴黎和会的外交失败，主张今后关于山东问题还应直接与日协商。徐世昌也完全赞同段的意见。参众两院议长则提议，保留山东问题并行抗议后再行签约。15 日夜，北洋政府电训巴黎专使在保留山东条款后签约。⑤ 20 日，徐世昌通过陆宗舆向小幡酉吉提出，此际可按日本意向就山东问题由中日两国直接协商，并就协商的时间、地点等问题征询日方意见。小幡鉴于山东问题引起中国的反日风潮，认为山东问题不解决，反日运动亦难平息，故建议内田应积极回应中方要求。⑥

29 日，内田电告小幡：既然日本是根据对德和约从德国获得胶州湾租借权，

---

① 『支那排日運動二関スル措置方ノ件』（1919 年 6 月 6 日）、JACAR、Ref. B11090277200。

② 『日貨排斥二関シ言動取締ノ件』（1919 年 6 月 21 日）、JACAR、Ref. C03022462500。

③ 「広東官憲ハ邦人保護卜排日煽動禁止二努力中ナルニ付軍艦派遣ヲ申請セザル旨報告ノ件」、日本外務省編：『日本外交文書』1919 年第 2 冊下卷、第 1237 頁。

④ Report on Political and Economic Conditions for the Quarter Ending, Jun. 30, 1919, *FRUS*, 1919, Vol. 1, p. 369.

⑤ 「講和条約調印二関シ山東問題留保及国会ノ反対意見等徐樹錚ノ東少将ヘノ情報並施履本ノ船津ヘノ内話二付報告ノ件」（1919 年 5 月 17 日）、日本外務省編：『日本外交文書』1919 年第 3 冊上卷、第 322 頁；唐启华：《巴黎和会与中国外交》，第 299 頁。

⑥ 『外交調査會會議筆記（第十五）』、JACAR、Ref. B03030027700。

日本政府就会遵循历次声明及中日两国间的协定，将青岛归还中国政府，中国政府若无异议，则应签署巴黎和约，等待其对中日两国及德国生效后，立即由中日两国就交还胶州湾租借地问题商讨具体细目；中国似乎要保留青岛问题签约，虽不明其所谓保留为何意，但若是不服日本从德国继承山东权利，中国当然不能与日本协商山东问题。故中国政府若想开始商讨交还山东问题，就应先撤回上述保留。①

6月2日，日本驻法大使向内田汇报，中国巴黎和会代表于5月26日②向和会议长提出中国签约需在保留山东条款的前提下进行。小幡酉吉派人向陆宗舆探查徐世昌的真意。6月4日，陆宗舆向小幡转述了徐世昌所谈原委。即5月21日中国政府电训陆征祥，既然在签署和约之际，主张保留山东问题无法带来任何实际利益，就不应再固执于保留，而应无条件签约。若王正廷、顾维钧拒绝连署，则可让施肇基署名。原本极力主张保留山东问题的是王正廷，顾维钧最近也稍有软化的倾向。王正廷当时正在要求威尔逊就该问题支持中国，威尔逊表示定当支持，但不能保证成功。故当陆征祥报告这一问题并请示今后对策时，徐世昌令其按照5月21日电训办理。小幡判断陆宗舆所言应当属实。③

6月5日，小幡派人向陆宗舆递交了内田的训令，表示若中方无异议，将正式向外交部提交，并要求中国应撤回保留山东问题的主张。陆宗舆将日本提出的备忘录交予国务总理及代理外长，表示中国不妨接受备忘录，但鉴于关于山东问题的舆论沸腾，尚不便回答。小幡指责中国政府指令向巴黎提出保留签约存在玩弄两面手法之嫌。④ 6月10日，陆宗舆访问小幡，转告徐世昌无保留签约的决心毫无动摇，并表示现在政局险恶的原因在于山东问题，此际徐总统主张无条件签

① 「陆宗舆ノ山东问题二关スル日中直接协议方申出ガ大统领ノ真意ト认メラルル场合二对スル应酬振二付训令ノ件」（1919年5月29日）、日本外务省编：『日本外交文书』1919年第3册上卷、第329页。

② 实为5月6日，参见邓野：《巴黎和会中国拒约问题研究》，《中国社会科学》1986年第2期，第133页。

③ 「山东问题二关スル日中两国直接协议方申出二付船津ヲシテ大总统ノ真意ヲ讯ネシメタルニ对シ陆宗舆来访内话ノ件」（1919年6月4日）、日本外务省编：『日本外交文书』1919年第3册上卷、第334页。

④ 「山东问题二关シ商议申入ノ我觉书案二对シ陆宗舆中国侧ノ意见开陈并中国全权ノ留保附调印通告八中国政府ノ言明ト矛盾スル旨陆宗舆二指摘ノ件」（1919年6月7日）、日本外务省编：『日本外交文书』1919年第3册上卷、第336页。

约，对于国民无疑将立于更为艰难的境地，即便如此，大总统仍为不失信于日本，采取该政策，将于一两日内通电全国，万一得不到各地督军、地方官及国民的认可，则只有辞职一途。①

次日，北洋政府通过国务院电令中国和会代表，表示不论山东问题是否保留，都应签署和约。② 国务总理钱能训引咎辞职。12 日，总统徐世昌咨行国会，为南北议和失败及巴黎和会违背民意签约而辞职。各省督军省长则陆续表示签署巴黎和约实属无奈，挽留徐世昌，徐得以留任。③ 6 月 16 日，代理外长陈箓向小幡酉吉表示，中国政府已电令巴黎代表无须保留签字，不久将应撤回通告。19 日，国务院、外交部电训陆征祥，签约不必保留山东条款。④ 然而，随着国内拒约运动的高涨，24 日以后，北洋政府为推脱责任，电告代表团：国内局势紧张，人民要求拒签，政府压力极大，签字一事请陆自行决定。⑤ 27 日，巴黎首脑会议决定拒绝中国保留签约的要求，⑥ 陆征祥再次电请北京给予特别训令，北洋政府含糊其词地表示拒签，但电令在和会结束后才抵达。⑦ 28 日，中国专使在广大民意的支持下终未签约。日本驻法大使认为这是中国和会代表不顾政府决定采取的擅自行动。⑧

由上可见，五四运动爆发后，日本一方面两次向世界声明"归还山东主权"，以图缓和中国的反日运动，一方面向北洋政府提出了严厉镇压学生运动的要求，北洋政府在日本的施压下作出了镇压学生爱国运动的决策与行动。随着各地反日

① 「大総統ハ無留保調印ノ決心ナル旨並其止ムヲ得ザル所以ヲ近ク全国ニ通電ノ旨陸宗輿来談ノ件」（1919 年 6 月 10 日）、日本外務省編：『日本外交文書』1919 年第 3 冊上巻、第 338—339 頁。
② 「国務総理ヨリ講和条約無条件調印方中国全権ニ電訓ヲ決行ノ旨張志潭青木中将ニ内報ノ件」（1919 年 6 月 11 日）、「中国政府ノ同全権ニ対スル講和条約調印方電訓ニ関シ施履本西田ニ内話ノ件」（1919 年 6 月 13 日）、日本外務省編：『日本外交文書』1919 年第 3 冊上巻、第 344、345 頁。
③ 参见邓野：《巴黎和会中国拒约问题研究》，《中国社会科学》1986 年第 2 期。
④ 参见唐启华：《巴黎和会与中国外交》，第 314、320 页。
⑤ 中国社会科学院近代史研究所译：《顾维钧回忆录》第 1 分册，第 195 页。
⑥ 「留保付調印ハ許サレザル旨ノ首相会議決定ヲ中国委員ニ通告ノ件」（1919 年 6 月 28 日）、日本外務省編：『日本外交文書』1919 年第 3 冊上巻、第 353—354 頁。
⑦ 中国社会科学院近代史研究所译：《顾维钧回忆录》第 1 分册，第 198 页。
⑧ 「中国ノ講和条約調印拒絶ハ出先ノ独断ナル旨公表方意見具申ノ件」（1919 年 6 月 28 日）、日本外務省編：『日本外交文書』1919 年第 3 冊上巻、第 354—355 頁。

运动的激化，日本驻华各地领事向当地政府提出了严加镇压学生运动、保护日侨等要求，还向中国部分地区派遣了军舰，同时迫使北洋政府于6月1日再次向全国发布更为严厉的镇压学生运动的"大总统令"。日本政府鉴于太过强硬的要求与出兵政策有可能影响中日关系之大局，落入美英离间中日关系的"圈套"，而对驻华使领与舰队、武官有所约束，但并未根本改变攫取山东权益的既定方针，数次要求北洋政府无条件签署巴黎和约并取消保留手续，但未果。

四、上海"三罢"运动与日美博弈

6月1日的总统令颁布以后，北京警备司令段芝贵和步军统领王怀庆开始逮捕贩售国货的学生。北洋政府禁止、镇压爱国运动的政策，激起北京学生反弹，学生们决定恢复街头讲演。3日，北京20余校学生上街讲演。内务部向京师警察厅总监吴炳湘下发了日使照会，训令其"注意取缔"反日运动，导致当日街头警察比平日增加数倍，步兵、马队横冲直撞，驱散听众，侦缉队、保安队逮捕学生170余人。4日，北京军警又逮捕700余名学生。内务部训令各省督军、省长及热河、察哈尔、绥远都统等，要求严禁民众"指斥日本为敌国，日人为敌人，暨其他侮辱字样"，"以慎邦交，而维秩序"。[1]

然而，北洋政府大规模逮捕北京爱国学生的做法，引起各地普遍反弹，上海等地掀起了罢课、罢市、罢工运动。6月4日晚，北京逮捕学生的消息传至上海，当地学生通宵举行爱国运动，组织罢市。日本"遣支舰队"调整布署，分别从芜湖、长沙、宜昌、南京、九江调遣嵯峨、宇治、鸟羽、伏见、隔田舰分赴广东、宜昌、重庆、上海、长沙进行警戒。[2] 5日，上海城内华界店铺首先关门，而后学生分头进入法租界及公共租界游说商铺，下午租界内外所有商店全都关门歇业。商家"与学生取一致行动，全埠一律罢市，均以惩办国贼、释放学生为目的，不达不止"。[3] 该日，多名日本人为乱石所袭，日本驻沪领事馆的两名巡查

---

① 《内务部严禁反日运动密电稿》（1919年6月4日），中国社会科学院近代史研究所、中国第二历史档案馆史料编辑部编：《五四爱国运动档案资料》，第204—205页。

② 『艦隊日誌摘要報告』（1919年8月7日）、JACAR、Ref. C10081027100。嵯峨舰实际上到了香港防备当地的反日运动。

③ 《南北市一律罢市》，《申报》1919年6月6日，第11版。

被围殴。针对上述情况，公共租界工部局发出文谓："租界内不容散发煽惑性质之传单，悬挂有碍治安之旗帜，违者惩戒不贷。"① 警务处还召开警备会议，准备出动万国商团。工部局总董、英国人皮尔斯向驻沪日领有吉明表示"此际采取激进的取缔措施反而不妙"，要求日本人"晚间不要外出，以防万一"。当日夜，有吉明提醒日侨切勿外出，但有两三名外出日侨遭打。半夜，在日侨居住地附近发生群众与警察冲突事件，双方均有若干人受伤，租界外籍巡警也有两三人受轻伤。有吉明判断"此次罢市表明反日运动已转为反政府运动"。② 日清汽船会社亦向外务省通商局通报了上述情况，并认为"当下的状况已不单纯是反日运动，而成为破坏普通秩序的事件，此后反将更便于取缔"。③

6 日，上海商店继续罢市，钱庄歇业，公共市场关门，商业全停。又兼传来北洋政府鉴于上海罢市而宣布释放逮捕学生的消息，上海学生继续游行示威，要求"归还青岛，惩办国贼，释放学生"。工部局则因西方列强亦遭到波及而态度转为强硬，布告"严惩扰乱治安者"。④ 下午租界各国召集本国警察与万国商团，负责警戒要地，特别是在南京路上集结了主力，劝导各商户开店，同时清洗各种传单，摘除写有"抵制日货"等字样的白旗。学生们则不顾危险，尾随其后重新组织商户罢市。皮尔斯发布了更为严厉的布告，要求商铺从翌日起开张。⑤

7 日上午，上海大部分商店与市场依然罢市，学生们开始策划工人、苦力及外国人的雇佣等进行罢工。当日，又有数名西方列强之巡警受伤，租界当局各自警戒，发布了严厉的告示，护军使卢永祥召集商、学界要人，要求停止罢市。⑥ 下

---

① 《工部局注意传单与旗帜》，《申报》1919 年 6 月 5 日，第 11 版。

② 「上海居留地内外ノ中国人商店一斉閉店並排日運動一転シテ反政府運動トナレルモノト認メラルル旨報告ノ件」（1919 年 6 月 5 日）、日本外務省編：『日本外交文書』1919 年第 2 冊下卷、第 1237—1238 頁。

③ 「日清汽船株式会社社長進藤廉平より外務省通商局長田中都吉宛電」（1919 年 6 月 5 日）、JACAR、Ref. B11090257400。

④ 『白木久雄少佐より海軍軍令部宛第 83 号電』（1919 年 6 月 7 日）、JACAR、Ref. C10100892000。

⑤ 『上海全市ノ中国人店舗閉鎖シ群衆ト警察官ノ衝突アリ各国居留地ハ強硬処置ニ出デントシツツアル旨報告ノ件』（1919 年 6 月 6 日）、JACAR、Ref. B11090257500。

⑥ 「居留地当局ノ取締ニ拘ラズ学生ハ排日運動ヲ続ケ商店ノ大半ハ依然閉鎖シ居ル旨報告ノ件」（1919 年 6 月 7 日）、日本外務省編：『日本外交文書』1919 年第 2 冊下卷、1242 頁。

午，鉴于高压政策毫不奏效——罢市依旧，反日的白旗、传单随处可见——公共租界恢复妥协方针，停止了解散群众、禁止佩戴徽章的学生团体出入等政策，并停派万国商团。驻沪日领依然禁止日侨外出，学校停课，故未发生重大事故，但虹口向日本人卖米的华商米店遭到袭击，向英营粮店输送牛肉的商家中途被阻，雇工被袭受伤，激化的反日运动波及西方人。学生与记者在南市与租界总商会均决议"国贼不诛，誓不开市"。① 有吉明还探得各工厂、商店从明日起进行总罢工，认为"果若实现，则事态不易收拾"，判断"国民党等各派势力乘机煽动学生，企图扫除政府内部的亲日派，使得商人等良民都认为日本是祸首"，将给日本带来重大影响。② 接到报告的外务次官币原喜重郎认为事关重大，断定五四运动由单纯的反日运动演变为重大的内部政治斗争，有可能累及日本内政，提醒日本内务省多加注意。③ 白木久雄于当晚报告上海已进入"工部局即整个列强与支那人"对抗的状态。④ 同时，内田康哉与海军省鉴于"情势险恶"而推翻前议，协商决定从"遣支舰队"派遣一艘炮舰到广州。⑤

6月8日，有吉明认为学生鼓动工厂罢工，导致日本的日华纺织被迫歇业，担忧罢工将波及其他工厂。⑥ 晚11时，日本内外棉纺第五工厂1名华工在作业中突然打破窗户，其他90名职工也开始追随效仿，捣毁办公室，接着其他四个工厂也发生同类事件，有3名日本人受伤。附近警察署接到急报后派遣数十名警官进行镇压。而后，上海纺织、川北电气工厂及一铁厂等所有日本工厂都相继发生同盟罢工。西方人经营的英美烟草公司及其附属的印刷所等工人也举行罢工。沪

---

① 《上海商学工报之联合会》，中国社会科学院近代史研究所编：《五四爱国运动》（上），第390页。

② 「上海ニ於ケル排日運動ハ益々盛ントナリツツアル状況報告ノ件」（1919年6月8日）、日本外務省編：『日本外交文書』1919年第2冊下巻、第1245頁。

③ 『幣原喜重郎外務次官より小橋内務次官宛急電』（1919年6月11日）、JACAR、Ref. B11090261700。

④ 『白木久雄少佐より海軍軍令部宛第83号電』（1919年6月7日）、JACAR、Ref. C10100892000。

⑤ 「砲艦一隻広東ニ派遣ノ旨海軍省ヨリ通報アリタル件」（1919年6月7日）、日本外務省編：『日本外交文書』1919年第2冊下巻、第1241—1242頁。

⑥ 「上海ノ形勢険悪トナリ工部局ハ戒厳令実施ヲ考慮中ナル旨報告ノ件」（1919年6月8日）、日本外務省編：『日本外交文書』1919年第2冊下巻、第1246頁。

宁线、沪杭甬线工人随后举行罢工，租界外国人房屋遭到破坏。日本竭力向西方列强宣传罢工运动为"排外行动"，企图"重新唤起人们对义和团时期的回忆"，以实现联合列强共同镇压反日爱国运动的目的。上海有影响的英国人也开始判定"三罢"斗争是"排外运动"。①

英国驻沪总领事指示工部局总董皮尔斯，称"鉴于工厂受罢工威胁，外侨市场关闭，并且局势有向无政府状态发展的倾向，最后势必需要联合干预，所以必须采取强硬行动"。② 工部局遂于当晚召开市参事紧急会议，鉴于"现可确定当前骚乱具有反洋人倾向"，决定于9日下午4点以后动用万国商团、消防队采取"断然的高压手段"，禁止中国学生人等上街游行，"扰乱治安"，"如有人违反这些命令，干扰警方，或干扰从事于维持治安及良好秩序的其他正式批准的官员，或篡夺已授予这些官员的职权，或犯有破坏治安及良好秩序的行为，将立即予以逮捕并送当局论处，不容宽贷"。③ 会议还决定上述措施若不奏效，则要求列强海军陆战队共同登陆，联合驱逐学生。美国的两名代表中有一名反对采取强硬手段，主张继续观望形势，但在日、英的强烈要求下，工部局通过了上述决议。④

美、英、法驻华公使对上海"三罢"运动的性质判断，并未受日本蛊惑的影响。芮恩施在6月7日致电美国代理国务卿表示，上海的"三罢"运动，一部分是反对日本，一部分是反对北洋政府中的亲日派。日本企图将中国的反日运动转向反美、反英。⑤ 6月9日，芮恩施通过海军情报得知上海工部局镇压学生运动的决定，电令美国驻沪总领事：严厉的国际镇压政策是很危险的，那将落入日本的圈套，促使中国的反日运动演变为普遍的排外运动，故须尽一切力量影响上海

---

① 芮恩施：《一个美国外交官使华记》，第326页。

② 《1919年6月8日下午3时特别会议》，上海市档案馆编：《工部局董事会会议录》第20册，上海：上海古籍出版社，2001年，第760页。

③ 《1919年6月8日下午9时30分特别会议》，上海市档案馆编：《工部局董事会会议录》第20册，第760—761页。

④ 「上海二於テ工場職工ノ罷業暴行アリ鉄道、市中自動車運転手罷業シ工部局ハ制圧ノ手段ヲ採ルニ決定ノ件」（1919年6月9日）、日本外務省編：『日本外交文書』1919年第2冊下卷、第1246—1247頁；『白木久雄少佐より海軍軍令部宛第88号秘電』（1919年6月9日）、JACAR、Ref. C10100892000。

⑤ The Minister in China (Reinsch) to the Acting Secretary of State, Jun. 7, 1919, *FRUS*, 1919, Vol. 1, p. 696.

工部局，将行动限制在警察对实际暴力及有可能导致骚乱的游行和示威的防范之内；要与日本政府脱离关系而又不采取反日态度。当日，芮恩施还向美国代理国务卿提议，上海"三罢"运动不能通过列强集结大量海军的方式解决，相反，若日本主动减少军队，每个国家仅留一艘足以应付任何紧急情况的舰只，更有利于问题的解决，并强调日军在中国水域的存在威胁着美国和欧洲。是日午夜，芮恩施又向美国代理国务卿建议：唯一适当的解决方案是"重修巴黎和会有关山东问题的决议，或由日本发布一个具体而坦率的声明以还中国公道"。芮恩施还认为，中国的反日运动有利于日本进行自省，以"诱使他们作出公正的安排"。① 其后，美国国务卿非正式地建议日本巴黎代表们就山东问题发表公开而具体的声明。②

芮恩施还将日本驻华公使排除在外，与英、法公使会商对策。英、法公使均接受了芮恩施关于中国民族主义运动的看法与对策。③ 朱尔典在给英国外交部长的报告中评价：截至目前，中国发生的"只是一场反日运动与反政府运动"，上海"三罢"运动要求释放北京被逮捕的学生、罢免所谓"卖国三贼"的"愿望完全是正当的"。上海公共租界的秩序因此受到"威胁"，工部局自然地认为他们不能放弃采取措施以解决学生组织与罢工运动。这种政策若太过严厉，则将促使"中国的民族主义运动"转向"普遍的排外运动"。正是基于上述认知，英、美、法三国驻华公使于 6 月 10 日分别向本国驻沪领事指示："运动是一场主要针对日本与中央政府的政治运动，需谨慎处理，它有可能转而反对我们，或变成排外运动。"④

美国驻沪领事积极执行上述指示，赢得了上海学生与商会的好感与谢意。⑤但英国驻沪总领事与工部局的英国总董态度消极。尽管如此，6 月 10 日，由于美

---

① The Minister in China（Reinsch）to the Acting Secretary of State, Jun. 9, 1919, *FRUS*, 1919, Vol. 1, pp. 696 – 698.

② The Acting Secretary of State to the Minister in China（Reinsch）, Jul. 12, 1919, *FRUS*, 1919, Vol. 1, p. 714.

③ The Minister in China（Reinsch）to the Acting Secretary of State, Jun. 24, 1919, *FRUS*, 1919, Vol. 1, p. 709.

④ Sir J. Jordan to Earl Curzon, Jul. 27, 1919, *BDFA*, Part Ⅱ, Ser. E, Vol. 23, 1919, pp. 75 – 76.

⑤ 「中国人国民大会ノ講和条約不承認決議及学生大会ノ対米感謝決議ノ件」（1919 年 7 月 2 日）、日本外務省編：『日本外交文書』1919 年第 3 冊上卷、第 360 頁；《庆祝美国独立纪念纪》，《申报》1919 年 7 月 5 日，第 10 版。

方人员向学生透露了工部局的上述决议，学生们采取了暂避锋芒的对策，以致列强出动的万国商团找不到对象而至晚间 7 点解散。① 有吉明向外务省报告，上海的反日运动逐渐带有"普遍排外色彩"，水火夫的罢工导致沿岸及长江航路停止，罢工甚至将波及整个铁道部门，影响到西方列强的利益，"有恐引发重大事态"，故而"英国虽起初煽动学生反日运动，现已认识到危害及己，担忧最终不得不请求日本出兵平息事态"。有吉明提醒日本政府"事关重大"，② 应提早进行准备。当日，日本海军大臣下令将由野分、松风、白雪、霰四艘军舰组成的第 29 驱逐队编入"遣支舰队"赴华。③

正当日本及上海工部局决定出兵镇压学生、工人爱国运动的紧急关头，北洋政府作出了罢免曹、章、陆三高官以平息事态的决定。6 月 10 日，徐世昌不顾皖系的反对，接受直系军阀重要头目、江苏督军李纯的建议，受理了曹汝霖、陆宗舆与章宗祥的辞呈。④ 6 月 11 日，内务部通知上海："曹、陆、章已令准免职。津埠本日开市。北京学界刻已筹议上课。京总商会本日亦有通电。沪市各界，希悉力劝解。"⑤ 当日，中国外交人员密劝上海领团阻止外国水兵登岸，免生冲突，得到负责领事的赞成。⑥ 6 月 12 日以后，随着曹汝霖等被免职，反日运动得到缓和，沪、宁、扬等地开市，⑦ 罢工影响西方列强在华利益的局面得到控制，学生运动又回到拒签和约与抵制日货运动的轨道。芮恩施评价"中国民族运动的进行

---

① 『白木久雄少佐より海軍軍令部宛第 88 号秘電』（1919 年 6 月 10 日）、JACAR、Ref. C10100892000。

② 「上海ニ於ケル排日運動ハ漸ク排外的ノ色彩ヲ帯ビントシ又国内ノ政争モ絡ミ重大ナル事態トナルノ虞モ無キニ非ストノ観測報告ノ件」（1919 年 6 月 10 日）、日本外務省編：『日本外交文書』1919 年第 2 冊下巻、第 1253—1254 頁。

③ 『艦隊日誌摘要報告』（1919 年 8 月 7 日）、JACAR、Ref. C10081027000。

④ 狭間直樹：「五四運動と日本：親日派三高官は"罷免"問題をめぐって」、『東方学報』第 73 冊、2000 年 3 月、第 582 頁。

⑤ 《内务部关于曹陆章已免职希劝解沪市各界电》（1919 年 6 月 11 日），中国社会科学院近代史研究所、中国第二历史档案馆史料编辑部编：《五四爱国运动档案资料》，第 306 页。

⑥ 《杨晟报告上海陆续开市及密劝领团阻止外国水兵登岸密电》（1919 年 6 月 11 日），中国社会科学院近代史研究所、中国第二历史档案馆史料编辑部编：《五四爱国运动档案资料》，第 263 页。

⑦ 《李纯报告沪宁扬等地开市电》（1919 年 6 月 13 日），中国社会科学院近代史研究所、中国第二历史档案馆史料编辑部编：《五四爱国运动档案资料》，第 279 页。

方式已赢得外国人的尊敬"。①

总之，上海"三罢"运动发生后，英、法由于利益受损，同情五四运动的态度动摇，日本借势鼓吹"普遍排外"说，助推了公共租界与法租界取缔学生运动政策的出台。但在美国驻华公使的努力下，英、法驻华公使并未改变对五四运动是"反日与反政府运动"的看法，致使日本联合列强出兵干涉的政策未能得逞。

五、日本对华战略的调整

上海"三罢"运动结束后，抵制日货运动依然持续，直到当年12月始逐步平息。持续的反日运动对日本工商业造成重大打击，又兼美国政府与舆论带头施压，日本政府一方面对抵制日货运动加强戒备，另一方面不得不调整对华政策。

鉴于长江流域反日运动形势的发展，6月12日，日本政府令第29驱逐队中的三艘军舰从佐世保出发开往上海，各舰于6月15日抵沪，而后分赴南京、九江、芜湖。② 6月17日，日本又派遣第一特务舰队的淀舰驰往上海，作为"遣支舰队"的新旗舰。6月22日，日本又将霰舰从佐世保派往上海，该舰于6月24日抵沪。日本由"遣支舰队"、新旗舰淀及第29驱逐队构成的防备示威体制，一直持续到1919年底才解除。③

同时，日本政府为应对中国民族主义与以美国为首的帝国主义的压力，加紧调整对华战略，改变寺内正毅内阁时期"独占"中国、主导中国外交事务的政策，转与美、英妥协合作的"协调外交"。这典型地反映在如下几个方面。

首先，日本在美、法等国的压力之下放弃对中国军阀的资金与武器援助。一战期间，日本政府独占中国武器市场，尤其是为以段祺瑞为首的皖系军阀提供大量借款，加重了中国军阀混战的局面。1918年12月9日，美国向日本提议在中国南北实现统一之前，应该避免向中国提供财政援助及武器弹药。④ 1919年4月

---

① The Minister in China（Reinsch）to the Acting Secretary of State, Jun. 24, 1919, *FRUS*, 1919, Vol. 1, p. 710.

② 『艦隊日誌摘要報告』（1919年8月7日）、JACAR、Ref. C10081027000。

③ 『艦隊日誌摘要報告』（1920年1月19日）、JACAR、Ref. C10081026500。

④ 「南北妥協成立迄対中国財政援助及武器供給ヲ差控フル旨中国政府二申入方米国公使ヨリノ提議二付請訓ノ件」（1918年12月9日）、日本外務省編：『日本外交文書』1918年第2冊上卷、東京：外務省、1969年、第139—140頁。

8 日，在美国驻华公使的提议下，日、英、美、法、意五国代表召开会议，决定在中国出现其权限得到全国承认的政府之前，各国须有效禁止本国国民向中国出口武器弹药，已经缔约但尚未交付的武器弹药亦列其中。① 4 月 29 日，日本召开内阁会议正式决定："帝国政府出于促进支那和平的角度，决定当下控制有可能被流于政费的借款，武器弹药的提供也与借款一样可能有碍南北妥协。故本邦军火商，不论是否已经缔结合同，都须中止向支那交付所有武器弹药。"内田康哉还将该决议副本递交陆军、内务、大藏、递信局、海军大臣及拓殖局长等相关部门领导。② 5 月 5 日，美、日、英、法驻京公使按照各自政府的指示向中国政府转达了上述决定。③ 在该方针下，日本不仅中断了对皖系军阀及中国海军的军火供给，而且中止向江浙、广东、两湖、河南、山东等地提供武器，调整了一战期间独占中国军火市场、助长中国各派军阀混战的一贯政策。

其次，日本接受美国提议，放弃一战期间垄断对华借款权的优越地位，同意由英美法日组建新的银行团为中国提供共同借款。1918 年 10 月 8 日，美国政府向日本提出了组建新对华借款团的备忘录。④ 1919 年 5 月 11、12 日，巴黎和会上，美、英、法、日银行代表召开由美国提议的对华新借款团组织会议，美国提议新银行团的业务不仅包括政治借款，还包括铁道与实业借款即中国中央政府各部与地方政府的借款，以及有政府担保的公司借款、公债发行，并要求参加的所有银行团将已经取得的利权及将要取得的利权都奉交新银行团，作为新银行团的共同事业推进。⑤ 该要求无疑有损利用一战已经攫取了大量借贷利权的日本。在

---

① The Minister in China（Reinsch）to the Acting Secretary of State, Apr. 10, 1919, *FRUS*, Vol. 1，p. 668；「米国公使ノ発議ニ基キ五国代表者会議ニ於テ対中国兵器売込停止ニ関シ決議ノ件」（1919 年 4 月 8 日）、日本外務省編：『日本外交文書』1919 年第 2 冊上卷、東京：外務省、1970 年、第 418 頁。

② 「対中国兵器輸出禁止ニ関スル閣議決定写送付ノ件」（1919 年 4 月 29 日）、日本外務省編：『日本外交文書』1919 年第 2 冊上卷、第 425 頁。

③ The Acting Secretary of State to the Ambassador in Italy, May 20, 1919, *FRUS*, 1919, Vol. 1, p. 671.

④ 「対華新借款團組織に關する米國覺書」（1918 年 10 月 8 日）、日本外務省編：『日本外交年表並主要文書』上卷、第 468—469 頁。

⑤ 「米国提議ノ対中国新借款団組織ニ関スル四国銀行家会議ノ決議ニ付報告ノ件」（1919 年 5 月 13 日）、日本外務省編：『日本外交文書』1919 年第 2 冊上卷、第 237 頁。

英法也同意美国提议的情况下，1919 年 8 月 16 日，日本政府最终通过了美国的上述提议与四国银行团代表会议决议，可谓对美国作出了重大让步。但日本政府亦作了保留，即新银行团不能影响日本在"南满洲"及内蒙古东部的特殊权益，将南满及东蒙排除在新银行团借款范围之外。①

再次，在山东问题上，就撤兵与设立专管租界问题作出让步。巴黎和会上，美英虽就山东问题对日本作出让步，但就以下问题先后向日本提出疑义：（1）日本究竟于何时交还青岛？（2）50 公里的中立区是否会与租借地一同交还？（3）日本的专管租界是否会占据整个青岛市街及港口要塞？（4）驻屯在济南、青岛的日军是否撤退？（5）中日合办铁道是否只是名义？是否会沿袭德国的做法由日本专管，且制定不利于其他列强的运费制度？关于铁道警察，在中国组织的警察中安插日本警官，是否侵害中国主权？即美英列强担忧日本会因条文不备，而借口履行中日规定，实际上继承德国的政治、军事特权，在侵犯中国主权的同时，损害列强的利益，威胁远东和平。②

美国的担忧并非空穴来风。1919 年 4 月 22 日，日本陆军省提出山东问题解决方案，其要点为：（1）在青岛设立日本专管租界，其范围囊括整个胶州湾租借地（包括海面及岛屿）；（2）外国人共同租界设置在青岛周边；（3）日本在青岛租界除了按照外国在华专管租界的一般惯例，享有领事裁判权、警察权及其他各种行政权之外，还享有日军驻屯权、赋税征收权、港务执行权、港口修筑及填海权、水产业管理权、租借地海上警察执行权、日本侨民土地所有权等特权；（4）对中国人所有土地设定日本绝对购买权；（5）设定青岛中国海关制度，将中德两国间的协定全部适用于青岛日本专管租界，允许日本军队驻扎济南。③ 照此方案日本不仅享有在青岛、济南的驻兵权，而且独占青岛市区与海关，不仅严重侵犯中国对山东的主权，而且违背"机会均等"、"门户开放"原则。4 月 26 日，英国外长

---

① 「对華新借款團組織に關する巴里會議の決議に對する日本政府の確認」（1919 年 8 月 16 日）、日本外務省編：『日本外交年表並主要文書』上卷、第 503 頁。

② 「山東問題解決ノ行悩ミ二鑑ミ今後採ルベキ我外交方針二関シ意見開陳ノ件」（1919 年 6 月 17 日）、日本外務省編：『日本外交文書』1919 年第 3 冊上卷、第 345—347 頁。

③ 「青島還附二伴フ日中交渉案件二対スル希望」（1919 年 4 月 22 日）、日本外務省編：『日本外交文書』1919 年第 3 冊下卷、第 814—817 頁。

贝尔福在与日本巴黎和会代表牧野伸显的会谈中，就曾表示 1918 年《山东问题换文》中关于日军集中青岛、济南的规定，是对德国原有权益的扩大，担心日本不撤兵山东。对此，牧野明确表示，《山东问题换文》中的该项规定只是过渡性的，日本并非永久驻军。①

5 月 13 日，日本陆军向外务省提出撤废民政署的前提，一是中国着手铺设济彰铁道及高徐铁道，二是中国完成组建具有充分警备能力的巡警队且聘用日本人教育培养的巡警，关于山东铁道沿线之日军撤至济南及青岛的时间，则定于撤废民政署且二地准备好兵营之后。② 鉴于山东问题引起中国民众之激愤，且招致列强的关注，外务省认为陆军省的主张难以实现。5 月 22 日，外务省提出了自己的对策，其基本原则为"山东诸问题的善后措施需按照帝国政府屡次声明的对支根本政策办理，且须遵循帝国全权委员在媾和会议上作出的说明及其公布的声明"。在此原则下，具体制定下述方针：在交还青岛租借地之前，于青岛保留最小限度的军队，其余都在媾和条约成立时撤退。另外，基于 1918 年换文之日军从铁道沿线撤至青岛、济南，应在媾和条约成立之前尽快施行。青岛之外的山东铁道沿线民政署，则不等媾和条约成立就应尽快撤废，无论如何在媾和条约成立后就不应存续。关于铁道沿线的警察特权特别是聘用日本人问题，按照 1918 年换文及上述帝国全权委员的说明及声明办理。关于青岛租借地的交还，按照下列方针办理：（1）为商讨交换条件，在媾和条约成立后立即与中国开始协商；（2）交还条件按照上述帝国全权委员的说明及声明，以公正稳当为宗旨，另行制定；（3）在交还前日本在租借地内的行政权维持现状，军队减少到最低限度；等等。③

后经内田与原敬密切磋商，6 月 24 日，日本内阁会议决定："关于山东省诸问题善后处分及胶州湾租借地交还条件，需要确切地符合我国全权委员的各项声明，应始终采取光明正大的措施，需严格避免采取与上述声明相扞格或被曲解的

① 「日本驻法大使松井庆四郎より内田康哉外相宛『講第 765—2 号』電」（1919 年 4 月 28 日）、JACAR、Ref. B06150107800。

② 「日中両国間ノ協定二基ク山東鉄道沿線民政撤廃及軍隊配置変更二関スル件」（1919 年 5 月 13 日）、日本外務省編：『日本外交文書』1919 年第 3 冊下卷、第 811—812 頁。

③ 「山東諸問題善後方針案」（1919 年 5 月 22 日）、日本外務省編：『日本外交文書』1919 年第 3 冊下卷、第 820—822 頁。

措施。"① 与军部意见相比，日本政府的方案在最终撤军等问题上作出一定让步，但由于遭到军方抵制等原因，该方案并未向世界公布。

6月28日，在巴黎和会签约的当日早上，美国国务卿、和会代表兰辛向牧野伸显表示："鉴于中国关于山东问题国论沸腾，发起非买同盟，运动一度要针对日本之外的国家，但现在已纯粹针对日本，且显将继续发展，事态不易收拾，建议为缓和中国的对日感情，实现顺利签署和约的目的，日本应该安顿人心，在签署和约的同时，发表一个比日本全权委员在领袖会议上的说明更为明确而具体的声明。"② 7月3日，日本驻美代理大使出渊胜次也向内田康哉建议，为缓和美国就山东问题的舆论，需要就交还时限问题公开发表日本的方针。③

7月10日，美国威尔逊总统召开记者招待会后，在议会休息室与本党参议院议员交谈时，表示他本人对山东条款也感不满，《纽约时报》报道威尔逊总统当时表示希望日本制定从山东撤军的时间，并明确表示美国在"兰辛—石井协定"中仅承认日本在"满洲"的优越权。④

7月15日，美国参议院议员提出了不同意巴黎和约将中国山东移交日本管辖的议案。⑤ 共和党议员诺里斯在参议院发表了批判山东条款的演说，指出中国作为协约国的一员，付出了其所能付出的最大牺牲，德国攫取山东利权本就是不法行为，因此，将之从德国手中夺回交还给中国是最为正当的，而在中德条约中有在未得中国同意下不得将山东让渡于他国的规定，以日本驱逐德国为由将山东给

---

① 「山東省諸問題善後方針ニ関スル件」（1919 年 6 月 24 日）、日本外務省編：『日本外交文書』1919 年第 3 冊下卷、第 813—814 頁。

② The Acting Secretary of State to the Minister in China（Reinsch）, Jul. 12, 1919, *FRUS*, 1919, Vol. 1, p. 714；「山東問題ニ関シ中国側緩和ノ為日本側ニ於テ声明書ヲ発表セラレ度旨及右声明書ノ要旨ニ付ランシング提案ノ件」（1919 年 6 月 29 日）、日本外務省編：『日本外交文書』1919 年第 3 冊上卷、東京：外務省、1971 年、第 355 頁。

③ 「山東問題ニ対スル米国ノ世論緩和ノ為還附時期等ニ関スル我方針公表方意見具申ノ件」（1919 年 7 月 3 日）、日本外務省編：『日本外交文書』1919 年第 3 冊下卷、第 829—830 頁。

④ 「講和条約ニ関シ米国大統領ノ新聞記者団及与党議員等ニ対スル談話ヲ各紙報道ノ件」（1919 年 7 月 12 日）、日本外務省編：『日本外交文書』1919 年第 3 冊下卷、第 831—832 頁。

⑤ 「米上院ニ提出ノ山東条項反対決議案委員会附託ノ件」（1919 年 7 月 15 日）、日本外務省編：『日本外交文書』1919 年第 3 冊下卷、第 834 頁。

予日本，就如同将阿尔萨斯—洛林的一部分给予美国一样。巴黎和会关于山东的决定，是无视一切信义与公平的。联合国出卖友国，将无辜的民众驱逐到最为恶毒的敌人支配之下，如此残忍无道的事件，在世界史上实属罕见。演说结束后，民主党与共和党围绕山东问题进行了 5 个小时的激烈辩论。其间参议院外交委员会主席洛奇（Henry Cabot Lodge）提出，巴黎和会的山东决议是对日本对华扩张的助长，美国正在不断地援助日本的武力扩张，英国正因为任由德国不法扩张才有了此次可悲的牺牲，吾人必须警戒亚洲"普鲁士"的"建设"。民主党的托马斯表示威尔逊总统也并不情愿同意山东决议，但为了使日本签约而进行了必要的让步。对此，博拉进行了激烈反驳："吾人已经不断隐忍，吾人并不希望与日本开战，但若不甘屈服于山东决议就难以维持日美国交的话，余等宁愿回应挑战。"[1] 7 月 16 日，美国各大报纸都用最大字体以社论的方式报道了参议院的辩论。当日，美国第三助理国务卿布雷金里奇·朗，通过出渊劝告日本政府应该立即发表一个声明，表明在一定期限内将青岛交还中国。[2]

7 月 17 日，小幡酉吉向内田康哉就青岛设置专管租界问题提出建议，批判军部几乎将整个青岛作为日本专管租界的主张，是"忘却日本政府在外交上现处之地位的暴论"，认为日本人在青岛的商业、经济势力现已相当充分，鉴于中国人的激烈反抗及日本在世界上的地位，此际日本应该放弃青岛专管租界权，划定一个比较广泛的区域作为共同租界，这在实质上对日本并无多大损害，却可向世界表明日本"宽容公正"的态度，彰显日本的声望，也可赢得中国的好感。[3]

7 月 18 日，顾维钧、刘崇杰拜访日本全权委员伊集院彦吉，要求日本应率先放弃在青岛设置专管租界，改为国际租界，并由中国管理，将青岛开放为世界性

---

① 「山東条項二関シ上院二於ケル共和党ノリス議員ノ攻撃演説並与野党議員ノ議論報告ノ件」（1919 年 7 月 17 日）、「上院二於ケル山東問題論議二関シ重ナル新聞論説報告ノ件」（1919 年 7 月 17 日）、日本外務省編：『日本外交文書』1919 年第 3 册下卷、第 837—838、839—840 頁。

② 「山東問題二関シ米国輿論ヲ喚起シ居ルニ鑑ミ膠州湾還附公表ノ件至急詮議方稟請ノ件」（1919 年 7 月 17 日）、日本外務省編：『日本外交文書』1919 年第 3 册下卷、第 839 頁。

③ 「青島専管居留地問題二関シ意見呈示ノ件」（1919 年 7 月 17 日）、日本外務省編：『日本外交文書』1919 年第 3 册下卷、第 842—843 頁。

通商港口，然则可以率先给中国以重大援助。① 英国代理外相罗德·卡逊对山东问题亦予以特别关注，希望日本作为五大国之一，在山东问题上以让步的态度对待中国，以缓解中国的激愤。② 7 月 21 日，克里孟梭也向日本巴黎全权代表西园寺公望表达了对山东问题的关切，希望日本今后以宽大的态度对待中国，以实际行动反驳世人对日本是"远东之德国"的批评。③

7 月 21 日，出渊胜次鉴于美国就山东问题舆论沸腾，再次要求日本外相明确撤兵山东的时间。24 日，因美国下届总统大选在即，山东问题成为共和、民主两党争夺民意的重要筹码，上下两院集中以山东问题攻击威尔逊。有鉴于此，美国代表向日本提出美国不得不公布巴黎和会三国首脑会议出台山东问题决议的记录，因事关日本颜面，故提议由日本主动公布。④ 25 日，美国总统向日本驻美大使提出了强烈要求日本主动公开巴黎三国会议商讨事项的要求，并表示在下周一前日本若不主动发表，美国国务卿将于 29 日以后根据总统的需求随时发表。⑤ 27 日，内田训令出渊可以通告美国，一旦中日达成交还青岛的协定就立即撤兵山东。29 日，日本驻美大使在《纽约先驱报》上公开发表了关于山东问题的谈话，表示日本已决心将青岛主权归还中国，并尽快撤军山东，胶济铁道将由中日共同运营，青岛港将向世界开放，在青岛将设立日本租界与国际共同租界等。当日，出渊将该报道的简报递交于美国第三助理国务卿。⑥ 在美国要公开巴黎和会三国

① 「日中関係ノ緊張緩和ノ為ノ方策二関シ伊集院全権ヨリ劉崇傑及顧維鈞二意見開示ノ件」（1919 年 7 月 20 日）、日本外務省編：『日本外交文書』1919 年第 3 冊下巻、第 850—851 頁。

② 「山東問題等二関シ牧野委員カーゾン卿卜意見交換ノ件」（1919 年 7 月 17 日）、日本外務省編：『日本外交文書』1919 年第 3 冊下巻、第 844—845 頁。

③ 「西園寺全権各種問題二付クレマンソー氏卜懇談ノ件」（1919 年 7 月 21 日）、日本外務省編：『日本外交文書』1919 年第 3 冊下巻、第 857 頁。

④ 「山東問題公表方ランシング提議二関シ日本側ノ同意ヲ得タキ旨ホワイト美国全権ヨリ牧野全権二申出二付請訓ノ件」（1919 年 7 月 24 日）、日本外務省編：『日本外交文書』1919 年第 3 冊下巻、第 868—869 頁。

⑤ 「山東問題二関スル巴里首相会議打合事項ヲ日本政府ノ自発的公表方米国大統領強ク要請二付請訓ノ件」（1919 年 7 月 25 日）、日本外務省編：『日本外交文書』1919 年第 3 冊下巻、第 871 頁。

⑥ Memorandum of the Third Assistant Secretary of State (Long), Jul. 29, 1919, *FRUS*, 1919, Vol. 1, pp. 714 – 715.

首脑会议记录的压力之下，8 月 2 日，日本正式以外相讲话的形式发表了关于山东问题的声明，其中除了重复 5 月 5 日、17 日声明之外，对所谓"归还完全主权"进行了具体解释："中日间达成关于交还胶州湾的协定后，立即全部撤退现在守备该租借地及胶济铁道的日军；胶济铁道作为中日合办企业运营，无论对何国国民都给予无差别待遇。而且，日本政府正在考虑放弃根据'民四条约'在青岛完全可以享有的日本专管租界设置权，代之以设置各国共同租界。"① 8 月 3 日，出渊将上述声明交给美国第三助理国务卿。② 该声明对平息国际舆论对日本的批判发挥了重要作用，客观上缓和了列强围绕中国竞争中的对立性，有利于中国收回山东主权，却并未改变日本联合列强推行侵华政策的本质。

日本虽在中国民族主义与以美国为首的列强压力之下，转变"独占"中国政策为与欧美"协调"路线，但其对美妥协亦有保留。这典型地反映在日本政府依然为亲日的北洋政府提供资金援助上。

日本政府判断徐世昌不仅不排斥日本，而且"向来是亲日论者"，不论其阅历如何，当下在南北相争之际，徐世昌是最恰当的总统人选，其统率下的内阁也并无反日倾向，只是"由于无力而对反日运动无可奈何"。③ 基于此种判断，1919 年 6 月 19 日，原敬在与元老山县有朋的会谈中表示："对于支那，当下的反日骚动不久将平息，但反日的思想及其口实难以消灭，故在外表上我国当始终与列国保持协调。支那终将在列国的事实干涉下生存，故打破与列国的协调对我国是不利的，应当致力于协调。我国在暗中应始终坚持采取援助亲日派、不令其失望的方针。"原敬还向山县透露，内阁为此已暗中决定"每年做好投资五六百万乃至一千万日元的准备"，当下"亲日"的总统徐世昌万一倒台，则"支那政局难以收拾"。对于日本政局具有举足轻重之影响的山县有朋也完全赞同原敬的上述判断与决定。④ 故日本政府于 9 月 19 日正式出台了继续暗中援助亲日的北洋政

---

① 「山東問題ニ関スル日本ノ政策ニ付外務大臣談トシテ再度公表ノ件」（1919 年 8 月 2 日）、日本外務省編：『日本外交文書』1919 年第 3 冊下巻、第 895—896 頁。

② Memorandum of the Third Assistant Secretary of State, Aug. 3, 1919, *FRUS*, 1919, Vol. 1, p. 717.

③ 「中國財政援助に關する件」（1919 年 9 月 9 日）、日本外務省編：『日本外交年表並主要文書』上巻、第 504 頁。

④ 原奎一郎編：『原敬日記』第 5 巻、東京：福村出版株式会社、1981 年、第 109 頁。

府的决策。日本为了避免舆论批判，还决定仿照关余做法，将对北洋政府的借款分拨一部分给南方军政府。此举实际上依然是通过援助亲日的北洋政府图谋扩张日本的权益，保持其在华优越地位。

结　语

五四运动因山东问题而起，列强在山东问题上的态度对五四运动的爆发亦有重要影响，并构成日本观察、应对五四运动不可或缺的考量因素。日本政府除认识到五四运动是中国内部政争、美英煽动、国民党乘机利用的产物之外，也关注到共产主义思想传播在其中发挥的作用，并以此为由要求北洋政府镇压学生运动。日本政府对五四运动的观察与认知，为我们全面深入认识五四运动提供了外部视角；同时，日本对五四运动的干涉也构成影响形势发展的重要外因。帝国主义的扩张野心，导致日本政府无视中国民族主义在五四运动中的觉醒，否认中国民族国家建设具备了内生动力，未能调整其甲午战后形成的"中国亡国观"。正因日本对中国民族主义的无视，此后日本的对华方针并未发生根本性变化，从而在侵华的道路上越走越远。

纵观日本对五四运动的介入，其不仅通过北洋政府镇压五四爱国运动，而且通过出动、增派海军辅助保护日侨，威慑、镇压学生运动，严重干涉了中国内政。北洋政府针对五四运动发布的重要命令与告示，背后大多有来自日本的压力。日本与五四运动的关系，反映出北洋政府因财政拮据、"联美制日"路线的阶段性失败等原因，在内政上亦严重受制于半殖民地政府属性。就日本政府的行动而言，它在外交层面不顾中国民众收回山东的要求，继续采取帝国主义性质的侵华政策，进一步刺激了中国民族主义的发展。此后，"反日"作为中国民族主义的显著特征，成为国人逐步结束"一盘散沙"局面，团结、凝聚力量，追求民族独立与发展的重要旗帜。日本对五四运动帝国主义式的干涉，不仅彻底终结了中日两国清末以来因沙俄这一共同敌人而形成的所谓"黄金蜜月"关系，而且成为中国抗日战争的思想、组织与动力起源。①

---

① 武藤秀太郎就五四运动与中国的"抗日"起源有较为详细探讨，参见武藤秀太郎：『「抗日」中国の起源：五四運動と日本』、東京：筑摩書房、2019 年。

五四运动影响到日本政府对华战略的调整。在一战结束欧美列强重返亚洲之后，日本便开始调整战时具有浓厚"亚洲主义"性的"一国独占"对华战略。五四运动前后，日本在通过国家政策垄断中国军火市场与借贷权等方面，开始对欧美让步，采取所谓"国际协调"路线，恢复了明治维新以后曾长期采取的"脱亚入欧"战略。尽管其实质仍是企图与欧美帝国主义一道对华扩张，但这种"国际协调"路线，客观上有助于改变一战期间日本向中国各地军阀出售军火、提供贷款，从而助长军阀混战、加重中国分裂的局面。尤其是在山东问题上，日本就撤兵山东、放弃设立专管租界等问题上对中国亦作出让步，这有利于中国收回山东主权。然而，不可否认的是，上述日本对华战略的调整，是在中国民族主义运动与以美国为首的帝国主义的压力下才得以实现的。

如进一步放宽视野，五四运动对中日美三角关系亦产生深远影响。近代以来，在甲午战争、日俄战争等影响亚太国际关系格局的重大历史事件中，日美都处于合作关系。日俄战争后，以"满洲铁道中立计划"为代表，日美在围绕东北的竞争中矛盾凸显，尽管通过"兰辛—石井协定"，美国与日本达成一定程度的妥协，但并不能从根本上消除矛盾。

一战后，美国鉴于山东的国防与经济价值，对日采取坚决遏制政策，从而引发日本的强烈不满。日美对五四运动的态度与政策针锋相对，表明两大帝国主义国家在一战后围绕中国的竞争已相当激烈。五四运动与山东问题，不仅加深了日美之间的隔阂，且促使两国政府将彼此视为第一假想敌，成为日美在华及亚太走向对抗的新起点。美国海军在 1919 年加强了以日本为对象的"橙色作战计划"，直至 1939 年前，美国海军都将日本作为最大的假想敌。[1] 1923 年，日本军部认为，美国将以无限的资源对华采取经济侵略政策，威胁日本"一赌国运"攫取的在华地位。此种经济问题，与美国对日本移民的排斥与歧视，都积日累久，难以调和。在太平洋及远东拥有据点与强大兵备的美国，必将与日本发生冲突。故日本在该年修订的《帝国国防方针》中将美国作为第一假想敌。[2] 1927 年田中义一内阁成立后，日本开始挑战华盛顿体系，企图打破美英等西方国家对日本在亚太

---

① Steven T. Ross, *American War Plans, 1890 – 1939*, pp. 184 – 187, 292.

② 『帝國國防方針』（1923 年）、JACAR、Ref. C14061002700。

地区扩张的限制。其后，日本与美国的对抗冲撞不断升级，最终于1941年偷袭珍珠港，发动太平洋战争。

中国在一战后日美的亚太霸权竞争中处于重要地位。正如曾长期留学美国的日本众议院议员小寺谦吉所言：以中国为中心的太平洋"既是日本的肝脏，又是美国的胃腑"。① 中国对资源小国日本而言，是构筑总体战体制、发动对外战争必须依赖的资源供给地；对于借助一战大发其财的美国而言，则是"资本逐利的大好场所"。故日美必将在太平洋展开霸权之争，而太平洋霸权终将归于在中国"占据优势地位的国家"。从长期来看，日美两国对中国民族主义的不同态度，导致中国"一则反日，一则联美"的不同回应，这在一定程度上影响了日美两国在太平洋竞争中的成败走向。

〔作者王美平，南开大学历史学院教授。天津　300350〕

（责任编辑：刘　宇）

---

① 小寺谦吉：『大亜細亜主義論』、東京：宝文館、1916年、第49頁。

例外论与19世纪美国
对外来移民的排斥*

伍　斌

摘　要： "美国例外论"认为美国在宗教、种族、文化、价值观、制度等诸多方面是独一无二的，并优于其他国家。它既是美国历史上一种影响深远的意识形态，也是一种长期延续的文化传统和价值观念，对美国人自我形象和身份的期许与形塑及"他者"的建构产生了深刻影响，并全方位影响美国的内外政策。美国历史上针对外来移民的数次排斥，其核心话语之一便是外来移民挑战了"美国信条"和"美国特性"。这一强大意识形态所导致的傲慢和偏见，不但煽动起美国人对外来移民的广泛排斥与歧视，而且在很大程度上塑造了美国 19 世纪后期以降的移民政策，推动美国逐渐由相对自由的移民国向移民控制国的历史性转变。

关键词： 美国例外论　移民　排外主义　种族主义　国族构建

美国排斥外来移民的历史一直受到学界关注，而对排外原因的分析无疑是焦点，并集中于种族、心理和经济等方面的解析。历史学家、社会学家、政治学家普遍认为，大规模移民和经济衰退助长了排外情绪，国际紧张局势则加剧了对特定移民群体的敌意。这种研究视野几乎使得所有相关研究集中于分析特定移民群体和特定区域的反移民运动，如反爱尔兰天主教徒的活动，排斥以华人和日本人

---

* 本文系 2019 年国家社科基金重大专项项目阶段性成果。承蒙南开大学董瑜副教授以及匿名外审专家提出宝贵修改意见，谨致谢忱。

为代表的亚洲人的努力，限制东南欧移民的排外运动，等等。① 但这些研究无法充分解释美国针对特定移民群体的排斥，会超越族群、阶层、地域而成为全美范围的社会运动。因此，需要从意识形态与国族建构（nation-building）的层面加以解释，而"美国例外论"（American Exceptionalism）提供了系统而深入地解释 19 世纪美国排外主义的突破口。

美国历史学家理查德·霍夫施塔特（Richard Hofstadter）曾说，美国人不信奉意识形态，因为"美国"本身就是一种意识形态。② 这是基于对美国历史深入观察的洞见，从侧面表明"例外论"在美国人思想中根深蒂固。"例外论"所体现的美国特性和价值观，驱动着美国人的政策决策和行为方式。但是，当前美国学者对"例外论"持质疑态度，历史学家尤其如此。他们试图将美国从"例外"国家和"天定命运"（Manifest Destiny）的"迷思"（myth）中解放出来，强调美国

---

① 参见 George E. Pozzetta, ed., *Nativism, Discrimination and Images of Immigrants*, New York: Garland Publishing, 1991; Thomas J. Curran, *Xenophobia and Immigration, 1820 - 1950*, Boston: Twayne Publishers, 1975; Barbara M. Solomon, *Ancestors and Immigrants: A Changing New England Tradition*, Cambridge, M. A.: Harvard Wiley & Sons, 1956; John Higham, *Strangers in the Land: Patterns of American Nativism, 1860 - 1925*, New Brunswick and London: Rutgers University Press, 2004; Juan F. Perea, ed., *Immigrants Out! The New Nativism and the Anti-Immigrant Impulse in the United States*, New York and London: New York University Press, 1997; Peter Schrag, *Not Fit for Our Society: Nativism and Immigration*, Berkeley, Los Angles and London: University of California Press, 2010; Ray Allen Billington, *The Protestant Crusade, 1800 - 1860: A Study of the Origins of American Nativism*, Chicago: Quadrangle Books, 1964; Ray Allen Billington, *The Origins of Nativism in the United States, 1800 - 1844*, New York: Arno Press, 1974; Ira M. Leonard and Robert D. Parmet, *American Nativism, 1830 - 1860*, New York: Van Nostrand Reinhold Company, 1971; Robin Dale Jacobson, *The New Nativism: Proposition 187 and the Debate over Immigration*, Minneapolis: University of Minnesota Press, 2008; Tyler Anbinder, *Nativism and Slavery: The Northern Know Nothings and the Politics of the 1850s*, New York: Oxford University Press, 1992. 国内也有研究涉及美国排外主义，相关成果参见丁则民：《美国移民史中的排外主义》，《世界历史》2001 年第 1 期；梁茂信：《美国的排外主义演变分析》，《西南师范大学学报》1998 年第 4 期；戴超武：《美国移民政策与亚洲移民（1849—1996）》，北京：中国社会科学出版社，1999 年；等等。

② 转引自 Siobhán McEvoy - Levy, *American Exceptionalism and US Foreign Policy: Public Diplomacy at the End of the Cold War*, New York: Palgrave, 2001, p. 24.

只是"万国之一邦"（A Nation Among Nations）。① 不过，"例外论"在当前遭受质疑，并不意味着其在美国历史上所扮演的角色无足轻重。恰恰相反，"例外论"作为历史上影响深远的意识形态，在美国内政外交中扮演的角色甚为关键。

美国学术界对"例外论"不乏研究。然而，这些研究多集中在美国对外关系史领域，着重探讨"美国例外"如何影响美利坚民族的自我认知和对外关系。② 一定程度上，"例外论"塑造了美国的外交特性，一度是美帝国主义扩张的有力辩护话语。至于"例外论"如何影响美国的排外主义，具体研究则相对阙如。受美国学者的影响，我国学者对"例外论"的研究，多集中于美国的对外扩张和对外关系方面。③

① Thomas Bender, *A Nation Among Nations：America's Place in World History*, New York：Hill and Wang, 2006；Daniel Bell, "The End of American Exceptionalism," *The Public Interest*, Vol. 41, No. 1（Fall 1975）, pp. 193 – 224；Daniel T. Rodgers, *As a City on a Hill：The Story of America's Most Famous Lay Sermon*, Princeton：Princeton University Press, 2018.

② 参见 William V. Spanos, *American Exceptionalism in the Age of Globalization：The Specter of Vietnam*, Albany：State University of New York Press, 2008；Shareen Hertel and Kathryn Libal, eds., *Human Rights in the United States：Beyond Exceptionalism*, New York：Cambridge University Press, 2011；Andrew W. Neal, *Exceptionalism and the Politics of Counter-Terrorism：Liberty, Security and the War on Terror*, New York：Routledge, 2010；Axel Hadenius, *American Exceptionalism Revisited：US Political Development in Comparative Perspective*, New York：Palgrave Macmillan, 2015；Charles Lockhart, *The Roots of American Exceptionalism：Institutions, Culture, and Policies*, New York：Macmillan, 2012；Fabian Hilfrich, *Debating American Exceptionalism：Empire and Democracy in the Wake of the Spanish-American War*, New York：Palgrave Macmillan, 2012；Godfrey Hodgson, *The Myth of American Exceptionalism*, New Haven：Yale University Press, 2009；Michael Ignatieff, ed., *American Exceptionalism and Human Rights*, Princeton：Princeton University Press, 2005；Siobhán McEvoy – Levy, *American Exceptionalism and US Foreign Policy：Public Diplomacy at the End of the Cold War*；Trevor B. McCrisken, *American Exceptionalism and the Legacy of Vietnam：US Foreign Policy Since 1974*, New York：Palgrave Macmillan, 2003；Richard Brookhiser, *Give Me Liberty：A History of America's Exceptional Idea*, New York：Basic Books, 2019.

③ 参见周琪：《"美国例外论"与美国外交政策传统》，《中国社会科学》2000 年第 6 期；王立新：《美国例外论与美国外交政策》，《南开学报》2006 年第 1 期；王晓德：《"美国例外论"与美国文化全球扩张的根源》，《世界经济与政治》2006 年第 7 期。也有学者从"例外论"的角度考察 19 世纪美国的劳工运动，参见原祖杰：《试析 19 世纪美国劳工运动中的"例外论"》，《世界历史》2019 年第 6 期。

由"例外论"构建的"美国情结",更多地与美国的民族主义挂钩,而忽视其与排外主义的关联。借助历史社会学的分析视角不难发现,"例外论"所建构的"美国特性"(Americaness)神话,对深入理解美国的排外主义至关重要。没有"美国例外"的社会建构,排外主义的种种支撑话语就难以产生广泛影响。本文拟从"例外论"的角度入手,阐释其与美国排外主义的紧密关联,证明"例外论"是美国排斥移民的核心话语之一,并在很大程度上影响了美国社会对移民的态度及总体趋紧的移民政策。

一、"美国例外论"的内涵与实质

关于"例外论"的确切定义仍存争议,不过学术界对其所包含的核心内容则已有基本共识,具体包括:自由平等、新教传统、共和主义、法制观念、契约精神、个人主义、"山巅之城"(city upon a hill)、盎格鲁—撒克逊(Anglo-Saxon)种族及其文化等。"例外论"的形成并非一蹴而就,而是英国传统在北美土地上逐渐发展而来的。后世学者多将其与"美国特性"和"美国信条"相提并论。[①]

从殖民地时代开始,北美定居者就自觉"与众不同"。在清教徒殖民者早期的布道与著述中,反复提及北美的独特性。1630 年,清教徒律师约翰·温思罗普在其著名的《基督教的仁慈典范》布道词中,将清教徒的使命描述为世界的道德灯塔:"我们将是一座山巅之城,所有人的目光都注视着我们。"他将同行的清教徒视为上帝选民,其使命是要在新世界建立荣耀上帝的"山巅之城"。他在布道中告诫同行者,要坚守对自由、团结、互爱和新生活的承诺,同时提醒他们历经艰辛来到北美,不是出于一时兴致或个人野心,而是基于同上帝的契约。如果忠于目标,他们不仅会克服未来在"新世界"所面临的困难,而且会吸引世人的目光,获得"赞美和荣耀"。[②]温思罗普的布道词承载着一种强烈的集体认同感和契约纽带。

---

① Samuel P. Huntington, *Who Are We? The Challenges to America's National Identity*, New York: Simon & Schuster, 2004, pp. xv – xvi.

② John Winthrop, "'A Model of Christian Charity'(1630)," in David A. Hollinger and Charles Capper, eds., *The American Intellectual Tradition: A Sourcebook*, Vol. I, New York: Oxford University Press, 1997, p. 15.

温思罗普的这一布道词被认为是塑造"例外论"的关键文本，并在一定程度上奠定了美国文化的根基。早期北美诗人塞缪尔·丹福思（Samuel Danforth）认为，温思罗普率领拓殖者，开启了"向荒野进军的使命"。[①] 温思罗普"基督教的仁慈典范"的故事，在美国历史书写和公民信条中反复出现，作为美国的起源故事之一而家喻户晓。[②] 在早期北美移民社会，以英国清教徒为代表的盎格鲁—撒克逊人的主导地位很快得到确立，奠定了后世美国的主流文化。至独立革命前夕，北美殖民地接近80%的移民及其后裔具有英国血统，98%为新教徒。殖民地时代移民的增长并不显著，通常占殖民地白人人口增长的15%—20%。[③] 他们留下的共同遗产之一，便是相信北美及后来美国的"神圣使命"和"世俗道德模范"地位。[④] 温思罗普对"例外论"的贡献在于，其"山巅之城"演说成为美国"例外"的证据，坚定了美国的发展动力和制度体系优于他国的信念。

随着北美殖民地的发展，"美国例外"的内涵变得愈加丰富。独立战争前后是美国"国家建构"（state-building）的关键期，"美国例外"的理念经精英阶层的塑造和渲染，在北美获得广泛共鸣。激进者认为，盎格鲁—撒克逊人的血管里流淌着渴望自由的血液。自18世纪50年代后，北美殖民地与英国渐行渐远，政治精英的相关言论也加剧了这种距离的扩大。北美殖民地民众强调北美殖民地优于欧洲大陆，一定程度上是为了将自己与欧洲，特别是同宗主国英国区分开来，为北美殖民地独立寻找合法依据和宣传话语，但在更大程度上是殖民地民众的真实感受。美国国父本杰明·富兰克林对北美相比英国更为独特的地理环境备感自

---

① 参见 Perry Miller, *Errand into the Wilderness*, Cambridge, M. A. : Harvard University Press, 1964, p. 1; *The Life of the Mind in America : From the Revolution to the Civil War*, New York: Harcourt, Brace & World, 1965, p. 49.

② Daniel T. Rodgers, *As a City on a Hill : The Story of America's Most Famous Lay Sermon*, p. 2.

③ Eric Kaufmann, "American Exceptionalism Reconsidered: Anglo - Saxon Ethnogenesis in the 'Universal' Nation, 1776 - 1850," *Journal of American Studies*, Vol. 33, No. 3 (Dec., 1999), p. 440; Richard A. Easterlin, "Economic and Social Characteristics of the Immigrants," in Richard A. Easterlin et al., eds., *Immigration*, Cambridge, M. A. : The Belknap Press of Harvard University Press, 1982, p. 56.

④ Richard M. Merelman, *Making Something of Ourselves : On Culture and Politics in the United States*, Berkeley, Los Angles and London: University of California Press, 1984, p. 7.

豪，认为北美"疆域辽阔，自然环境得天独厚，有气候、土地、大河航道和湖泊等诸多优势"。① 另一位国父查尔斯·汤普森（Charles Thomson）在给富兰克林的信中也不无自信地预言，在两个世纪之内，"携带着新教徒的宗教、法律、风俗、礼仪和语言的殖民者，将会扩展至整个北美……"② 北美成为映射欧洲渴望的乌托邦，成为超越欧洲，建立新的、更纯洁社会的试验场，是上帝应许给选民的"新迦南"（New Canaan）。③

在"美国例外"观念的发展过程中，政治活动家托马斯·潘恩发挥的作用至关重要。他于 1774 年从英国移民北美，认为北美社会的各方面都使他印象深刻，且比他移出的那个社会更为优越。④ 潘恩于 1776 年 1 月出版的《常识》（Common Sense），是一份鼓动北美独立的激进小册子，⑤ 其中的核心观点是，世界可以变得更好，人们可以从传统偏见与暴政中解放出来，其得以实现的主要模式便是代表人类未来的美利坚；美利坚不仅是欧洲的榜样，而且是整个世界的楷模。潘恩的灵感来自北美社会的开放和独立革命的激情。他通过持续倡导北美经验，在强化北美社会的特殊性方面发挥了重要作用。

1776 年美国的独立，无疑将殖民地时期的一些特性进行了强化，其中共和主义是"美国例外"和"美国优越"最突出的特征之一。耶鲁大学前校长

---

① Franklin to Lord Kames, Feb. 25, 1767, *The Papers of Benjamin Franklin* (hereafter cited as Franklin Papers), Vol. 14, pp. 62 – 70, https: //franklinpapers. org, 访问日期: 2021 年 3 月 28 日。

② Charles Thomson to Franklin, Nov. 26, 1769, *Franklin Papers*, Vol. 16, pp. 237 – 239.

③ Jorge Cañizares – Esguerra, "Entangled Histories: Borderlands Historiographies in New Clothes?" *The American Historical Review*, Vol. 112, No. 3 (Jun., 2007), pp. 787 – 799; Jorge Cañizares – Esguerra, "Typology in the Atlantic World: Early Modern Readings of Colonization," in Bernard Bailyn and Patricia L. Denault, eds., *Soundings in Atlantic History: Latent Structures and Intellectual Currents, 1500 – 1830*, Cambridge, M. A.: Harvard University Press, 2009; Thomas O. Beebee, *Millennial Literatures of the Americas, 1492 –2002*, New York: Oxford University Press, 2009; Frank Graziano, *The Millennial New World*, New York: Oxford University Press, 1999.

④ Thomas Paine, "Rights of Man," *The Complete Writings of Thomas Paine*, 2 vols., in Philip S. Foner, ed., New York: The Citadel Press, 1945, Vol. 1, p. 376; Vol. 2, p. 1110. 相关研究可参见 Jack P. Greene, "Paine, America, and the 'Modernization' of Political Consciousness," *Political Science Quarterly*, Vol. 93, No. 1 (Spring 1978), pp. 73 –92; Eric Foner, *Tom Paine and Revolutionary America*, New York: Oxford University Press, 1974.

⑤ Thomas Paine, *Common Sense*, Girard: Haldeman – Julius Company, 1920.

埃兹拉·斯泰尔斯在 1783 年写道，新生的美国及其制度已"引起所有国家的关注"。[①] 美国作家蒂莫西·德怀特认为，美国的共和主义预示着"文明世界的伟大篇章"已经"深深打上美国事业的印记"。[②] 随着时间的推移，美国人对革命及其创建的体制的推崇与日俱增。

北美殖民地民众及新生的美国人，在某种程度上也被建构为一群"例外"的人。当温思罗普提及"我们将成为山巅之城"时，他心目中的"我们"是一个因共同信仰和共同义务而团结在一起的群体。《独立宣言》开篇中的"我们认为如下真理是不言而喻的"，这里的"我们"无疑是指盎格鲁—撒克逊新教白人，并不包含印第安人和黑人。一个国家要想凝聚不散，其国民则须对他们的历史和社群产生集体认同。对于作为移民之国的美国来说，这一点尤其关键。早期北美人并无共同历史记忆与族群认同的根基。要维系美利坚人的凝聚力并建立集体认同，需要创立如美国政治学家本尼迪克特·安德森（Benedict Anderson）所说的"想象的共同体"。将美国人塑造为"例外"的人，则一定程度上满足了"共同体"想象的"基础"。

美国政治学家戴维·贝尔曾言："民族主义不仅是一种情绪，也是一项政治计划，其目标不仅是赞扬、保卫或强化一个国家，也是积极地塑造一个国家。"[③] 美利坚民族凝聚力的形成并不像美国史书中描述的那般确定无疑。无论北美独立战争还是《独立宣言》，都没有立即把北美各族群团结在一起。革命军很难招募士兵；民兵经常拒绝远离家乡作战；成千上万的奴隶越过防线，逃往英军控制区；南方有相当数量白人选择忠诚英国。在费城等地，许多精英也站在英国一边。[④] 面对这种

---

① Ezra Stiles, "The United States Elevated to Glory and Honor," in John Wingate Thornton, ed., *The Pulpit of the American Revolution : Or the Political Sermons of the Period 1776*, Boston: D. Lothrop & Co., 1876, p. 463.

② Timothy Dwight, *A Discourse on Some Events of the Last Century*, New Haven: Ezra Read, 1801, p. 23.

③ David A. Bell, *The Cult of the Nation in France : Inventing Nationalism, 1680 – 1800*, Cambridge, M. A. : Harvard University Press, 2001, p. 4.

④ John M. Murrin, "A Roof without Walls: The Dilemma of American National Identity," in Richard Beeman et al., eds., *Beyond Confederation : Origins of the Constitution and American National Identity*, Chapel Hill: University of North Carolina Press, 1987; Michael A. McDonnell, "War and Nationhood: Founding Myths and Historical Realities," in Michael A. McDonnell et al., eds., *Remembering the Revolution : Memory, History and Nation Making from Independence to the Civil War*, Amherst: University of Massachusetts Press, 2013.

情形，革命者努力加强北美共同体意识，塑造共同的认同符号和国家形象。"美国优越"与"美国例外"，便是构建美国认同的核心要素之一。

"例外论"还包括美国政府必须得到"人民"的同意，"自由"、"民主"、"权利"占据政治文化的主导地位。新英格兰哲学家塞缪尔·约翰逊等认为，殖民地通过"自决"迸发的能量，激发了"自力更生的力量"，让人们"敢于独立思考"。① 美国人要找到美国"例外"的证据并非难事。美国率先制定了成文宪法，确立共和制，是第一个明确宣称建立在"被统治者同意"和"平等"原则基础上的国家。美国也是首个赋予大量成年白人男性投票权的国家。美国的建国者坚信，美国的独立标志着对欧洲旧社会的历史性突破。② 虽然美国宪法在实践中充斥着种族、性别与财产歧视，将黑人、女性、无产的白人男性排斥在外，印第安人更是长期不被视为美国人，但这一切皆不妨碍美国人将宪法视为美国和美国人"例外"的突出象征。

美国"例外"的观念，在欧洲也不乏拥护者。英属北美殖民地从 1607 年到 1775 年的发展，使成千上万的欧洲人移民北美，追寻旧世界难以实现的"自由"和新生活。在此过程中，形成了日益复杂且独特的殖民地社会体系。早期北美的这些特征，被视为塑造美国的要素。美国独立后，英国和欧洲大陆的政治评论员在思考美国革命对旧世界和人类未来的广泛影响的同时，也追问了如下问题：为什么英属北美能够成功获得独立？它在社会和政治方面究竟有何独特之处？他们对这些问题的回答，极大地促进了"美国例外"观念的发展。

在 18 世纪末至 19 世纪初的欧洲观察家看来，美国之所以与众不同，是因为其健康、年轻、勤奋的公民赢得了一个"空无一人"的大陆。在这块大陆上，他们可以自由地繁衍生息，并从旧社会的罪恶和暴力中解脱出来。③ 欧洲人的这种观察自然有其依据，但更多的是一种对美国的想象。在这些观察家看来，北美社

---

① Samuel Johnson, *The First Principles of Moral Philosophy*, Boston：［Publisher Unknown］，1746，p. 24；William Smith, *A General Idea of the College of Mirania*, New York：New Printing-Office, 1753, p. 9.

② John Carlos Rowe, ed., *Post-Nationalist American Studies*, Berkeley：University of California Press, 2000, p. 3.

③ Joyce Appleby, "Recovering America's Historic Diversity: Beyond Exceptionalism," *The Journal of American History*, Vol. 79, No. 2（Sep., 1992），p. 420.

会的流动性较欧洲更强，社会底层可以相对容易地向中上层流动，这种流动的希望是"美国例外"的重要特征。欧洲的评论家不厌其烦地讲述北美移民和年轻人白手起家的经历。法国移民赫克托·德·克雷夫科尔总结道，"闲人有可能会有其用，无用的人可能会变得有用，穷人可能会变得富有"，至少会拥有"空地、牛、好房子、好衣服"。① 北美殖民地居民建立起的"自由制度"和基于宪法所确立的共和政府，在欧洲人眼里是"全新的事物和新制度"，是欧洲旧世界所无法比拟的。② 英国作家托马斯·戴写道，美国人在共和制下所享有的"自由"，"是全球范围内所前所未见的"。③ 英国政治家托马斯·波纳尔曾言，美国的"自由"不是来自君王所赐或贵族的宽容，而是扎根于美国的独特环境。④ 欧洲人对美国独立及美国特征的解读，极大地强化和扩展了当时已在美国确立的相关观念。美国革命和欧洲启蒙的结合，某种程度上完成了"例外论"在美国的世俗化。

直至 19 世纪，欧洲人对"美国例外"观念的塑造并未中断，甚至发挥着更为关键的作用。对"美国特性"最具影响的描述，来自法国学者托克维尔。他率先明确使用"例外"一词来描述美国与其他国家的不同，指出在殖民地时期，北美社会"既没有大领主，又没有属民"，"既没有穷人，又没有富人"。⑤ 他强调美国是"例外"的，"世上没有一个国家可以与之相比"。19 世纪 30 年代，当托克维尔在美国观光时，富庶的家庭农场、繁忙的工厂和码头、熙攘的城市和运河，让这位法国贵族惊叹；经济活动背后的社会关系，更使他惊讶不已。他对美国社会阶层的流动进行了描述：在贵族制国家中，家庭地位常数世不易，而在美国这样的民主国家，新兴家庭不断崛起，另一些家庭则相继衰落，所有家庭都处在变动之中。⑥ 一般认为，美国的"例外"在于它没有封建主义，没有固定的阶

① J. Hector St. John Crèvecoeur, *Letters from an American Farmer*, New York：Fox, Duffield & Company, 1904, p. 73.

② T. Pownall, *A Memorial Addressed to the Sovereigns of America*, London：Printed for J. Debrett, 1783, p. 46.

③ Thomas Day, *Reflexions upon the Present State of England, and the Independence of America*, London：Printed for J. Stochdale, 1782, p. 2.

④ T. Pownall, *A Memorial Addressed to the Sovereigns of America*, pp. 54 – 56.

⑤ 托克维尔：《论美国的民主》上卷，董果良译，北京：商务印书馆，2006 年，第 35 页。

⑥ 托克维尔：《论美国的民主》下卷，董果良译，第 769、626—627 页。

级分野，敏锐的观察家都注意到美国社会的高度流动性。托克维尔声称，在美国，成功的机会是如此之大，以至于鲜有美国人数代处于社会底层。这些判断，并非对美国的恭维，而是基于对美国的深刻观察以及同欧洲的对比得出的认知。托克维尔关于美国"例外"的观念，经后世美国文人、媒体和政客的渲染而变得内涵丰富，并在 19 世纪中期形成了"例外论"的概念。①

大约 30 年后，马克思预见到这种快速的社会流动对阶级意识的影响，在一个经历了"雇佣工人继续变为独立的自给的农民"的经济中，对当时的大部分美国人来说，"工资工人"并非长期的职业，而只是经济向上流动的阶梯。② 20 世纪初，德国社会学家维尔纳·桑巴特在马克思理论的基础上，将美国工人的保守主义归因于他们独特的经济和社会流动性。③ 在桑巴特看来，美国的高流动性似乎远超其他国家，是美国社会主义运动不活跃的根源。概言之，欧洲人对美国"例外"的描述与阐释，对塑造"美国例外"起到了重要作用，他们局外人的身份，使其对"美国例外"的描述更具说服力。

19 世纪初，托马斯·杰斐逊曾称美国为"自由帝国"（Empire of Liberty），这一说法得到普通美国人的认可。当亚伯拉罕·林肯说他们的国家是"地球上最后的、最好的希望"时，亦能激发美国人的骄傲与自豪感。乔治·班克罗夫特（George Bancroft）和弗朗西斯·帕克曼（Francis Parkman）等美国历史学家的著述，帮助推广了美国"例外"的神话。④ 而弗雷德里克·杰克逊·特纳提出的"边疆学说"（frontier thesis），无疑赋予"例外论"新的内涵和证据。"边疆学说"否认了班克罗夫特等人将盎格鲁—撒克逊人与美国公民身份直接挂钩的做法。特纳认为，是美国的西部边疆将欧洲人从传统文化中解放出来，得以重塑自我，被赋予神圣的新身份；美国人在西部的政治自由中实现自我。同班克罗夫特一样，特纳把美国原住民置于美国人之外，认为"无关紧要"的印第安人，应被

---

① Byron E. Shafer, ed., *Is America Different ?: A New Look at American Exceptionalism*, New York: Oxford University Press, 1991, preface, pp. vi, viii.

② 马克思：《价值价格与利润》，王学文等译，北京：三联书店，1950 年，第 81 页。

③ 维尔纳·桑巴特：《为什么美国没有社会主义》，赖海榕译，北京：社会科学文献出版社，2014 年。

④ Dorothy Ross, "Historical Consciousness in Nineteenth-Century America," *The American Historical Review*, Vol. 89, No. 4 (Oct., 1984), p. 917.

排斥在美国"国族构建"之外。同时，特纳同意班克罗夫特的观点，即由美国国父所创立的贵族式共和国，必须为民主共和国所取代，安德鲁·杰克逊（Andrew Jackson）于 1828 年当选总统便是这种转变的象征。如此，才有了一种例外于欧洲人的、真正意义上的"美国人"。美国成了西方历史发展进程的"优等生"，是欧洲诸国竞相追逐的目标。对于特纳来说，这是一个神圣的时刻。他不无自豪地声称，"在这片广袤的蛮荒之地，第一次掀起了欧洲人定居的小高潮"。欧洲的人、制度、思想扎根于美国西部的"荒野"中，融构成同欧洲不一样的美国人和美国文化。特纳强调，"美国的民主不是理论家的梦想"，而是在美国的西部和丛林中被锻造，变得坚韧而生机勃勃。① 这种对美国历史的解释，将美国与欧洲区别开来，强调了美国的"特性"。

到 19 世纪末，美国已成为"帝国"，获得了夏威夷群岛、波多黎各、菲律宾、关岛以及萨摩亚群岛的一部分。对"天定命运"的"正当性"的阐释再次延伸了"例外论"的内容。早在 1845 年，美国人约翰·奥沙利文（John L. O' Sullivan）便率先阐释了"天定命运"的含义。他在《民主评论》（*Democratic Review*）中写道："吞并得克萨斯是我们的天定命运，并为美国每年增加的数百万人提供了自由发展的空间。"② 1846 年 1 月 3 日，马萨诸塞州国会议员罗伯特·温思罗普（Robert C. Winthrop）在国会就一项与英国共同占领俄勒冈领土的决议进行辩论时，也明确使用了"天定命运"一词，他认为"在整个大陆传播新的权利启示是我们的天定命运"。③ 同特纳的"边疆理论"相似，"天定命运"的观点暗示，美国的扩张是一项不可忽视的"天定使命"。④ "天定命运"在为美国扩张提供"正当性"辩护的同时，也延展了"例外论"的内涵。

---

① Frederick J. Turner, *The Frontier in American History*, New York: Henry Holt and Company, 1920, p. 293.

② 转引自 Siobhán McEvoy – Levy, *American Exceptionalism and US Foreign Policy: Public Diplomacy at the End of the Cold War*, p. 25.

③ Jarol B. Manheim and Déjà Vu, *American Political Problems in Historical Perspective*, New York: St. Martin's Press, 1976, p. 201.

④ Frederick J. Turner, "The Significance of the Frontier in American History," *Annual Report of the American Historical Association for the Year 1893*, Washington, D.C.: Government Printing Office, 1894, pp. 201, 216.

"例外论"还由美国在 20 世纪所取得的成功所强化，特别是美国在两次世界大战中的迅速崛起及传统强国的衰落，使美国人相信美国是"自由世界"的希望，避免了欧洲的阶级冲突、革命动乱和专制政府，成为世界其他国家应当效仿的"自由典范"。① 这种意识形态的影响力在美国一直存在，即便是在全球化与多元化深入发展的今天也未消失，反而因美国地位的相对衰落而有再次走向极端化的趋势。

"例外论"的支持者相信，美国的历史发展模式独一无二，美利坚民族是优越的民族。② 概言之，"例外论"基于两个重要的命题。首先，美国超越了旧世界固有的历史发展模式。用美国思想家丹尼尔·贝尔的话说，美国是一个"被豁免的国家"，已经从"堕落的历史法规"中解放出来。③ 该命题背后的前提假设是，美国是一个没有根深蒂固的社会经济和政治结构传统的现代社会，未经历从传统向现代转型的痛苦。其次，美国作为"模范国家"所包含的"民族优越"的假设。④ "例外论"并不是对美国历史的客观看法，而是美国民族主义的重要方面。

"例外论"经常与极端保守主义和排外主义联系在一起。正因为"例外论"者相信美利坚民族的优越性，自然设立了成为"美国人"的严格标准。可以说，"例外论"对美国社会的"同质性"有严格要求，它规范了美国人对历史事件的反应和认同。更重要的是，美国作为典型的移民之国，被"例外论"影响到对外来移民的选择和同化政策。美国人相信，美国"作为上帝选择的特殊国度，对人类历史的发展和命运承担着特殊责任，负有把世界从'苦海'中拯救出来的'使命'"。⑤ 这事实上是同美国排斥外来移民的话语相抵牾的。然而，从移民历史的

---

① Ian Tyrrell, "American Exceptionalism in an Age of International History," *The American Historical Review*, Vol. 96, No. 4 (Oct., 1991), p. 1031.

② Ian Tyrrell, "American Exceptionalism in an Age of International History," p. 1034.

③ Daniel Bell, "'The Hegelian Secret': Civil Society and American Exceptionalism," in Byron E. Shafer, ed., *Is America Different?: A New Look at American Exceptionalism*, p. 51.

④ Brian N. Fry, *Nativism and Immigration: Regulating the American Dream*, New York: LFB Scholarly Publishing LLC, 2007, p. 5.

⑤ 王晓德：《"美国例外论"与美国文化全球扩张的根源》，《世界政治与经济》2006 年第 7 期，第 46 页。

角度看，"例外论"与美国排外主义之间存在天然且紧密的关联，奠定了美国排斥移民话语的根基。排外主义者将特定移民族群贴上"外来者"的标签，然后利用手中的权力对特定移民群体进行限制和排斥。当然，"美国人"和"外来者"的内涵并不是一成不变，而是在社会建构中不断被修改。美国排外主义与"例外论"意识形态的挂钩，使排外的话语更具煽动性。

二、"例外论"与19世纪美国排斥移民的话语

美国的排外主义源于外来移民威胁主流美国人的特权及地位的现实和想象，其根源在于外来移民挑战了当地人在文化、经济和政治上的主导地位。"当地人"要成功抵御这些威胁，则必须区别谁是"外来者"，进而加以排斥。如果外来移民的"他者"未构成威胁，则往往缺乏排外的动力。若没有压倒性的权力，歧视或排斥"外国人"的企图就难以实现。排外主义的出现，通常需要民族优越主义、竞争和权力分化的结合。而"美利坚民族优越"恰是"例外论"核心内容。"例外论"成为美国19世纪排斥外来移民的有力话语，导致超越阶层和地域的排斥移民运动。

（一）宗教"例外"与排斥异教徒

16世纪，现代民族国家和民族主义还处于萌芽阶段，但从马丁·路德反对罗马教廷开始，宗教改革就显示出一种隐约的民族主义色彩。特别是在英国，对天主教的仇恨与新兴的民族意识相互激荡。16、17世纪的英国人一直在与天主教势力或亲天主教君主斗争。在英国人眼中，罗马教皇是强大的外国暴君，其追随者犹如"第五纵队"，威胁着英国的安全。这种反天主教的传统随着殖民者跨越大西洋，是北美殖民地形成凝聚力的重要因素。

宗教在北美早期排外的历史中起着决定性作用，其表现就是新教徒对以天主教徒为代表的其他宗教信徒的排斥。反天主教是美国内战前排外主义的核心内容，以至于有历史学家将此时的排外主义与反天主教徒相提并论。[①] 美国历史学

---

① Ray Allen Billington, *The Protestant Crusade, 1800 - 1860: A Study of the Origins of American Nativism*.

家雷·比灵顿的《新教十字军东征（1800—1860）》是最早研究排外主义的著作之一。在该著作中，比灵顿几乎没有区分"反罗马教皇偏见"（anti papal prejudice）和排外主义，而是将二者相提并论，不分轩轾，[①] 足见美国早期排外主义鲜明的反天主教特征。事实上，尽管北美殖民者对人口有着强烈需求，但对异教徒保持敏感与排斥，视天主教徒为"外来者"、"异族"（aliens）。

从 17 世纪开始，以温思罗普为代表的早期北美定居者，开启了英国乃至整个欧洲持续移民北美的进程，他们多是在欧洲不堪宗教压迫的虔诚清教徒。在殖民地时期，北美教派的多样性就已非常明显。虽然这些群体都有独特的文化，但他们总体上属于盎格鲁—撒克逊新教文化，以英语为通用语言。[②] 殖民者历尽艰辛移民北美，所追寻的便是一片宗教宽容的土地。吊诡的是，当他们在北美站稳脚跟，取得支配地位后，宗教宽容的理想亦被他们抛弃。排斥异教徒反而成为北美早期的普遍现象，非新教徒被描述成"外来者"、海外势力干扰和颠覆北美社会秩序的"先遣队"。这种宗教上的不宽容，奠定了美国历史上排斥特定外来移民行为的一大基础。

美国 19 世纪 30 年代至 50 年代的反爱尔兰移民运动，是早期北美反天主教传统和排外主义的延续，反天主教长期是英属北美殖民地民众生活的一部分。宗教不宽容在不同的殖民地存在差异，但天主教徒通常被禁止进入某些殖民地、担任公职和投票。虽然天主教徒在殖民地人口中占比很小，但从 17 世纪开始，殖民者仍颁布了一系列法律，以限制他们的权利。在马萨诸塞殖民地，清教徒试图排斥所有天主教徒。1647 年，马萨诸塞的一项法律规定，任何来到殖民地的天主教徒都将被驱逐，如果再返回，则将被处决。康涅狄格地区也有类似法律。[③] 英国的光荣革命加剧了殖民地反天主教的排外情绪，"每一个天主教徒在殖民地皆被看作一个潜在的敌人"，此外，天主教徒在一些殖民地需缴付额外赋税，禁止大

① Ray Allen Billington, *The Protestant Crusade, 1800 – 1860: A Study of the Origins of American Nativism*, p. 1.

② Joe R. Feagin, "Old Poison in New Bottles: The Deep Roots of Modern Nativism," in Juan F. Perea, ed., *Immigrants Out! The New Nativism and the Anti-Immigrant Impulse in the United States*, p. 15.

③ 转引自 Ray Allen Billington, *The Protestant Crusade, 1800 – 1860: A Study of the Origins of American Nativism*, pp. 7, 21.

规模聚居，且不得拥有武器。直到 18 世纪，只有罗得岛给予天主教徒充分的权利。① 尽管在 19 世纪早期反天主教的法律被改变或废除，但对天主教的偏见持续存在。

北美独立战争一定程度上实现了"美利坚人"的重塑，对新政府的支持取代了宗教信仰，成为检验美国人忠诚的试金石。天主教徒加入大陆军，天主教法国也成为殖民地对抗英国的盟友，北美的反天主教情绪一度沉寂。② 然而，美国独立后不久，仍有数州在他们的法律中加入反天主教的条款，排外的盎格鲁—撒克逊新教意识逐渐泛起。盎格鲁—撒克逊美国人常自视为热爱自由的"共和党人"，保护新生的共和国是他们的核心关切。③ 因此，1798 年颁布的《客籍法和惩治煽动叛乱法》（Alien and Sedition Acts）授权美国总统驱逐被视为威胁的移民，并大幅增加移民获得美国公民身份所需的居留年限。④ 天主教徒在美国立国之初被禁止归化入籍，直到 1806 年，在大多数州仍没有资格担任公职。⑤ 排外主义者普遍认为，罗马天主教会危及美国的政治稳定。为了避免这种危险，需努力减少天主教移民的数量及其参与公民事务的机会。

"例外论"包含"共和主义"和"自由"的因素。在排外主义者看来，美国"自由"与基督新教是不可分割的，自由与共和的"神圣"美德是与新教联系在一起的。⑥ 天主教传统继续被视为危险的、非美国的，部分原因是它们不容易与根植于美国民族文化中的个人自由相协调。美国人把"自由"视为他们首要国家属性和"例外论"的核心。他们注意到天主教会与封建或君主政体的传统联系，指控天主教移民是对上帝赋予他们的自由的威胁，是他们平等参与公民文化的障

---

① Ray Allen Billington, *The Protestant Crusade，1800－1860：A Study of the Origins of American Nativism*, p. 9.

② David H. Bennett, *The Party of Fear：From Nativist Movements to the New Right in American History*, New York：Vintage Books, 1990, pp. 20－21.

③ Ronald Takaki, *Iron Cages：Race and Culture in 19th-Century America*, New York：Oxford University Press, 1990, pp. 12－14.

④ Joe R. Feagin, "Old Poison in New Bottles：The Deep Roots of Modern Nativism," p. 17.

⑤ Ira M. Leonard and Robert D. Parmet, *American Nativism，1830－1860*, p. 19.

⑥ Michael W. Hughey, "Americanism and Its Discontents：Protestantism, Nativism, and Political Heresy in America," *International Journal of Politics，Culture，and Society*, Vol. 5, No. 4 (Summer 1992), p. 539.

碍，是罗马暴君的走卒，其目的是颠覆独一无二的美国制度，这些人自然不适合成为美国公民。反天主教的排外主义，旨在制定严格的归化法律，将天主教徒和其他不受欢迎的"外国人"排除在公职之外。① 当天主教徒被视为危险的外国代理人时，天主教徒也真正成为排斥目标。

1815—1860 年，美国经历了一次移民潮，同时出现了排外主义的高潮。这期间进入美国的移民超过 500 万。其中，爱尔兰天主教徒占据很大比例。19 世纪 40 年代，爱尔兰人由于饥荒移民海外，仅抵达美国者就有 150 万，是同期美国最大的移民群体，占移民总数的 45%。19 世纪 50 年代，爱尔兰移民在美国总移民中占比达 35%。从 1841 年到 1850 年，美国天主教徒的数量从 66.3 万人剧增到 160.6 万人。② 美国的排外情绪随着爱尔兰天主教徒移民的波动而起伏，并在 19 世纪 50 年代达到高峰。

在 19 世纪早期的美国教科书中，仍有"真正的宗教显然仅限于新教"的论述，天主教不仅被描绘成虚假的宗教，而且被认为会直接威胁到美国独特的"良好政府"。③ 反天主教情绪普遍在美国的下一代中埋下了种子。排外主义者借机进一步强化了新一代的反天主教移民的观念，其目标更多地指向爱尔兰天主教移民及其子女。19 世纪 20 年代新建立的反天主教协会，为后来的排外主义运动提供了组织基础。④ 到 30 年代中期，随着爱尔兰天主教徒移民美国活动达到高潮，尖锐的反天主教之声重现。美国的反天主教运动将谴责的矛头指向天主教以及整个天主教会。排外者认为天主教徒与国外反对势力勾结，严重威胁美国的未来，担心日益增多的天主教移民会发动叛乱，在美国建立天主教

---

① John Higham, *Strangers in the Land: Patterns of American Nativism, 1860 - 1925*, p. 6; David H. Bennett, *The Party of Fear: From Nativist Movements to the New Right in American History*, pp. 18 - 20; Maldwyn Allen Jones, *American Immigration*, Chicago: The University of Chicago Press, 1960, p. 127.

② Kevin Kenny, "Diaspora and Comparison: The Global Irish as a Case Study," *The Journal of American History*, Vol. 90, No. 1 (Jun., 2003), pp. 143 - 144; Ira M. Leonard and Robert D. Parmet, *American Nativism, 1830 - 1860*, pp. 33 - 34.

③ Ruth Miller Elson, *Guardians of Tradition: American Schoolbooks of the Nineteenth Century*, Lincoln: University of Nebraska Press, 1964, p. 47.

④ Dale T. Knobel, *Paddy and the Republic: Ethnicity and Nationality in Antebellum America*, Middletown, C. T.: Wesleyan University Press, 1986, pp. 32 - 34.

统治。

公众人物的反天主教言论，是助长美国反天主教情绪的重要因素。新教牧师莱曼·比彻的著作《为西方呼吁》，将美国反天主教传统与"美国例外"紧密结合。比彻警告说，"一股巨大的欧洲移民潮"正像洪水一样涌向美国，并认为这些移民是在欧洲列强的控制下："欧洲的当权者"组织和资助天主教徒大规模移民到美国；这些移民会"决定我们的选举，扰乱我们的政策，煽动和分裂我们的国家，破坏我们的联邦，攻击我们的自由制度"。[①] 他发誓要继续努力反对欧洲天主教移民，正如他在1842年写给朋友的信中所说："战斗已经打响，我在战场上。"[②] 电报发明者塞缪尔·莫尔斯将天主教移民视为"美国特性"的严重威胁，并在其《反美国自由的外国阴谋》一书中指出，罗马教会与美国的"神圣政体"完全对立，它不能容忍"任何美国人所引以为傲的公民权利"和"政府形式的基本准则"；"破坏美国民主"，向美国西部大量输送天主教移民，是天主教会的明确目的。同比彻一样，莫尔斯认为天主教会与欧洲君主结盟，企图在政治和宗教上统治美国，扼杀美国的民主与共和体制。天主教移民的入侵是这种统治战略的关键因素。一旦他们加入美国国籍，其选票就很容易被煽动者和无原则的政客"收买"；罗马天主教皇"不承认人民的权利，而宣称自己拥有至高无上的权力，通过神权来统驭万民"；天主教徒已经在干预密歇根州、南卡罗来纳州和纽约州的选举，并"利用美国的新闻自由来宣传其主张"；他呼吁所有美国人做好立即采取行动应对天主教徒"敌意攻击"的准备。[③] 这些带有煽动性的排外言论，无疑助长了美国社会排斥天主教徒的情绪。

当比彻攻击天主教时，一些组织创办报刊和组建政党，以对抗天主教移民所构成的威胁。1830年，第一份公开反对天主教的周报《新教徒》（The Protestant）在纽约创刊，成为反天主教的重要阵地。[④] 该刊只是当时出版的众多反天主教报

---

① Lyman Beecher, *A Plea for the West*, Cincinnati: Truman & Smith, 1835, pp. 70, 15, 54, 59.

② Charles Beecher, ed, *Autobiography, Correspondence, Etc., of Lyman Beecher*, New York: Harper, 1865, pp. 453 – 454.

③ Samuel F. B. Morse, *Foreign Conspiracy Against the Liberties of the United States*, New York: American and Foreign Christian Union, 1855, pp. 7 – 9, 125 – 127.

④ Ray Allen Billington, *The Protestant Crusade, 1800 – 1860: A Study of the Origins of American Nativism*, p. 53.

刊之一。1835 年，"本土美国人民主协会"（Native American Democratic Association）在纽约市成立，其宗旨是将"在美国出生的公民"团结起来，以抗击"外来者"日益增长的势力。该组织警告说，"低劣的爱尔兰人"（low Irish）正在席卷美国，移民的政治权力也在前所未有地增长，这是非常危险的。同年 11 月，该组织以保持"美国在美国人手中"（America in American hands）为竞选纲领，在该市赢得 39% 的选票，① 足见其发展之迅速。19 世纪 40 年代，随着爱尔兰天主教移民大规模进入美国，其他一些排外主义组织也相继成立，如"美国人联合会"（Order of United Americans）和"美国机械师联合会"（Order of United American Mechanics）。

19 世纪 30 年代，一些排外主义者诉诸暴力，针对爱尔兰移民的骚乱和冲突时有发生，在东北部地区，一些天主教建筑甚至成为袭击目标。在纽约，圣玛丽教堂于 1831 年被焚烧。1834 年 8 月 10 日，马萨诸塞州查尔斯顿的乌尔苏林修道院学校被四五十名新教徒纵火。各种反天主教的出版物紧随其后，为这些暴力行为开脱，将天主教修道院描绘成各色罪恶的巢穴，并鼓励采取进一步的暴力行动。② 总体而言，排外者对天主教移民的暴力排斥在 19 世纪三四十年代从未间断。

将爱尔兰移民"污名化"的排外报刊与书籍，往往获得巨大销量，耸人听闻的反天主教故事书通常销量不俗。③ 加拿大人玛丽亚·蒙克（Maria Monk）1836 年出版的著作"披露了"一条可怖的"信息"：天主教牧师在给年轻女性洗礼后强奸她们。这本书在南北战争前售出 30 万册，是《汤姆叔叔的小屋》出版之前美国最为畅销的书。④

19 世纪 50 年代，随着"星条旗之友"（Order of the Star Spangled Banner）的成立，排外主义达到内战前顶峰。到 1853 年底，美国新泽西州、马里兰州、康

---

① Erika Lee, *America for Americans: A History of Xenophobia in the United States*, New York: Basic Books, 2019, p. 50.

② 转引自 Brian N. Fry, *Nativism and Immigration: Regulating the American Dream*, p. 39.

③ Erika Lee, *America for Americans: A History of Xenophobia in the United States*, p. 14.

④ 参见 Ira M. Leonard and Robert D. Parmet, *American Nativism, 1830 – 1860*, pp. 57, 58.

涅狄格州、马萨诸塞州和俄亥俄州都成立了"星条旗之友"分会。① 该组织对其成员有严格要求，必须是土生美国白人公民、新教徒，未与天主教徒结婚，承诺保护美国及其体制，清除天主教会和其他"外来"影响。他们必须遵守该组织的规则，保守该组织的秘密。当被问及该组织时，其成员通常回答"一无所知"。因此，他们也被称为"一无所知党人"。他们以"美国应由美国人统治"（Americans Should Rule America）为口号，声称移民投票是"非法的"，还将美国城市不断增加的犯罪和混乱归咎于移民，② 这事实上将以爱尔兰人为代表的天主教移民排除在"美国人"的范围之外。

总体而言，"一无所知党"的意识形态集中在两个方面。一方面，他们认为，一切令美国伟大的要素，如自由、平等、个人权利、进步、共和，都可以追溯到新教。"一无所知党"呼应了莱曼·比彻等人的观点，并坚称新教定义了美国社会。另一方面，该党领导人认为，天主教既危险又不符合美国精神。天主教会主张的君主制、贵族统治等与美国价值观直接冲突。③ "一无所知党人"推崇"美国主义"（Americanism），他们主要担忧的是，天主教移民在政治上非常活跃，并取得了巨大政治权力。1855 年，"一无所知党"的杂志呼吁，必须采取措施维护白人的"美国主义"，"如果我们不这样做，它就会被摧毁"。④ 然而，"一无所知党人"所说的"白人"，仅指盎格鲁—撒克逊白人，以及那些能彻底同化的西欧和北欧移民。正如林肯所指出的，"一无所知党人"所强调的"一切人生而平等"并不包括黑人、外国人和天主教徒。⑤

19 世纪 50 年代，美国社会的派系斗争引发了旧政党的解体，美国也走向分

---

① Ray Allen Billington, *The Protestant Crusade，1800 – 1860：A Study of the Origins of American Nativism*, p. 382.

② Peter Brimelow, *Alien Nation：Common Sense about America's Immigration Disaster*, New York：Random House, 1995, pp. 12 – 13.

③ American Party, *Principles and Objects of the American Party*, New York：［Publisher Unknown］, 1855, p. 17；Tyler Anbinder, *Nativism and Slavery：The Northern Know Nothings and the Politics of the 1850s*, pp. 104, 107, 110.

④ Evangeline Thomas, *Nativism in the Old Northwest，1850 – 1860*, Washington, D. C.：The Catholic University of America, 1936, p. 131.

⑤ 转引自 Peter N. Carroll and David W. Noble, *The Free and the Unfree：A Progressive History of the United States*, New York：Penguin Books, 2001, p. 225.

裂的边缘。"一无所知党"于 1855 年改名为"美国党"（American Party）后发展到顶峰，成千上万的人加入并支持美国党。该党在 1856 年之前共有 7 名州长、8 名参议员和 104 名众议员当选，[①] 其政纲充满了激进的反移民和反天主教言论，要求将移民归化期从 5 年延长到 21 年。[②] 该党呼吁通过发展"一种强烈的美国情感"维持联邦。[③] 到 1856 年，美国党很快就因派系关系紧张而衰落。衰落的导火索是南北问题，美国党被迫在排外和废奴之间做出选择，其领导选择了排外主义。结果，大多数北方代表选择退出，转而支持新成立的共和党。

1861 年至 1865 年的美国内战，暂时遏制了移民进程，几乎中止了欧洲人移民美国的脚步。但随着内战的结束，美国经济很快得以恢复并进入快速发展的轨道，工业化与城市化并驾推进。美国对廉价劳动力的需求，吸引了更多来自世界各地不同文化和种族的移民。[④] 美国排外的核心话语也由宗教转向种族。

不过，反天主教的排外惯性，仍影响着美国的排外主义，到 19 世纪末依旧是美国排外主义的重要内容。天主教势力在美国举足轻重，其在美国北部和西部成倍增加的教会，使他们对当地政治的影响日益加深。民主党在 1890 年和 1892 年的选举中获胜，于爱尔兰人有利，故加剧了美国的反天主教情绪；排外主义者将此选举结果解读为罗马天主教廷的渗透，试图消解天主教移民对美国政治的影响。据美国移民史家约翰·海厄姆的研究，美国艾奥瓦克林市长阿诺德·沃利克（Arnold Walliker）1887 年连任失败的主要原因，是在工会组织中颇具影响的爱尔兰工人对当地政治的积极介入。沃利克同其助手鲍尔斯确信，天主教的影响左右了这次选举，于是在大选后迅即组建"保护美国协会"（American Protective Association）。该协会吸纳了众多在 19 世纪 80 年代兴起的排外主义社团的成员，同时利用波及全美的反天主教焦虑情绪，试图消除罗马

① Brian N. Fry, *Nativism and Immigration : Regulating the American Dream*, p. 41.
② Louis DeSipio and Rodolfo O. de la Garza, *Making Americans, Remaking America : Immigration and Immigrant Policy*, Boulder : Westview Press, 1998, p. 31.
③ Peter G. Mode, *Source Book and Bibliographical Guide for American Church History*, Menasha : George Banta Publishing Company, 1921, pp. 466 – 469.
④ Armando Navarro, *The Immigration Crisis : Nativism, Armed Vigilantism, and the Rise of a Countervailing Movement*, Lanham : AltaMira Press, 2009, p. 22.

教廷在当地政治和劳工组织等领域日益增长的影响力。鲍尔斯走遍了艾奥瓦和邻近各州，就天主教的危险发表公开演讲，同时发展保护美国协会的成员。新成员须宣誓，不给天主教徒投票，不雇用天主教徒，抵制与天主教徒一起参与罢工。① 可见，至19世纪末，美国的反天主教情绪仍未完全消退，反而随着新一波移民潮的到来，以及美国城市化和工业化进程中的诸多社会问题而有加剧之势。

（二）种族"例外"与排斥"异族"移民

"例外论"的另一核心内容是关于"美利坚民族优越"的想象。将国家的"独特性"归功于盎格鲁—撒克逊文化的观点并非美国特有。在17、18世纪的英国议会中，这种观念即已开始流行。为反对君主专制，英国议员在诺曼征服前的古老制度和气质中，寻找英国自由和特殊的根源。1837年，英国思想家霍勒斯·布什内尔（Horace Bushnell）告诫美国人，要保护他们高贵的盎格鲁—撒克逊血统勿受外来移民浪潮的影响。② 盎格鲁—撒克逊种族主义者宣称对美国的命运以及对移民的控制有绝对的信心。③ 这种种族主义是英国历史学家沙伦·特纳流行一时的著作《盎格鲁—撒克逊人史（1799—1805）》所阐述的核心思想。该著于1841年在美国费城出版，推动了美国的盎格鲁—撒克逊种族主义，使盎格鲁—撒克逊人"至高无上"的观念越发深入人心，将美国自治能力与盎格鲁—撒克逊人密切挂钩。④ "种族优越论"源于社会和政治的想象与建构，而非科学，因而表现出一种特有的含糊不清。

种族偏见和种族主义是推动排外主义的重要话语。盎格鲁—撒克逊种族优越这一"例外论"的核心内容，是建立在黑人和印第安人生理上比欧洲白人

---

① John Higham, *Strangers in the Land: Patterns of American Nativism, 1860 – 1925*, p. 62.

② Edith Abbott, *Historical Aspects of the Immigration Problem*, New York: Arno Press and The New York Times, 1969, p. 773.

③ "The Anglo – Saxon Race," *North American Review*, Vol. 73, No. 152 (Jul., 1851), p. 56; "The Anglo – Saxons and the Americans: European Races in the United States," *American Whig Review*, Vol. 14, No. 81, 1851, p. 193.

④ Sharon Turner, *The History of the Anglo – Saxons from the Earliest Period to the Norman Conquest*, Vol. I, Philadelphia: Carey and Hart, 1841.

"低等"的认知基础上的。英国殖民者及其后裔，认为盎格鲁—撒克逊新教徒是"上帝选民"，在文化和生理层面不同于"未开化"的印第安人和黑人，因而表现出对印第安人与黑人的傲慢与歧视，无视印第安人的利益，视北美为无主的"荒野"，发起对印第安人的血腥屠杀，并逐渐确立黑人奴隶制。早在奴隶制尚未确立之时，北美殖民地的多数黑人已是实际上的奴隶。美国历史学家霍华德·津恩曾言，黑人"不同于白人仆人，被区别对待，成为事实上的奴隶"。[1] 对盎格鲁—撒克逊人价值观念与生活方式的推崇，开启了通往排外主义和种族主义的进程。正如美国学者乔尔·科维尔（Joel Kovel）所指出的，盎格鲁—撒克逊人形成了"憎恨陌生人、外国人和颠覆分子的强大传统"。[2] 这种盎格鲁—撒克逊种族优越的观念，渗透到美国政治文化中。1790 年的《归化法》（Naturalization Act）规定，只有"自由白人"才可成为归化公民，印第安人、非洲裔则不被包括在内。[3] 因此，美国公民身份及相关权利便与白人种族联系在一起。

"种族例外"的观念在 19 世纪初开始具体化，最初是在积极意义上定义"美国人"身份和文化，而非排外的工具。到 19 世纪中叶，盎格鲁—撒克逊种族主义与反天主教情绪一起，成为美国排斥移民的核心导因。[4]

19 世纪中期，为了使排斥爱尔兰天主教徒移民的话语覆盖更广、更有力度，除"宗教"因素外，"种族"因素是排外主义者惯常使用的话语，他们将爱尔兰人列为明显劣于盎格鲁—撒克逊白人的种族。"一无所知党"依据根深蒂固的偏见，将爱尔兰人、印第安人、非裔美国人视为劣等种族，剥夺其权利，并宣扬一种对"帕迪"（Paddy，爱尔兰男性天主教徒）的种族成见，认为他们说话带着爱尔兰土音，爱乱叫，头发火红，喜怒无常，充满暴力。相关漫画将爱尔兰人塑造成肮脏、衣衫褴褛、皮肤黝黑，低眉毛、下巴又厚又方，面部特征类似猿的种族

① Howard Zinn, *A People's History of the United States*, New York: Harper Perennial Modern Classics, 2010, p. 23.
② 转引自 Joe R. Feagin, "Old Poison in New Bottles: The Deep Roots of Modern Nativism," p. 16.
③ Richard Peters, ed., *The Public Statutes at Large of the United States of America*, Vol. Ⅰ, Boston: Charles C. Little and James Brown, 1845, pp. 103 – 104.
④ Joe R. Feagin, "Old Poison in New Bottles: The Deep Roots of Modern Nativism," p. 19.

形象。① 排外主义者甚至将爱尔兰移民称为"由内而外的黑鬼"（niggers turned inside out），而黑人被视为"被烟熏黑的爱尔兰人"（smoked Irish），② 以此来宣传爱尔兰人的"低劣"属性。

爱尔兰人是"劣等种族"的观念，不仅通过报刊等各种媒体得到传播，而且通过头颅学（phrenology）和面相学（physiognomy）等所谓的种族"科学"得到"证实"。"科学种族主义"（scientific racism）者将种族置于严格的等级体系中，声称人类被分成若干不同种族，每个种族都有不同的身体特征、智力、道德价值观、行为特征等，处于顶端的是盎格鲁—撒克逊人，黑人则位于最底端。尽管爱尔兰人不处于种族等级的底层，但仍被认为远不如理想的盎格鲁—撒克逊人。③

1862年，美国国会在关于内战的讨论中，悄然将爱尔兰人划为与盎格鲁—撒克逊人一样的"白人"。④ 这是联邦政府对爱尔兰人在内战中支持北方的肯定。然而，关于爱尔兰人是"低劣种族"的排外话语，使美国建立了一种种族主义排外模式。这种模式在19世纪末20世纪初成为美国排斥外来移民的主流，并在排斥以中国人和日本人为代表的亚洲移民、以意大利人为代表的东南欧移民的进程中得到充分展现。⑤ 19世纪50年代，在排斥爱尔兰人的运动中兴起的种族排外话语，在随后几十年里不断被引用，成为19世纪末20世纪初美国排斥外来移民最为有力的话语工具。

在美国的历史书写中，亚洲人因其非同寻常的被排斥经历而受到关注。长

---

① Kevin Kenny, *The American Irish : A History*, New York : Routledge, 2000, pp. 66 – 71; Dale T. Knobel, *Paddy and the Republic : Ethnicity and Nationality in Antebellum America*, pp. 91, 88.

② David R. Roediger, *How Race Survived US History : From Settlement and Slavery to the Obama Phenomenon*, London and New York : Verso, 2008, p. 149.

③ Dale T. Knobel, *Paddy and the Republic : Ethnicity and Nationality in the Antebellum America*, pp. 80, 100, 121; Matthew Frye Jacobson, *Whiteness of a Different Color : European Immigrants and the Alchemy of Race*, Cambridge, M. A. : Harvard University Press, 1998, p. 48.

④ Natalia Molina, *How Race is Made in America : Immigration, Citizenship, and the Historical Power of Racial Scripts*, Berkeley : University of California Press, 2014, pp. 2 – 11.

⑤ 关于美国针对以意大利移民为代表的东南欧移民的"他种族"建构和排斥，参见伍斌：《"种族"界定与美国对东南欧移民的排斥（1880—1924）》，《历史研究》2018年第2期。

期以来，亚洲人及其后裔一直处于美国社会种族阶梯的底层，他们的法律和社会地位甚至低于受压迫至深的非裔。大多数亚洲人与欧洲人一样，是为了改善自身的经济状况而移民美国。1848 年加利福尼亚地区发现黄金，成千上万的中国人蜂拥而至。从 1851 年到 1860 年，有 4.1 万余名华人移民美国，而从 1861 年到 1870 年，这一数字超过 6.4 万。到 1880 年，美国大约有 10.5 万名中国人，其中大部分来自珠三角地区，70% 定居在加州，仅有 3% 居住在丹佛以东地区，男女性别比超过 20：1。[1] 19 世纪 50 年代末，随着矿区资源的枯竭、华人的增加和就业竞争的加剧，反华情绪日渐高涨。华人移民以仅占同期美国总移民人数不到 1% 的比重，引发了美国历史上针对外来移民最暴力的种族主义和排外主义运动。[2]

移民史家将中国移民描述为"旅居者"（sojourners），其最初移民的目的不是永久定居异域，而是最终返回故土。美国历史学家罗杰·丹尼尔斯提到，中国移民自认是"旅居者"。[3] 随着中国移民增加，排外主义者将攻击对象从爱尔兰天主教徒转向中国人。华人受到歧视、隔离、人身攻击、私刑，是"种族清洗"（ethnic cleansing）的受害者。美国学者爱德华·珀塞尔甚至认为，排华历史是美国历史上最黑暗的时刻之一。[4] 加州最高法院 1854 年对一项禁止华人在牵涉白人的案件中作证的法律进行了宽泛的解释，认定华人移民是：

> 生活在我们社会的一个奇特的民族，一般不承认这个国家的任何法律，并带来他们的偏见和民族仇恨，他们公然违反法律；他们是众所周知的撒谎者；他们是天生的劣等种族；正如历史所展现的，他们的进步或智力发展很

---

[1] U. S. Bureau of the Census, *Historical Statistics of the United States, Colonial Times to 1957*, Washington, D. C.: Government Printing Office, 1960, pp. 58 – 59; Roger Daniels, *Guarding the Golden Door: American Immigration Policy and Immigrants since 1882*, New York: Hill and Wang, 2004, p. 16.

[2] Erika Lee, *At America's Gates: Chinese Exclusion During the Exclusion Era, 1882 – 1943*, p. 25.

[3] Roger Daniels, *Asian America: Chinese and Japanese in the United States since 1850*, Seattle: University of Washington Press, 1988, p. 16.

[4] Edward Purcell, *Immigration*, Phoenix: The Oryx Press, 1995, p. 38.

难超过一定程度。①

这种解释无疑强调，中国移民在种族上是"非美国"的。种族差异加剧了中国人的负面形象，助长了美国排华情绪，推动了排华法案的出台。作为非公民的局外人，中国人几乎没有机会影响政治进程。② 尽管在 1869 年他们完成了横贯美国大陆铁路的修筑，但从未被当地白人和外来白人接受。相反，他们遭受的是日趋激烈的排斥。旧金山反华联盟名誉副主席阿隆·萨金特（Aaron Sargent）在任美国国会议员期间，将排华视为头等大事。正如他的传记作者所分析的，萨金特对待美国华人的态度简单明确："让华人离开加州，离开美国。"③ 萨金特在他漫长的任职期间，一直企图实现排斥和驱逐华人的目标。

联邦政府限制华人进入美国的活动始于 19 世纪 60 年代。1862 年，国会通过立法禁止美国船只运送华人"苦力劳工"（coolies）。这是美国限制中国移民的第一项法律。19 世纪 70 年代，美国对华人的排斥加剧。排华者认为作为非白人的华人，与这个国家占主导地位的白人格格不入。④ 国会在控制华人移民方面变得更加积极主动，并在 1870 年通过《联邦归化法》（Naturalization Act of 1870），该法规定只有白人和自由黑人才能加入美国国籍。这意味着中国移民被禁止成为美国公民。随着法案的通过，国会开始监管那些"不受欢迎"的移民。对任何帮助中国、日本或其他东方国家的人移民美国的代理人，都予以严惩。⑤ 1875 年，美国最高法院裁定，管理移民是联邦政府的权力，而不是州或地方政府的职责。⑥

---

① 参见 Kevin R. Johnson, "The New Nativism: Something Old, Something New, Something Borrowed, Something Blue," in Juan F. Perea, ed., *Immigrants Out! The New Nativism and the Anti-Immigrant Impulse in the United States*, pp. 167 – 168.

② Kevin R. Johnson, "The New Nativism: Something Old, Something New, Something Borrowed, Something Blue," pp. 168 – 169.

③ Lucile Eaves, *A History of California Labor Legislation: With an Introductory Sketch of the San Francisco Labor Movement*, Vol. 2, Berkeley: University of California Press, 1910, pp. 163 – 164.

④ Armando Navarro, *The Immigration Crisis: Nativism, Armed Vigilantism, and the Rise of a Countervailing Movement*, p. 25.

⑤ Roger Daniels, *Guarding the Golden Door: American Immigration Policy and Immigrants since 1882*, p. 17.

⑥ Peter Brimelow, *Alien Nation: Common Sense about America's Immigration Disaster*, p. xii.

同年颁布的《佩奇法》（Page Act）禁止涉嫌卖淫的亚洲女性及契约工进入美国。这项法律被广泛用于禁止中国移民入境，尤其是女性。①

1876 年，旧金山律师克莱门特（H. N. Clement）向加州参议院中国移民调查委员会发出警告："中国人来了。我们怎么才能阻止他们呢？"② 该委员会旨在调查中国移民的"社会、道德和政治影响"。一些排华的美国人向委员会表达了他们的恐慌，将中国移民描述为邪恶的"非武装入侵者"。③ 随着美国排华情绪的加剧，国会于 1876 年授权一个由民主党和共和党组成的联合委员会调查中国移民问题。同年，国会联合委员会在发布的报告中"污名化"中国移民。报告警告说，美国的太平洋海岸正被"蒙古利亚人"占据，作为一个种族的中国人缺乏自我管理能力。此外，该委员会还敦促总统拉瑟福德·海耶斯修改《蒲安臣条约》（Burlingame Treaty），以全面禁止中国移民。海耶斯虽不赞成修改《蒲安臣条约》，但赞同阻止中国人移民。④《盎格鲁—撒克逊白人新教徒》（WASP）杂志因针对中国人的种族主义和排外主义报道而获利丰厚。当诸多竞争对手在几年内相继破产时，该杂志的发行量则在短短几个月增长至 5000 份，到 1879 年更是达

① Moon - Ho Jung, *Coolies and Cane: Race, Labor, and Sugar in the Age of Emancipation*, Baltimore: The Johns Hopkins University Press, 2006, pp. 5, 33 - 38; George Anthony Peffer, *If They Don't Bring Their Women Here: Chinese Female Immigration Before Exclusion*, Urbana and Chicago: University of Illinois Press, 1999, p. 28; Lucy Salyer, *Laws Harsh As Tigers: Chinese Immigrants and the Shaping of Modern Immigration Law*, Chapel Hill: The University of North Carolina Press, 1995, p. 5.《佩奇法》的全称为《关于相关移民法的补充法》（An Act Supplementary to the Acts in Relation to Immigration）。

② California State Senate, *Chinese Immigration: The Social, Moral, and Political Effect of Chinese Immigration*, Appointed April 3, 1876, Sacramento: State Printing Office, 1876, p. 276.

③ Andrew Gyory, *Closing the Gate: Race, Politics, and the Chinese Exclusion Act*, Chapel Hill: The University of North Carolina Press, 1998, p. 78; Gwendolyn Mink, *Old Labor and New Immigrants in American Political Development: Union, Party, and State, 1875 - 1920*, Ithaca: Cornell University Press, 1986, p. 73.

④ U.S. Congress, Joint Special Committee to Investigate Chinese Immigration, *Report of the Joint Special Committee to Investigate Chinese Immigration*, Washington, D.C.: Government Printing Office, 1877, pp. iii - viii.

到 7000 份，很快成为美国西海岸读者最多的杂志。① 可见，排华在当时颇为有利可图；也表明排斥华人具有广泛的社会基础，在美国西部尤其如此。在 1879 年一份自称是"基于可靠官方资料"的关于华人移民调查的小册子中，154638 人希望能够禁绝华人移民，只有 883 人赞成华人移民。该小册子指出，早期西部开发及工业与农业的发展，确有中国移民的参与，但这并不意味着"没有中国劳工，太平洋诸州就不会迅速崛起"。② 这份小册子事实上否定中国移民对开发美国西部所作的贡献，更不认为华工在西部诸州的发展中不可或缺。这从根本上否认了华人对美国的贡献，为排斥华人移民扫除了道德障碍。

1862 年和 1875 年限制华人移民的法律，成为通向 1882 年最终排斥所有华工移民立法的重要步骤。随着《蒲安臣条约》在 1881 年被修订，美国排华的束缚被彻底解除。该条约规定，美国有权单方面"管制、限制或暂停"中国劳工"入境或居留"。③ 1882 年 2 月 28 日，狂热的排华者，加州参议员约翰·米勒（John F. Miller）向国会提交了一项法案，要求将中国劳工移民排除在美国国门之外。他认为，中国移民带来的危险迫在眉睫，有太多"退化和劣等的种族"蜂拥而至，对美利坚民族构成了严重威胁。④

美国国会响应排外者的呼吁，于 1882 年通过恶名昭著的"排华法案"，保护美国免受所谓的"华人入侵"。《排华法》（Chinese Exclusion Act）是美国国会有史以来通过的最具种族歧视色彩的移民排斥法，也是美国政府第一次通过种族和国籍限制特定移民群体，它以前所未有的力度将排华合法化，催生和激化了一系列排华暴力行为。《排华法》大大增加了华人入境美国的难度，华人移民美国的人数呈断崖式下降。1881 年和 1882 年分别约有 1.2 万和 4 万中国

---

① Nicholas Sean Hall, "The Wasp's 'Troublesome Children': Culture, Satire, and the Anti-Chinese Movement in the American West," *California History*, Vol. 90, No. 2, 2013, pp. 42 – 63.

② The American Federation of Labor, *Some Reasons for Chinese Exclusion: Meat vs. Rice, American Manhood against Asiatic Coolieism, Which Shall Survive?* Washington, D. C.: Government Printing Office, 1902, pp. 12, 5.

③ Roger Daniels, *Guarding the Golden Door: American Immigration Policy and Immigrants since 1882*, pp. 18 – 19.

④ Andrew Gyory, *Closing the Gate: Race, Politics, and the Chinese Exclusion Act*, pp. 223 – 226.

移民进入美国。《排华法》颁布后，1883 年移民美国的华人减少为 8031 人，到 1885 年仅有 22 人。① 由于美国排斥华人移民的持续压力，该法直到 1943 年才被废除。

《排华法》是美国长期排外历史的重要转折点。首先，它使美国对特定移民的限制、排斥和驱逐合法化。1889 年，美国最高法院支持《排华法》，从而确立了《排华法》的合宪性。其次，在此过程中，排华运动推动了美国向"看门人国家"（gate-keeping nation）的转变，开始利用联邦移民法来排斥、限制和控制所谓的危险外国人，并基于种族、国籍、族裔、阶级、性别等因素对移民加以排斥。② 再次，《排华法》所确立的排斥外来移民的范式，在此后 40 余年里影响了美国排斥移民的话语和移民政策。最后，《排华法》在很大程度上塑造了美国的边界意识，使美国对边境控制大为加强，也奠定了美国限制移民的基础。

在劳工的支持下，美国国会 1892 年颁布的《吉尔里法》（Geary Act）③ 将《排华法》有效期延长 10 年。同年，纽约港的埃利斯岛成为处理欧洲移民的中心，以应付日益增加的南欧和东欧移民。美国在内战重建后的 50 年里，经历了一场前所未有的大规模移民，其规模远超内战前的移民潮。1870—1920 年，大约有 2600 万人移民至美国，超过了 1850 年美国的全国人口。在第二次移民潮的最初 20 年（1870—1890），大部分移民仍来自德国、英国和爱尔兰等地。1890—1920 年，移民的主要来源地转向了南欧和东欧。这些"新移民"大多集中在新兴城市，是美国快速工业化和城市化的重要推力。其间，大约有 1821.8761 万名移民进入美国。20 世纪的最初十年，第二次移民潮达到顶峰，总共有 876.5386 万名移民抵达美国。其中，来自奥匈帝国的移民为 214.5266 万人，占同期移民总数的 24.5%，意大利移民为 204.5877 万人，占比 23.3%，俄国移民 159.7306

---

① U. S. Bureau of the Census, *Historical Statistics of the United States, Colonial Times to 1957*, p. 59.

② Erika Lee, *At America's Gates: Chinese Immigration During the Exclusion Era, 1882 – 1943*, pp. 6 – 12; Madeline Hsu, *The Good Immigrants: How the Yellow Peril Became the Model Minority*, Princeton: Princeton University Press, 2015, pp. 4 – 11.

③ 《吉尔里法》的全称为《禁止中国人入美法》（An Act to Prohibit the Coming of Chinese Persons into the United States）。

万人，占 18.2%。① 不难看出，仅来自东欧和南欧的奥、意、俄三国的移民，就占据同期美国移民的 66%。可见，这一时期的东南欧移民，在美国外来移民中居于主导地位。

与影响美国多年的天主教徒移民不同，19 世纪 80 年代开始大量涌入美国的南欧和东欧人，最初在美国人心中的形象并不清晰，在美国的民族主义和排外主义传统中的位置亦不突出。19 世纪 90 年代，他们首次成为被排斥的主要对象。美国社会对东南欧移民的排斥缘于其异质的种族与文化，它们对例外的"美国特性"形成紧迫威胁。② 在美国人看来，南欧和东欧移民在某种程度上是和平的搅局者，不再认为东南欧移民只是昙花一现，而是足可改变美国社会结构的威胁。1890 年，马萨诸塞州参议员亨利·洛奇注意到日渐增加的东南欧移民，对其可能导致的"恶果"感到担忧。③ 美国历史学家亨利·亚当斯直截了当地指出，洛奇的思想完全是英国的，他为自己的盎格鲁—撒克逊传统感到骄傲，也对新英格兰的过去充满怀念。④ 洛奇的独特之处，在于他与欧洲思想界的直接接触以及他对盎格鲁—撒克逊种族纯洁性理想的极力维护。洛奇之后，美国社会学家爱德华·罗斯于 1901 年在美国政治和社会科学院发表演讲时，阐释了亚洲移民泛滥有导致美国人灭绝的可能。罗斯指出，当"高等"种族与较"低劣"的种族展开竞争时，便走上了自我淘汰之路，这就是"种族自杀"（racial suicide）。⑤ 当时，罗斯对美国同化欧洲移民尚怀有自信，并未以同样的话语来描述欧洲移民。

随着南欧和东欧移民的涌入，美国社会尝试采取限制措施，美国精英成为美国内战后种族主义和排外主义的主要推手，受英美盎格鲁—撒克逊主义历史学家的影响，鼓吹盎格鲁—撒克逊人的优越性及其在美国"伟大历史"中的作用。许多美国知识分子深信盎格鲁—撒克逊人所承载的特殊制度是最文明的，并采用社

---

① Louis DeSipio and Rodolfo O. de la Garza, *Making Americans, Remaking America: Immigration and Immigrant Policy*, pp. 19 – 20.

② John Higham, *Strangers in the Land: Patterns of American Nativism, 1860 – 1925*, p. 87.

③ Henry Cabot Lodge, "The Restriction of Immigration," *The North American Review*, Vol. 152, No. 410（Jan., 1891）, pp. 27 – 32.

④ Henry Adams, *The Education of Henry Adams*, New York: Modern Library, 1931, pp. 419 – 420.

⑤ Edward A. Ross, "The Causes of Race Superiority," *The Annals of the American Academy of Political and Social Science*, Vol. 18（Jul., 1901）, pp. 85 – 88.

会达尔文主义的观点,强调世界舞台上"适者生存"的国家种族主义观念。像乔赛亚·斯特朗这样读者甚众的美国作家,在攻击非英国移民时,亦强调盎格鲁—撒克逊人优越的种族神话。斯特朗所著的《我们的国度》在 19 世纪最后几年销售数千册。[1] 他在此书中断言,美国注定要被盎格鲁—撒克逊种族所占据;种族"适者生存"原则决定了盎格鲁—撒克逊种族在全世界的最终优势。斯特朗还认为,南欧和东欧移民不仅在文化上离经叛道,且在种族上也处于劣势,他们的到来加剧了美国社会在宗教、政治、阶级等层面的分裂。[2] 麻省理工学院校长弗朗西斯·沃克也宣称,新移民"是失败的种族,代表着生存竞争中的失败者……他们毫无思想和能力,属于……落后部落的后裔"。[3] 北欧裔美国人认为,南欧和东欧人是同他们完全不同的"劣等"种族。在美国人中,存在一种巨大的恐惧想象,那就是北欧人种与劣等白人种族的混合将导致"杂交",最终将摧毁真正的白人种族。

意大利移民成为排外主义者的主要目标。排外主义者认为"意大利血统"是"低劣和堕落的",意大利移民对美国例外的种族与特性将是有害的,奴性、肮脏、堕落、贫困等特征在意大利人中根深蒂固。[4] 新闻媒体、作家和学者广泛宣扬对意大利人的偏见和刻板印象。一些全国性杂志刊登了对意大利移民的种族指控。1888 年,劳工领袖特伦斯·鲍德利(Terence V. Powderly)在《北美评论》(North American Review)刊文称,意大利人为代表的南欧人是劣等种族,过着以酒为中心的不道德生活。[5]

排斥意大利移民的组织相继成立。其中最有影响的是"限制移民联盟"(Immigration Restriction League)。1894 年 5 月,一小群波士顿政治和文化精英聚

---

[1] Joe R. Feagin, "Old Poison in New Bottles: The Deep Roots of Modern Nativism," p. 20.

[2] Josiah Strong, *Our Country: Its Possible Future and Its Present Crisis*, New York: The American Home Missionary Society, 1885, pp. 159, 180.

[3] Francis A. Walker, "The Tide of Economic Thought," *Publications of the American Economic Association*, Vol. 6, No. 112 (January-March 1891), p. 37.

[4] Eliot Lord, John J. D. Trenor and Samuel J. Barrow, *The Italian in America*, San Francisco: R and E research Associated, 1970, pp. 17 – 18.

[5] 转引自 Luciano J. Iorizzo and Salvatore Mondello, *The Italian-Americans*, New York: Twayne, 1971, p. 64.

集在州街（State Street）的一间律师事务所，哈佛大学教授罗伯特·沃德（Robert Ward），律师查尔斯·沃伦（Charles Warren）、普雷斯科特·霍尔（Prescott Hall）等人发起成立"限制移民联盟"。① 三人都是哈佛大学 1889 届学生，都是排斥南欧和东欧移民主张的坚定支持者，确信盎格鲁—撒克逊人的传统和文化正淹没在来自南欧和东欧的劣等移民的洪流中。② "限制移民联盟"的排外情绪与"一无所知党"不同。尽管宗教因素继续影响着其排外思想和行为，但种族在塑造对移民的恐惧与排斥话语方面发挥了更大作用。

为了证明排外主义话语的正当性，使排外情感的基调合理化，排外主义者所维护的盎格鲁—撒克逊传统，比以往任何时候都更需要新兴"科学"的支撑。在20 世纪初的优生学运动中，南欧和东欧的移民遭遇了华人所经历的种族排外主义。意大利人被冠以"欧洲的中国人"称号，是廉价劳动力、"欧洲苦力"和"老板苦力"（padrone coolies）。"限制移民联盟"有效地将新的"意大利人问题"（The Italian Question）和以往的"华人问题"（The Chinese Question）联系起来，扩大了组织的影响力，并获得了白人工人的支持。"限制移民联盟"在 1908 年写给工会的信中警告，不断增长的意大利移民同中国移民一样是"苦力劳工"，最终会压垮美国工人。③ 1911 年，美国移民委员会（U. S. Immigration Commission）向政府提交了移民调查报告，称意大利人存在"某些犯罪行为"。罗斯同样认为，意大利人的"暴力倾向"超过其他任何群体，这是他们的固有性格，他们经常犯下包括谋杀、强奸、勒索和绑架在内的各种十恶不赦的罪行。④

到 20 世纪 20 年代，"美国例外"的滤镜对特定的欧洲群体进行筛选过滤。

① Barbara Solomon, *Ancestors and Immigrants: A Changing New England Tradition*, Boston: Northeastern University Press, 1989, pp. 99 – 102; Neil Swidey, "Trump's Anti-Immigration Playbook Was Written 100 Years Ago," *Boston Globe Magazine*, February 8, 2017, https://apps. bostonglobe. com/magazine/graphics/2017/01/immigration/，访问日期：2021 年 3 月 28 日。

② Erika Lee, *America for Americans: A History of Xenophobia in the United States*, p. 113.

③ Donna Gabaccia, "The 'Yellow Peril' and the 'Chinese of Europe': Global Perspectives on Race and Labor, 1815 – 1930," in Jan Lucassen and Leo Lucassen, eds., *Migration, Migration History, History: Old Paradigms and New Perspectives*, Bern: Peter Lang, 2015, pp. 177 – 179.

④ Thomas A. Guglielmo, *White on Arrival: Italians, Race, Color, and Power in Chicago, 1890 – 1945*, New York: Oxford University Press, 2004, pp. 77 – 78.

种族优生学的思想从欧洲传到美国。1907 年，美国人繁育者协会（American Breeders' Association）将优生学纳入考量。1910 年，优生学开创者之一的弗朗西斯·高尔顿（Francis Galton）在英国发起的致力于通过选择性育种来改善种族的优生学运动，很快在美国产生反响。排外者转向"优生学"和"基因科学"，将人类划分为不同种族，并"证明"北欧和西欧白人固有的优越性。"科学种族主义"的发展，扩大了种族分类的数量和类型，强化了美国社会的排外心理。"科学家们"根据头颅的大小和形状、相貌、头发和眼睛的颜色以及体格，将人类分为不同"种族"，并认为每个种族都被赋予了某些不可改变的特征、优势和劣势。他们还对不同种族进行分层，强调盎格鲁—撒克逊人和其他北欧人处于种族分类的最顶端，① 将"阿尔卑斯人、地中海人和闪米特人"视为相对低劣的人种。高尔顿是英国著名的达尔文主义科学家，长期致力于人类各种能力和缺陷的遗传统计研究。20 世纪初，他开始积极宣传通过鼓励优等种族和限制劣等种族来优化美利坚人种。对高尔顿来说，优生学既是一门科学，也是一种世俗宗教；它"证明了"社会的改善在很大程度上取决于"优质人类血统"的"天生品质"。②

从优生学家的观点看，移民问题本质上是一个生物学问题，允许"劣等种族"进入美国，是一种邪恶的犯罪；环境无法改变移民的种族特性，只有严格选择最好的移民种群，才不至于污染美国人的后裔。排外主义者附和了优生学家的观念，要求采取"理性"政策净化美利坚民族。③ 美国流行作家、学者和国会议员，利用优生学为基于种族的移民限制进行游说，警告允许欧洲的"劣等种族"进入美国将带来灾难。著名记者肯尼思·罗伯茨在谈到移民的危险时指出，美国由西北欧移民及其后裔创建，但如果更多的阿尔卑斯和地中海种族进入美国，将不可避免地导致杂交，产生的"杂种"将直接威胁美利坚民族的生存。④ 优生学运动超越了达尔文主义对美国种族思想的影响，旨在证明盎格鲁—撒克逊传统的

① Noel Ignatiev, *How the Irish Became White*, New York：Routledge, 2009；David R. Roediger, *The Wages of Whiteness：Race and the Making of the American Working Class*, London and New York：Verso, 1991.

② John Higham, *Strangers in the Land：Patterns of American Nativism, 1860 – 1925*, p. 150.

③ John Higham, *Strangers in the Land：Patterns of American Nativism, 1860 – 1925*, pp. 151 – 152.

④ Kenneth L. Roberts, *Why Europe Leaves Home*, Indianapolis：Bobbs – Merrill Company, 1922.

优越性及维护其纯洁性的必要性。同高尔顿一样，后来的优生学家将个体的差异概括为种族的高下之别，事实上背离了科学。

美国优生学家麦迪逊·格兰特是优生学集大成者，也是一名种族主义者，堪称美国近代知识史上最重要的排外主义者，他反对大批"毫无价值的"南欧和东欧移民进入美国。1909年，格兰特加入"限制移民联盟"，并担任副主席。格兰特出身名门，挺拔英俊，着装考究，谈吐优雅，思想活跃，既是充满活力的运动健将，也是激情四射的环保主义者，在曼哈顿上层社会颇有名气。他把西奥多·罗斯福总统和许多其他重要的政治家、思想家、科学家视为密友和同事。① 他最为人熟知的是1916年出版了《一个伟大种族的消逝》一书，该书中提出的"种族类型学"（racial typology），是优生学家和其他种族主义思想家排斥和限制移民不可或缺的工具。他对盎格鲁—撒克逊种族优越论首次进行了系统而全面的阐释，进一步"证明"限制移民的必要性和紧迫性。②

在所有移民到美国的所谓"劣等种族"中，格兰特尤其敌视犹太人。1920年，他向律师普雷斯科特·霍尔透露，"犹太人大量移民美国"是"我们目前面临的最严重的移民问题"。③ 犹太人不仅是非基督徒，而且是贪婪和不诚实的人，试图接管美国的经济和政治机构。越来越多的美国人同意这一观点，麻省理工学院经济学家威廉·里普利（William Ripley）也提出了类似理论，认为犹太人是一个"有特殊缺陷"的种族，是"欧洲最低劣的民族"之一。霍尔也认为犹太人和亚洲人一样不可同化，属低劣种族。罗斯同样指责东欧犹太人是灵魂扭曲、"道德残废之人"（moral cripples），并声称犯罪是犹太人的固有特征。④ 约翰·柯

---

① Jonathan Peter Spiro, *Defending the Master Race：Conservation，Eugenics，and the Legacy of Madison Grant*, Burlington：University of Vermont Press, 2008, p. 199；Matthew Pratt Guterl, *The Color of Race in America，1900 – 1940*, Cambridge, M. A.：Harvard University Press, 2002, p. 28.

② Madison Grant, *The Passing of the Great Race：Or the Racial Basis of European History*, New York：Charles Scribner's Sons, 1921.

③ Erika Lee, *America for Americans：A History of Xenophobia in the United States*, p. 132.

④ Katherine Benton – Cohen, *Inventing the Immigration Problem：The Dillingham Commission and Its Legacy*, Cambridge, M. A.：Harvard University Press, 2018, pp. 151 – 159；Douglas C. Baynton, *Defectives in the Land：Disability and Immigration in the Age of Eugenics*, Chicago：The University of Chicago Press, 2016, pp. 32 – 36, 40 – 42, 125.

立芝总统是这些人的支持者。长期以来,他一直支持基于种族的移民限制,并于 1923 年在国会首次发表年度演讲时,援引格兰特的观点:"美国必须保持美国人的身份。"① 1924 年 5 月 26 日,他签署了新的旨在严格限制南欧和东欧移民的移民法。该法标志着种族排外主义在美国达到了顶峰,并在保留以前所有移民限制的同时,确立了移民配额制度,尽可能减少来自南欧和东欧的移民,同时将亚洲移民彻底拒斥在国门之外。

日本人几乎与南欧和东欧移民同时开启了移民美国的进程。在 19 世纪 80 年代前,很少有日本人走出家乡,移民美国的人更是寥寥。据美国历史学家希拉里·康罗伊(Hilary Conroy)考证,在 1869 年,日本 141 名男性、6 名女性和 1 名儿童被带到夏威夷的甘蔗种植园工作。这些日本人被称为"领路人"(Gannen Mono),此后 15 年鲜有后继者。② 从 1884 年开始,日本人开始作为契约移民大规模前往夏威夷,此后 10 年间,大约有 3 万人移民夏威夷。到 1910 年,美国的日本移民人数增加到 7.2 万人,并在 1920 年达到 11.1 万人的高峰。③

19 世纪 90 年代之前"恐日症"尚未在美国流行,日本移民较少是主要原因。1890 年的人口普查显示,整个加州只有 1147 名日本人,而美国本土其他地区更是不到 1000 人。当时,日本还没有在世界舞台上扮演重要角色。随着 1898 年美国吞并夏威夷,日本移民转移到美国本土西海岸,特别是加州,一场席卷全美的大规模排日运动,成为 19 世纪末 20 世纪初美国排外运动的重要组成部分。反华煽动者丹尼斯·卡尼(Dennis Kearney)将他的反华口号"中国佬必须滚"(The Chinese Must Go)改为"日本佬必须滚"(The Japs Must Go)。④ 日本人几乎没有资格加入任何美国社团。⑤ 到 20 世纪初,日本人在加州农业方面的影响已

---

① Calvin Coolidge, "First Annual Message," December 6, 1932, American Presidency Project, https://www.presidency.ucsb.edu/ws/index.php?pid=29564/,访问日期:2021 年 3 月 28 日。

② Roger Daniels, *Asian America: Chinese and Japanese in the United States since 1850*, p. 100.

③ Michael C. LeMay, *From Open Door to Dutch Door: An Analysis of U.S. Immigration Policy since 1820*, New York: Praeger, 1987, p. 62.

④ Roger Daniels, *Asian American: Chinese and Japanese in the United States since 1850*, pp. 111 – 112.

⑤ U.S. Immigration Commission, *Reports of the Immigration Commission* (hereafter cited as *Reports*), Vol. XXIII, Washington, D.C.: Government Printing Office, 1911, p. 163.

不容忽视，给白人农场主和农业工人造成了冲击。1913 年，加州针对日本移民颁布了《外来人土地法》（Alien Land Act）。① 该法旨在进一步限制日本移民，阻止他们获得土地，削弱他们在农业上的竞争力。

种族主义加剧了排外主义者的反应。日本人同华人一样被剥夺了公民权，受到极度丑化，并在充满敌意的政治环境中缺乏自卫能力。② 美国人对日本人可能同白人通婚的情况十分担忧。《共和党人》（Republican）杂志编辑切斯特·罗威尔（Chester Rowell）明确提出：

> （日本人和白人通婚）是一种国际通奸。……我们种族自我保护的本能，要求其未来的成员应是我们种族的成员。……我认为这种本能是明智和有益的。……如果我们现在解决这一种族问题，我们的后代就可免于种族问题。③

罗威尔还指出，如果加州人将日本人问题留给后人，那么日后这个问题将变得极度棘手而导致美国束手无策，"解决种族问题的唯一时机是在它成为问题之前就予以化解"。美国理论家莫里斯·希尔奎特（Morris Hillquit）希望限制"所有落后种族"的移民。他的同事维克托·伯杰（Victor Berger）则担心，美国可能会在"几代人之内"变成一个"黑黄两色的国家"。④ 美国社会对日本移民的反对总体上借用了排华话语，并与排斥南欧和东欧移民的话语桴鼓相应。

1905 年 5 月，随着"排亚联盟"（Asiatic Exclusion League）⑤ 的成立，反日运动有了组织中心。加州议会通过了排日决议，同时旧金山也发生了激烈的反日

---

① 加州 1913 年《外国人土地法》的全文可参见 Eliot Grinnell Mears, *Resident Orientals on the American Pacific Coast: Their Legal and Economic Status*, Chicago: University of Chicago Press, 1928, pp. 473 – 475.

② Kevin R. Johnson, "The New Nativism: Something Old, Something New, Something Borrowed, Something Blue," p. 170.

③ 转引自 Roger Daniels, *Asian America: Chinese and Japanese in the United States since 1850*, p. 117.

④ Roger Daniels, *The Politics of Prejudice: The Anti-Japanese Movement in California and the Struggle for Japanese Exclusion*, Berkeley: University of California Press, 1977, pp. 16 – 30.

⑤ 原名"排斥日本人和朝鲜人联盟"（Japanese and Korean Exclusion League）。

本移民骚乱。反日排外主义者的攻击愈演愈烈，敦促国会通过类似《排华法》的排日法律。与 19 世纪 80 年代羸弱的中国不同，日本于 1905 年战胜俄国，成为亚洲首屈一指的军事强国。[①] 西奥多·罗斯福总统担心，颁布排日法律会激怒日本，恶化与日本的关系，因而反对这一计划，采取了一些缓和同日本关系的措施，转而诉诸外交谈判。1905 年夏，他通过美国驻东京公使告知日本："在我担任总统期间，日本人将得到同其他文明的人……完全一样的待遇。"[②] 他还明确提出：

> 偏离美国的古老传统，歧视或反对任何希望来这里并成为公民的人是不明智的……我们不能考虑他是天主教徒还是新教徒，犹太教徒还是异教徒；也无论他是英国人、爱尔兰人、法国人、德国人、日本人、意大利人、斯堪的纳维亚人、斯拉夫人还是匈牙利人。[③]

罗斯福谴责美国社会对日本人的敌意，称这是"可耻的"，"可能会给国家带来最严重的后果"。[④] 但他认为这种敌意"仅限于极少数地方"，并向日本驻美大使明确表示，阻止"所有日本劳工移民"是"防止两国之间持续摩擦的唯一途径"。[⑤] 日本政府没有反对这一解释，只是反对类似《排华法》的排日移民立法，其结果便是 1907 年美日达成的《君子协定》（Gentlemen's Agreement）。该协定规定，美国不会通过针对日本移民的歧视性立法，并采取措施制止州政府歧视行为；同时，日本政府拒绝发放签证给日本劳工，从而达到限制日本移民入美的目的；但是，护照可以发放给日本"已经在美国定居的劳工的父母、妻子和孩

---

① Armando Navarro, *The Immigration Crisis: Nativism, Armed Vigilantism, and the Rise of a Countervailing Movement*, p. 28.

② Elting E. Morison, ed., *The Letters of Theodore Roosevelt*, Vol. 4, Cambridge, M. A.: Harvard University Press, 1951, pp. 1168 – 1169.

③ 转引自 Roger Daniels, *Asian America: Chinese and Japanese in the United States since 1850*, p. 121.

④ 转引自 Roger Daniels, *Asian America: Chinese and Japanese in the United States since 1850*, p. 122.

⑤ United States Department of State, *Papers Relating to the Foreign Relations of the United States (FRUS)*, 1924, Vol. II, Washington, D.C.: U.S. Government Printing Office, 1939, p. 339.

子"。①《君子协定》既顾及日本的颜面，又没有完全阻止日本移民进入美国。在此后不到20年的时间里，美国日本移民的总数量增加一倍以上，② 这是美日双方始料未及的。根据协议条款，成千上万居住在美国的日本男人将妻子带到美国。其中，许多婚姻通过代理人促成，"照片新娘"（Picture Bride）因而风靡一时。《君子协定》达成后，日本女性移民开始占据美国日本移民的多数，日本移民失衡的性别比逐渐发生改变。1924年的移民法代表了美国排外主义势力的普遍胜利，该法彻底切断了日本人移民美国的路径。不过，此时在美国已经形成了性别相对平衡、经济基本自助的相对稳定的日本移民社会。

并不是所有限制或规范移民的行为都来自排外或种族主义，但民众的排外动机主要源自种族主义和对外国人的非理性恐惧和仇恨，而政治、经济或外交因素往往居于次要地位。"种族"因素在美国移民和归化历史中占有重要地位，并影响着"美国人是谁"或者"美国人应该是谁"的观念。③ "种族"和"美国例外"的概念交织在一起，将排外与种族主义区分开来几乎不可能。种族和种族主义促成了诸多排外话语的建构，也在很大程度上影响了排外主义的运动。据海厄姆的观察，民族中心主义提供了排外主义成长的"文化底色"。④ 民族中心主义和排外主义的关系是直接的，它可以通过煽动排外情绪或为排外行为辩护来诱导排外主义运动。

美国的"种族"是一种文化和社会建构，种族偏见由"科学"社会达尔文主义以及盎格鲁—撒克逊主义支撑。种族政治塑造了并继续塑造着盎格鲁—撒克逊白人独特而例外的地位，坚信盎格鲁—撒克逊白人达到了人类发展的顶峰，将其他种族贬斥为污染纯洁美国人的低劣"他者"。在"科学种族主义"和社会达尔文思想影响下，排外主义者将各种社会问题视为移民种族遗传的产物。⑤ 掌握权力的排外主义者通过司法和行政手段，将想象的"外国人"排除在"美国人"

---

① *FRUS*, 1924, Vol. II, pp. 339 – 369.

② U. S. Bureau of the Census, *Historical Statistics of the United States, Colonial Times to* 1957, p. 58.

③ Samuel Huntington, *Who Are We? The Challenges to America's National Identity*.

④ John Higham, *Strangers in the Land: Patterns of American Nativism, 1860 – 1925*, p. 24.

⑤ Frank D. Watson, *The Charity Organization Movement in the United States: A Study in American Philanthropy*, New York: The MacMillan Company, 1922, p. 174.

之外。在许多方面，白人身份和国家身份成为同义词，种族因素经常决定谁是"外国人"或"美国人"。

（三）"例外"的美国文化与文化"他者"

同种族主义排斥话语并行的，是对特定移民群体文化的攻击，并将其塑造成文化上同美利坚文明不相容的"他者"。文化"他者"与种族"他者"的建构并行不悖。

同其他因素一样，将移民的文化视为同例外的盎格鲁—撒克逊文化格格不入的文化，进而加以排斥，始于北美殖民地时期。当时出现了明显的否定外来者的盎格鲁—撒克逊文化中心主义。早期欧洲移民离开家园，到北美寻找更好的生存空间，而对原住民不屑一顾。欧洲移民以文艺复兴、宗教改革和探索时代的精神代表自居，因与欧洲旧社会的决裂而自豪，认为他们的未来是神圣而光明的。这种对过去和未来的观念，使他们自以为比"野蛮"、"残忍"、"懒惰"的印第安异教徒优越。殖民者所认可的文明，是信仰基督新教且崇尚理性的盎格鲁—撒克逊白人文明，而其他文化或文明则被视为未开化或半开化。[1] 到 18 世纪，随着盎格鲁—撒克逊白人优越观念的流行，有关"未开化的野蛮人"在文化上"低劣"的观念也随之确立。[2]

对于立国之初的"美国人"来说，美国独立的理想并不涉及黑人和印第安人，他们被视为文化上的"他者"和未开化的野蛮人；甚至也不涉及非盎格鲁—撒克逊的欧洲人。在美国的独立过程中，独立者越来越强调美利坚文化同欧洲文化乃至英国文化的差异。在殖民地时代，德国移民有不小规模，且集中在以费城为中心的宾夕法尼亚地区。盎格鲁—撒克逊主流白人对德国移民表达了担忧。富兰克林曾坦言，同来自英国的殖民者不同，德国人"不习惯自由"，因此不知道如何运用"自由"。他不无担忧地指出，如果未来的对美移民不被限制，殖民地的福祉就会受到威胁，殖民地的"法律、礼仪、自由和宗教"也将随之终结。他催促应立即采取有效行动，建议殖民地应该排除"黑人"和"其他有色人种"，

---

[1] Ronald Takaki, *Iron Cages: Race and Culture in 19th-Century America*, p. 12.

[2] Joe R. Feagin, "Old Poison in New Bottles: The Deep Roots of Modern Nativism," p. 17.

增加"可爱的白人"，即英国人。①

班克罗夫特秉承了美国文化比欧洲文化优越的观点，把美国文化与盎格鲁—撒克逊人开发阿巴拉契亚山脉以西地区联系起来，从而将美国文化与欧洲文化拉开了距离。他认为，美国没有贵族和阶级等级制度，是人类历史上最民主和最平等的国家。② 尽管美国的国父皆出自精英阶层，但这并不妨碍民主和平等成为"例外论"的核心内容。尤其是出身中西部"草根"的安德鲁·杰克逊当选美国总统，更是象征美国社会在民主平等方面的一大跨越。

19 世纪上半叶美国对天主教徒爱尔兰移民的排斥，某种程度上也属于文化范畴。此外，文化的其他层面也影响了美国社会对爱尔兰移民的排斥。很多美国人相信，爱尔兰人文化处于半开化状态，因而没有能力独立地参与国家治理。③ 但是他们所掌握的选票却越来越多，大有支配美国之势。1850—1855 年，在波士顿本土出生的选民人数增加了 14.72%，而移民选民则增加了 194.64%。④ 波士顿的外来移民增速高于其他地区，但美国东北部的主要城市皆面临移民选民的增加远超土生美国人选民增加的事实。

一份名为《一无所知》（Know Nothing）的报纸宣称，爱尔兰移民文明低下，他们在公共场合酗酒、贩卖烈酒，贫困和犯罪，恰如牧师西奥多·帕克所宣称的："爱尔兰人无知、懒惰、浪费、贫穷、放纵、野蛮。"帕克还认为，这些文化低劣的爱尔兰人，不会因为环境的改变而"变得勤劳、有远见、有道德、聪明"。⑤ 在

① "Benjamin Franklin to Peter Collinson," May 9, 1753, *Franklin Papers*, Vol. 4; Benjamin Franklin, *Observations Concerning the Increase of Mankind, Peopling of Countries, &c*, Boston: S. Kneeland, 1755, p. 10.

② 参见 David W. Noble, *Death of a Nation: American Culture and the End of Exceptionalism*, Minneapolis: University of Minnesota Press, 2002, pp. 6 – 7.

③ Dale T. Knobel, *Paddy and the Republic: Ethnicity and Nationality in Antebellum America*, pp. 80, 100, 121; Matthew Frye Jacobson, *Whiteness of a Different Color: European Immigrants and the Alchemy of Race*, Cambridge, p. 48.

④ J. D. B. DeBow, *Compendium of the Seventh Census*, Washington: A. O. P. Nicholson, Public Printer, 1854, p. 123; Joseph Schafer, "Know-Nothingism in Wisconsin," *Wisconsin Magazine of History*, Vol. 8, No. 1 (September 1924), pp. 9 – 10.

⑤ Theodore Parker, *A Sermon of the Moral Condition of Boston*, Boston: Crosby and Nichols, 1849, p. 26.

"一无所知党人"看来，爱尔兰移民比土生美国人犯罪率更高，同资方冲突也更加频繁。

禁酒人士指责爱尔兰人是"一群酗酒、吵闹的乌合之众"，① 禁酒事业若要获得成功，就必须对爱尔兰移民进行严格管制。② 排外主义者相信，贫穷也是爱尔兰人的文化特征，他们因为躲避饥荒而移民美国，一贫如洗。美国人的负担，会随着爱尔兰移民的增加而增加。1850 年，土生美国人每 317 人中才有一人需要公共救助，而外来移民每 22 人当中就有一人需要救助。③ 爱尔兰移民的犯罪记录也同样受到关注，并被排外者视为野蛮的重要证据。统计显示，1850 年美国的罪犯有 2.7 万人，其中超过一半为外来移民。但在当时美国的总人口中，移民仅占 11%。受教育水平同样是美国排斥爱尔兰人的话语之一。部分改革者希望美国尽快普及教育，扫除文盲，这是美国人自证其优越的重要方式，但这一想法因大规模未受教育的外来移民进入美国而遭遇严重挫败。同年，美国外来移民中受过教育者仅有 6.58%，远低于土生美国人的 20%。④ 普通美国人也很容易找到移民引发社会问题的证据：由于外来移民，肃静的街道变成了杂乱的贫民窟；移民通过选票来影响美国的孤立外交，使美国卷入母国事务。面对这种情形，美国人相信，如果要保存美国的政治制度、社会秩序和美利坚文明，必须对移民活动进行限制。事实上，这些论述似是而非，缺乏说服力，一方面它静态地看待移民数据，无视移民在美国社会的流动性；另一方面，它完全忽略移民对美国社会的贡献。这种口号式的宣传虽与事实不符，却极其有煽动性。

对华人的文化攻击可能是整个美国排外历史中最为激烈的。华人在宗教信仰、语言、风俗、工作、衣着、饮食习惯等方面均遭受了美国主流社会全方位攻击。德裔美国人莱斯利·蒂乔塞尔曾写道，中国人由于文化上的"低劣性"，"威

---

① Henry F. Brownson, ed., *The Works of Orestes A. Brownson*, Vol. XVIII, Detroit：Thorndike Nourse, 1885, p. 289.

② Ray Allen Billington, *The Protestant Crusade, 1800 - 1860：A Study of the Origins of American Nativism*, p. 323.

③ J. D. B. DeBow, *Compendium of the Seventh Census*, p. 163.

④ J. D. B. DeBow, *Compendium of the Seventh Census*, pp. 156 - 157, 150, 153.

胁到了基督教文明的存在"。① 1862 年，阿隆·萨金特在国会宣称，中国移民是加州的一大威胁，是"语言奇怪、习惯恶劣、无法同化的奴隶和罪犯"，并将美国不断增加的中国移民比喻为埃及十难中的"青蛙之难"。1870 年，当国会就一项入籍法案展开辩论时，萨金特积极支持阻止华人入籍的措施。萨金特解释说，中国人在任何意义上都是美国公民的敌人；他们生活在"一个较低的层次上，与我们兴旺、健康、繁荣、幸福的美利坚人所处的层面完全不同；他们过的生活是美国人无法忍受的"。② 1876 年 4 月，旧金山反华会议上的一项反华决议也宣称，中国人有着不同的文明，"他们不讲我们的语言，不接受我们的风俗习惯，都是异教徒"，是"当前规模巨大的邪恶"。③ 会后，萨金特呼吁总统与中国政府重新签订条约，以限制中国人"大量涌入"美国。④

　　华人的性别失衡及所从事的工作，也成为排外者抨击的目标。反华人士称，中国移民对美国及其公民构成性威胁。中国男人对白人女性有非分之想，引诱她们堕入罪恶的深渊。由于他们的妻儿基本留在中国，他们还生活在美国人所谓的"单身汉社会"（bachelor societies）。此外，中国男人因从事洗衣、清洁和烹饪等"女人的工作"而被描绘成"娘娘腔"。在 19 世纪，中国妓女被认为造成了"道德和种族污染"，甚至所有的中国妇女都被视为妓女或潜在的妓女，她们的性病和跨种族的性行为威胁着美国人。⑤ 1875 年的《佩奇法》禁止亚洲契约劳工以及从事卖淫和其他不道德行为的女性进入美国。该法几乎阻断了华人女性移民美国的路径，是美国走向全面排华的重要一步。

　　中国人没有宗教信仰，被认为是"未开化"的有力象征。来自旧金山的白人代表弗兰克·皮克斯利（Frank M. Pixley）认为，作为一个种族，中国人"极为

---

① Leslie V. Tischauser, *The Changing Nature of Racial and Ethnic Conflict in United States History: 1492 to the Present*, Lanham: University Press of America, 2002, pp. 93 – 94.

② 转引自 Erika Lee, *America for Americans: A History of Xenophobia in the United States*, p. 90.

③ California State Senate, *Chinese Immigration: The Social, Moral, and Political Effect of Chinese Immigration*, p. 17.

④ U. S. Congress, Joint Special Committee to Investigate Chinese Immigration, *Report of the Joint Special Committee to Investigate Chinese Immigration*, pp. v, vii.

⑤ U. S. Congress, Joint Special Committee to Investigate Chinese Immigration, *Report of the Joint Special Committee to Investigate Chinese Immigration*, p. 11.

不道德"，他们不是基督徒，而是无神论者、异教徒和一夫多妻者。他进一步指出，这种不道德的特征在华人社区惊人的卖淫现象中得到充分证明。美国人视中国人为巨大的公共健康威胁，皮克斯利相信，中国城是传染病的温床，麻风病在他们中间很常见，一些"最可怕、最令人讨厌、最可怖的疾病"在中国城滋生蔓延。①

中国人在工作中表现出来的勤奋吃苦特质，同样被认为是文化低劣的表现。19 世纪 70 年代的美国经济衰退助长了这些观念的散播。随着加州经济遭受重创，爱尔兰移民、加州劳工党（California Workingmen）领袖丹尼斯·卡尼等煽动者，指责中国工人工资低，抢夺了他们本就不多的工作机会。其他劳工领袖也加入声讨行列，指责中国移民是"新奴隶"或"苦力"，拉低了美国劳工的工资和生活水平。美国劳工联合会（American Federation of Labor）主席塞缪尔·龚帕斯明确提出如下问题："'肉类'和'稻米'，'美国人的男子气概'和'亚洲苦力主义'，哪一个更应存活？"② 龚帕斯预言，中国的"穷人"或"苦力"劳工将会"淹没"美国，会像奴隶一样对美国劳工产生负面影响。他得出结论，这种"堕落的劳工"很可能威胁共和国的根基。③ 龚帕斯对华工的态度，事实上将对华工的反感从工人阶级扩大到整个美国社会。美国的"自由劳工"与亚洲的"苦力劳工"之间的竞争，也在国会辩论中被提及。多数国会议员并非"劳工之友"，而是反感美国劳工问题的社会上层，此时为了共同的排华目标，站到美国劳工一边反对华工。美国劳联发行的一本小册子指出，华人移民不但抢占了美国女性所从事的家政、烹饪、洗衣等工作，也抢占男性的工作，包括制鞋、雪茄制造、矿工、农场劳工、裁缝等。不管华人涉足白人从事的何种工种，白人要同其竞争几乎不可能。华人非但不争取更高的工资，反而接受极低的薪金，以禁绝其他竞争者。④ 加州州长威廉·欧文（William Irwin）甚至指责中国人颠覆了"构成美国

---

① U. S. Congress, Joint Special Committee to Investigate Chinese Immigration, *Report of the Joint Special Committee to Investigate Chinese Immigration*, pp. 13, 15, 10.

② The American Federation of Labor, *Some Reasons for Chinese Exclusion*.

③ Samuel Gompers, "Imperialism, Its Dangers and Wrongs," *American Federationist*, Vol. 5, No. 9 (November 1898), pp. 179 – 183.

④ The American Federation of Labor, *Some Reasons for Chinese Exclusion*, p. 7.

文明的一切要素"。①

与此同时，大众媒体极力渲染华人暴力事件。譬如名为《排华的一些原因》的小册子强调，一名富裕华商的妻子被一个叫阿强（Ah Quong）的华人所杀，同时还列举了数起其他华人杀人事件，并强调"这些案件绝非彼此孤立的，在旧金山，这种案件的发生是如此普遍，以至于很难引起太多关注"。该小册子援引加州 1884 年的一份调查报告指出，华人占据加州总人口的六分之一，但贡献的税收仅占加州税收的 0.25%。当年，加州的监狱里有 198 名华人囚犯，开支超过21600 美元，比华人在全州所缴纳的税额还要多出 12000 美元。该小册子之所以引用这一不实数据，旨在"证明"华人的高犯罪率，以及华人是美国社会的公共负担。至于道德方面，"如果从高加索人的标准来看，华人根本没有道德标准"：华人女性如奴隶般被买卖；华人不但自己吸食鸦片，还引诱成千上万的美国男女沾染鸦片烟瘾，而且屡禁不止。小册子指出，一个人即便"死亡一百次，也比沾染这种东方鸦片烟瘾要强"，限制华人关系着美国文明的存亡生死。② 这些关于华人文化和道德"低劣"的话语，成为美国 1882 年颁布《排华法》的重要助推因素。

《排华法》颁布后，日本移民逐渐成为美国最大的亚洲移民群体。其在文化上所遭受的诋毁，同华人可谓如出一辙。廉价的日本移民劳工同样是对美国劳工的威胁，甚至在三文鱼罐头厂，华人的工资比同职位的日本人高。美国人希望与日本签订限制劳工移民的新条约，以保护美国工人，并敦促国会通过相关法律。美国劳工联合会在 1904 年 11 月的旧金山年会上，要求将《排华法》中禁止华工移民的条款扩展到日本和朝鲜移民。1905 年 3 月 1 日，加州参议院通过限制日本劳工移民的决议。同年，内华达州也通过类似决议。"排亚联盟"也在西雅图、波特兰、丹佛、斯托克顿等地成立分支机构。这一组织在其《章程》序言中阐明基本原则和宗旨：高加索人和亚洲人彼此是不可同化的，两者的接触必然会对前

---

① Andrew Gyory, *Closing the Gate: Race, Politics, and the Chinese Exclusion Act*, p. 78; Elmer Clarence Sandmeyer, *The Anti-Chinese Movement in California*, Urbana and Chicago: University of Illinois Press, 1991, p. 59.

② The American Federation of Labor, *Some Reasons for Chinese Exclusion*, pp. 6, 7, 18, 19, 22, 29.

者造成伤害，为了保护美国的高加索人种，必须采取一切可能的措施防止或减少亚洲人移民美国。① "排亚联盟"在当时美国西部影响甚广，其理念普遍为美国人所接受。该组织与美国排斥亚洲移民的运动枹鼓相应，企图推动美国采取全面禁止亚洲移民的政策。

在"排亚联盟"活跃的同时，不断增加的南欧和东欧"新移民"越来越引起美国社会的警觉，排外的矛头也逐渐转向他们。在排外者看来，承载南欧和东欧文化的"新移民"无法践行美国"自由民主的共和制度"。他们认为，这些人在政治上很容易成为"城市老板"（City Boss）腐败的"猎物"，污染"纯洁"、"例外"的美国制度，助长腐败，侵占美国的自由空间，对美国的文化和制度构成重大威胁。② 排外者把美国想象成一个有边界的神圣空间，目的是保护美国不受外来势力的"侵害"。

19 世纪 90 年代，马萨诸塞州参议员亨利·洛奇提出了一项法案，提议用文化测试来筛查移民，以将文化程度低和有可能成为公共负担的移民排斥在国门之外。国会在 1896 年通过类似法案，但被格罗弗·克利夫兰（Grover Cleveland）总统否决。后来，在《迪林厄姆委员会报告》的影响下，国会积极采取行动，通过了 1917 年的移民法案。随着该法案的通过，以文化检测来限制移民成为法律。③

19 世纪末，拓荒时代宣告终结，移民因在农场立足的成本激增而涌向城市，他们在一定时期使贫民窟问题复杂化，加剧了不同阶级间的裂痕，美国的反移民情绪因之激化。1894 年成立的"限制移民联盟"很快成为反移民的先锋组织。同时，多数工会也加入反移民运动中。龚帕斯将排华时期的相关话语，同样用在"新移民"身上。他认为，新移民以非技术工人的身份寻找任何可能的工作岗位，他们的工作报酬极低，这破坏了劳工薪金与生活标准，影响了工会发展。④ 1896

---

① U. S. Immigration Commission, *Reports*, Vol. XXIII, pp. 58, 168, 169 – 170.

② Joe R. Feagin, "Old Poison in New Bottles: The Deep Roots of Modern Nativism," p. 21.

③ Lisa Magaña, *Straddling the Border: Immigration Policy and the INS*, Austin: University of Texas Press, 2003, p. 15.

④ Otis L. Graham, *Unguarded Gates: A History of America's Immigration Crisis*, Lanham: Rowman & Littlefield Publishers, pp. 16 – 17.

年，美国正处于经济危机中，民主党、共和党和民族主义者都支持实施更为严格的移民限制政策。

诋毁东南欧移民的生活方式，也是排斥的重要手段。20世纪初，随着美国排外情绪进一步加剧，排外主义者轻率地将美国早期城市化弊病归根于外来移民，认为城市贫穷、犯罪、罪恶、欲望、腐败和酗酒，多由南欧和东欧的新移民所致。各种因素纠缠在一起，大大推动了美国的反移民立法进程。1903年，国会通过一项立法，试图阻止无政府主义者、职业乞丐和癫痫病人等移民，并规定成为公共负担超过两年的移民将被驱逐出境。1907年，国会又通过一项法案，禁止文盲、有身体或精神缺陷者、16岁以下没有父母陪伴的少年儿童等群体移民美国。[1]

早在新移民大规模进入美国之前，美国人对东欧和南欧的普通民众就已经存在一种原初的、基于种族和文化中心主义的反感，而与东欧人稍有接触的美国人，反感情绪更甚。排外主义者将意大利人视为欧洲新移民中最堕落的典型。这种刻板印象催生了美国19世纪90年代反意大利情绪的大爆发。1891年，新奥尔良的一位警长被意大利移民意外杀害。当地警察不分缘由，大肆逮捕意大利移民，市长甚至公开呼吁，要给意大利人"一个永远不会忘记的教训"。这一呼吁事实上鼓动了激进排外主义者，致使一群暴徒私刑处死11名意大利裔嫌疑人，而当地报纸却对这一非法的暴力行动予以声援。[2]

总体而言，"文化"是影响美国排斥外来移民的重要因素。或许它不像"种族"因素对"例外论"的冲击那般强烈，但给美国人自认为"例外"文化、生活方式和价值观念带来震荡。对于普通美国人来说，这种冲击则更为直接。美国人认为，有些特定移民群体在文化上不易被同化，给美国主流社会保持其特有的文化带来压力，因而推动美国通过移民立法来限制特定移民群体。与此同时，移民法塑造了美国文化和促进了美国的文化认同，强化了美国历史上一直存在的族群文化等级。概言之，美国通过排斥和接纳外来移民，来定义美国文化的"特性"，进而维护美国的文化主权和身份认同。

---

[1] Louis DeSipio and Rodolfo O. de la Garza, *Making Americans, Remaking America: Immigration and Immigrant Policy*, p. 26.

[2] David H. Bennett, *The Party of Fear: From Nativist Movements to the New Right in American History*, p. 167.

三、"例外论"与排外语境中的美国移民同化

排外主义者不仅限制和排斥尚未进入美国的移民，而且越来越担心那些已经进入美国的移民及其后裔。"不可同化"（unassimilable）是美国历史上排斥外来移民的一贯话语。排外者认定，"不受欢迎的移民"（undesirable）是那些非法的、抢走美国人工作、不可同化、依赖福利、憎恨美国的人；"好移民"则是那些能够且愿意同化到美国主流社会的人，他们的行为举止符合"美国人"的需要和期望，是完全接受美国主流价值观念与生活方式的人。美国社会根据不同移民群体采取相应的应对办法，通过推崇"好移民"排除"不受欢迎的移民"，通过污名化某些群体保护特定群体的利益。对于"不可同化"的移民，美国社会极力将之驱逐出境。对于同化缓慢的移民，美国社会则希望进行限制，尽可能减少此类移民进入美国。将移民排斥在国门之外，只是排外的手段之一。对于那些已经到美国而又无法驱逐的移民，"同化"事实上成为维护"美国例外"特性的选择；对其排斥的主要方式，就是抹去他们与美国特性不符的文化特征、价值观念、生活方式，使他们完全同化入美国主流社会之中。

19 世纪美国的移民同化，实质上是指移民单向且无条件地接受并融入美国盎格鲁—撒克逊主流文化，遵从其政治制度和价值观念。这一过程便是美国社会学家米尔顿·戈登所称的"盎格鲁归同论"（Anglo-Conformity）。这一同化模式在美国历史上塑造了"美利坚民族"及其边界。其核心是移民接受英语、美国自由、新教，最终通过与美国人通婚，被塑造成主流社会所期望的"美国人"。戈登曾言，作为整体的美国文化，是"盎格鲁—撒克逊白人新教文化"。① 一度被排斥的德国人、爱尔兰人、意大利人逐渐被纳入美国主流文化之中，以华人为代表的有色人种移民，则长期无法摆脱"不可同化者"的污名。

从 18 世纪开始，移民融入主流文化一直是北美排外主义者的核心诉求之一。在北美独立战争前，白人同黑人、印第安人之间的界限已然明晰，北美对欧洲移

---

① Milton M. Gordon, *Assimilation in American Life: The Role of Race, Religion and National Origins*, New York: Oxford University Press, 1964, p. 89; Will Herberg, *Protestant-Catholic-Jew: An Essay in American Religious Sociology*, Garden City, NY: Doubleday & Company, 1955, p. 34.

民持开放态度。不过，非盎格鲁—撒克逊白人仍不被信任。本杰明·富兰克林早在 18 世纪 40 年代就指出，他非常担心那些不懂英国语言和习俗的移民。同许多精英人士一样，他对殖民地颇成规模的德国移民尤其担忧，担心这些"不文明"的移民"会大量增加"。① 富兰克林的担忧并非捕风捉影。德国移民通过建立学校、创办报纸表现出维护自身文化的强烈倾向，包括富兰克林在内的美国建国者，为宾夕法尼亚殖民地明显的"日耳曼化"感到担忧。整个 18 世纪，鼓励移民是北美社会的优先考虑。富兰克林并不建议限制移民，而是希望避免移民聚居，尤其是宾夕法尼亚地区的德国移民。富兰克林明确希望同化这些德国移民，让他们"和英国人混居在一起，在他们居住地建立英语学校"。② 社会同质性是北美精英的普遍目标。事实上，美国国父乔治·华盛顿、托马斯·杰斐逊和本杰明·拉什等人，都希望移民分散居住，实现"盎格鲁归同"的同化进程。③

宾夕法尼亚地区的当地居民同样担心德国移民成为永远的"外来者"，他们指责德国人太多，且大多未被同化，对殖民地的和平与安全构成威胁。但这种担忧并未成真，"德国人问题"在北美独立战争前逐渐化解。到美国独立战争时，德国移民在总体上融入主流社会。④ 不过，在北美独立战争期间，北美社会对德国人的担忧因英国征用德国雇佣兵而出现反弹，甚至在美国独立后，德国移民仍受到反德排外情绪的影响。不过，也有部分德国移民加入北美独立战争的事业中。⑤ 同时，为了加强德国移民的"盎格鲁—撒克逊化"，排外者成立"慈善学校"，以加速同化德国移民的孩童。总体而言，美国建国后，德国移民实现了相对广泛的同化，基本拥有了完全的公民身份。

美国建国之初，"美国人"与盎格鲁—撒克逊新教徒基本上成了同义语。新

---

① Michael Kammen, *People of Paradox: An Inquiry Concerning the Origins of American Civilization*, New York: Alfred A. Knopf, 1972, p. 66.

② Benjamin Franklin to Peter Collinson, May 9, 1753, *Franklin Papers*, Vol. 4, pp. 477 – 486.

③ 参见 Lucy Eve Kerman, "Americanization: The History of an Idea, 1700 – 1860," Ph. D. dissertation, University of California, 1983, pp. 8, 36.

④ Peter Silver, *Our Savage Neighbors: How Indian War Transformed Early America*, New York: W. W. Norton & Company, p. 298.

⑤ Louis DeSipio and Rodolfo O. de la Garza, *Making Americans, Remaking America: Immigration and Immigrant Policy*, p. 22.

教徒视北美为"自留地",并将历史使命、美国人等编织在一张想象的网络中。盎格鲁—撒克逊新教徒认为,美国是由"美国人"建立的,他们因此拥有土地的所有权,有权按照自我形象塑造美国,并改造任何进入美国的移民。

1790 年的《归化法》代表了美国建国精英将美国塑造为白人共和国的意图,体现了对同化欧洲移民的信心。该法规定,"任何外来的自由白人",在美国居住两年并宣誓效忠美国宪法,就可归化为美国公民,宗教信仰和国籍来源都不是入籍的障碍。① 该法允许所有自由白人归化,推动了美国人口和领土的急速增长。与此同时,种族不平等在美国法律中变得更加根深蒂固。在罗杰·丹尼尔斯看来,这一规定的明显意图是"禁止黑人和契约仆入籍"。② 1790 年《归化法》事实上规定了契约仆、奴隶和妇女没有公民资格,自由的黑人、印第安人以及非白人移民也没有公民资格。

美国的独立,推动了"美利坚民族"共同体意识的形成。这种认同促进了欧洲移民的同化进程。独立战争使北美殖民地的移民几乎停滞,1793—1814 年,每年只有 3000 名移民抵达美国。外来移民的放缓,为同化已在美国的移民提供了条件。正如美国学者理查德·伯基所言,"尽管欧洲仍有少数移民存在,但到 1820 年,这个新国家的绝大多数人都融入了一个新的美利坚民族",有色人种则被排斥在外。③ 内战前,美国的公民身份一直与白人捆绑在一起。"爱尔兰移民"要成为"美国人",关键在于美国主流社会承认他们是"可同化的白人",否则就可能遭到排斥。

19 世纪三四十年代,爱尔兰移民大规模进入美国,导致了美国社会的广泛排斥。爱尔兰移民曾长期对抗美国的同化,保持本族群的特征和认同。不过,爱尔兰人仍被视为"白人",他们在美国居住 5 年后便有资格获得公民身份,同时获得选举权。历史学家揭示了"爱尔兰人如何变成白人"的历程。④ 爱尔兰人与英

---

① Richard Peters, ed., *The Public Statutes at Large of the United States of America*, pp. 103 – 104.

② Roger Daniels, *Guarding the Golden Door: American Immigration Policy and Immigrants since 1882*, p. 7.

③ Richard M. Burkey, *Ethnic and Racial Groups: The Dynamics of Dominance*, Menlo Park: Cummings Publishing Company, 1978, p. 170.

④ Noel Ignatiev, *How the Irish Became White*; David R. Roediger, *The Wages of Whiteness: Race and the Making of the American Working Class*.

裔美国人有某些共同的文化习俗，融入美国主流文化相对容易。更重要的是，他们积极利用自己的选票获得政治权利，保护自己免受进一步的歧视与排斥。为融入美国主流社会，爱尔兰人甚至成为排斥其他移民运动的领导人，最著名的是他们在排华运动中所扮演的角色。他们排斥中国移民的行径为他们赢得了"爱尔兰人一无所知党"（Irish Know Nothings）的名声。美国的排外主义也视华人为新的目标。① 此后，南欧和东欧的"新移民"，因同美国主流文化与种族差异更大，且移民人数增加迅猛而成为美国排外主义者和同化主义者更为紧迫的针对目标。

美国南北关于奴隶制问题的冲突，掩盖了美国对爱尔兰人的歧视，加速了爱尔兰人的同化进程。尤其是爱尔兰人在美国内战中的贡献，促使美国主流接受爱尔兰人是可同化的"白人"。当然，最重要的还是爱尔兰人同主流白人在排华运动中，结成了某种程度的"统一战线"，爱尔兰人在排华过程中不遗余力，以表明自己的"白人"身份。排外主义者通过强调欧洲人和亚洲人之间的差异以及以牺牲有色人种为代价，来维护他们声称的"白人边疆"。值得注意的是，许多重要的排华者曾经是同样遭受美国排斥的欧洲移民及其后裔。爱尔兰裔的丹尼斯·卡尼通过领导针对华人的种族主义运动，重申了自己作为白人的地位。此外，19世纪晚期，许多天主教徒已经被"受人尊敬"的美国社会同化，这使得政治家不愿失去他们的支持。19世纪70年代之前普遍获得支持的反天主教路线，此时已鲜有重要的政治领袖予以公开支持，甚至许多公然排外的新教牧师也回避了反天主教的主题。② 虽然美国主流社会逐渐将爱尔兰人纳入"白人"范畴，但这只是从总体层面而言，爱尔兰移民与西北欧移民相比，仍面临一定程度的歧视与排斥。

作为对非北欧移民的一种反应，排外主义在排斥东欧和南欧移民的浪潮中愈演愈烈，也在很大程度上掩盖了排外主义者对爱尔兰移民的恐惧与排斥。排外主义者强调了一个古老的排外主义主题，即南欧和东欧人的"种族血统"将"不会

---

① Stuart Creighton Miller, *The Unwelcome Immigrant: The American Image of the Chinese, 1785 – 1882*, Berkeley and Los Angels: University of California Press, 1969, pp. 199 – 200.

② Rev. B. W. Williams, "Our Attitude Toward Foreigners," *The American Magazine of Civics*, Vol. 8, No. 1, 1896, pp. 65 – 66.

自然地或容易地与这个国家盛行的'盎格鲁—撒克逊'种族血统同化"。① 因此，在限制南欧和东欧移民进入美国的同时，也要对已进入美国的东南欧移民采取同化举措。

美国社会一度对同化东南欧移民充满信心。美国人相信"例外"的美利坚人有足够的吸引力，更重要的是有同化成功的先例。美国历史上已经成功地同化了德国移民，以及文化差异颇大的爱尔兰移民。特纳认为，塑造美国人独特性格以及民主、平等精神的美国边疆，也是种族融合的"熔炉"："边疆是最快速、最有效的美国化路线。"在边疆的严酷考验中，移民被美国化了，融合成独特的"美利坚人"。② 自愿且有同化意愿的移民，相对较易同化。针对外来移民的"美国化"，也有一种积极的自然同化路径。美国社会活动家、"赫尔之家"（Hull House）创始人简·亚当斯（Jane Addams）和她的同事们，更多关注为新移民提供庇护，帮助他们融入美国社会，而不是竭力改变他们。美国哲学家约翰·杜威（John Dewey）受简·亚当斯影响，也认同自然同化移民的观点，他呼吁"吸取所有人的精华，组成一个和谐的整体，从而创造出一个同质的美国"。③ 这种相对温和的自然同化，源自美国社会对移民的同情，而非恐惧。

然而，随着南欧和东欧移民呈指数级增长，对移民的恐惧代替了同化移民的信心。诚如海厄姆所言，当盎格鲁—撒克逊狂热者感到社会地位受到严重威胁时，他们便逐渐失去归化移民的信心，并将美国的诸多社会危机归结为尚未实现同化的外来移民。1894 年和 1895 年，纽约州和宾夕法尼亚州先后立法，禁止外国人参与公共工程。爱达荷州甚至禁止私人公司雇用无意成为美国人的外来移民。④ 至 20 世纪，土生美国人意识到"美国特性"的同质性不能只依赖自然同化，必须对移民施加同化的压力，以加速同化的进程。实际上，当时美国对外

---

① Eliot Lord, John J. D. Trenor and Samuel J. Barrows, *The Italian in America*, pp. 17 – 18.

② Richard White, "Frederick Jackson Turner and Buffalo Bill," in James R. Grossman, ed., *The Frontier in American Culture*, Berkeley and Los Angels: University of California Press, 1994, p. 13.

③ Paul Arthur Schilpp, ed., *The Philosophy of John Dewey*, Evanston: Northwestern University Press, 1939, pp. 29 – 30.

④ John Higham, *Strangers in the Land: Patterns of American Nativism, 1860 – 1925*, pp. 137, 72.

来移民的政策在"迎拒之间"游走，对同化外来移民的态度，也在"自然同化"（Natural Assimilation）与"强制同化"（Cohesive Assimilation）之间摇摆。为使移民政策有的放矢，美国社会对外来移民进行了深度调查评估。因此，国会于 1907 年设立了迪林厄姆委员会（Dillingham Commission）。① 在佛蒙特州参议员威廉·迪林厄姆（William Dillingham）的领导下，该委员会的主要任务是全方位深入审查移民问题，并提出全面的移民政策建议。经过 3 年的调研，委员会于 1911 年发表了长达 41 卷的调查报告，即《迪林厄姆委员会报告》。该报告赞同"新移民"同化缓慢的观点，通过比较"旧"的西北欧移民和"新"的东南欧移民，认为前者通常相对容易地融入盎格鲁—撒克逊新教主导的社会，而后者的同化进程则不尽如人意。它声称"新移民"对美国的贡献有限，反而有损美国独特的人种、文化、制度。为了限制移民，报告还提议使用文化测试和实行国家配额制度。② 以《迪林厄姆委员会报告》为代表的研究，只是美国社会资助的诸多类似研究项目之一，其目的是为东南欧移民无法同化和有损优越的"美国特征"寻找"证据"。正如美国城市问题专家托马斯·穆勒所言："为了证明这些新来的移民有罪，他们赞助各种研究，其中最详尽的是迪林厄姆委员会的报告。"③

在《迪林厄姆委员会报告》的冲击下，美国主流社会呼吁限制东南欧移民，同时采取极端的措施，对已经进入美国的"新移民"进行强制同化。早在该报告发布前，排外主义者就发动了"美国化运动"（Americanization Movement）。该运动很快发展成为波及全美的社会运动，持续达十年之久，直至第一次世界大战结束。"美国化运动"秉承了"盎格鲁归同"的宗旨，强调对白人新教徒精神的坚持。面对东南欧移民，该运动试图剥夺他们的"文化和语言"，主张彻底的"美国化"。1908 年，犹太人剧作家伊斯雷尔·赞格威尔的《熔炉》在美国流行，④

---

① "迪林厄姆委员会"全称为"美国国会联合移民委员会"（United States Congressional Joint Immigration Commission）。

② Roger Daniels, *Guarding the Golden Door：American Immigration Policy and Immigrants since 1882*, p. 45.

③ Thomas Muller, *Immigrants and the American City*, New York：New York University Press, 1993, p. 214.

④ Israel Zangwill, *The Melting-Pot：Drama in Four Acts*, New York：MacMillan Company, 1994.

传播了"熔炉论",即以盎格鲁—撒克逊人为主体的族裔关系与自然同化理论。根据丹尼尔斯的观点,大多数排外主义者坚持"大熔炉"的观点,认为移民文化可以在美利坚这个大熔炉中被过滤掉,从而使这些移民成为真正的"美国人"。① 这意味着移民只能单向融入白人至上的美国主流社会,这事实上与赞格威尔所阐述的平等"熔炉"理念并不一致。

美国大资本家普遍认同移民必须迅速"美国化"的观点。亨利·福特(Henry Ford)强烈要求移民美国化。他的汽车公司招募了大量南欧和东欧移民。该公司成立了"社会学部",其调查人员走访工人家庭,就家庭事务和个人问题提供有效建议。此外,公司要求移民工人必须上"熔炉学校",在那里学习英语和美国的主流价值观念与文化。在毕业典礼上,福特的移民员工穿着各自母国的服饰,进入一个象征性的"大熔炉",走出"大熔炉"时则穿着西装,举着美国国旗,以示同化成功。②

美国第一次世界大战期间的移民同化,表现出狂热精神并走向极端的强制同化模式。美国社会在战前对移民的同情,完全被对移民的恐惧取代。1916 年,美国前总统西奥多·罗斯福发表名为"美国人的美国"(America for Americans)的演讲,他在演讲中告诫移民需充分同化,放弃对故土的任何忠诚。移民要宣誓效忠一个"民族统一的美国"、"美国人的美国"。罗斯福还提出"百分之百美国主义"(One Hundred Percent Americanism)的理念,主张对美国绝对忠诚,不容对美国价值观的任何挑战。③ 在内有罗斯福理念的鼓动,外有一战刺激的情况下,"美国化运动"愈演愈烈,美国社会掀起"百分之百美国化运动"(One Hundred

---

① Roger Daniels, *Not Like US: Immigrants and Minorities in America, 1890 – 1924*, Chicago: Ivan R. Dee, 1997, pp. 90 – 91.

② James J. Flink, *The Car Culture*, Cambridge, M. A. : The MIT Press, 1975, pp. 88 – 90.

③ Theodore Roosevelt, "America for Americans, Afternoon Speech of Theodore Roosevelt at St. Louis, May 31, 1916," *The Progressive Party, Its Record from January to July, 1916*, New York: Mail and Express Job Print, 1916, p. 75; "America for Americans," No. 214406, Kansas Historical Society, https: //www. kansasmemory. org/item/ display. php?item_ id = 214406&f = 00734445/,访问日期:2021 年 3 月 28 日。

Percent Americanization Movement）。此后，排外主义者要求更多地限制移民。[1] 国会通过了 1921 年移民法案。1924 年 5 月，柯立芝总统签署《约翰逊—里德法》（Johnson-Reed Act），对南欧和东欧的移民进行了严格限制。

美国社会对不受欢迎的欧洲移民采取限制和同化双管齐下的策略，对以华人移民为代表的有色人种移民，则采取禁止与驱逐的措施，将中国移民视为"永久劣等"的异族，通过限制经济、地理流动和禁止入籍加以控制。1867—1869 年，爱尔兰裔麦考宾（McCoppin）担任旧金山市长，他宣称，作为一个种族的中国人是不可同化的，无论多长时间或何种教育都无法将中国人变成美国人。麦考宾解释说，与其他移民不同，"中国佬，虽身处美国，却同这个国家格格不入"。[2] 中国移民无法同化，这在很大程度上是因为美国社会抵制他们的同化。1875 年的《佩奇法》名义上是为禁止"不道德"的女性进入美国，但在针对中国女性移民时，这一条款被滥用，中国女性多被视为妓女或潜在妓女而被拒斥在国门之外，这对美国华人社区的发展是致命的。没有相对平衡的男女性别比，华人就无法形成较为成熟的社会，在美国的华人总人口也自然走向萎缩，乃至有消亡的可能。1888 年的《斯科特法》（Scott Act）禁止返回故土的中国移民再次入境美国，1892 年的《吉尔利法》要求在美国的华人进行登记，并须随身携带身份证件，否则就有可能被驱逐。这些法律不仅禁止华人移民美国，也试图尽可能地将已经在美国的华人驱逐，直至华人在美国完全消失。面对美国一系列严苛的排华法和排华暴行，很多中国移民只得无奈选择返回中国。这事实上是一种变相的驱逐。美国社会学家麦肯齐认为，华人的回迁是美国社会极端排华的结果。[3]

美国移民史学一直被大熔炉理论主导，即美国这个"伟大的新大陆……能够熔化所有种族差异"的观念。[4] 美国社会一方面用"边疆"和"大熔炉"来强调

---

[1] Armando Navarro, *The Immigration Crisis: Nativism, Armed Vigilantism, and the Rise of a Countervailing Movement*, p. 30.

[2] U. S. Congress, Joint Special Committee to Investigate Chinese Immigration, *Report of the Joint Special Committee to Investigate Chinese Immigration*, p. 10.

[3] R. D. McKenzie, *Oriental Exclusion: The Effect of American Immigration Laws, Regulations and Judicial Decisions upon the Chinese and Japanese on the American Pacific Coast*, New York: Institute of Pacific Relations, 1928, p. 167.

[4] Israel Zangwill, *The Melting-Pot: Drama in Four Acts*, p. 179.

美国社会对移民的包容和吸引力；另一方面运用自己手中的权力限制移民，对移民实施排斥和打击。除种族主义对有色人种的限制外，美国内战前针对不同种族移民的排斥话语也都有发展。不过，美国社会对同化外来移民的能力总体上保持着长期自信。移民群体也发现，以符合美国传统价值观的方式生活，有助于相对快速地融入主流文化。但是就华人移民而言，并非华人不愿同化，而是美国社会不接纳他们。

不难看出，"例外论"与美国移民排斥之间存在内在矛盾。在评价英属北美时，不能只强调其对移民的包容，而忽视种族主义及对移民的歧视。非洲人和土著人的文化不能纳入美国主流历史，因为这会玷辱美国进步的故事。20 世纪 60 年代，美国历史学家关注欧洲殖民者在北美的侵略、有色群体在美国的挣扎处境，以及数以百万计的非洲人到"新大陆"为奴的经历。殖民地时期的盎格鲁—撒克逊人从美洲印第安人手中攫取土地，剥夺非裔美国人的自由和劳动成果。在一个允许奴隶制和种族隔离的社会里，普遍的机会并不存在。所谓机会平等，也只能是针对特定群体的。美国黑人不管是否坚持主流价值观，他们都觉得自己不被主流文化接受。盎格鲁—撒克逊人更多地用种族主义等意识形态，将美洲原住民描述成不开化、不能自由生活、不完整的群体。到 1880 年，美国人占据了从大西洋到太平洋的所有美洲印第安人的家园，这一过程与他们声称的"自由的历史"背道而驰。印第安人不仅没有在美国获得自由，反而走向近乎灭绝。美国几乎每次移民潮，都会引起主流对大量移民会在某种程度上冲淡美国特有价值观体系的担忧。美国人以宗教自由为荣，但殖民地时期驱逐甚至处决异见人士的事件时有发生。19 世纪的《印第安人迁移法》（Indian Removal Act）和《逃奴法》（Fugitive Slave Act）是对"美国例外"诸特征的背离。

19 世纪八九十年代，美国经历了两次经济萧条，具有讽刺意味的是，正当排外主义浪潮高涨之时，自由女神像却在纽约港落成。其基座上镌刻有诗人埃玛·拉扎勒斯（Emma Lazarus）的名诗《新巨人》（The New Colossus）：

> 将那些疲倦的、贫困的、渴望呼吸自由的人们交给我吧；将那些被拥挤海岸拒绝的人们交给我吧；将那些四处飘零、无家可归的人们交给我吧。我

在金门旁举起自由的灯！①

日益高涨的反移民情绪，与拉扎勒斯的诗文所表达的内容形成鲜明反差。美国人对移民排斥，堪称他们所声称的"自由"、"民主"等价值观的莫大讽刺。

结 语

美国自建国以来，一直自视为移民之国。"例外论"具有美国优越和成为他国模范的内涵，是美国历史上排斥移民的核心话语。任何不受欢迎的外来移民，皆可被视为对"美国特性"的挑战，而无论这种"美国特性"是一种客观存在还是基于想象的建构，"例外论"衍生出的美国傲慢自大、自以为是、唯我独尊的心态却无可否认。从殖民地时代开始，排外者便因这种心态和利益需要，给不同移民贴上"第五纵队"的标签，视他们为潜在的破坏者，是来自异国的间谍。排外主义在变革和焦虑的年代很容易成为排斥甚至打击移民的"武器"。② 美国排斥移民的根源，在于对"谁是美国人"的狭隘定义，在于美国社会视移民为分裂美国的楔子。当然，并非所有的"例外论"内涵都被运用到了对移民的排斥之中，但"美国例外"的危机话语无疑是美国借以排斥外来移民的有效工具。

作为一个自诩为孕育于"自由"之中并负有"全球使命"的国家，美国有强烈的原始冲动来维护这种"自由"和"优越"地位。海厄姆甚至认为，美国有一种"世界主义信仰"，即强调美国起源的多样性、建国原则的普遍性等。③ 然而，排外主义和种族主义表明，美国人普遍认为美国是"例外"的国家，被赋予了特定的宗教、民族和文化特征，必须对之加以严格保护，否则"美国例外"的特性便难以持续。排外主义者认为，宽松的移民政策可能会导致更多非法移民、紧张的种族关系、资源枯竭和环境恶化。他们将移民与"美国例外"对立起来，旨在增加排外的煽动力和砝码。美国的建国精英将公民定义为白人男性，他们关于"美国例外"的故事长期不包括妇女、印第安人、非裔美国人或特定移民

---

① Michael C. LeMay, *From Open Door to Dutch Door: An Analysis of U. S. Immigration Policy since 1820*, p. 56.

② Erika Lee, *America for Americans: A History of Xenophobia in the United States*, p. 8.

③ John Higham, *Strangers in the Land: Patterns of American Nativism, 1860 – 1925*, p. 334.

群体的历史。美国的排外主义通过歧视性移民立法，试图让美国避免和摆脱各种"敌人"，实现"美国信条"的净化。① "例外论"意识形态下的移民选择，在美国的移民政策中得到有力体现。自 18 世纪 90 年代以来，国会立法规定，只有自由白人才能加入美国国籍。1882 年，《排华法》彻底将中国劳工排斥在国门之外。当第一次世界大战后美国的国际主义遭遇挫败时，排外主义又卷土重来，1924 年移民法几乎中止了所有来自南欧和东欧的移民活动，同时拒绝了包括日本移民在内的所有亚洲移民。

北美的反移民排外主义至少已有两个世纪的历史。无论是历史还是当下，排外主义者排斥外来移民的话语皆在不同程度上强调了四个方面：一是视移民为种族"低劣"的他者，二是视移民为文化上的不可同化者，三是移民导致诸多经济问题，四是移民带来严重的财政负担和社会危机。② 这些移民排斥话语在"例外论"意识形态渲染下，认定外来移民在宗教、种族、文化、制度体系等方面全面挑战了"美国特性"；只是针对不同的外来移民，其排斥话语的侧重点略有差异。值得注意的是，经济衰退与排外活动之间的相关性远非部分学者强调的那般直接。排外高潮与美国经济衰退或下行在时间上并不完全重合。③ 当前，美国排外主义用狭隘的文化或种族术语来表达他们塑造美国人的愿望，是美国排外历史的延续。和过去一样，大多数新一代美国排外主义者希望保持白人及盎格鲁—撒克逊文化的主体地位。

"例外论"缺乏事实上的说服力。这已被诸多研究证实。④ 美国人、美国文化、美国制度、美国的价值观念并不像美国的排外主义者所强调的那般"特殊"。美国的历史中有很多丰富而特别的元素，但所有的国家都有其独特之处，美国也不是唯一的移民国家，不能夸大美国经验中相对特殊的元素。迷信"例外论"是

---

① Juan F. Perea, ed., *Immigrants Out！The New Nativism and the Anti-Immigrant Impulse in the United States*, p. 1.

② Joe R. Feagin, "Old Poison in New Bottles：The Deep Roots of Modern Nativism," pp. 13 - 14.

③ 部分美国经济上行期（如 1904—1907 年、1914—1918 年、1982—1990 年）同样也是美国历史上排外最为严重的时期。

④ Daniel Bell, "The End of American Exceptionalism," *The Public Interest*, Vol. 41, No. 1（Fall 1975）；Daniel T. Rodgers, *As a City on a Hill：The Story of America's Most Famous Lay Sermon*；王立新：《美国例外论与美国外交政策》，《南开学报》2006 年第 1 期。

危险的，因为它滋生美国虚妄的优越自大和危险的双重标准，以及对外来移民的傲慢与排斥。过分强调美国的特殊性，对美国和全世界来说都非益事。

"移民之国"和"排外之国"之间的界限并不明晰，移民国家往往也是排外激烈的国家。美国一直存在排外主义传统，且在每次移民潮到来时而走向美国社会的中心。19 世纪，美国的爱尔兰天主教徒、华人、日本人、南欧和东欧人等移民之所以被视为"异类"，在某种程度上是因为美国人对自身"例外"的"想象"。"例外论"既是一种意识形态，也是一种思维方式，其与排外主义的结合，不但激化了美国人的焦虑，也反映出美国社会包容的限度。美国的排外主义者通过"例外论"，对特定移民加以排斥，以表明何为"非美国"，从而更清楚地界定"何为美国"、"谁是美国人"。历史表明，美国社会对移民的接纳与对移民的恐惧和排斥并存，塑造了美国作为移民之国的诸多特性。排外直接威胁着美国的"民主"和"凝聚力"，激发美国各族群认同的反弹与去美国化，导致多元文化主义与排外主义的拉锯。

〔作者伍斌，东北师范大学美国研究所副教授。长春　130024〕

（责任编辑：焦　兵　李建阁）

图书在版编目（CIP）数据

中国历史研究院集刊. 2021年. 第1辑：总第3辑 /
高翔主编. -- 北京：社会科学文献出版社，2021.10
ISBN 978 - 7 - 5201 - 8898 - 2

Ⅰ.①中… Ⅱ.①高… Ⅲ.①史学 - 丛刊 Ⅳ.
①K0 - 55

中国版本图书馆 CIP 数据核字（2021）第 168912 号

中国历史研究院集刊2021年第1辑（总第3辑）

主 编／高 翔
副 主 编／李国强 路育松（常务）

出 版 人／王利民
组稿编辑／郑庆寰
责任编辑／赵 晨
文稿编辑／梁 赟
责任印制／王京美

出 版／社会科学文献出版社·历史学分社（010）59367256
地址：北京市北三环中路甲29号院华龙大厦 邮编：100029
网址：www. ssap. com. cn
发 行／市场营销中心（010）59367081 59367083
印 装／三河市东方印刷有限公司

规 格／开 本：787mm×1092mm 1/16
印 张：19.75 字 数：327千字
版 次／2021年10月第1版 2021年10月第1次印刷
书 号／ISBN 978 - 7 - 5201 - 8898 - 2
定 价／300.00元

本书如有印装质量问题，请与读者服务中心（010 - 59367028）联系